Jan Scharlau
Socially Responsible Investment

Schriften zum Europäischen
und Internationalen Privat-, Bank-
und Wirtschaftsrecht

EIW Band 30

Schriften zum Europäischen und Internationalen Privat-, Bank- und Wirtschaftsrecht

Herausgegeben von

EIW Band 30

W DE G RECHT

De Gruyter Recht · Berlin

Jan Scharlau

Socially Responsible Investment

Die deutschen und europarechtlichen Rahmenbedingungen

W DE G RECHT

De Gruyter Recht · Berlin

Dr. iur. *Jan Scharlau*, Berlin.

Gedruckt mit Unterstützung des Förderungs- und Beihilfefonds Wissenschafft der VG WORT.

♾ Gedruckt auf säurefreiem Papier,
das die US-ANSI-Norm über Haltbarkeit erfüllt.

ISBN 978-3-89949-647-5

Bibliografische Information der Deutschen Nationalbibliothek

Die Deutsche Nationalbibliothek verzeichnet diese Publikation in der Deutschen Nationalbibliografie; detaillierte bibliografische Daten sind im Internet über http://dnb.d-nb.de abrufbar.

Printed in Germany
Umschlaggestaltung: Christopher Schneider, Laufen
Datenkonvertierung/Satz: jürgen ullrich typosatz, Nördlingen
Druck und Bindung: Hubert & Co., Göttingen

Vorwort

„Jede rein persönliche Beziehung von Mensch zu Mensch, wie immer sie sei, einschließlich der völligsten Versklavung, kann ethisch reglementiert, an sie können ethische Postulate gestellt werden, da ihre Gestaltung von dem individuellen Willen der Beteiligten abhängt, also der Entfaltung karitativer Tugend Raum gibt. Nicht so aber geschäftlich rationale Beziehungen, und zwar je rational differenzierter sie sind, desto weniger. Die Beziehungen eines Pfandbriefbesitzers zu dem Hypothekenschuldner einer Hypothekenbank, eines Staatsschuldscheininhabers zum Staatssteuerzahler, eines Aktionärs zum Arbeiter der Fabrik, eines Tabakimporteurs zum fremden Plantagenarbeiter, eines industriellen Rohstoffverbrauchers zum Bergarbeiter sind nicht nur faktisch, sondern prinzipiell nicht karitativ reglementierbar.“[1] Dieser von Max Weber vor fast 100 Jahren niedergeschriebene Gedanke beschreibt treffend ein heute insbesondere für den Kapitalmarkt geltendes Regulierungsdilemma. Der freiheitlich verfasste Staat kann die ökonomische Beziehungen des Kapitalmarktes sowohl faktisch als auch aus prinzipiellen Gründen nicht „karitativ“ regulieren. Diese Regulierungsfunktion bleibt allein dem individuellen Willen der Beteiligten überlassen. Sind diese jedoch aus strukturellen, insbesondere rechtlichen Gründen nicht in der Lage, die eigenen ethischen, sozialen und ökologischen Wertmaßstäbe in den Marktprozess einzubringen, dann entfällt jede ethische Rückbindung und Verantwortlichkeit. Ein strukturell von jeder Verantwortlichkeit befreiter Kapitalmarkt funktioniert jedoch weder ethisch noch wirtschaftlich effizient. Die aktuelle „Finanzkrise“ ist dafür ein anschauliches Beispiel.

Ziel dieser Arbeit ist es darzustellen, dass „der ökonomisch rationale, eben deshalb aber ethisch irrationale, Charakter rein geschäftlicher Beziehungen“[2] keineswegs zwingend ist. Vielmehr lassen sich die rechtlichen Rahmenbedingungen für individuelle Finanzbeteiligungsbeziehungen so gestalten, dass den Beteiligten sowohl ökonomisch als auch ethisch, sozial und ökologisch rationale Entscheidungen ermöglicht werden, die ihren individuellen Wertmaßstäben entsprechen. In den Wirtschaftswissenschaften hat sich für die Einbeziehung ethischer, sozialer und ökologischer Belange in den Investmentprozess der Begriff *Socially Responsible Investment* herausgebildet.

Die vorliegende Arbeit wurde im Dezember 2008 von der Juristischen Fakultät der Humboldt-Universität zu Berlin als Dissertation angenommen. Die Druckfassung

---

1 Max Weber, Wirtschaft und Gesellschaft, Zweiter Teil IV § 11; veröffentlicht 1922 von Marianne Weber.
2 Max Weber, ebenda.

ist aktualisiert auf den Stand von August 2009. Der europarechtliche Teil der Arbeit entstand im Wesentlichen während eines Forschungsaufenthaltes am College of Europe in Brügge.

Ich danke sehr herzlich allen, die mich durch wissenschaftliche Anregungen und Kritik, ihr fachliches Interesse und ihren persönlichen Einsatz unterstützt haben, insbesondere Prof. Dr. iur. Dr. phil. Stefan Grundmann, der diese Arbeit hervorragend und sehr engagiert betreut hat sowie dem Mitherausgeber dieser Schriftenreihe Herrn Prof. Dr. Eidenmüller, der meine wissenschaftlichen Projekte bereits zu Studienzeiten gefördert hat. Desweiteren geht mein Dank an Herrn Prof. Dr. iur Dr. rer. pol. Kirchner als Zweitgutachter sowie an Prof. Dr. Dr. h.c. Ingolf Pernice, die weiteren Träger sowie die Kollegiaten des DFG Graduiertenkollegs „Verfassung jenseits des Staates: Von der europäischen zur globalen Rechtsgemeinschaft?“ an der Humboldt-Universität Berlin.

Mein ganz besonderer Dank geht an Maria Steiert, Friederike Scharlau, Jutta John-Scharlau, Carole und Ishak Isik, Regina Klostermann, Yoan Vilain, Chia Lehnardt, Jörg Pache, Mathilde Oechsner De Coninck, Carsten Sprenger, Matthias Wein und Florian Möslein, die meine Arbeit auf vielfältige Weise unterstützt haben.

Der Friedrich-Naumann-Stiftung für die Freiheit danke ich für die großzügige Förderung mit einem Promotionsstipendium. Diese Arbeit wurde gedruckt mit Unterstützung des Förderungs- und Beihilfefonds Wissenschaft der VG WORT.

Berlin, im August 2009 *Jan Scharlau*

Inhaltsübersicht

Inhaltsverzeichnis

Einführung

Die gegenwärtige *Corporate Social Responsibility*-Debatte über die ethische, soziale und ökologische Bedeutung und Verantwortung von Unternehmen wird maßgeblich bestimmt durch zwei Leitideen – *nachhaltige Entwicklung* und *Shareholder Value*. Ein Konzept, das beide Leitideen beinhaltet und zueinander in ein optimiertes Verhältnis zu bringen sucht, ist *Socially Responsible Investment*.

Der (globale) Kapitalmarkt dient einerseits der (globalen) effizienten Allokation des Kapitals, andererseits der Vermehrung des investierten Kapitals. Ein am Kapitalmarkt teilnehmendes Unternehmen erhält umso mehr Kapital, je mehr seine Tätigkeit der Interessenlage der Kapitalgeber entspricht. Unter dieser Interessenlage wird allgemein die Vermehrung des investierten Kapitals verstanden; effiziente Allokation ist dementsprechend gegeben, wenn sich Kapital bevorzugt auf rentable Unternehmen verteilt.

Es stellt sich jedoch die Frage, ob dieses Verständnis der Interessenlage und der effizienten Allokation nicht zu kurz greift. Aus der Spieltheorie wissen wir, dass der zunächst effizient erscheinende Weg, möglichst viele Fische aus dem Teich zu angeln, gerade nicht der dauerhaft effizienteste Weg ist; der effizienteste Weg des gleichmäßigen bestandserhaltenden Fischfangs steht jedoch im Konflikt mit dem Wettbewerb unter den Anglern. Die einzelnen Angler werden deshalb versuchen, die eigene Beute zu maximieren, ohne dabei jedoch die nachhaltige Entwicklung des Fischbestands als solchen zu bedrohen.

Übertragen auf den Kapitalmarkt bedeutet dies, dass die Maximierung der Rendite die Interessenlage der Kapitalgeber nur unvollständig beschreibt. Hinzu kommt das Interesse an einer stabilen, langfristigen, nachhaltigen Entwicklung. Die jüngste Finanzkrise veranschaulicht dies gerade in aller Deutlichkeit: Eine im Rückblick offensichtlich erscheinende Fehlentwicklung im Finanzsektor wurde nicht erkannt, weil die Nachhaltigkeit eines Geschäftsmodells nicht überprüft wurde.[3] Solche Fehlentwicklungen sind auch im sozialen und ökologischen Bereich möglich – mit allen wirtschaftlichen Konsequenzen.

Mithin ist die effiziente Allokation von Kapital dann gegeben, wenn es sich bevorzugt auf rentabel *und* nachhaltig wirtschaftende Unternehmen verteilt.

Dieses Ergebnis steht unter der Prämisse, dass die am Kapitalmarkt teilnehmenden Unternehmen von globalen Problemen sowohl betroffen als auch für ihre Lösung von Bedeutung sind. Besonders deutlich ist das Beispiel des Klimawandels,

3 Zur Entstehung vgl. *Grundmann/Hofmann/Möslein*, Finanzkrise und Wirtschaftsordnung.

der sowohl staatliche Interessen als auch Interessen einzelner Unternehmen bzw. der Wirtschaft insgesamt trifft.[4] Dies macht die Zusammenarbeit von Staaten, Unternehmen und auch des Finanzsektors erforderlich.[5] Der private Sektor wird mit seinem wissenschaftlichen und wirtschaftlichen Potential benötigt, um eine Problematik mit komplexen Wirkungen wie den Klimawandel greifbar, berechenbar und somit lösbar zu machen. Nicht nur Staaten, sondern zunehmend auch Unternehmen sind Akteure im Global-Governance-Gefüge.[6]

Auf dem Kapitalmarkt vollzieht sich deshalb ein Paradigmenwechsel. Es geht nicht mehr ausschließlich um die Rentabilität von Unternehmen sondern der wirtschaftliche Erfolg ist auch daran zu messen, ob er durch ein nachhaltiges Geschäftsmodell erwirtschaftet wird. Ein Unternehmen, das sich dieser Herausforderung nicht stellt, macht sich angreifbar durch staatliche und staatenübergreifende Regulierung (beispielsweise Emissionsgrenzen) und Marktveränderungen (beispielsweise Nachfrageanstieg für emissionsarme Technologien).[7]

Kapital ist dort am besten angelegt, wo beide Ziele erreicht werden: In Unternehmen, die nicht nur nachhaltige Renditen erwirtschaften, sondern durch nachhaltiges Wirtschaften auch ihre Zukunfts- und Innovationsfähigkeit unter Beweis stellen.

Socially Responsible Investment bietet darüber hinaus Raum für persönliche *ethische* Präferenzen und Werte. *Socially Responsible* bedeutet sozialverantwortlich (zu investieren), also die Folgen seines Handelns – hier seines Investments – für die soziale Gemeinschaft bzw. globale Gemeinschaft zu berücksichtigen. Da die Investmenthandlung als solche, die Anlage von Kapital in Wertpapieren, bei isolierter Betrachtung neutral ist, kommt es mittelbar auf die Sozialverantwortlichkeit des Handelns der Unternehmen an, in die investiert wird und auf deren Verhalten der Anleger als Aktionär Einfluss ausüben kann.

Die Sozialverantwortlichkeit unternehmerischen Handelns ist abhängig von wirtschaftlichen und technischen Prognosen sowie sozialen, kulturellen und politischen Anschauungen und kann deshalb unterschiedlich bewertet werden. Im Kontext der globalen Wirtschaftsentwicklung besteht gleichwohl Konsens über die

---

4 Zur Bedeutung des Klimawandels für die Kapitalmärkte vgl. UNEP Financial Initiative, Climate Change & The Financial Services Industry – A Blueprint for Action; UNEP Financial Initiative, Adaptation and Vulnerability to Climate Change: The Role of the Finance Sector; *Duncan/Rosinski/Sauer/leDuc*, Changing Drivers: The Impact of Climate Change on Competitiveness and Value Creation in the Automotive Industry; *Weistroffer* in: Klimawandel bewältigen – Die Rolle der Finanzmärkte, Deutsche Bank Research Paper 397.

5 Vgl. UNEP Financial Initiative, www.unepfi.org/work_streams/climate_change/index.html.

6 Vgl. World Economic Forum, What is the role of business in advancing economic development and social progress?, www.weforum.org/en/initiatives.

7 Die Beispiele sind der Debatte um die Pläne der Europäischen Kommission entnommen, für Neuwagen eine Emissionsgrenze für CO_2 von 120 g/km verbindlich zu machen; vgl. auch Vorschlag für eine Richtlinie des Europäischen Parlaments und des Rates zur Änderung der Richtlinie 2003/87/EG zwecks Verbesserung und Ausweitung des EU-Systems für den Handel mit Treibhausgasemissionszertifikaten KOM(2008) 16; zu den wirtschaftlichen Folgen des Klimawandels vgl. auch *Dlugolecki/Lafeld*, Climate Change & the Financial Sector: An Agenda for Action, 11 ff.

grundsätzliche Zielsetzung: Eine nachhaltige Wirtschaftsentwicklung, die wirtschaftlichen und technischen Fortschritt bringt, humane Lebens- und Arbeitsbedingungen bietet und die das ökologische Gleichgewicht fördert bzw. erhält.[8] Welchen Beitrag ein Unternehmen zu einer nachhaltigen Wirtschaftsentwicklung leisten kann und soll, und wie die wirtschaftliche, soziale und ökologische Leistung eines Unternehmens zu bewerten ist, bleibt der wirtschaftlichen, wissenschaftlichen und politischen Debatte – und nicht zuletzt der Bewertung durch den Kapitalmarkt – überlassen.

Socially Responsible Investment bietet dabei die Möglichkeit für jeden Einzelnen, seine ethischen, sozialen und ökologischen Interessen geltend zu machen. Kollektive Investmentformen wie Investmentfonds und Pensionsfonds (Intermediäre) können neben den finanziellen Interessen auch die ethisch-sozial-ökologischen Interessen ihrer Anleger bündeln und diese durch entsprechendes Investmentverhalten auf dem Kapitalmarkt verfolgen. Sie bieten nicht nur die Möglichkeit der Risikostreuung und der Kostenteilung für ein professionelles Anlagemanagement, sondern auch der professionellen Interessenwahrnehmung. Abseits staatlicher Handlungsformen, die stets eine demokratische Mehrheit erfordern, bietet Socially Responsible Investment somit eine private Handlungsform, um ethisch-sozial-ökologische Interessen durchzusetzen.

Wie Socially Responsible Investment funktioniert, wie es rechtlich einzuordnen ist und welche Vorschriften den Rahmen bilden, der Socially Responsible Investment ermöglicht und begrenzt – und nicht zuletzt wie diese Rahmenbedingungen weiter ausgestaltet werden können – wird im Folgenden erläutert.

8 Vgl. Schlussbericht der Enquete-Kommission Globalisierung der Weltwirtschaft – Herausforderungen und Antworten, BT-Drucks. 14/9200, 62, 393; UNEP Financial Initiative, Erklärungen der Finanzinstitute und der Versicherungswirtschaft zur Umwelt und zur nachhaltigen Entwicklung vom Mai 1997 sowie deren bisherige Auswirkungen; *Winter*, Multilevel Governance of Global Environmental Change; *Scherer/Hütter/Maßmann*, Ethik für den Kapitalmarkt; *Klumb/Bothe/Kahlenborn/Seifert*, Auswirkungen der UNEP-Erklärung der Finanzinstitute zu Umwelt und nachhaltiger Entwicklung; UNEP Financial Initiative, Show Me The Money: Linking Environmental, Social and Governance Issues to Company Value; dementsprechend hat sich zur Bewertung der Corporate Social Responsibility eines Unternehmens die Dreifach-Bilanzierung (*Triple Bottom Line Reporting*) herausgebildet, die nach wirtschaftlicher, sozialer und ökologischer Leistung eines Unternehmens unterscheidet, vgl. www.globalreporting.org; *von Schumann/Suhr*, Zukunftsfaktor Nachhaltiges Wirtschaften.

Erster Teil – Socially Responsible Investment

Titel I – Das Phänomen Socially Responsible Investment

Kapitel I – Wirtschaftliche und rechtliche Zusammenhänge

Mit Pressemeldung vom 6. Juni 2006 gab der staatliche norwegische Pensionsfonds bekannt:

The Ministry of Finance has excluded Wal-Mart Stores Inc., Wal-Mart de Mexico ("Wal-Mart") and Freeport McMoRan Copper and Gold Inc. ("Freeport") from the Norwegian Government Pension Fund – Global's investment universe in line with recommendations from the Council on Ethics for the Fund. The recommendation to exclude Wal-Mart cites serious/systematic violations of human rights and labour rights. The recommendation to exclude Freeport is based on serious environmental damage.[9]

Der Fonds hatte seine gesamten Aktien dieser Unternehmen im Wert von ca. 450 Mio. USD abgestoßen. Das Echo in den Medien war groß, der US-Botschafter in Oslo intervenierte und auch die Kapitalmärkte reagierten.[10] Einige weitere institutionelle Investoren, wie der schwedische Pensionsfonds AP2, stießen wenig später ihre Anteile an Wal-Mart ab.[11]

A. Wirtschaftliche Zusammenhänge

Wenn bei Kapitalanlageentscheidungen ethische, soziale, ökologische oder andere nicht unmittelbar finanzielle Faktoren neben der Rendite-Risiko-Relation berücksichtigt werden, handelt es sich um Socially Responsible Investment (SRI). Theoretisch kann dies schon beim Kauf einer einzelnen Aktie der Fall sein. Der Begriff wird jedoch im Allgemeinen nur auf kollektive Kapitalanlagen angewendet, die von Intermediären verwaltet werden.[12] Dazu zählen insbesondere Kapitalanlagen

---

9 Pressemeldung 44/2006 vom 6. 6. 2006, abrufbar unter www.regjeringen.no/en/dep/fin/presscenter/Press-releases/2006.

10 Vgl. *Beck/Fidora*, The Impact of Sovereign Wealth Funds on Global Financial Markets, European Central Bank Paper 91/2008, 22; *Ang*, Case Study:The Norwegian Government Pension Fund – The Divestiture of Wal-Mart Stores; *Reiche*, Staatsfonds als neues Instrument der Klimaschutzpolitik?; *Pozen/Sesia*, Norway sells Wal-Mart, Harvard Case Study; UNEP Financial Initiative, How leading public pension funds are meeting the challenge; International Harald Tribune, Norway fund closes the door on Wal-Mart, v. 7. 6. 2006, www.iht.com/articles/2006/06/06/bloomberg/bxnorway.php.

11 Vgl. Pressemeldung Andra AP-fonden, Second AP Fund excludes Wal-Mart, 7. 9. 2006, www.ap2.se.

12 Vgl. Handelsblatt, Asset-Management: Nachhaltige Anlagekonzepte für institutionelle Investoren gewinnen an Bedeutung, v. 1. 12. 2006, 36.

in Investmentfonds und Pensionsfonds sowie fondsbasierte private Altersvorsorgeanlagen.[13]

Daneben legen öffentliche Träger wie Krankenversicherungen, Rentenversicherungen und andere Sozialversicherungsträger ihr Kapital zwischenzeitlich auf dem Kapitalmarkt an. Da die deutschen Sozialversicherungen im Umlageverfahren funktionieren, die Ausgaben also stets durch die aktuellen Beiträge der Versicherten sowie Bundeszuschüsse gedeckt werden, bestehen allerdings nur sehr geringe langfristig auf dem Kapitalmarkt angelegte Reserven, wie etwa die Nachhaltigkeitsrücklage der gesetzlichen Rentenversicherung. Kapitalmarktbasierte private respektive gesetzliche Versicherungssysteme, wie sie beispielsweise in Großbritannien und Schweden bestehen, führen dagegen zu Altersvorsorgefonds mit entsprechend bedeutsamen Kapitalrücklagen.[14]

Seit 1990 sind vor allem private Kapitalanlagen stark gewachsen. Das Gesamtvermögen von Investmentfonds hat sich in Deutschland wie auch im gesamten Euroraum zwischen 1992 und 2005 mehr als versechsfacht.[15] In der Eurozone waren 2008 ca. 5,1 Billionen Euro in Investmentfonds angelegt, das entspricht ca. 17.000 Euro pro Einwohner.[16] Der Marktanteil von SRI-Fonds ist in den europäischen Ländern mit 1–4% noch gering, wächst jedoch dynamisch.[17] Im deutschsprachigen Raum waren Mitte 2009 insgesamt 301 Fonds mit einem Gesamtwert von über 25 Mrd. Euro zum Vertrieb zugelassen; im Jahr 2006 waren es noch 137 Fonds mit einem Volumen von 18,2 Mrd.[18] Auch international ist eine starke Marktentwicklung zu verzeichnen.[19]

Der Kapitalmarkt stellt neben der Kreditaufnahme die wichtigste Finanzierungsquelle für Unternehmen dar. Die Unternehmensfinanzierung befindet sich derzeit in einem grundlegenden Wandel weg vom bankbasierten hin zu einem stärker

---

13 Zu den möglichen Anlageformen vgl. *Mansley/Owen/Kahlenborn/Kraemer*, The role of financial institutions in achieving sustainable development; zur Geschichte des prinzipienorientierten Investments vgl. *Mächtel*, Erfolgsfaktoren ökologische ausgerichteter Anlagefonds, 50, 62; *Dannheisig*, ZKredW 2003, 411; vgl. auch Handelsblatt, Nachhaltige Rentenversicherungen, v. 24. 11. 2006, 30.

14 In Großbritannien beträgt das in Lebensversicherungen und Pensionsfonds angelegte Kapital ca. 1,6 Billionen Pfund (Stand: 2005). Das entspricht ca. 125% des BIP. Ca 50% des Gesamtvermögens der britischen Haushalte sind in Lebensversicherungen oder Pensionsfonds angelegt, vgl. National Statistics, Pensions and National Accounts, www.statistics.gov.uk/pensiontrends.

15 EuroStat, European Business – Facts and Figures 2006, 413.

16 Bundesbank, Gesamtvermögen der Investmentfonds im Euro-Währungsgebiet (2008), www.bundesbank.de/statistik.

17 Vgl. Eurosif, European SRI Study 2006, 5.

18 Zahlen aus: Sustainable Business Institut, Marktentwicklung Nachhaltige Publikumsfonds 2009, Mitteilung vom 24. 8. 2009, www.nachhaltiges-investment.org; vgl. auch Forum Nachhaltige Geldanlagen, Statusbericht Nachhaltiger Anlagenmarkt 2008 – Deutschland, Österreich und die Schweiz.

19 Nach einer Studie der Strategieberatung von Booz & Company werden sich bis 2015 nachhaltige Geldanlagen international als gängige Investmentform durchgesetzt haben. Die Studie geht davon aus, dass im Jahr 2015 ca. 15 bis 20 Prozent des global verwalteten Vermögens unter Berücksichtigung ökologischer und sozialer Kriterien verwaltet werden wird, vgl. www.booz.com/media/file/White_Paper_A_Paradigm_Shift.pdf.

marktbasierten System.[20] Die Bedeutung klassischer Bankkredite nimmt ab, während die Bedeutung kapitalmarktbasierter Finanzierungsinstrumente und institutioneller Investoren stetig zunimmt.[21] Im gleichen Maße wachsen auch die Abhängigkeit der Unternehmen vom Kapitalmarkt sowie der Einfluss institutioneller Investoren.[22] Genau hier liegt der Dreh- und Angelpunkt für Socially Responsible Investment:

Unternehmen sind nicht nur abhängig von den Märkten für die von ihnen vertriebenen Güter und Dienstleistungen, sondern auch vom Kapitalmarkt als Finanzierungsquelle für unternehmerische Aktivitäten. So wie ein Käufer zwischen den Produkten verschiedener Unternehmen wählen kann, kann er als Anleger auch zwischen Investments in verschiedene Unternehmen wählen. Während auf dem Produktmarkt eine große Vielzahl von Motiven, die die Qualität eines Produktes ausmachen, gegen den Preis abgewogen wird, zählt auf dem Kapitalmarkt grundsätzlich nur die erwartete Rendite einer Kapitalanlage.

Wenn jedoch Aktien und anderen Kapitalanlagen neben der erwarteten Kapitalrendite ethische, soziale oder ökologische Faktoren anhaften, kann diesen ein Marktwert zukommen.[23] Der Kapitalmarkt erhält dadurch weitere marktrelevante Einflussfaktoren, die durch die ethisch-sozial-ökologische Leistung von Unternehmen und deren Bewertung durch den Markt bestimmt werden.

Die Rentabilität und das Risiko einer Kapitalanlage werden durch Socially Responsible Investment nicht notwendigerweise beeinflusst, sondern sind abhängig davon, welche Methoden im Rahmen von Socially Responsible Investment angewendet werden. Die Korrelation von Rendite und Risiko lässt sich bei der Anwendung von SRI-Methoden auf gleiche Art und Weise steuern wie bei konventionellen Investmentmethoden.[24] Darüber hinaus kann die Einbeziehung ethisch-sozial-ökologischer Faktoren die Qualität von Renditeprognosen verbessern. Allerdings können strenge Kriterien die Wertpapierauswahl auch so verengen, dass negative Rendite- oder Risikoeffekte eintreten. Eine Kapitalanlage, bei deren Verwaltung ethisch-sozial-ökologische Faktoren berücksichtigt werden, kann deshalb je nach Art und Weise der Integration dieser Faktoren tendenziell rentabler oder tenden-

---

20 Dies gilt insbesondere für Deutschland, vgl. Habersack/Mülbert/Schlitt/*Rudolf*, Unternehmensfinanzierung (1. Aufl. 2001), 30 ff.

21 Sachverständigenrat, Jahresgutachten 2005, 455, www.sachverstaendigenrat-wirtschaft.de.

22 Zur Bedeutung institutioneller Investoren als aktive Aktionäre in Deutschland vgl. FAZ, Investoren setzen Vorstände stärker unter Druck, v. 7. 3. 2006, 56; Börsenzeitung, Institutionelle Investoren haben an der Macht geleckt, v. 1. 5. 2004, 8.

23 Marktstudien bei *Schoenheit*, imug-Branchenstudie 2004 – Private Finanzplanung und nachhaltiges Investment; danach kennen ca. 29% der Bundesbürger nachhaltige Geldanlagen und finden diese eher oder sehr attraktiv; vgl. auch Handelsblatt, Nachhaltigkeit – Gewinne mit gutem Gewissen, v. 3. 11. 2006, 30; kritisch zur bisherigen Praxis *Mayo/Doane*, An ethical door policy How to avoid the erosion of ethics in Socially Responsible Investment.

24 Vgl. *Garz/Kudszus/Volk*, Insurance and Sustainability – Playing with Fire, 20 ff.; *Garz/Kudszus/Gilles*, Lust auf mehr? SRI: Performance mit gutem Gewissen, 6 ff.; *Plinke*, Aktienperformance und Nachhaltigkeit, 21; *Bello*, Socially Responsible Investment and Portfolio Diversification, Journal of Financial Research 2005, 41.

ziell weniger rentabel sein als eine vergleichbare konventionell verwaltete Kapitalanlage.

B. Rechtliche Implikationen

Bei Socially Responsible Investment handelt es sich um ein wirtschaftliches Phänomen mit ökonomischer wie auch politischer und sozialer Bedeutung. Es betrifft einerseits das Verhältnis zwischen Anlegern und Investmentfonds oder anderen Intermediären (Vereinbarungen darüber, wie das übergebene Kapital angelegt werden soll). Andererseits betrifft es das Verhältnis von Intermediären gegenüber Unternehmen, an denen Intermediäre als institutionelle Anleger beziehungsweise Aktionäre beteiligt sind (Verhältnis zwischen Aktionären und Unternehmensführung). Der Intermediär steht als primär Handelnder im Mittelpunkt, indem er in die eine Richtung Kapitalverwaltung für eine Vielzahl von Anlegern anbietet und deren Kapital bündelt und in die andere Richtung das eingesammelte Kapital nach bestimmten Investmentmethoden verwaltet.

I. Rechtsverhältnisse

Anleger	**Kapitalanlagerecht** Investmentrecht Altersvorsorgerecht	Intermediäre z. B. Investmentfonds	**Gesellschaftsrecht** Finanzberichterstattung Aktionärsrechte	Unter- nehmen

Das Rechtsverhältnis zwischen Anlegern und Intermediären wird durch das *Kapitalanlagerecht* definiert und unterliegt dem Grunde nach dem Vertragsrecht.[25] Da es sich jedoch, ähnlich wie im Versicherungsrecht, um standardisierte Verträge von erheblicher finanzieller Bedeutung zwischen ungleich schutzbedürftigen Vertragspartnern handelt, bestehen umfangreiche gesetzliche Regelungen, die dieses Verhältnis näher ausgestalten. Darüber hinaus bestehen aufsichtsrechtliche Implikationen. Die umfassendsten Regelungen enthält das Investmentgesetz.[26]

Das Rechtsverhältnis zwischen institutionellen Anlegern und Unternehmen ist *gesellschaftsrechtlicher* Art und betrifft die Corporate Governance des Unternehmens. Von Bedeutung sind vor allem Auskunftsrechte und -pflichten über SRI-relevante Fragen der Unternehmensführung sowie die Möglichkeiten und Grenzen direkter und mittelbarer Einflussnahme institutioneller Investoren auf die Unternehmensleitung durch Ausübung ihrer Beteiligungsrechte.

---

25 Internationaler Überblick bei UNEP Financial Initiative, A legal framework for the integration of environmental, social and governance issues into institutional investment.
26 Siehe unten Seite 43.

II. Gesetzliche Regelungen

Die gesetzlichen Regelungen der beiden vorgenannten Rechtsverhältnisse berücksichtigen das erst in den 90er Jahren relevant gewordene und auch heute noch in der Entwicklung begriffene Phänomen des Socially Responsible Investment nur bruchstückhaft. Erst seit wenigen Jahren bestehen einige SRI-spezifische Regelungen. Für bestimmte Intermediäre (Pensionsfonds sowie Pensionskassen und Lebensversicherer, die bestimmte Altersvorsorgeleistungen erbringen) wurden seit 2001 die Berichtspflichten gegenüber ihren Anlegern bzw. Vertragspartnern konkretisiert.[27] Seit 2005 müssen börsennotierte und andere große Unternehmen für den Geschäftsverlauf bedeutende soziale und ökologische Leistungsindikatoren in den Lagebericht der Gesellschaft aufnehmen.[28] Neben diesen speziellen Regelungen sind auch die nicht SRI-spezifischen allgemeinen Regelungen auf die im Zusammenhang mit Socially Responsible Investment auftretenden Fragestellungen anwendbar, beispielsweise die Auslegung der Sorgfalts- und Interessenwahrungspflicht einer Kapitalanlagegesellschaft oder die gesetzlichen Anforderungen an Vertragsbedingungen.

Die Mehrheit der betroffenen allgemeinen Regelungen geht auf europäische Richtlinien zurück.[29] Vor dem Hintergrund der Schaffung eines europäischen Binnenmarktes, der durch die Beseitigung der Hindernisse für den freien Kapitalverkehr zwischen den Mitgliedstaaten gekennzeichnet ist, kann auch das Phänomen des Socially Responsible Investment nicht mehr aus rein nationaler Perspektive betrachtet werden. Im Investment- und Gesellschaftsrecht wurde bereits ein nicht unerhebliches Harmonisierungsniveau erreicht. Socially Responsible Investment steht im Rahmen der Debatte um die Corporate Social Responsibility von Unter-

27 Gesetz zur Reform der gesetzlichen Rentenversicherung und zur Förderung eines kapitalgedeckten Altersvorsorgevermögens (Altersvermögensgesetz – AVmG) vom 26. Juni 2001, BT-Drucks. 14/4595; nachfolgend: Gesetz zur Umsetzung aufsichtsrechtlicher Bestimmungen zur Sanierung und Liquidation von Versicherungsunternehmen und Kreditinstituten vom 10. Dezember 2003, BGBl. 2003/2478 (Reg.E. mit Begründung BT-Drucks. 15/1653); Siebtes Gesetz zur Änderung des Versicherungsaufsichtsgesetzes vom 29 August 2005, BT-Drucks. 15/5618.

28 Gesetz zur Einführung internationaler Rechnungslegungsstandards und zur Sicherung der Qualität der Abschlussprüfung (Bilanzrechtsreformgesetz – BilReG) vom 4. Dezember 2004, BGBl. 2004 I, 3166; zur Bedeutung sozialer und ökologischer Leistungsindikatoren vgl. Deloitte, Nachhaltig mehr Wert – Der Informationsbedarf von Investoren und Analysten nach branchenspezifischen „Sustainable Development Key Performance Indicators“ (SD-KPIs) in Lageberichten deutscher Unternehmen, 7 ff.

29 Richtlinie 2003/51/EG des Europäischen Parlaments und des Rates vom 18. Juni 2003 zur Änderung der Richtlinien 78/660/EWG, 83/349/EWG, 86/635/EWG und 91/674/EWG über den Jahresabschluss und den konsolidierten Abschluss von Gesellschaften bestimmter Rechtsformen, von Banken und anderen Finanzinstituten sowie von Versicherungsunternehmen; Richtlinie 85/611/EWG des Rates vom 20. Dezember 1985 zur Koordinierung der Rechts- und Verwaltungsvorschriften betreffend bestimmte Organismen für gemeinsame Anlagen in Wertpapieren (OGAW); Richtlinie 2003/41/EG des Europäischen Parlaments und des Rates vom 3. Juni 2003 über die Tätigkeiten und die Beaufsichtigung von Einrichtungen zur betrieblichen Altersversorgung (Pensionsfondsrichtlinie); Richtlinie 2002/83/EG des Europäischen Parlaments und des Rates vom 5. November 2002 über Lebensversicherungen (Lebensversicherungsrichtlinie).

nehmen auch weiterhin auf der Agenda der Europäischen Union.[30] Gleichzeitig bestehen in vielen europäischen Ländern vielfältige SRI-spezifische Regelungen, die in unterschiedlichen Rechtsgebieten wurzeln, darunter im Gesellschaftsrecht, Investmentrecht, Versicherungsrecht, Sozialrecht und Umweltrecht. Die rechtliche Einordnung von Socially Responsible Investment erfordert deshalb die Einbeziehung der gemeinschaftsrechtlichen Dimension.

Kapitel II – Ziele und Grundgedanken der Untersuchung

Socially Responsible Investment ist ein modernes Phänomen, das im Kontext der Globalisierung der Weltwirtschaft, der Liberalisierung der Kapitalmärkte und des wachsenden Bewusstseins für die Notwendigkeit einer nachhaltigen Wirtschaftsentwicklung zunehmend Bedeutung erlangt. Es hat das Potential, über unmittelbar eingreifende Wirtschafts-, Umwelt- und Sozialgesetzgebung hinaus marktbasierte Anreize zu setzen, die einerseits ohne tiefgehende Eingriffe nationaler oder regionaler Gesetzgeber auskommen, andererseits in der Breite ihrer Wirkung nicht national oder regional begrenzt sind, sondern der Globalisierung der Kapitalmärkte folgen. Diese Arbeit betrachtet Socially Responsible Investment deshalb als Marktphänomen mit positiven wirtschaftlichen, sozialen und ökologischen Auswirkungen, dessen Fortentwicklung und Ausbreitung im gesellschaftlichen Interesse liegt.

Wie der Begriff „Phänomen" impliziert, geht Socially Responsible Investment nicht auf eine gesetzgeberische Initiative zurück. Es wurde nicht durch gesetzliche Regelungen bewirkt, sondern ist ein durch wirtschaftliche Entwicklungen und ökologische und soziale Erkenntnisse ausgelöster Prozess. Systemtheoretisch handelt es sich nicht um ein eigenständiges und unabhängiges System, sondern um eine Erweiterung, eine neue Dimension innerhalb des bestehenden Kapitalmarktsystems. Es folgt den systemimmanenten Regeln des Kapitalmarktes, innerhalb derer es entstanden ist, lässt sich jedoch nicht ohne weiteres in die bestehenden rechtlichen Strukturen einordnen.

Wie bei jedem Marktphänomen gewährleisten flankierende gesetzliche Regelungen die Marktfunktionalität. Dazu gehören insbesondere *Transparenzregelungen*, die Informationsdefizite der Markteilnehmer verringern sollen, und *Schutzregelungen*, die Minimalstandards für strukturell benachteiligte Marktteilnehmer garantieren. Auch die rechtlichen Rahmenbedingungen für Socially Responsible Investment sind vor allem durch Transparenz- und Schutzregelungen bestimmt. Dabei handelt es sich größtenteils um allgemeine Regelungen, die auf neuartige Fragestellungen angewendet werden (müssen); teilweise existieren auch SRI-spezifische Regelungen, die bereits eine Reaktion des Gesetzgebers darstellen.

---

30 Vgl. Europäische Kommission, Green Paper – Promoting a European framework for Corporate Social Responsibility, KOM(2001) 366, 21.

Mit der vorliegenden Untersuchung werden die folgenden Ziele verfolgt:

- Erstens soll geklärt werden, welche gesetzlichen Regelungen *de lege lata* zu den für Socially Responsible Investment relevanten Regelungen gehören und welche Funktion ihnen zukommt. Es geht darum, die rechtliche Zulässigkeit von Socially Responsible Investment in seinen verschiedenen Ausprägungen zu analysieren und die richtige Auslegung der berührten Normen zu ermitteln. Damit beschäftigt sich der 1. Titel des 2. Teils (Kapitalanlagerecht).
- Zweitens werden die für Socially Responsible Investment relevanten gesellschaftsrechtlichen Vorschriften, ihre Bedeutung und konkrete Auslegung herausgearbeitet. Damit befasst sich der 2. Titel des 2. Teils (Gesellschaftsrecht).
- Drittens werden die mit Socially Responsible Investment verbundenen Fragestellungen in den europäischen Rechtsrahmen und die derzeitigen rechtlichen und wirtschaftlichen Entwicklungen auf europäischer Ebene eingeordnet. Dies macht den 3. Teil der Arbeit aus.
- Im 4. Teil der Arbeit (Schlussfolgerungen) soll schließlich die Frage beantwortet werden, wie die derzeitigen rechtlichen Rahmenbedingungen aus rechtspolitischer Sicht zu beurteilen sind, welche Regelungsansätze in anderen Mitgliedstaaten bestehen (kursorischer Rechtsvergleich) und wie diese zu bewerten sind. Der grenzüberschreitenden Dimension von Socially Responsible Investment entsprechend erfolgt diese Analyse und Bewertung aus europäischer Entwicklungsperspektive.

Titel II – Socially Responsible Investment in der Praxis

Kapitel I – Integration ethisch-sozial-ökologischer Faktoren in die Verwaltung von Sondervermögen

Bevor die Zulässigkeit und die rechtlichen Voraussetzungen der Berücksichtigung ethisch-sozial-ökologischer Faktoren für die Fondsverwaltung bei Investmentfonds untersucht werden können, stellt sich die Frage, wie die Berücksichtigung bzw. Integration dieser Faktoren in die Vermögensverwaltung methodisch erfolgt. Dabei ist grundsätzlich zu unterscheiden zwischen SRI-Strategien, die sich auf die konkreten Investitions- bzw. Kaufentscheidungen, also auf die Zusammensetzung des Portfolios auswirken (Portfolioselektion), und solchen Strategien, die auf der Stellung als Investor beruhen und das rechtliche und tatsächliche Verhältnis zwischen Aktionären und Unternehmen nutzen (Investorstrategie oder *Engagement*).[31] In die erste Kategorie fallen alle Arten des *Screenings*, also des Ausschlusses oder der Bevorzugung bestimmter Wertpapiere bzw. Unternehmen bei der Selektion des Portfolios eines Kapitalanlagevermögens. In die zweite Kategorie fallen dagegen alle Arten von *Engagement*, also der direkten und mittelbaren Einflussnahme auf ein Unternehmen, sei es durch die Ausübung von Teilhaberechten, z.B. des Rede- und Stimmrechts als Aktionär, oder auf informellem Weg im Dialog mit der Unternehmensführung.[32] *Engagement*-Strategien stehen insofern stets im Kontext mit Fragen der *Corporate Governance*.[33]

---

31 Für einen methodischen Überblick vgl. Eurosif, Primer for Responsible Investment Management of Endowments, 28 ff.; *Schuhmacher-Hummel*, Die Rolle von Pensionskassen im Bereich Socially Responsible Investments, 81 ff.; *Flotow/Häßler/Schmidt*, Umwelt- und Nachhaltigkeitstransparenz für Finanzmärkte, 88 ff.; *Kahlenborn/Klumb/Interwies*, Neue Impulse durch ökologische Geldanlagen, 46; *Hetherington*, Corporate social responsibility, stockholders, and the law.

32 *Engagement*-Strategien können auch die Öffentlichkeit miteinbeziehen, indem beispielsweise ein Deinvestment angekündigt bzw. angedroht wird. In 2007 drohten beispielsweise von Gewerkschaften beherrschte Pensionsfonds mit Deinvestments gegenüber *Blackstone* wegen dessen Engagements bei der Deutschen Telekom AG und der geplanten Auslagerung von Arbeitnehmern in Beschäftigungsgesellschaften, vgl. Financial Times v. 24. 4. 2007, 15; zur Bedeutung institutioneller Investoren als aktive Aktionäre in Deutschland vgl. FAZ, Investoren setzen Vorstände stärker unter Druck, v. 7. 3. 2006, 56; Börsenzeitung, Institutionelle Investoren haben an der Macht geleckt, v. 1. 5. 2004, 8; JustPensions, Socially Responsible Investment and International Development – A Guide for Trustees and Fund Managers, 8; JustPensions, Responsible Investment Trustee-Toolkit, 22.

33 Vgl. *Kirchner*, Regulierung durch Unternehmensführungskodizes, zfbf-Sonderheft 2002, 93, 96: „Die Unternehmensführung ist eingebettet in ein System formaler und informeller Regelungen auf verschiedenen Ebenen, die im Rahmen der Neuen Institutionenökonomik als Institutionen begriffen werden können. In einem unvollständigen Vertrag zwischen Kapitalgebern und Management werden die Regeln festgelegt, nach denen das Unternehmen (als Ressourcenpool) geführt und

Die nachfolgende Darstellung bezieht sich auf Kapitalanlagevermögen bzw. -fonds jeder Art, geht jedoch aus Gründen der Übersichtlichkeit in der Terminologie von Investmentfonds aus.

A. Integration ethisch-sozial-ökologischer Faktoren in die Portfolioselektion

Die Zielsetzung der Portfolioerstellung liegt in der Optimierung der Rendite-Aussichten und der Steuerung des Anlagerisikos durch Mischung und Streuung der Anlagetitel sowie den Einsatz spezieller Absicherungsinstrumente. Diese Zielsetzung besteht unabhängig von der Berücksichtigung ethisch-sozial-ökologischer Faktoren.[34] An der finanziellen Bewertung der auszuwählenden Titel ändert sich grundsätzlich nichts. Allerdings stellt sich die Frage, wie nichtfinanzielle Faktoren zusätzlich bei der Auswahl herangezogen werden können.

I. Indexfonds und aktiv geführte Fonds

Zunächst ist grundsätzlich zwischen Indexfonds und aktiv geführten Fonds zu unterscheiden.[35] Indexfonds beschränken sich in der Selektion des Portfolios darauf, einen bestehenden Aktienindex nachzubilden.[36] Ein Indexfonds verhält sich in der Wertentwicklung deshalb proportional zum durch den Referenzindex abgebildeten Markt. Der Wert des Fonds kann nicht wesentlich stärker steigen oder fallen, als es der allgemeinen Wertentwicklung (des abgebildeten Marktes) entspricht. Das Gesamtrisiko des Portfolios wird insofern auf das vom Markt vorgegebene systematische Risiko begrenzt, während das vom einzelnen Anlagewert ausgehende Risiko entfällt.[37]

---

wie die Führung des Unternehmens überwacht werden soll. Dieser unvollständige Vertrag wird auf der einen Seite ergänzt durch durch informelle Regelungen, die sich in der Praxis der Unternehmensführung herausbilden. Auf der anderen Seite wird er von sanktionsbewehrten Regelungen des staatlichen Gesetzgebers überlagert, insbesondere denen des Unternehmens- und Gesellschaftsrechts sowie denen des Kapitalmarktrechts. [...]"; vgl. auch *Kirchner*, Shareholder Value: A New Standard for Company Conduct, in: Hopt/Wymeersch, Capital Markets and Company Law, 341; *Muthreich/Demoulin*, ZKredW 2004, 420.

34 Dementsprechend ist bislang keine eindeutige Beziehung zwischen der Berücksichtigung ethisch-sozial-ökologischer Kriterien und der Wertentwicklung von Investmentfonds feststellbar; für einen Überblick über bisherige Studien vgl. *Pinner*, Ethische Investments, 51; tiefgehend *Schäfer*, Kredit und Kapital 2002, 101; Übersicht und Gewichtung einzelner SRI-spezifischer Risikofaktoren bei *Garz/Kudszus/Gilles*, Lust auf mehr? SRI: Performance mit gutem Gewissen, 11.

35 Vgl. *Garz/Kudszus/Gilles*, From Economics to Sustainomics: SRI-Investment style with a future, 40 ff.

36 Vgl. Art. 3 Nr. 2 der Richtlinie zur Festlegung von Fondskategorien gemäß § 4 Abs. 2 InvG: „Bei der Namensgebung oder im Vertrieb setzt die Verwendung der Fondskategorie „Indexfonds" (Index Funds etc.) oder einer ihrer begrifflichen Bestandteile voraus, dass nach den Vertragsbedingungen oder der Satzung sicherzustellen ist, dass die im Investmentvermögen gehaltenen Wertpapiere und Derivate unter Wahrung einer angemessenen Risikomischung einen bestimmten, allgemein und von der BaFin anerkannten Wertpapierindex zu mindestens 95 Prozent nachbilden."

37 *Beckmann*, Investmenthandbuch, 425 § 8 c Rn. 6.

Dabei ist allerdings zur berücksichtigen, dass jeder Referenzindex wiederum nur einen Teil des Marktes erfassen kann. So umfasst zum Beispiel der Deutsche Aktienindex DAX[38] nur die 30 führenden deutschen Titel, der Dow Jones Euro Stoxx 50[39] nur die 50 führenden Titel aus der Eurozone, der MSCI World Index[40] immerhin ca. 1500 Titel aus 50 Ländern, die ca. 85% der Marktkapitalisierung[41] dieser Länder abdecken.

Im Gegensatz dazu nutzt ein aktiv geführter Fonds einen Referenzindex lediglich als Benchmark, also als Vergleichsindex. Durch Veränderung des Portfolios im Vergleich zum Referenzindex wird versucht, diesen „zu schlagen“, also eine vergleichsweise bessere Wertentwicklung zu erreichen. Jede Abweichung vom Vergleichsindex stellt ein Risiko dar, das sich positiv (*Outperformance*) oder negativ (*Underperformance*) auf die vergleichsweise Wertentwicklung auswirken kann. Die Entscheidung, abweichend vom Vergleichsindex in bestimmte Titel zu investieren, erfolgt deshalb anhand von komplexen Methoden und Analysen, deren Vielfalt und Ausdifferenzierung beständig wächst.[42]

Dabei wird in der Regel „von oben nach unten“ (*top-down*) selektiert. Das Titeluniversum, die Gesamtheit der theoretisch verfügbaren Titel, wird zunächst nach bestimmten Grundsätzen reduziert, bevor anhand einer vergleichenden finanziellen Analyse die konkrete Auswahl einzelner Titel und deren anteilige Gewichtung innerhalb des Portfolios erfolgen.[43] Umgekehrt ist es möglich zunächst „unten“ einzelne Unternehmen bzw. Titel auszuwählen, die dann entsprechend den Anlagegrundsätzen des Fonds nach Region, Branche, etc. gewichtet werden (*bottom-up*). Der Unterschied liegt letztlich darin, dass die finanzielle Analyse am Anfang steht bzw. erst im zweiten Schritt erfolgt, im Anschluss an eine vorgeschaltete Auswahl nach regionalen oder sonstigen generellen Anlagekriterien. Die Grenzen sind dabei fließend. Im Folgenden wird deshalb nur der top-down Ansatz zugrunde gelegt.

---

38 www.deutsche-boerse.com.
39 www.stoxx.com.
40 www.msci.com.
41 Die Marktkapitalisierung berechnet sich aus dem aktuellen Kurswert einer Aktie multipliziert mit der Anzahl der an der Börse notierten Aktien eines Unternehmens.
42 Die Arbeit beschränkt sich deshalb im Folgenden auf die Grundzüge. Insbesondere rein charttechnische Methoden werden nicht behandelt, weil sie von vornherein die Integration nichtmathematischer Faktoren ausschließen und insofern für die Integration ethisch-sozial-ökologischer Faktoren ungeeignet sind. Für eine Übersicht über die Methodenvielfalt (*Investment Styles*), insbesondere die Fundamentalanalyse vgl. *Heidel*, Aktienrecht, Teil 19; *Barberis/Shleifer*, Style Investing; *Schäfer*, Anlegerschutz und die Sorgfalt eines ordentlichen Kaufmanns, 58ff.; zur klassischen Portfoliotheorie und Risikoberechnung vgl. *Spremann*, Portfoliomanagement, 252ff.; *Breuer/Gürtler/Schuhmacher*, Portfoliomanagement, 40ff.; für die Anerkennung von SRI als eigenständigen *Investment Style* vgl. *Garz/Kudszus/Gilles*, From Economics to Sustainomics: SRI-Investment style with a future.
43 Vgl. *Pinner*, Ethische Investments, 34f., 163ff.

II. Portfolioselektion bei aktiv geführten Fonds

Die Portfolioselektion lässt sich – bei vereinfachter Betrachtung – in drei methodische Schritte einteilen.[44]

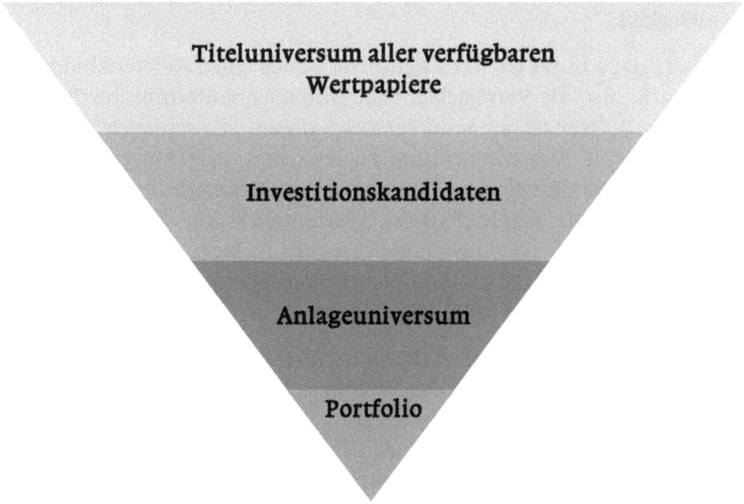

1. Auswahl von Investitionskandidaten aus dem Titeluniversum

Aus dem Titeluniversum, also der Gesamtheit aller Wertpapiere, werden zunächst durch systematische Reduktion anhand genereller Kriterien Investitionskandidaten ausgewählt. Gängige Kriterien sind die Beschränkung auf Grundlage der Marktkapitalisierung (z.B. *Large Caps, Small Caps*), der Art und Dauer der bisherigen Wertentwicklung (z.B. *Blue Chips*),[45] der Branche (z.B. *New Economy*), der Region (z.B. Europa), der Listung in einem bestimmten Index (z.B. DAX) oder eine Kombination mehrerer Kriterien (z.B. Europa Top 50 large caps).[46] In Betracht kommen allerdings auch sehr spezielle Kriterien, wie z.B. die Beschränkung auf Unternehmen, welche voraussichtlich von einer Fußballweltmeisterschaft profitieren.[47] Die Auswahl der Investitionskandidaten ist insofern eine Grobsortierung, welche die grundsätzliche Zielrichtung der Anlagepolitik vorgibt. Die angewandten Kriterien

---

44 Diese Einteilung kann nicht alle Methoden der Portfolioselektion erfassen, enthält aber die wesentlichen Wertungen.

45 International gehandelte und bekannte, umsatzstarke (Standard-)Aktien von Unternehmen mit großer Marktkapitalisierung und bisher solidem Wachstum.

46 Zu den unterschiedlichen Fondskategorien vgl. *Beckmann*, Investmenthandbuch, 410 § 4 Rn. 17ff.

47 Postbank Dynamik FIFA WM 2006™. Enthalten sind potentielle Profiteure der FIFA Fussball-Weltmeisterschaft Deutschland 2006, also vor allem Sportartikelhersteller, Reise- und Logistikunternehemen, Nahrungsmittelhersteller sowie Medienkonzerne, börsennotierte Fußballvereine und Unternehmen aus den Branchen Telekommunikation, Werbung und Bau.

sind struktureller Natur, ohne dass bereits eine exakte finanzielle Analyse einzelner Titel erfolgt. Sie können aber bereits Bedeutung haben für das voraussichtliche Verhältnis zwischen erwartetem Wachstums- bzw. Gewinnpotential und Risiko. Eine Konzentration auf Blue Chips lässt beispielsweise ein geringes Risiko bei mittelmäßiger Wertentwicklung erwarten, während die Konzentration auf wachstumsstarke Nischenmärkte oder -branchen in der Regel mit größeren Renditechancen aber auch größeren Risiken verbunden ist.

2. Aufnahme von Investitionskandidaten in das Anlageuniversum

Im zweiten Schritt wird die Gesamtheit der Investitionskandidaten reduziert auf ein Anlageuniversum. In das Anlageuniversum werden nur solche Investitionskandidaten aufgenommen, die einer umfassenden finanziellen Analyse standhalten. Auf die vielfältigen möglichen Methoden dieser Analyse kann hier nicht eingegangen werden.[48] Im Ergebnis wird die Zahl der Titel reduziert auf solche Titel, die eine positive Wertentwicklung (*Performance*) erwarten lassen. Dies ist in der Regel der Fall, wenn der aktuelle Kurswert geringer ist, als der Unternehmenswert bzw. wenn eine zukünftige Steigerung des Unternehmenswertes zu erwarten ist. In diese Titel kann der Fonds grundsätzlich investieren. Ihre Gesamtheit stellt deshalb das Anlageuniversum dar. Da sich die Bewertung eines Titels stets positiv wie negativ ändern kann, wird das Anlageuniversum stetig überwacht und angepasst.

3. Erstellung des Portfolios

Im dritten Schritt wird unter Berücksichtigung der Risikostreuung und finanziellen Optimierung das Portfolio ausgewählt. Die Risikostreuung erfolgt durch Branchengewichtung und regionale Diversifikation und orientiert sich in der Regel an einem Index als Benchmark (z.B. MSCI World Index). Je näher die Diversifikation und Gewichtung am Benchmark liegt, desto geringer ist das Risiko im Sinne einer Abweichung von dem durch den Benchmark ausgedrückten allgemeinen Marktrisiko. Umgekehrt bedeutet ein höheres Risiko auch eine höhere Chance den Benchmark-Index in der Wertentwicklung zu übertreffen.

III. Integration ethisch-sozial-ökologischer Faktoren in die Portfolioerstellung

Bei der Integration von ethisch-sozial-ökologischen Faktoren in die Portfolioerstellung ist wiederum zwischen Indexfonds und aktiv geführten Fonds zu unterscheiden.

---

48 Zur Methodik vgl. jedoch oben Fn. 42.

1. Aktiv geführte SRI-Fonds

Die Integration von ethisch-sozial-ökologischen Faktoren in die aktive Erstellung des Portfolios kann auf allen drei oben beschriebenen Ebenen erfolgen. In der Regel erfolgt die Auswahl nach ethisch-sozial-ökologischen Kriterien allerdings vor der finanziellen Bewertung.[49]

Der Investmentprozess lässt sich graphisch wie folgt darstellen:

Auswahl der Aktien ⇨	Portfolio Aufbau ⇨	Risikomanagement
Phase 1: Soziale und ökologische Analyse → Negativkriterien → Positivkriterien und relative (best-of) Kriterien **Phase 2: Finanzanalyse** → Fundamentalanalyse → Quantitative Analyse	**Phase 1: Portfolio der besten Korrelation** → Senkung des relativen Risikos, insb. geographisch, sektoriell **Phase 2: Optimierung** → Maximierung der Renditechancen	**Risikokontrolle** → Ex-ante → Ex-post

a) Auswahl von Investitionskandidaten aus dem Titeluniversum

Neben den oben genannten Anlagekriterien (z.B. Unternehmensgröße, Branche, Region, etc.) kommen auch ethisch-sozial-ökologische Kriterien in Betracht, um die Reduktion der verfügbaren Titel entsprechend der grundsätzlichen Ausrichtung des Fonds zu erreichen. Die Vielfalt der möglichen Kriterien ergibt sich schon aus der Vielfalt der möglichen ethischen, sozialen oder ökologischen Wertungen. Das wird besonders deutlich bei der Anwendung negativer Ausschlusskriterien (*Negative Screening*). Neben den einzelnen Kriterien lassen sich jedoch auch unterschiedliche methodische Ansätze differenzieren. So kann umgekehrt auch die Erfüllung bzw. der Grad der Erfüllung positiver Kriterien gewichtet werden (*Positive Screening*). Wird die Erfüllung positiver Kriterien relativ betrachtet, lässt sich eine positive Rangliste erstellen (*Best-of-class-Ranking*).[50]

---

49 Vgl. beispielsweise Dexia Asset Management, Nachhaltige und sozial verantwortliche Geldanlagen, 2: Unternehmen sind nicht isoliert zu betrachten, sondern stellen offene Systeme dar, die auf vielfältige Herausforderungen, wie veränderte Umweltvorgaben, soziales Management oder auf Image-Aspekte reagieren müssen. Dies kann sich auch auf die Bilanz und die Börsennotierung auswirken. Bevor eine Auswahl nach finanziellen Kriterien stattfindet, analysiert Dexia Asset Management Unternehmen nach sozialen und ökologischen Kriterien. So werden die Wertpapiere innerhalb eines jeden Sektors unter Berücksichtigung von Indikatoren für die Nachhaltigkeit ausgewählt, da diese Hinweise auf die spätere Rentabilität der Papiere geben.

50 Zur Differenzierbarkeit nach ethisch-sozial-ökologischen Kriterien und den Leitideen der wirtschaftsethischen Unternehmensbewertung *Ulrich/Jäger/Waxenerger*, Prinzipiengeleitetes Investment I, 43 ff. sowie Prinzipiengeleitetes Investment II, 36 ff.

aa) Ausschlusskriterien – Negative Screening

Der Gebrauch von negativen Ausschlusskriterien, etwa für Unternehmen, die Waffen oder Alkohol produzieren, ist die einfachste und auf den ersten Blick einleuchtendste Strategie zur Integration ethisch-sozial-ökologischer Faktoren. Tatsächlich arbeitet die Mehrheit der in Deutschland vertriebenen Nachhaltigkeits-Fonds zumindest teilweise mit Ausschlusskriterien, die entweder an das Produkt bzw. die Produktion, oder an das Verhalten eines Unternehmens anknüpfen.[51] Die gebräuchlichsten Ausschlusskriterien sind:

Anknüpfung an universale Werte	**Anknüpfung an den Herstellungsprozess**	**Anknüpfung an das Produkt oder die Dienstleistung**
• Menschenrechtsverletzungen • Missachtung der ILO Standards • Kinderarbeit • dauerhafte Gesetzesverstöße • Korruption • Unterstützung international geächteter Regime	• Massentierhaltung • Gentechnik in der Landwirtschaft • Einsatz von Bioziden • vermeidbare Tierversuche • Kernenergie • Raubbau an natürlichen Ressourcen, z. B. nicht nachhaltige Waldwirtschaft oder Fischerei	• Waffen, Rüstungsindustrie und Militär • Tabak • Alkohol • Pornographie • Glücksspiel • Biozide, Agro-Chemikalien, chlororganische Massenprodukte • Automobilbau, Luftfahrt

Bei Unternehmen bzw. Konzernen, die nur teilweise in ausgeschlossenen Bereichen tätig sind, wird danach differenziert, welcher Anteil diesem Bereich am Gesamtumsatz zukommt.

Ausschlusskriterien können, abhängig von den weiteren verwendeten Kriterien, auf allen Ebenen der Portfolioerstellung verwendet werden. Da es sich um verhältnismäßig leicht zu bewertende Kriterien handelt, werden sie in der Regel bereits bei der Auswahl von Investitionskandidaten aus dem Titeluniversum angewendet.

bb) Aufnahmekriterien – Positive Screening

Positiv-Kriterien können in ihrer Art und Gewichtung vielfältig ausgestaltet sein. Sie lassen sich nach dem *Tripple-bottom-line*[52] Ansatz in die drei Dimensionen aufteilen: Ökonomisch, sozial und ökologisch.

---

51 Vgl. BMU, Mehr Wert: Ökologische Geldanlagen, 24 ff.; *Kocher*, RdA 2004, 27.
52 Für eine nähere Beschreibung vgl. www.tbli.org; www.globalreporting.org.

Ökonomische Kriterien	Soziale Kriterien	Ökologische Kriterien
• Corporate Governance • Beachtung selbstverpflichtender Verhaltensregeln (z. B. IHK-Regeln zur Bekämpfung von Korruption) • Beziehungen zu Kunden • Beziehungen zu Investoren • Risikomanagement • Innovation	• Achtung der Menschenrechte • Corporate Citizenship • Beachtung selbstverpflichtender Verhaltensregeln (z. B. ILO Standards) • Einbindung von Stakeholdern • Arbeitsbedingungen • Entwicklung des Humankapitals, Weiterbildung der Mitarbeiter • Kontrolle von Zulieferern (auf Einhaltung sozialer Kriterien) • Sozialberichterstattung (z. B. nach den Richtlinien der Global Reporting Initiative)	• Umweltmanagementsysteme • Beachtung selbstverpflichtender Verhaltensregeln (z. B. OECD-Leitsätze für multinationale Unternehmen) • Öko-Effizienz, Ressourcenmanagement • Öko-Lizenzen und Labels • Ökologische Berichterstattung (z. B. nach den Richtlinien der Global Reporting Initiative)

Die aufgelisteten Kriterien stellen jeweils abgrenzbare Bewertungsbereiche dar, die untereinander gewichtet werden können. Innerhalb jedes Bereichs können wiederum vielfältige Indikatoren zur Bewertung herangezogen werden. Einerseits Systemindikatoren, die die Beziehung zum Gesamtsystem, also Wirtschafts-, Gesellschafts- und Sozialsystem herstellen (zum Beispiel der prozentuale Anteil an Unfällen am Arbeitsplatz bezogen auf die Branche in einem bestimmten Land).[53] Andererseits Querschnittsindikatoren, die mehrere Dimensionen der ökonomischen, sozialen oder ökologischen Leistung ins Verhältnis setzen.[54] Die Öko-Effizienz ist beispielsweise ein Querschnittsindikator, der den Ressourcenverbrauch im Verhältnis zum Umsatz betrachtet.

(1) Best-of-class-Ansatz

Positivkriterien werden in der Regel nicht nach einem absoluten Maßstab angewendet, sondern zunächst zu einem branchenspezifischen *Best-of-Class-Ranking* zusammengeführt. Je besser ein Unternehmen bei den einzelnen Positivkriterien bewertet wurde, desto höher steht es in der Gesamtrangfolge. Unterschiedlichen Positivfaktoren kann dabei je nach Wichtigkeit unterschiedliches Gewicht zukommen.[55]

---

53 Beispiel aus: Global Reporting Initiative, Sustainability Reporting Guidelines 2002, 41.
54 Dabei zeigt sich oftmals ein Zusammenhang zwischen ethisch-sozial-ökologischer Leistung und ökonomischer Leistung, vgl. UNEP Financial Initiative, The Materiality of Social, Environmental and Corporate Governance Issues to Equity Pricing, 7; UNEP Financial Initiative, Show Me The Money: Linking Environmental, Social and Governance Issues to Company Value, 11; *Schuhmacher-Hummel*, Die Rolle von Pensionskassen im Bereich Socially Responsible Investments, 127 ff.; *Ziegler/Renning/Schröder*, Der Einfluss ökologischer und sozialer Nachhaltigkeit auf den Shareholder Value von europäischen Aktiengesellschaften; vgl. auch unten Fn. 221.
55 Vgl. beispielsweise Dow Jones Sustainability Index, Kriterien und Gewichtungen, www.sustainability-indexes.com; dazu auch *Barkawi*, Benchmarking Sustainability Investments am Bei-

Nach einem einheitlichen branchenübergreifenden Grenzwert wird dann nur ein bestimmter Anteil, beispielsweise die besten 10%[56] der Rangliste als im Ergebnis positiv bewertet und in das Titeluniversum aufgenommen. Durch die Branchendifferenzierung wird die ungleiche Konkurrenz zwischen Branchen (z.B. zwischen Versicherungssektor und Ölindustrie) vermieden. Die Gewichtung der Branchen untereinander kann somit nahezu aufrechterhalten werden.

Der branchenübergreifende Grenzwert bezieht sich nicht auf die Anzahl der besten Titel, sondern auf die Marktkapitalisierung. Diese lässt sich in Prozentpunkten bestimmen und lässt die Gewichtung zwischen den einzelnen Branchen unberührt. Die Festlegung eines prozentualen Wertes der Marktkapitalisierung kann zwar dazu führen, dass möglicherweise nur ein einziges Unternehmen positiv bewertet wird, weil es im Ranking auf Platz eins steht und innerhalb seiner Branche bereits allein über eine Marktkapitalisierung von beispielsweise 10% verfügt. Umgekehrt können bei einem Grenzwert von 10% der Marktkapitalisierung wesentlich mehr als 10% der Unternehmen enthalten sein, wenn diese jeweils nur über eine relativ geringe (1%) Marktkapitalisierung verfügen.

Der *Best-of-class*-Ansatz hat somit zwei Stellschrauben, um seine Filtereigenschaften zu steuern. Einerseits kann durch den prozentualen Grenzwert der Marktkapitalisierung, der brancheneinheitlich gilt, der Anteil der Unternehmen bestimmt werden, die als positiv bewertet werden. Je höher der Grenzwert, desto durchlässiger ist der Filter.

Andererseits kann durch die Branchendifferenzierung der Konkurrenzdruck innerhalb der Branchen gesteuert werden. Da innerhalb jeder Branche ein prozentualer und damit größenunabhängiger Grenzwert gilt, wird die Durchlässigkeit des Filters durch die Branchendifferenzierung nicht erhöht. Auch der totale Konkurrenzdruck ändert sich nicht, wird aber durch die Aufteilung auf einzelne Branchen eines Sektors gleichmäßig verteilt. Wird beispielsweise der ICB Sektor[57] „Grundversorgung“ aufgeteilt in Elektrizität, Gas, Wasser und sonstige Versorgung, ist zu vermuten, dass sich der Konkurrenzdruck für die Wasserversorger erhöht und für die Energieversorger verringert, wenn beide nur noch gegen ihresgleichen konkurrieren, während sich zuvor die Wasserversorger gegen die ökologisch regelmäßig unterlegenen Energieversorger leichter durchsetzen konnten.

(2) Qualitativer Ansatz

Im Gegensatz zum *Best-of-class*-Ansatz werden die Investitionskandidaten beim qualitativen Ansatz (*Pioneer Screening*) allein nach absolut-qualitativen Kriterien ausgewählt, unabhängig von den quantitativen Werten Marktkapitalisierung und Branchengewichtung. Aus allen Branchen werden Unternehmen herausgefiltert,

spiel der Dow Jones Sustainability Indexes, in: Deutsches Aktieninstitut (DAI), Ethisch orientierte Aktienanlage – Nische oder Wachstumsmarkt, 88.

56 Der Dow Jones Stoxx Sustainability Index verwendet beispielsweise den Grenzwert von 20%.

57 Industry Classification Benchmark, vgl. www.icbenchmark.com.

die im Hinblick auf bestimmte Kriterien besonders positiv bewertet werden.[58] Dies ist in der Regel auf innovative Produkte, Dienstleistungen, Herstellungsprozesse oder Managementsysteme zurückzuführen, zum Beispiel:

- besonders ökologische Produkte (Recyclingfähigkeit, Maximierung regenerativer Rohstoffen, Minimierung von Schadstoffen)
- besonders umfassende soziale Leistungen (Ausbildung, Entwicklungsförderung)
- besonders nachhaltiger Herstellungs- und Absatzprozess (Öko-Effizienz, Arbeitsschutz)
- besonders gute Managementstrukturen (z.B. Nachhaltige Unternehmenspolitik, Überwachung von Zulieferern, Qualifikation und Bindung von Mitarbeitern).

Der qualitative Ansatz führt nicht nur zu einer, je nach konkreter Ausgestaltung, Erhöhung des (relativen) Konkurrenzdrucks innerhalb einzelner Branchen, sondern auch branchenübergreifend. Es reicht gerade nicht aus, innerhalb einer Branche relativ besser bewertet zu werden, sondern es wird darüber hinaus nach branchenübergreifenden Vergleichswerten ermittelt, ob sich ein Unternehmen besonders positiv abhebt. Nur dann wird es im Ergebnis positiv bewertet und als Investitionskandidat eingestuft. Dieser Ansatz wird deshalb auch als *Best-of-Best-Classes* bezeichnet.

Die Auswahlquote lässt sich im Gegensatz zum *Best-of-class*-Ansatz nicht ohne weiteres in einem Zahlenwert bzw. Grenzwert ausdrücken. Die qualitativen Maßstäbe können jedoch streng oder weniger streng angewendet werden und dadurch bestimmte Soll-Werte erreichen (z.B. Auswahl von 100 Titeln aus dem Titel-Universum). Nicht erreichbar und auch nicht beabsichtigt ist dabei die Aufrechterhaltung der Branchengewichtung des zugrundeliegenden Titeluniversums oder eines Benchmarks-Indizes.

b) Aufnahme von Investitionskandidaten in das Anlageuniversum

Voraussetzung für die Aufnahme von Investitionskandidaten in das Anlageuniversums ist eine positive Prognose hinsichtlich der zukünftigen Wertentwicklung. Die Aufnahme erfolgt also allein auf Grundlage einer ökonomisch-finanziellen Bewertung. Diese Feststellung ist gleichermaßen richtig für die Integration ethisch-sozial-ökologischer Faktoren. Sie haben auf dieser zweiten Ebene nur insoweit Relevanz, als neben den durch sie repräsentierten Werten auch eine konkrete finanzielle beziehungsweise wirtschaftliche Bedeutung besteht.[59] Die ideelle

58 Dabei kann es sich sowohl um rein wertebasierte Kriterien handeln als auch um ethisch-sozial-ökologische Kriterien mit wirtschaftlichem Aussagewert, vgl. UNEP Financial Initiative, The Materiality of Social, Environmental and Corporate Governance Issues to Equity Pricing, 7; UNEP Financial Initiative, Show Me The Money: Linking Environmental, Social and Governance Issues to Company Value, 11.

59 Zur finanziellen Bedeutung ethisch-sozial-ökologischer Faktoren vgl. UNEP Financial Initiative, The Materiality of Social, Environmental and Corporate Governance Issues to Equity Pricing, 7; UNEP Financial Initiative, Who Cares Wins – Recommendations by the financial industry to bet-

Wertedimension wird bei einer rein finanziellen Analyse per definitionem nicht erfasst. Umgekehrt werden aber notwendigerweise solche Faktoren ethisch-sozial-ökologischer Art erfasst, denen finanzielle Bedeutung zukommt, weil sie zum Beispiel ein Risiko oder einen besonderen Unternehmenswert repräsentieren (*Wirtschaftsdimension*). Diese sind als „weiche" Faktoren schwieriger zu bewerten als Buchwerte und andere materiell unmittelbar erfassbare Faktoren.[60] Ähnlich wie die Qualität des Managements, die Entscheidungs- und Kontrollstrukturen, das Wissensmanagement, die Innovationsfähigkeit, das Image oder die Mitarbeiterbindung sind diese Faktoren aber gleichwohl bedeutsam für den zukünftigen – nachhaltigen – Erfolg eines Unternehmens und somit bedeutsam für die finanzielle Analyse von Investitionskandidaten.[61]

Bei der Erstellung des Anlageuniversums werden finanziell aussagekräftige ethisch-sozial-ökologische Prognosefaktoren (*Financial Value Drivers*) bewertet und gehen in die Analyse entweder negativ als Risiko ein (Risikoanalyse) oder werden als *Intangible Values*, also immaterielle Unternehmenswerte, positiv erfasst.

aa) Ethisch-sozial-ökologische Risikoanalyse

Der Umgang eines Unternehmens mit seinen Umwelt- und Sozialrisiken ist bei der Risikobewertung von erheblicher Bedeutung. Ethisch-sozial-ökologische Faktoren können sowohl strategische Risiken als auch Produkt- bzw. Produktionsrisiken darstellen. Zum Beispiel kann die Nichtbeachtung von Sozial- und Umweltnormen zu erheblichen Kostenrisiken führen, wenn die Einhaltung durch staatlichen oder öffentlichen Druck schließlich erzwungen wird. Ein Verbot oder die Einführung von Grenzwerten für produktionsnotwendige, aber umweltschädigende Substanzen kann zu kostenintensiven Änderungen von Produkten oder Herstellungsprozessen zwingen.[62] Die Verletzung allgemein anerkannter ethisch-sozial-ökologischer Mindeststandards kann einen Reputationsverlust bis hin zum Boykott des Produkts oder Unternehmens nach sich ziehen.[63] Die finanzielle Bewertung einer Fluglinie kann nicht erfolgen, ohne die Sicherheit ihrer Flugzeuge zu berücksichtigen. In Frage steht dabei sowohl der (materielle) Verlust einer Maschine als auch der – in diesem Fall schwerwiegendere – Verlust an (immaterieller) Reputation. Wenn es um Leben und Gesundheit der Kunden geht, ist dies besonders offen-

---

ter integrate environmental, social and governance issues in analysis, asset management and securities brokerage, 9 f.; UNEP Financial Initiative, Show Me The Money: Linking Environmental, Social and Governance Issues to Company Value, 11.

60 Vgl. *Bassen/Hölz/Schlange*, The Influence of Corporate Responsibility on the Cost of Capital, 15 ff.; *White/Klernan*, Corporate Environmental Governance – A study into the influence of Environmental Governance and Financial Performance; Mill, The effect of a switch to socially responsible investment on portfolio performance: an empirical study; siehe auch unten Fn. 221.

61 Siehe oben Fn. 59.

62 Bsp.: Verbot von FCKW (in Deutschland 1991); Einführung von Lizenzen für den Ausstoß von CO_2 (2006).

63 Bsp.: Versuchte Versenkung der ausgedienten Ölplattform *Brent Spar* durch *Royal Dutch Shell* (1995); vgl. auch UNCTAD, Intergovernmental Working Group of Experts on International Standards of Accounting and Reporting, Disclosure of the impact of corporations on society – Current trends and issues, 8.

sichtlich. Dieser Zusammenhang ist jedoch auch auf weniger sensible ethisch-sozial-ökologische Faktoren übertragbar. Die Anzahl solcher Risiken ist nahezu unbegrenzt.[64] Entscheidend ist deshalb, ob ein Unternehmen über interne Risikomanagementstrukturen verfügt, die ethisch-sozial-ökologische Risiken mit einbeziehen und so einerseits kontrollierbar, andererseits transparent und bewertbar machen. So stellt zum Beispiel die Tatsache, dass ein Unternehmen eine Flotte von Öltankern betreibt, schon für sich genommen ein finanziell erhebliches (Umwelt-)Risiko dar. Entscheidender ist jedoch die Frage, ob Managementstrukturen bestehen, die dieses Risiko kontrollierbar halten, etwa durch Überwachung des technischen Standards der Schiffe, ausgebildete Besatzung, moderne Kontrollvorrichtungen, regelmäßige Wartung, Katastrophenpläne, etc.

Die Frage des Risikomanagements stellt sich nicht nur für Betriebsrisiken, sondern auch für die Anpassung an Sozial- und Umweltstandards. Solchen Anpassungen geht zwar regelmäßig ein Übergangszeitraum voraus. Bei langen Investitionszeiträumen auf der einen und politischen Unwägbarkeiten auf der anderen Seite kann sich die verbleibende Reaktionszeit jedoch erheblich verkürzen und zum finanziellen Risiko werden.[65]

Ein adäquates Risikomanagement sichert die nachhaltige Steigerung des Unternehmenswertes. Werden umgekehrt Risiken in Kauf genommen, um Sicherungskosten zu sparen und somit kurzfristig Profite zu steigern, erhöht sich im gleichen Maße das finanzielle Risiko für den Kapitalgeber. Das wirtschaftlich optimale Maß der Risikosteuerung ist von der jeweiligen Situation des Unternehmens abhängig und kann erheblich variieren. Die Unternehmensstrategie kann ein nachhaltiges, aber moderates Wachstum forcieren oder expansiv und risikobewusst ausgerichtet sein. In jedem Fall ist die Frage, wie ein Unternehmen mit seinen ethisch-sozial-ökologischen Risiken umgeht, notwendiger Bestandteil der (finanziellen) Risikoanalyse.

bb) Immaterielle Unternehmenswerte

Die Optimierung ethisch-sozial-ökologischer Risiken kann nicht nur das Schadensrisiko gering halten, sondern zusätzlich einen Reputationswert generieren, der auf dem Konsummarkt, dem Kapitalmarkt, dem Arbeitsmarkt und in vielen weiteren Zusammenhängen wertbildend sein kann.

Wenn beispielsweise ein Unternehmen aufgrund seiner bisherigen Praxis in der Öffentlichkeit bzw. bei Multiplikatoren (z.B. Journalisten, Umweltorganisatio-

---

64 Übersicht nach Branchen bei Ethical Investment Research Services (EIRIS), Valuing ESG issues – a survey of investors, 2.

65 Zum Beispiel hat die EU im Gleichlauf mit der International Maritime Organisation (IMO) ursprünglich (2002) ein Verbot einwandiger Tankschiffe zum Jahr 2015 beschlossen. Im Oktober 2003, nach der Havarie der *Prestige* vor der Küste Spaniens, wurde das Verbot für Schweröl-Tanker mit sofortiger Wirkung in Kraft gesetzt und für alle anderen Tanker auf das Jahr 2010 vorgezogen.

nen) über ein gewisses Reputationspolster verfügt, kann dies bei Schadensfällen den sonst zu erwartenden Imageverlust erheblich reduzieren.[66]

Darüber hinaus zeigt ein Unternehmen, das durch die Optimierung ethisch-sozial-ökologischer Faktoren immaterielle Werte generiert, exemplarisch seine Managementqualität und Innovationsfähigkeit.[67] Es lassen sich mithin drei Dimensionen immaterieller Unternehmenswerte erfassen, deren Bewertung im Zusammenhang mit ethisch-sozial-ökologischen Faktoren steht.

(1) Reputation

Ein Blick auf aktuelle Werbestrategien zeigt, dass das Thema Nachhaltigkeit von Marketingstrategen hoch bewertet wird. Auch der durchschnittliche Konsument, von dem wir annehmen, dass er sich als homo oeconomicus von rein ökonomischen Gesichtspunkten leiten lässt, ist empfänglich für ethisch-sozial-ökologische Mitnahmeeffekte. Diese können bei ökonomisch gleichen Angeboten den Ausschlag geben.[68] Auf dem Konsummarkt ist dieser Effekt besonders ausgeprägt bei Produkten mit geringer Unterscheidbarkeit in Art und Preis (z. B. Benzin), sowie bei Produkten mit ausgeprägter Kundenbindung (z. B. Strom).[69] Auch auf dem Kapitalmarkt ist diese Dynamik spürbar. Investmentfonds sind Produkte mit relativ geringer Unterscheidbarkeit. Aus diesem Grund werden verstärkt Anlageprodukte mit ethisch-sozial-ökologischer Ausrichtung angeboten.[70]

Darüber hinaus wirkt sich die Reputation eines Unternehmens als ethisch-sozial-ökologisch verantwortlich handelnd in vielen weiteren Bereichen aus. Ein positiv wahrgenommenes Unternehmen ist auch ein attraktiver Arbeitgeber.[71] Dies gilt insbesondere für verantwortungsvoll handelnde Führungskräfte, die positive Identifizierung mit dem Unternehmen wirkt sich jedoch auch auf die Leistungsbereitschaft der einfachen Angestellten aus.

Diese Dynamik gilt nicht nur für Arbeitnehmer, sondern für alle Stakeholder eines Unternehmens, einschließlich der Beziehungen zu Behörden und zur unmittelbaren Umgebung. Teilweise wird diese Beziehung als *License to Operate/License to Cooperate* bezeichnet, also als von der Gemeinschaft erteilte „Betriebslizenz", welche ein

---

66 Vgl. z. B. die dramatischen Umweltschäden aufgrund der Korrosion der Alaska Pipeline (2006). Das verantwortliche Unternehmen *BP* hatte sich zu diesem Zeitpunkt durch seine – im Verhältnis zu anderen Mineralölkonzernen – nachhaltige Unternehmenspolitik ein Reputationspolster erarbeitet, das bei den amerikanischen Umweltverbänden die Reaktionen auf den Schadensfall gedämpft ausfallen ließ; vgl. dazu Handelsblatt v. 8. 1. 2007.
67 *Monsma/Buckley*, University of Baltimore Journal of Environmental Law Review 2004, 151.
68 Auf diesen Effekt zielte beispielsweise das Regenwald-Projekt der Biermarke *Krombacher*, vgl. „Biertrinken für den Regenwald", Hamburger Abendblatt v. 3. Juni 2003.
69 Von Energie- und Mineralölkonzernen werden Nachhaltigkeitsthemen deshalb besonders betont, wie bei einem Blick auf die jeweiligen Internetportale deutlich wird.
70 *Schäfer*, ZKredW, 2001, 740; *Schäfer/Preller*, Nachhaltigkeit von Unternehmen aus Finanzmarktsicht; Bowen/Brown/Lagan, Beyond Numbers – How Leading Organizations Link Values With Value to Gain Competitive Advantage.
71 *Ginsberg/Bloom*, SMR 2004, 79.

gewisses Maß an verantwortungsvollem Handeln voraussetzt.[72] Sie ist Voraussetzung für eine vertrauensvolle Zusammenarbeit, die von Fairness, Glaubwürdigkeit und Zuverlässigkeit getragen wird und dadurch Stabilität und – letztlich auch finanzielle – Sicherheit garantiert. Strategien, die diese Zusammenhänge zu optimieren versuchen, benutzen das Leitbild der *Corporate Citizenship*, also des engagierten Bürgers innerhalb der Zivilgesellschaft.

(2) Corporate Governance

Daneben stellen ethisch-sozial-ökologische Faktoren auch einen Indikator dar für den Zustand der Corporate Governance, also der Unternehmensleitung und -kontrolle.[73] Ein Unternehmen, das ethisch-sozial-ökologische Faktoren erfolgreich in seine Unternehmensstrategie und insbesondere in sein Risikomanagement eingebunden hat, zeigt damit seine Fähigkeit, mit grundsätzlich schwer handhabbaren „weichen" Faktoren umzugehen. Der Zusammenhang zwischen ethisch-sozial-ökologisch verantwortlicher Unternehmensführung und der Qualität und Kompetenz des Managements wurde in mehreren Studien nachgewiesen.[74] Die Organisationsstrukturen für die datenmäßige Erfassung und Verarbeitung ethisch-sozial-ökologischer Faktoren erhöht gleichzeitig die Unternehmenstransparenz und Kontrollfähigkeit. Zusätzlich zu der oben bereits beschriebenen Bedeutung für das Risikomanagement stellt die Leistung eines Unternehmens bei der Einbindung ethisch-sozial-ökologischer Faktoren einen Indikator für die Qualität des Managements und somit für die allgemeine Wettbewerbsfähigkeit dar.

(3) Innovation

Die Bedeutung ethisch-sozial-ökologischer Faktoren äußert sich besonders deutlich bei der Frage der Öko-Effizienz.[75] Die Verbesserung der Öko-Effizienz erfordert die Entwicklung bzw. Einführung moderner Technologien, die Überprüfung und Optimierung von Produktionsprozessen und Organisationsformen, die Erarbeitung und Integration einer langfristigen Entwicklungsperspektive, kurz: Eine umfassende Innovationsstrategie. Umgekehrt sind Defizite bei der Öko-Effizienz oftmals auf mangelnde Entwicklungs- und Innovationsfähigkeit zurückzuführen.[76] Die Öko-Effizienz ist daher ein wesentlicher Indikator für die Wettbewerbsfähigkeit eines Unternehmens.[77]

---

72 *Butz*, Performance nachhaltiger Anlagen, 14.
73 Als Corporate Governance wird im internationalen Sprachgebrauch die verantwortliche, auf langfristige Wertschöpfung ausgerichtete Unternehmensleitung und -kontrolle verstanden, vgl. Deutsches Aktieninstitut, www.dai.de.
74 *Guenster/Derwall/Bauer/Koedijk*, The Economic Value of Corporate Eco-Efficiency, 10; *Waddock/Graves*, Strategic Management Journal 1997, 303; *Schwerk*, Corporate Governance und Corporate Social Responsibility, in: Beschorner/Brink/Schumann, Unternehmensethik.
75 Vgl. UNCTAD, A Manuel for the Preparers and Users of Eco-efficiency Indicators, 19ff.; *Guenster/Derwall/Bauer/Koedijk*, The Economic Value of Corporate Eco-Efficiency, 9ff.
76 Vgl. *Guenster/Derwall/Bauer/Koedijk*, The Eco-Efficiency Premium Puzzle, 8; *Russo/Fouts*, Academy of Management Journal 1997, 534.
77 Vgl. *Marthaler/Stern/Brenner*, Grünes Geld für unsere Zukunft, 86.

Diese Dynamik bei der ökologisch-technischen Innovationsfähigkeit ist auch auf den ethisch-sozialen Bereich übertragbar, wie etwa Modelle zur Weiterbildung von Mitarbeitern, die Einbindung von Stakeholdern durch Kooperationsprojekte, die Überwachung von Zulieferern, etc. Die Auseinandersetzung mit ethisch-sozial-ökologischen Faktoren ist deshalb ein Indikator für die allgemeine Innovations- und somit Wettbewerbsfähigkeit eines Unternehmens.

Zusammenfassend lässt sich feststellen, dass ethisch-sozial-ökologische Faktoren bzw. deren Einbeziehung in die Unternehmensstrategie einerseits für die Bewertung des Risikomanagements und der Unternehmenstransparenz von Bedeutung sind, und andererseits Indikatorwirkung haben für Reputation, Managementqualität und Innovationsfähigkeit, mithin für die allgemeine Wettbewerbsfähigkeit. Letzteres gilt umso mehr, als sich die allgemeine wirtschaftliche Entwicklung von den klassischen Industrien wegbewegt und nicht-physische Ressourcen wie Management- und Kommunikationsstrukturen, Wissen und Innovationsfähigkeit an Bedeutung zunehmen.[78]

Bei der ökonomisch-finanziellen Analyse der Investitionskandidaten werden folglich ethisch-sozial-ökologische Faktoren in dieser wirtschaftlich relevanten Dimension (Wirtschaftsdimension) erfasst und gehen als Einflussfaktor für die voraussichtliche wirtschaftliche Entwicklung – und damit Kursentwicklung – in die Bewertung mit ein.

c) Erstellung des Portfolios

Wie bereits oben beschrieben, wird das Portfolio, ausgehend von einem Benchmark-Index, unter Berücksichtigung der Risikostreuung und finanziellen Optimierung ausgewählt. Hinsichtlich der Diversifikation und Risikosteuerung ergeben sich dabei keine Unterschiede zu konventionell geführten Fonds. Für diesen dritten Schritt des obigen Schemas ergeben sich insoweit keine Besonderheiten. Ethisch-sozial-ökologische Faktoren können hier allerdings dann zum Tragen kommen, wenn sie zwischen mehreren möglichen Titeln aus dem Anlageuniversum, die finanziell gleich bewertet wurden, den Ausschlag geben.

2. SRI-Indexfonds

Auch SRI-Fonds können einen bestimmten Index nachbilden, also als Index-Fonds geführt werden. Die von SRI-Fonds genutzten Referenzindizes sind allerdings nicht ohne weiteres vergleichbar mit den sonst von Indexfonds genutzten allgemeinen Marktindizes, die die allgemeine Marktentwicklung eines bestimmten

78 Auf diese Entwicklung hat auch der deutsche Gesetzgeber bereits reagiert. Gemäß § 289 Abs. 3, § 315 Abs. 1 Satz 4 HGB müssen große Unternehmen in ihren finanziellen Lagebericht auch nichtfinanzielle Leistungsindikatoren, wie Informationen über Umwelt- und Arbeitnehmerbelange, aufnehmen, soweit sie für das Verständnis des Geschäftsverlaufs oder der Lage von Bedeutung sind.

Marktes möglichst repräsentativ erfassen wollen.[79] Vielmehr handelt es sich um Indizes, die mit Hilfe von ethisch-sozial-ökologischen Kriterien gestaltet werden und insofern gerade nicht die allgemeine Marktentwicklung repräsentieren, sondern die Marktentwicklung von Unternehmen, die nach bestimmten (ethisch-sozial-ökologischen) Kriterien ausgewählt und gewichtet wurden.[80]

Hier ist danach zu differenzieren, ob ein SRI-Index nach objektiv anwendbaren und überprüfbaren Kriterien gestaltet ist, die den indexerstellenden Analysten praktisch keinen Bewertungsspielraum überlassen, oder ob der Index nach ausdifferenzierten Bewertungsmethoden erstellt wird, die nicht vollständig offenliegen oder aufgrund ihrer Komplexität nicht offengelegt werden können und insofern nur eingeschränkt überprüfbar sind.

In diesem letzteren Fall wird kein aus objektiven Kriterien ableitbarer Markt abgebildet, sondern erst durch den Prozess der Indexerstellung und der dabei angewendeten Bewertungskriterien ein Bezugsmarkt generiert. Dagegen sind die im ersteren Fall angewendeten, vollständig überprüfbaren Kriterien mit anderen objektiven Kriterien wie etwa der Branchenzugehörigkeit vergleichbar und somit konventionellen Branchenindizes oder anderen Spezialindizes methodisch ähnlich.[81] Die genauen Anerkennungsvoraussetzungen für Indizes sind europarechtlich geregelt und werden im europarechtlichen Kapitel näher behandelt.[82]

SRI-Indizes sind deshalb im Gegensatz zu allgemeinen Marktindizes nicht als Benchmark für die Risikosteuerung geeignet, sondern stellen lediglich eine zweite Benchmark auf, die einen SRI-Markt erfasst.[83] Wie oben bereits ausgeführt, stellt jede Abweichung vom Vergleichsindex (= allgemeiner Marktindex) ein Risiko dar, das sich positiv (*Outperformance*) oder negativ (*Underperformance*) auf die Wertentwicklung auswirken kann. Ein SRI-Index stellt bereits eine Abweichung dar und damit ein bestimmtes Risiko im Vergleich zur allgemeinen Wertentwicklung. Es besteht eine gewisse Parallele zu speziellen Branchen-Indizes, die ebenfalls nicht die allgemeine Wertentwicklung widerspiegeln, sondern lediglich die einer nach speziellen Kriterien bestimmten Branche.

---

79 Vgl. *Hamid/Sandfort*, Portfolio, Index & Futures Research – Are SRI indices responsible?, 9 ; zu allgemeinen Marktindizes siehe oben Seite 16.

80 In wissenschaftlichen Untersuchungen und im allgemeinen Sprachgebrauch hat sich der Begriff des „Marktes für nachhaltige Geldanlagen" bereits durchgesetzt, vgl. Sustainable Business Institut, Marktentwicklung Nachhaltige Publikumsfonds 2009, Mitteilung vom 24. 8. 2009, www.nachhaltiges-investment.org; Financial Times Finanzmagazin Beilage, Der Markt für nachhaltige Investments, Heft 8/2007, vgl. auch Handelsblatt, Nachhaltigkeitsindizes – Messlatten für Anlagen mit Moral, v. 10. 11. 2006, 32.

81 Zum Verhältnis von Branchen- und Öko- bzw. Ethikfonds vgl. *Förster/Hertrampf*, Recht der Investmentfonds, Rn. 27 ff.

82 Siehe unten Seite 177.

83 Vgl. *Barkawi*, Benchmarking Sustainability Investments am Beispiel der Dow Jones Sustainability Indexes, in: Deutsches Aktieninstitut (DAI), Ethisch orientierte Aktienanlage – Nische oder Wachstumsmarkt, 88.

B. Integration ethisch-sozial-ökologischer Faktoren in die Investorposition

Alternativ oder parallel zur Integration ethisch-sozial-ökologischer Faktoren in die Portfolioselektion können diese Faktoren auch in die Bestimmung der Position als Investor mit einbezogen werden. Hinsichtlich aller Anlagen in Aktien, die mit Beteiligungsrechten verbunden sind, steht es einem Investmentfonds bzw. der verwaltenden Kapitalanlagegesellschaft gem. §§ 31 Abs. 1, 32 Abs. 1 InvG frei, diese Beteiligungsrechte auszuüben, soweit dies i.S.d. § 9 InvG dem Interesse der Anleger dient.[84] Gleiches gilt für Pensionsfonds, das Sicherungskapital von Versicherungen und sonstige große Sondervermögen, die auf dem Kapitalmarkt investiert werden.[85]

Die Strategie, aus der Position als Investor heraus und mit den damit verbundenen Rechten Einfluss auf die Unternehmensführung zu nehmen, wird als aktives Aktionärsverhalten (*Shareholder Activism*) bezeichnet.[86] Dient dieses Verhalten der Verfolgung ethisch-sozial-ökologischer Interessen, wird es als *Engagement* bezeichnet.[87]

Engagement wird in dieser Arbeit als ein Modell von konstruktivem *Shareholder Activism* untersucht. Im Hinblick auf die gängige Praxis mag es außergewöhnlich erscheinen, dass Investmentfonds überhaupt eine aktive Investorstrategie verfolgen. Aktives Aktionärsverhalten wird eher mit Kleinanleger-Schutzverbänden und missbräuchlich motivierten Anfechtungsklagen gegen Restrukturierungsmaßnahmen in Verbindung gebracht, als mit einer kohärenten wirtschaftlichen Strategie institutioneller Investoren.[88] In der deutschen Praxis ist es allgemein üblich, dass Investmentfonds eine passive Strategie verfolgen und ihre Stimm- und sonstigen Beteiligungsrechte entweder überhaupt nicht oder entsprechend der Vorschläge des Vorstandes ausüben. Dem liegt die Annahme zugrunde, Investmentfonds seien als rein renditeorientierte Kapitalgeber mit breiter Kapitalstreuung schon prinzipiell nicht an der Art und Weise der Geschäftsführung, sondern allein am *Return-on-investment* interessiert. Diese Einschätzung berücksichtigt allerdings nicht, dass Investmentfonds durchaus Einfluss auf Unternehmen ausüben können und die Ausübung auch in ihrem Interesse liegt, um den Geschäftserfolg – und damit den *Return-on-investment* – durch eine entsprechende Kontrolle der Geschäftsführung abzusichern.

---

84 Ausdrücklich noch § 9 Abs. 2 Satz 2 KAGG a.F.: „Sie handelt bei der Wahrnehmung ihrer Aufgaben unabhängig von der Depotbank und ausschließlich im Interesse der Anteilinhaber, insbesondere auch bei der Ausübung der mit dem Sondervermögen verbundenen Stimm- und Gläubigerrechte."

85 Zur Investorposition von Pensionsfonds vgl. *Schuhmacher-Hummel*, Die Rolle von Pensionskassen im Bereich Socially Responsible Investments, 159 ff., 223 ff.; *Cespa/Cestone*, Stakeholder Activism, Managerial Entrenchment, and the Congruence of Interests between Shareholders and Stakeholders, 2; *Lee*, Stanford Journal of Law, Business and Finance 2005, 31, 42.

86 Definition bei *Thaeter/Guski*, AG 2007, 301; *Hockerts/Moir*, Journal of Business Ethics 2004, 85; *Geltman*, Journal of Corporation Law 1997, 465; Romano, Yale Journal of Regulation, 2001, 174.

87 *Hummels/Willeboordse/Timmer*, Corporate Shareholder Engagement, 5.

88 Vgl. BVI Wohlverhaltensregel I-8 (2006), www.bvi.de, die im Hinblick auf die Stimmrechtsausübung vorschreibt, dass Kapitalanlagegesellschaften von jedem Missbrauch der Position eines Minderheitsaktionärs Abstand nehmen.

Die Einflussmöglichkeiten von kollektiven Kapitalanlagen wie Investmentfonds lagen auch der Einbeziehung der Stimmrechte in § 10 Abs. 1 KAGG a.F. zugrunde, die vom Wirtschaftsausschuss des Bundesrates damit begründet wurde, dass

„die durch das KAGG erstrebte Intensivierung des Wertpapiersparens nicht nur durch Risikomischung und Ertragsstabilität, sondern auch dadurch gefördert werden [kann], dass der Sparer die Gewissheit erhält, durch dieses Gesetz werde der Kleinaktionär künftig imstande sein, seine berechtigten Interessen sachkundiger, tatkräftiger und dadurch wirkungsvoller gegenüber der Verwaltung zu vertreten, als es ihm bisher persönlich oder mit Hilfe des Depotstimmrechts möglich war."[89]

Auch die Bestrebungen der EU-Kommission zielen darauf ab, die Ausübung von Stimm- und anderen Beteiligungsrechten zu fördern, indem vor allem die Hürden für die grenzüberschreitende Ausübung abgebaut werden.[90] Die Ausübung von Stimmrechten und die aktive Beteiligung der Aktionäre an den Hauptversammlungen, der beispielsweise in der britischen und amerikanischen Rechtstradition ungleich höhere Bedeutung zukommt,[91] wird im Zuge der weiteren Rechtsharmonisierung innerhalb Europas immer wichtiger werden.

Neben der Ausübung von Stimmrechten und anderen Mitwirkungsrechten kommt dabei informellen Vorgehensweisen ein erheblicher Stellenwert zu.[92] Ein Investor kann auf diesem Weg die Unternehmensführung überwachen und gegebenenfalls in Richtung seiner Vorstellungen von Corporate Governance und Risikomanagement oder anderen Fragen der Unternehmensführung mit ethisch-sozial-ökologischer Dimension beeinflussen.[93] Wie bereits im Zusammenhang mit der Bedeutung ethisch-sozial-ökologischer Faktoren bei der finanziellen Analyse von Anlagetiteln ausgeführt, stehen dabei solche Faktoren im Vordergrund, die Risiken oder immaterielle Unternehmenswerte repräsentieren. Gleichermaßen möglich ist jedoch auch die Einflussnahme im Hinblick auf ideelle Ziele, deren finanzielle Bedeutung neutral oder sogar potentiell kostenerhöhend ist. Oftmals unterliegt die Bewertung vordergründig ideeller Ziele einer finanziellen Prognoseentscheidung über den potentiellen zukünftigen Reputationswert oder den Beitrag zur Risikominimierung. Es lässt sich deshalb im Einzelfall nicht immer scharf trennen zwischen ausschließlich wirtschaftlich und ausschließlich ideell motivierten Positionen.[94]

---

89 BT-Drucks. II/3235, 3, abgedr. in: *Baur*, Investmentgesetze, § 10 Rn. 1; das Depotstimmrecht blieb allerdings auch nach Einführung des § 10 KAGG bestimmend für die Mehrheitsverhältnisse auf deutschen Hauptversammlungen, vgl. *Baums/Fraune*, AG 1995, 97 ff.

90 Vgl. Richtlinie 2007/36/EG des Europäischen Parlaments und des Rates vom 11. Juli 2007 über die Ausübung bestimmter Rechte von Aktionären in börsennotierten Gesellschaften (Aktionärsrechterichtlinie).

91 *Hanloser*, NZG 2001, 355, 356 f.; *Hüther*, AG 2001, 68, 73 f.; *Spindler/Hüther*, RIW 2000, 329, 330 ff.; *Merkt*, US-amerikanisches Gesellschaftsrecht, 1991, Rn. 633 ff.

92 Hommelhoff/Hopt/v. Werder/*Strenger*, CG-HB, 708 f.

93 Eurosif, Active Share Ownership in Europe, 8.

94 Beim Düngemittelhersteller Kali + Salz sind sich beispielsweise die Aktionäre uneinig über den Reputationsverlust des Unternehmens durch die Pläne der Unternehmensleitung, 400T m^3 Salzlauge in nahegelegene Flüsse einzuleiten, vgl. Frankfurter Allgemeine Zeitung vom 9. Mai 2007.

Für *Engagement* stehen vielfältige Möglichkeiten zur Verfügung, angefangen beim einfachen Dialog mit der Unternehmensführung bis hin zur Ausübung der Aktionärsrechte, namentlich dem Auskunfts- und Stimmrecht bei der Hauptversammlung sowie dem Recht, eigene Tagesordnungspunkte und Beschlussvorlagen in die Hauptversammlung einzubringen.[95] Durch die Abstimmung mit anderen Investoren kann der Dialog strukturiert und für alle Beteiligten erleichtert werden.[96]

Die *Engagement*-Strategie bietet somit einen Ansatz, der im Gegensatz zur Portfolioselektion nicht die Investitionsentscheidung selbst beeinflusst, sondern einen dauerhaften Prozess darstellt, um im Portfolio vorhandene Unternehmen zu überwachen und gegebenenfalls in der Unternehmensführung zu beeinflussen.

Kapitel II – Fallgruppen der Untersuchung

A. Wirtschafts- und Wertedimension

Wie vorstehend dargestellt, lassen sich ethisch-sozial-ökologische Faktoren auf vielen Ebenen in den Prozess der Portfolioselektion und darüber hinaus in das dauerhafte Management eines Portfolios bzw. der darin enthaltenen Titel integrieren. Dafür stehen vielfältige Methoden zur Verfügung. Nicht verkannt werden sollte jedoch, dass mit der Art und Weise der Integration ethisch-sozial-ökologischer Faktoren noch nichts über ihre inhaltliche Vielfalt und ihr Verhältnis zu rein ökonomischen Erwägungen gesagt ist.

I. Ethisch-sozial-ökologische Faktoren zwischen Wirtschafts- und Wertedimension

Ethisch-sozial-ökologische Faktoren haben in der Regel neben ihrer Bedeutung als ideeller Wert auch ein wirtschaftliche Bedeutung als *Value Driver* in theoretisch unbegrenzt vielen Zusammenhängen.[97] Dabei kann es sich um produktions- und andere technische bzw. wissenschaftliche Vorteile, um allgemeine Managementqualität, Risikomanagement, Mitarbeiterbindung bzw. -motivation oder auch „nur" um Reputations- und Marketingwerte handeln. Im Hinblick auf den Marketingwert kommt letztlich allen ethisch-sozial-ökologischen Faktoren bzw. Werten, die universal als positiv betrachtet werden, ein Marktwert zu. Dieser kann je nach Produkt und Branche sehr unterschiedlich sein und auch hinter rein ökonomi-

---

95 Vgl. Eurosif, Pension Programme SRI Toolkit, 22; für das deutsche Recht vgl. §§ 118, 119, 120, 122, 126, 131, 134 AktG.

96 Vgl. Eurosif, Active Share Ownership in Europe, 12; für den niederländischen Markt vgl. *Hummels/Willeboordse/Timmer*, Corporate Shareholder Engagement, 14; nach deutschem Aktienrecht steht für die Koordinierung gemeinsamer Anträge oder Abstimmungen das elektronische Aktionärsforum zur Verfügung, § 127a AktG.

97 Siehe oben Seite 25.

schen Gesichtspunkten zurücktreten.[98] Dies gilt umso mehr, als ethische, soziale und ökologische Werte sowohl innerhalb von Gesellschaften bzw. Märkten als auch – erst recht – in unterschiedlichen Gesellschaften bzw. Märkten unterschiedlich gewichtet werden.[99]

Letztlich kommt also allen ethisch-sozial-ökologische Faktoren eine je nach Einzelfall zu bestimmende Wirtschafts- wie auch Wertedimension zu. Diese gehen fließend ineinander über bzw. können im Extremfall entweder eine sehr geringe Schnittmenge haben oder sich praktisch vollständig überlappen. Die Wertedimension kann also im Gegensatz zur Wirtschaftsdimension stehen oder fast mit dieser identisch sein.

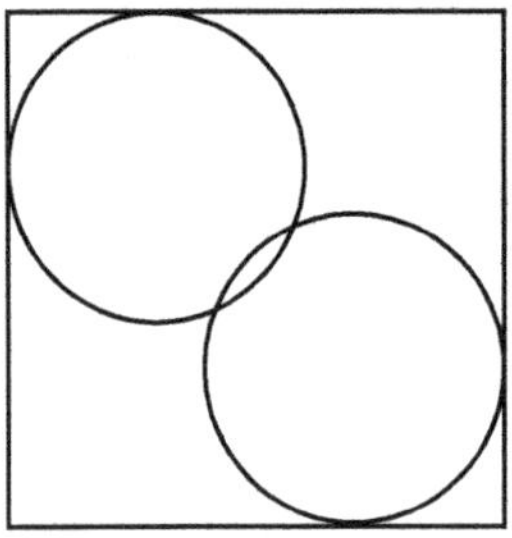

1. Ethisch-sozial-ökologischer Faktor mit maximalem Auseinanderfallen von Wirtschafts- und Wertedimension.

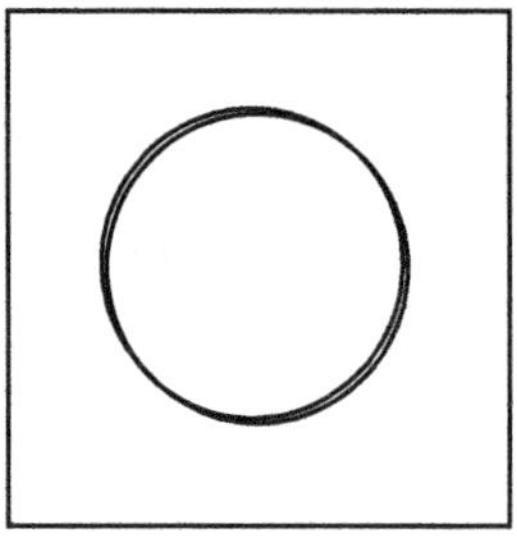

2. Ethisch-sozial-ökologischer Faktor mit maximaler Schnittmenge zwischen Wirtschafts- und Wertedimension.

Bsp.: Betriebsdauer eines Kernkraftwerks
→ Die Stilllegung eines funktionsfähigen Kernkraftwerks ist aus ökonomischer Sicht erst sinnvoll, wenn die Wartungs- und Sicherungskosten den Gewinn aus verkauftem Strom erreichen, während aus ökologischer Sicht das Störfallrisiko und die Produktion von nuklearem Müll durch sofortige Stilllegung am besten beseitigt wird.

Bsp.: Optimierter Ressourcenverbrauch
→ Die Verbesserung der Öko-Effizienz und des Ressourcenverbrauchs bedeutet für Unternehmen zukünftige Kostenersparnis. Soweit die Amortisierung der nötigen Investitionskosten erwartet werden kann, sind Investitionen zur Verbesserung des Ressourcenverbrauchs ökonomisch wie ökologisch sinnvoll.

II. Portfolioselektion zwischen Wirtschafts- und Wertedimension

Die Integration ethisch-sozial-ökologischer Faktoren in das Management eines Investmentfonds kann in der ganzen Bandbreite zwischen Wirtschafts- und Wertedimension erfolgen. Es besteht insofern kein grundsätzlicher Gegensatz zwischen „Ökonomie und Ideologie“, vielmehr gehen wirtschaftliche und wertebasierte Erwägungen miteinander einher. Jeder ethisch-sozial-ökologische Faktor hat – zumindest auch – eine wirtschaftliche Dimension. Dies hindert nicht daran, für die Zwecke des Portfoliomanagements nur die eine oder nur die andere Dimension zu berücksichtigen. Dabei lassen sich folgende Extrempositionen formulieren:

---

98 Beispielsweise wenn die Einhaltung von Umwelt- und Sozialstandards teurer ist als der durch die Einhaltung dieser Standards erzielte Marketingwert.

99 Vgl. *Schäfer*, Ethisch-ökologische Geldanlagen zwischen hell- und dunkelgrün, in: *Schrader/Hansen*, Nachhaltiger Konsum – Forschung und Praxis im Dialog, 120.

- Investition ausschließlich in ethisch-sozial-ökologisch positiv bewertete Titel (deren Rentabilität unberücksichtigt bleibt)
- Investition ausschließlich in Titel mit maximaler erwarteter Rentabilität (deren ethisch-sozial-ökologische Bewertung unberücksichtigt bleibt)

Die Mittelposition kann ausgedrückt werden mit:

- Investition ausschließlich in Titel, die sowohl aufgrund ihrer wirtschaftlichen Stärke als auch aufgrund ihrer ethisch-sozial-ökologischen Positionierung maximale Rentabilität erwarten lassen.

Die Mittelposition ist weniger eindeutig zu bestimmen, da sie von der Anlagestrategie, insbesondere dem zeitlichen Anlagehorizont und der Risikoklasse abhängig ist. Für langfristige Anlagen mit niedriger Risikoklasse ließe sich z.B. folgende Mittelposition formulieren: „Investition ausschließlich in solche Titel, die aufgrund ihrer wirtschaftlichen wie ethisch-sozial-ökologischen Marktpositionierung ein nachhaltiges und sicheres Wachstum erwarten lassen."[100]

B. Fallgruppen

Wie in der Einführung der vorliegenden Untersuchung dargestellt, lassen sich ethisch-sozial-ökologische Faktoren auf vielen Ebenen in den Prozess der Portfolioselektion und darüber hinaus in das dauerhafte Management eines Portfolios und der darin enthaltenen Wertpapiere integrieren. Dabei können Wirtschafts- und Wertedimension unterschiedliche Schnittmengen haben und mit unterschiedlicher Gewichtung in die Zielsetzung des Investmentfonds miteingehen. Diese Determinanten sind wiederum erheblich für die ökonomische und rechtliche Beurteilung.

Ausgehend von diesen Erwägungen lassen sich Fallgruppen bilden, die unabhängig von der konkreten Art und Weise der *Integration ethisch-sozial-ökologischer Faktoren* danach zu unterscheiden sind, auf welche Art und Weise bzw. mit welcher Gewichtung die *Berücksichtigung der Wirtschafts- und Wertedimension* dieser Faktoren erfolgt. Entscheidend ist daher, welche Dimension in welchem Maße und mit welcher Zielsetzung in den Investmentprozess einfließt.[101]

100 Vgl. z.B. das Anlageziel des Allianz RCM Sustainability Fonds (2006): „Ziel der Anlagepolitik ist es, durch eine Anlage der Mittel des Teilfonds in eine weltweite Auswahl von Unternehmen mit nachhaltigen Geschäftspraktiken auf langfristige Sicht ein Kapitalwachstum zu erwirtschaften."

101 Es sei an dieser Stelle angemerkt, dass die folgenden Eingrenzungen der Fallgruppen noch keinerlei Aussagen darüber erlauben, welche ethisch-sozial-ökologischen Effekte bzw. gesellschaftlichen Vor- und Nachteile mit dieser Art der Fondsverwaltung verbunden sind.

	Wirtschaftsdimension	Wertedimension	Vorrang der Wirtschaftsdimension
Fallgruppe 1 – Optimierungs-Integration	+	–	+
Fallgruppe 2 – Balance-Integration	+	+	+
Fallgruppe 3 – Maximal-Integration	+	+	–

Die Untersuchung der rechtlichen Rahmenbedingungen von Socially Responsible Investment wird sich an diesen Fallgruppen orientieren.

I. Optimierungs-Integration (Fallgruppe 1)

Ethisch-sozial-ökologische Faktoren können allein hinsichtlich ihrer Wirtschaftsdimension, als Indikatoren für die wirtschaftliche Leistungsfähigkeit von Unternehmen, berücksichtigt werden. Sie dienen der ökonomischen bzw. finanziellen Optimierung der Portfolioselektion und sind ausschließlich in dieser Bedeutung entscheidungserheblich. Die Anlagestrategie von Investmentfonds dieser Fallgruppe basiert entweder auf einer Spezialisierung auf bestimmte Branchen, für die bestimmte ethisch-sozial-ökologische Faktoren besonders bedeutsam sind (z.B. erneuerbare Energien) oder auf der Annahme, dass zwischen ethisch-sozial-ökologischen Kompetenzen einerseits und wirtschaftlichem Erfolg andererseits ein positiver Zusammenhang besteht.[102] Bei der Auswahl der Wertpapiere spielen deshalb insbesondere solche Faktoren eine Rolle, die sich kosteneffizient auswirken, das Unternehmensrisiko limitieren und die Innovationsfähigkeit verbessern, im Ergebnis also langfristig den Unternehmenswert steigern.

Neben dieser wirtschaftlichen Dimension kommt ihrer Wertedimension, als Indikator für ethisch-sozial-ökologisch verantwortungsvoll handelnde Unternehmen dagegen keine Bedeutung zu.[103] Rein ethisch-moralische Erwägungen können nur dann in den Investmentprozess einfließen, wenn sie mittelbar die wirtschaftliche Position eines Unternehmens verbessern, weil es beispielsweise von der Reputation profitiert, ethisch besonders verantwortungsvoll zu agieren.[104] Die Beschrän-

102 *Dannheisig*, ZKredW 2003, 411, 412; siehe auch Fn. 60 und 221.
103 Die Wertedimension wird hier zwar beschrieben mit „ethisch-sozial-ökologisch verantwortungsvoll handelnd“, ist aber letztlich nicht objektiv definierbar sondern abhängig von individuell-subjektiven Präferenzen, die in entsprechend objektivierter Form in Anlagestrategien konkretisiert werden können.
104 Vgl. Dexia Asset Management, Nachhaltige und sozial verantwortliche Geldanlagen, 2: Rendite als oberstes Ziel: Wie jede Geldanlage zielen nachhaltige Anlagen darauf ab, das Verhältnis von Ertrag und Risiko zu optimieren. Während regelmäßig veröffentlichte Bilanzen ein getreues Bild

kung auf die Wirtschaftsdimension bedeutet folglich nicht, dass ein Portfolio nur aus Anlagetiteln mit negativer Wertedimension besteht. Vielmehr kann sich auch durch Zufall bereits eine nicht unerhebliche Schnittmenge zwischen Wirtschafts- und Wertedimension ergeben. Unternehmen, die wirtschaftlich agieren, indem sie ressourcenschonend arbeiten, ihre Mitarbeiter gut ausbilden und motivieren und an das Unternehmen binden, über ein gutes Risikomanagement verfügen, ihr gesellschaftliches Image pflegen, etc. sind oftmals aus genau diesen Gründen wirtschaftlich erfolgreich und damit attraktive Investitionskandidaten. Zahlreiche ethisch-sozial-ökologische Faktoren haben eine große Schnittmenge zwischen Wirtschafts- und Wertedimension. Dies gilt insbesondere unter dem Aspekt der Nachhaltigkeit.

Es ist deshalb möglich, trotz der ausschließlichen Berücksichtigung der Wirtschaftsdimension bedeutsame „Mitnahmeeffekte" hinsichtlich der Wertedimension zu erreichen. Ethisch-sozial-ökologische Wertungen haben dann keinen Einfluss auf die Fondsverwaltung, können aber für dritte Zwecke, z.B. für Marketingzwecke, verwendet werden. Dies gilt jedenfalls hinsichtlich ethisch-sozial-ökologischer Faktoren mit großer Schnittmenge. Je größer die Schnittmenge ist, desto größere Mitnahmeeffekte lassen sich erzielen.

Methodisch kann dies erreicht werden durch folgende alternative oder kumulative Strategien:

- Einbeziehung ethisch-sozial-ökologischer Faktoren in die Risikoanalyse.
- Einbeziehung ethisch-sozial-ökologischer Faktoren in die finanzielle Bewertung von Unternehmen/Wertpapieren im Rahmen der Portfolioselektion (*Positive Screening*),[105] beispielsweise durch Konzentration auf Anlagetitel von Unternehmen, die im Vergleich zu anderen Unternehmen derselben Branche besonders nachhaltig wirtschaften bzw. deren Unternehmensstrategie durch ein stabiles, zukunftsorientiertes Verhältnis zwischen ökonomischen, sozialen und ökologischen Erfolgsfaktoren bestimmt ist (*Best-of-Class Screening*).
- Konzentration auf Anlagetitel, die eine besonders hohe Rendite erwarten lassen, weil sie voraussichtlich überdurchschnittlich von einem Trend sozialer oder ökologischer Art profitieren werden (Themenfonds, z.B. Hersteller von Umwelttechnologie, u.ä.).
- Verwendung eines branchengewichteten, ausreichend diversifizierten *Best-of-class*-Indexes mit voraussichtlich überdurchschnittlicher Kursentwicklung, bei dessen Zusammensetzung die Wirtschaftsdimension ethisch-sozial-ökologischer Faktoren positiv berücksichtigt wird (*Positive Screening*), aber keine Verwendung von Ausschlusskriterien (*Negative Screening*) erfolgt.

---

von der kurz- und mittelfristigen finanziellen Situation der Unternehmen geben, richten nachhaltige Vermögensanlagen das Augenmerk auf langfristige Perspektiven. Die Wechselwirkung zwischen den Unternehmen und den verschiedenen Interessengruppen in ihrem Umfeld, den sogenannten „Stakeholdern", birgt sowohl Risiken als auch Chancen in sich, die sich auf den langfristigen Erfolg der Unternehmen auswirken.

105 Vgl. oben Seite 21.

– Investorstrategie der Einflussnahme auf das Management von Unternehmen, mit dem Ziel optimierter Integration der Wirtschaftsdimension ethisch-sozial-ökologischer Faktoren in die Geschäftsprozesse.

Die Fondsverwaltung erfolgt in diesem Fall also grundsätzlich konventionell, ohne Zielsetzungen, die über die wirtschaftlichen Ziele hinausgehen. Der Wertedimension kommt keine eigenständige Bedeutung zu. Zwar können gezielt werteorientierte Mitnahmeeffekte gesucht werden, doch auch diese sind durch wirtschaftliche Zielsetzungen motiviert, sei es zur Nutzung als Marketinginstrument oder weil es sich um einen wirtschaftlich relevanten Trend handelt.

In der Praxis können Investmentfonds dieser Fallgruppe auf die Mehrheit aller verfügbaren Anlagetitel zurückgreifen, da einerseits alle Unternehmen umfasst sein können, die vergleichsweise überdurchschnittlich nachhaltig wirtschaften sowie alle Unternehmen, die Nachhaltigkeitsbranchen oder grundsätzlich ethisch-sozial-ökologisch unbedenklichen Branchen zuzuordnen sind (Nachhaltigkeits-Themen-Fonds, z.B. Umwelttechnologie, erneuerbare Energien, Gesundheit, Sport, Kommunikation, etc.).

II. Balance-Integration (Fallgruppe 2)

In der zweiten Fallgruppe werden ethisch-sozial-ökologische Faktoren sowohl in ihrer wirtschaftlichen als auch in ihrer Wertedimension berücksichtigt. Sie stehen in einem finanziell optimierten, aber wertungsbasierten Zusammenhang, der über ihre positive wirtschaftliche Bedeutung hinausgeht. Der entscheidende Unterschied liegt in der Zielsetzung. Die ausschließliche Berücksichtigung der Wirtschaftsdimension ethisch-sozial-ökologischer Faktoren, die der ersten Fallgruppe zugrunde liegt, hat keine über finanzielle Erwägungen hinausgehende Zielsetzung. Dagegen kann sich das Management eines Investmentfonds auch darüber hinausgehend als Akteur auf dem Kapitalmarkt begreifen, der bestimmte wertebasierte, nicht notwendig finanzielle Ziele verfolgt, ohne allerdings dabei die – vorrangige – finanzielle Zielsetzung zu vernachlässigen. Im sprichwörtlichen Sinne wird das Gute mit dem Nützlichen, werden ethisch-sozial-ökologische Ziele mit finanziellen Zielen verbunden.

Auch hier bietet sich die besondere Berücksichtigung von ethisch-sozial-ökologischen Faktoren mit großer Schnittmenge an. Mitnahmeeffekte werden also im gleichen Maße erzielt, wie bei ausschließlicher Berücksichtigung der Wirtschaftsdimension. Darüber hinaus kann aber überall dort die Wertedimension berücksichtigt werden, wo diese weder mit wirtschaftlichen Nachteilen, noch notwendigerweise mit wirtschaftlichen Vorteilen verbunden ist, sondern allein aus wertebasierten Erwägungen Berücksichtigung erfährt.

Beispiele für solche finanziell neutralen, wertebasierten Strategien sind:

– Alle in der ersten Fallgruppe genannten Strategien.

- Anwendung von Ausschlusskriterien für ethisch-sozial-ökologische negativ bewertete Unternehmen, soweit alternative Anlagetitel bestehen, die eine gleichwertige finanzielle Bewertung (Rendite/Risiko-Erwartung) aufweisen.
- Anwendung von ethisch-sozial-ökologischen Positivkriterien bei der Entscheidung über die Aufnahme von finanziell gleich bewerteten Anlagetiteln in das Portfolio.
- Verwendung eines *Best-of-class*-Indexes mit ausreichender Risikodiversifizierung und voraussichtlich überdurchschnittlicher Kursentwicklung, bei dessen Zusammensetzung sowohl die Wirtschafts- als auch die Wertedimension berücksichtigt wird (*Positiv Screening*) und in begrenztem Maß auch Ausschlusskriterien (*Negative Screening*) angewendet werden können.[106] Entscheidend ist, dass die Diversifizierung und damit das Risiko mit konventionellen Indizes vergleichbar sind.[107]
- Investorstrategie der Einflussnahme auf das Management von Unternehmen, mit dem Ziel, die Handlungsweise von Unternehmen verstärkt an ethisch-sozial-ökologischen Faktoren auszurichten, wobei sowohl die Wirtschafts- als auch die Wertedimension als Zielsetzung verstanden wird.

Die Fondsverwaltung erfolgt in diesem Fall also nicht konventionell, sondern mit einer Zielsetzung, die über die wirtschaftlichen Ziele hinausgeht. Zwar werden wertebasierte Zielsetzungen nur insoweit verfolgt, wie dies unter der Prämisse maximaler Rentabilität möglich ist. Es besteht also keine Balance beider Dimensionen, sondern eine einseitige absolute Grenze für die Berücksichtigung der Wertedimension, nämlich die der wirtschaftlichen Neutralität. Der Wertedimension kommt jedoch – bis zu dieser Grenze – eigenständige Bedeutung zu.

III. Maximal-Integration (Fallgruppe 3)

Während bei den beiden vorstehenden Fallgruppen die Maximierung der Rendite/Risiko-Korrelation im Vordergrund steht, nehmen Investmentfonds der dritten Fallgruppe auch eine Einschränkung der Rendite oder eine Erhöhung des Risikos in Kauf, wenn dies unvermeidbar ist, um wertebasierte Grundsätze umzusetzen. Es wird insofern mit der Leitidee des Investmentsparens gebrochen. Der Wertedimension ethisch-sozial-ökologischer Faktoren wird derselbe Rang oder sogar Vorrang eingeräumt. Die Zielsetzung lässt sich nicht mehr, wie in der zweiten Fallgruppe durch die Formel

[(Kapitalertrag/Risiko) + ethisch-sozial-ökologische Ziele]

---

106 Der Dow Jones Sustainability Index wird beispielsweise sowohl ohne als auch mit bestimmten, besonders häufig verwendeten, Ausschlusskriterien verwendet (ex Alkohol, Tabak, Glücksspiel, Waffen).

107 In der Praxis gleichen Investmentfonds dieser Fallgruppe die Einschränkung des Titeluniversums aufgrund von wertebasierten Erwägungen dadurch aus, dass auf andere sonst übliche Einschränkungen, insbesondere regionale oder Branchen- Einschränkungen, verzichtet wird. Es handelt sich deshalb regelmäßig um Fonds mit weltweiter Diversifikation.

ausdrücken, sondern ethisch-sozial-ökologische Faktoren werden unmittelbar in die Gleichung mit einbezogen i. S. v.

[(Kapitalertrag + ethisch-sozial-ökologische Ziel)/Risiko].

Es kann deshalb dazu kommen, dass das zur Verfügung stehende Titeluniversum so weit eingeschränkt wird, dass nicht immer wirtschaftlich gleichwertige Alternativen für ethisch-sozial-ökologisch negativ bewertete Anlagetitel gefunden werden können. Die grundsätzlich wirtschaftliche Zielsetzung wird jedoch auch hier nicht verlassen. Sie muss lediglich im Konfliktfall mit wertebasierten Grundsätzen zurücktreten. Dieser Fall ist umso wahrscheinlicher, je enger die wertebasierten Grundsätze gefasst werden.

Die Fondsverwaltung könnte zum Bespiel nach folgenden Kriterien erfolgen:

- Alle in der zweiten Fallgruppe genannten Strategien.
- Anwendung von Ausschlusskriterien für ethisch-sozial-ökologisch negativ bewertete Unternehmen, unabhängig davon, ob alternative Anlagetitel mit gleichwertiger finanzieller Bewertung (Rendite/Risiko-Erwartung) verfügbar sind und unter Inkaufnahme einer etwaigen Einschränkung der Risikodiversifizierung.[108]
- Anwendung von ethisch-sozial-ökologischen Positivkriterien nach qualitativem Ansatz (*Pioneer Screening*), d. h. alleinige Auswahl nach Positivkriterien, unabhängig von der Branchengewichtung (auch: *Best-of-Best-Classes*)[109] und unabhängig davon, ob die so ausgewählten Anlagetitel auch über eine optimale finanzielle Bewertung verfügen.
- Verwendung von SRI-Indizes mit voraussichtlich positiver Wertentwicklung, die auf der Grundlage umfassender wertebasierter Aufnahmekriterien und Untersuchungen erstellt werden, aufgrund der geringen Anzahl von Titeln oder starken Abweichungen in der Branchenentwicklung allerdings in ihrer Risikodiversifizierung stark eingeschränkt sein können.[110]
- Investorstrategie der Einflussnahme auf die Geschäftsführung bzw. auf das Management von Unternehmen, mit dem Ziel die Handlungsweise von Unternehmen verstärkt an ethisch-sozial-ökologischen Faktoren auszurichten, wobei vorrangig die Wertedimension als Zielsetzung verstanden wird.

---

108 Siehe Fn. 107.

109 Vgl. oben Seite 22.

110 Beispielsweise der Naturaktienindex (NAI), der lediglich 25 Titel enthält, die nach umfassenden Positiv- und Negativkriterien ausgewählt werden, vgl. www.naturaktienindex.de.

Zweiter Teil – Socially Responsible Investment im deutschen Recht

Die Berücksichtigung ethisch-sozial-ökologischer Faktoren ist, wie in der Einführung dieser Untersuchung aufgezeigt, nach zwei zu unterscheidenden Strategien möglich: Einerseits bei der Portfolioselektion, also die Integration in die Investmentstrategie; andererseits bei der Ausübung von Aktionärsrechten, also die Integration in die Investorstrategie.

Erstere Strategie wird im vertragsrechtlichen Rechtsverhältnis zwischen Anlegern und kollektiven Sondervermögen relevant und betrifft das *Kapitalanlagerecht*. Zu solchen Sondervermögen zählen insbesondere Investmentfonds. Doch auch bei anderen Sondervermögen, beispielsweise Pensionsfonds und Lebensversicherungen, stellen sich vergleichbare Fragen.

Die Investorstrategie betrifft das Rechtsverhältnis zwischen den Verwaltungsgesellschaften solcher kollektiven Sondervermögen (Kapitalanlagegesellschaften, Pensionsfonds-Verwaltungsgesellschaften, Versicherungsgesellschaften) und den Unternehmen, an denen sie durch Wertpapiere beteiligt sind. Es ist im Kern *gesellschaftsrechtlicher* Natur.

Diese Unterscheidung spiegelt sich auch in gesetzlichen Regelungen wider, die für die jeweilige Strategie relevant sind. Sie werden im Folgenden nach Kapitalanlagerecht und Gesellschaftsrecht unterschieden.

Titel I – Kapitalanlagerecht

Das Kapitalanlagerecht lässt sich wiederum nach Anlageformen unterscheiden. Es wird zunächst die „klassische" Anlageform des Investmentfonds untersucht, die maßgeblich durch das Investmentgesetz geregelt ist (*Investmentrecht*).

Andere Anlageformen sind im darauffolgenden Teil als Kapitalanlagen zur Altersvorsorge zusammengefasst. Sie werden gesondert behandelt, weil sie einerseits durch die Kumulierung des Altersvorsorgekapitals einer ganzen Gesellschaft große finanzielle Bedeutung haben, andererseits im System der gesetzlichen Altersvorsorge mit seinen spezifischen Anforderungen betrachtet werden müssen (*Altersvorsorgerecht*).

Kapitel I – Investmentrecht

Socially Responsible Investment ist grundsätzlich nicht anders zu behandeln als jede andere Form von Investment i.S.d. Investmentgesetzes. Darunter fallen alle risikodiversifizierten kollektiven Kapitalanlagen in der Organisationsform eines Sondervermögens unter dem Dach einer Kapitalanlagegesellschaft bzw. in Form einer Investmentaktiengesellschaft.[111] Investmentfonds, die ethisch-sozial-ökologische Faktoren bei der Fondsverwaltung berücksichtigen – sei es auf Ebene der

111 Bankrechtshandbuch-*Köndgen/Schmies*, § 113 Rn. 34.

Portfolioselektion oder der Aktionärsstrategie[112] – müssen dabei die Regelungen des Investmentgesetzes, des Kreditwirtschaftsgesetzes sowie weiterer Gesetze beachten.

Nur für einen Teil dieser Normen ergeben sich durch die Integration ethisch-sozial-ökologischer Faktoren Besonderheiten. Diese systematischen Anknüpfungspunkte werden zunächst herausgearbeitet (A. Problemaufriss) und anschließend anhand der in der Einführung dargestellten Fallgruppen untersucht (B. Zulässigkeitsvoraussetzungen).

A. Problemaufriss

Für die rechtliche Einordnung der für Socially Responsible Investment relevanten Normen geben die Rechtsbeziehungen im Investmentgeschäft den Rahmen vor. Die gesetzlichen Regelungen im Investmentrecht dienen der Steuerung der sich aus diesen Rechtsbeziehungen ergebenden Interessen, Interessenkonflikte und Schutzbedürfnisse.

I. Rechtsnatur des Investmentfonds

Investmentfonds sind von einer Kapitalanlagegesellschaft für die Anleger nach Maßgabe des Investmentgesetzes und der das Rechtsverhältnis zwischen Kapitalanlagegesellschaft und Anleger bestimmenden Vertragsbedingungen verwaltete Publikums-Sondervermögen, bei denen die Anleger das Recht zur Rückgabe der Anteile haben, vgl. § 2 Abs. 2, 3 InvG. Als Rechtsform für inländische Kapitalanlagegesellschaften sind gem. § 6 Abs. 1 Satz 2 InvG nur die Aktiengesellschaft und die GmbH zulässig. Sie geben keine Aktien oder GmbH-Anteile als Investmentanteile aus, sondern Anteile am Sondervermögen (Investmentfonds), das getrennt vom Gesellschaftsvermögen verwaltet wird. Die zum Sondervermögen gehörenden Vermögensgegenstände können nach Maßgabe der Vertragsbedingungen im Eigentum der Kapitalanlagegesellschaft (Treuhandlösung) oder im Miteigentum der Anleger (Miteigentumslösung) stehen, § 30 Abs. 1 InvG, sind aber in jedem Fall gegenüber dem Gesellschaftsvermögen rechtlich selbständig.[113] Die Anleger werden folglich nicht Gesellschafter oder Aktionäre. Ihre Rechte gegenüber der Kapitalanlagegesellschaft als Verwalterin des Investmentfonds bestimmen sich vielmehr nach dem Investmentgesetz, den Vertragsbedingungen und dem allgemeinen Zivilrecht.

Neben der Kapitalanlagegesellschaft mit gesetzlicher Trennung zwischen Gesellschaftsvermögen und Sondervermögen, deren Gesellschaftszweck auf die Verwal-

---

112 Zu den unterschiedlichen Ansätzen siehe oben Seite 15.

113 Vgl. Bankrechtshandbuch-*Köndgen/Schmies*, § 113 Rn. 115; in beiden Fällen handelt es sich um ein Treuhandverhältnis, vgl. *Grundmann*, Treuhandvertrag, 126.

tung fremden (Sonder-)Vermögens gerichtet ist, ist auch eine Gesellschaft denkbar, deren Unternehmensgegenstand in der Verwaltung des eigenen (Gesellschafts-) Vermögens nach Investmentgrundsätzen besteht (Investmentgesellschaft).

Eine inländische Investmentgesellschaft kann gem. §§ 2 Abs. 5, 96 Abs. 1 Satz 1 InvG nur in Form der Aktiengesellschaft organisiert sein (Satzungsform).[114] In diesem Fall besteht kein Sondervermögen (Investmentfonds), sondern das Gesellschaftsvermögen stellt gleichzeitig das Investmentvermögen dar, vgl. § 96 Abs. 2 InvG. Es werden keine Investmentanteile an einem Sondervermögen, sondern Aktien ausgegeben. Das Rechtsverhältnis zwischen Anlegern und Kapitalanlagegesellschaft bestimmt sich dementsprechend nach dem Aktiengesetz i. V. m. den besonderen Vorschriften des Investmentgesetzes zur Investmentaktiengesellschaft.[115]

Eine Investment(aktien)gesellschaft ist folglich kein Investmentfonds i. S. d. Investmentgesetzes. Dies ist konsequent, da keine für einen Investmentfonds typische Verwaltung fremden (Sonder-)Vermögens besteht.

Die Investmentaktiengesellschaft wird aufgrund ihrer bislang geringen praktischen Bedeutung in dieser Arbeit nicht tiefergehend untersucht.[116]

II. Beziehung Investmentfonds – Anleger (Investmentvertrag)

Das Rechtsverhältnis zwischen den Anlegern und der fondsverwaltenden Kapitalanlagegesellschaft wird durch den Investmentvertrag bestimmt.

1. Vertragstyp

Der Vertrag zwischen Anleger und Kapitalanlagegesellschaft (Investmentvertrag) ist ein Geschäftsbesorgungsvertrag i. S. d. § 675 BGB, der auf eine Dienstleistung gerichtet ist.[117] Zwar hat der Anleger gegenüber der Kapitalanlagegesellschaft in Abweichung zur gesetzlichen Regelung des §§ 665 i. V. m. 675 Abs. 1 BGB keine Weisungsbefugnis. Dies ist jedoch auf den kollektiven Charakter eines (offenen)[118] Investmentfonds zurückzuführen, aufgrund dessen es an der persönlichen Anver-

---

114 Zur Differenzierung vgl. *Baur*, Investmentgesetze, Einl. I Rn. 71 f.

115 In den §§ 96 – 111 InvG sind zusätzliche spezielle Regelungen des Investment- und Aktienrechts normiert bzw. die §§ 20 – 29, 6 Abs. 3, 4, §§ 9, 10, 16, 34, 36 sowie 37 Abs. 2 und 3, die §§ 40 – 45, 46 – 65, 83 – 86, 91 – 95 sowie 112 – 120 InvG werden für entsprechend anwendbar erklärt.

116 Die Einführung der Investmentaktiengesellschaft durch das Dritte Finanzmarktförderungsgesetz wurde von der Praxis zunächst nicht angenommen. Ob sich dies nach Nachbesserungen ändern wird, ist zweifelhaft, vgl. *Köndgen/Schmies*, WM Sonderbeilage 1/2004, 16.

117 Assmann/Schütze-*Baur*, Kapitalanlagerecht, § 18 Rn. 78; *Baur*, Investmentgesetze, § 15 Rn. 5; *Canaris*, Bankvertragsrecht, Rn. 2352; *Beckmann*, Investmenthandbuch, 425 § 15 Rn. 1; Bankrechtshandbuch-*Köndgen/Schmies*, § 113 Rn. 115; allg. zur Vermögensverwaltung *Schwintowski/Schäfer*, Bankrecht, 784.

118 Bei offenen Fonds ist die Anzahl der Anleger bzw. Investmentanteile beliebig variabel und grundsätzlich nur von der Nachfrage am Markt abhängig, vgl. Bankrechtshandbuch-*Köndgen/Schmies*, § 113 Rn. 10.

trauenssituation fehlt.[119] Ausschlaggebend für die typologische Zuordnung als Geschäftsbesorgungsvertrag ist letztlich das trotz der Regelungen des Investmentgesetzes und der jeweiligen Vertragsbedingungen verbleibende erhebliche Ermessen der Kapitalanlagegesellschaft bezüglich der Verwaltung des Anlagevermögens. Dieses kommt in der Generalklausel des § 9 InvG zum Ausdruck. In der Folge findet neben den speziellen Regelungen des Investmentgesetzes und der Vertragsbedingungen subsidiär § 675 BGB einschließlich seiner Verweisungen Anwendung.[120] Die relative Selbständigkeit zieht entsprechende Treue- und Sorgfaltspflichten nach sich. An die geschäftsbesorgungsrechtliche Interessenwahrungspflicht der Kapitalanlagegesellschaft ist deshalb im Vergleich mit der gewöhnlichen Geschäftsbesorgung ein besonders strenger Maßstab anzulegen.[121] In diesem Zusammenhang ist fraglich, ob sich die Interessenwahrungspflicht allein auf die finanziellen Interessen der Anleger beschränkt (maximale Rendite bei minimalem Risiko), oder ob daneben auch Interessen ethisch-sozial-ökologischer Art berücksichtigt werden können bzw. müssen.

2. Vertragsschluss und allgemeine Vertragsbedingungen

Das Zustandekommen des Investmentvertrages richtet sich grundsätzlich nach den allgemeinen Vorschriften der §§ 145 ff. BGB. Neben dem Ersterwerb eines Anteils von der Kapitalanlagegesellschaft ist auch der Zweiterwerb eines Investmentanteils möglich. In diesem Fall wird kein neuer Investmentvertrag begründet, sondern es liegt ein Rechtskauf vor.[122] Für den Anleger hat diese Art des Rechtserwerbs jedoch regelmäßig keine besonderen Folgen, da sowohl die gesetzlichen Bestimmungen als auch die Vertragsbedingungen auf den Zweiterwerb ebenfalls Anwendung finden.[123]

Kapitalanlagegesellschaften sind gem. § 43 InvG verpflichtet, dem Investmentvertrag Vertragsbedingungen (allgemeine Geschäftsbedingungen) zugrunde zu legen. Die verpflichtenden Angaben in den Vertragsbedingungen sind in §§ 43 Abs. 4, 41 Abs. 1 InvG detailliert geregelt. Der Investmentvertrag kommt insofern stets als Formularvertrag zustande, auf den die Regelungen über allgemeine Geschäftsbedingungen gem. §§ 305–310 BGB anwendbar sind.[124]

Allgemeine Vertragsbedingungen stehen gem. § 43 Abs. 2 InvG unter dem Genehmigungsvorbehalt der Bundesanstalt für Finanzdienstleistungsaufsicht (BaFin) als Aufsichtsbehörde. Das Genehmigungsverfahren richtet sich nach den Grundsätzen des allgemeinen Verwaltungsrechts.[125] Gemäß § 43 Abs. 2 Satz 2 InvG ist die Ge-

---

119 Bankrechtshandbuch-*Köndgen/Schmies*, § 113 Rn. 115.
120 So i. E. auch Bankrechtshandbuch-*Köndgen/Schmies*, § 113 Rn. 115.
121 *Baur*, Investmentgesetze, § 15 Rn. 6.
122 Brinkhaus/Scherer-*Schödermeier/Balzer* § 15 Rn. 9; *Canaris*, Bankvertragsrecht, Rn. 2360, 2381.
123 Vgl. *Baur*, Investmentgesetze, § 15 Rn. 9, 11.
124 Formularvertrag kraft gesetzlicher Anordnung, vgl. Bankrechtshandbuch-*Köndgen/Schmies*, § 113 Rn. 116; Brinkhaus/Scherer-*Schödermeier/Balzer* § 15 Rn. 10.
125 *Baur*, Investmentgesetze, § 15 Rn. 16.

nehmigung zu erteilen, wenn die Vertragsbedingungen den gesetzlichen Anforderungen entsprechen. Der Aufsichtsbehörde steht insoweit kein Ermessen zu. Insbesondere ist es nicht zulässig, über den Weg der Genehmigung Einfluss auf die Geschäftspolitik zu nehmen.[126] Die etwaige ethisch-sozial-ökologische Ausrichtung eines Investmentfonds ist folglich kein zulässiger Gegenstand des Genehmigungsverfahrens.[127] Allerdings müssen die gesetzlichen Bestimmungen, insbesondere also die des Investmentgesetzes eingehalten werden. Bei wertebasierten Regelungen in den Anlagegrundsätzen kann die Frage aufkommen, inwieweit diese überhaupt überprüfbar sind. Die Notwendigkeit der grundsätzlichen Überprüfbarkeit der Anlagegrundsätze durch die Kontrollinstanzen (Aufsichtsbehörde, Depotbank, Jahresabschlussprüfer)[128] ergibt sich schon aus dem Transparenzgebot gem. § 307 Abs. 1 Satz 2 BGB.[129] Hinzu kommen wettbewerbsrechtliche Überlegungen und das Verbot der irreführenden Bezeichnung gem. § 4 Abs. 1 InvG.[130]

Im Rahmen des Genehmigungsverfahrens überprüfbar sind überdies der in § 1 Satz 2 InvG normierte Grundsatz der Risikomischung und die allgemeinen Verhaltenspflichten, insbesondere das Gebot der Vermeidung von Interessenkonflikten gem. § 9 Abs. 3 InvG. Bei der Berücksichtigung ethisch-sozial-ökologischer Kriterien muss folglich sichergestellt sein, dass eine ausreichende Risikomischung erreicht wird, und dass das Risiko von Interessenkonflikten zwischen der Gesellschaft und den Anlegern bzw. zwischen verschiedenen Anlegern ausgeschlossen bzw. so gering wie möglich ist.

3. Leistungspflichten aus dem Investmentvertrag

Die Leistungspflichten des Investmentvertrages ergeben sich aus Gesetz, aus den Vertragsbedingungen und unter Umständen auch mittelbar aus dem Verkaufsprospekt.[131] Zunächst hat der Anleger den Ausgabepreis bzw. beim Zweiterwerb eines Anteils den Kaufpreis zu zahlen und die Kapitalanlagegesellschaft den Anteilsschein auszustellen. Letzteres erfolgt durch die Depotbank, § 23 InvG. Durch den Anteilsschein erwirbt der Anleger Rechte am Sondervermögen. Je nach Ausgestaltung der Vertragsbedingungen erhält der Anteilsinhaber Miteigentum am Sondervermögen oder nur einen schuldrechtlichen Anspruch gegen die Kapitalanlagegesellschaft als Treuhänderin, vgl. § 30 Abs. 1 Satz 1 InvG. In beiden Fällen

---

126 Vgl. *Baur*, Investmentgesetze, § 15 Rn. 16.

127 *Dürr* ZIP 1991, 286, 287; vgl auch BAKred-Schr. v. 8. 6. 1989 („kirchliche Grundsätze“), abgedr. in: *Beckmann*, Investmenthandbuch, 438 Nr. 46: „[...] über die Berechtigung, [...] ethische Normen bei der Kapitalanlage für eine breite Anlegerschicht berücksichtigen zu müssen, hat [das Bundesaufsichtsamt] nicht zu befinden.“

128 Vgl. §§ 5, 27, 44 Abs. 5 InvG; dazu Bankrechtshandbuch-*Köndgen/Schmies*, § 113 Rn. 36 ff.

129 Vgl. *Kuntze* WM 1991, 929; zum Prüfungsmaßstab des § 307 BGB bei behördlichen Genehmigungsverfahren vgl. Palandt-*Heinrichs*, v § 307 Rn. 21; BVerwG NJW 1998, 3216; zum Transparenzgebot vgl. Palandt-*Heinrichs*, § 307 Rn. 16 ff.

130 Vgl. *Dürr* WM 1989, 933, 934; *Kuntze* WM 1991, 929; zum Bezeichnungsschutz und zum UWG siehe unten Seite 56.

131 Bankrechtshandbuch-*Köndgen/Schmies*, § 113 Rn. 119.

werden die Rechte der Anteilsinhaber jedoch maßgeblich durch das Investmentgesetz bestimmt, so dass sich in der Praxis kein relevanter Unterschied hinsichtlich der Rechtsstellung ergibt.

Die Hauptleistungspflicht der Kapitalanlagegesellschaft liegt im Investment, also in der wirtschaftlichen Verwaltung des Sondervermögens. Diese umfasst die Pflicht, die dem Sondervermögen und damit der Verwaltung durch die Kapitalanlagegesellschaft zugeflossenen Mittel anzulegen und dieses Portfolio fortlaufend zu bewirtschaften.[132] Die Art der Verwaltung bzw. Bewirtschaftung bestimmt sich nach den Vertragsbedingungen und den zum Teil nicht abdingbaren oder nur eingeschränkt disponiblen Vorschriften des Investmentgesetzes. Grundsätzlich sind alle Möglichkeiten, Vorteile für das Sondervermögen zu gewinnen, auszuschöpfen.[133]

Für diese Dienstleistung hat die Kapitalanlagegesellschaft einen Vergütungsanspruch gem. §§ 675, 611 BGB, der regelmäßig in den Vertragsbedingungen konkretisiert ist.

III. Anlageziele und Anlagegrundsätze

Die Auswahl der einzelnen Vermögenswerte, in denen das Fondsvermögen angelegt wird, erfolgt durch die Fondsverwaltung. Anleger haben dabei keinen unmittelbaren Einfluss. Um ihnen die Verfolgung bestimmter Anlageziele dennoch zu ermöglichen, sind klare Regelungen über die Grundsätze der Anlagepolitik in den Vertragsbedingungen erforderlich.[134] Die Regelungen über Anlageziele und -grundsätze in den allgemeinen Vertragsbedingungen stellen insofern das Kernstück des Investmentvertrages dar. Aufgrund dieser Bedeutung muss ihre Aufstellung und Abänderung von der Aufsichtsbehörde gem. § 43 Abs. 2 InvG genehmigt werden. Gemäß § 43 Abs. 4 InvG ist insbesondere anzugeben, nach welchen Grundsätzen die Auswahl der zu beschaffenden Vermögensgegenstände erfolgt und welche Vermögensgegenstände in welchem Umfang für das Sondervermögen erworben werden dürfen. Bei Indexfonds (§ 63 InvG) ist der nachzubildende Index zu nennen.

Je spezieller ein Anlageziel ausgerichtet ist, desto höhere Anforderungen sind an die Definition der Anlagegrundsätze in den allgemeinen Vertragbedingungen zu stellen.[135] Der Anleger muss dadurch in die Lage versetzt werden, die tatsächliche

132 Vgl. Bankrechtshandbuch-*Köndgen/Schmies*, § 113 Rn. 122.
133 Vgl. BGHZ 25, 275, 280; WM 1967, 25, 27; WM 1987, 239 für die vergleichbaren Pflichten eines Testamentsvollstreckers; Brinkhaus/Scherer-*Schödermeier/Balzer* § 10 Rn. 10, 14.
134 *Kuntze* WM 1991, 929; Bankrechtshandbuch-*Köndgen/Schmies*, § 113 Rn. 79.
135 Vgl. Begr.Reg.E., BT-Drucks. 15/1553: Erhöhte Anforderungen an die Tiefe der Darstellung sind nur dann erforderlich, wenn Sondervermögen mit besonderer Anlagepolitik gebildet werden und Abweichungen von den Muster-Vertragsbedingungen nötig werden.

Anlagepolitik des Investmentfonds mit den vertraglichen Anlagegrundsätzen zu vergleichen und etwaige Abweichungen festzustellen.[136]

Wenn ethisch-sozial-ökologische Anlageziele bzw. Anlagegrundsätze vereinbart werden, ist fraglich, welche Anforderungen an die Definition dieser Ziele in den allgemeinen Vertragsbedingungen zu stellen sind. Maßstab dafür, wie diese zu präzisieren sind, ist die Überprüfbarkeit ihrer Einhaltung sowohl für den Anleger als auch für die Aufsichtsbehörde.

Daneben müssen die Anlagegrundsätze mit dem Grundsatz der Risikomischung (§ 1 Satz 2 InvG) und den gesetzlichen Anlagegrenzen (§§ 46ff. InvG) übereinstimmen.[137]

IV. Verkaufsprospekt und Prospekthaftung

Vor Vertragsschluss sind dem Erwerber gem. § 121 Abs. 1 InvG neben den Vertragsbedingungen auch der vereinfachte und ausführliche Verkaufsprospekt[138] sowie der Jahresbericht[139] und etwaige letzte Halbjahresbericht vorzulegen. Diese standardisierten vorvertraglichen Informationen sollen dem Anleger die Möglichkeit geben, eine eigenverantwortliche Anlageentscheidung zu treffen.[140] Die gesetzliche Aufzählung der im Prospekt anzugebenden Informationen ist deshalb umfassender als die nötigen Angaben in den allgemeinen Vertragsbedingungen, vgl. § 43 Abs. 4 gegenüber § 42 Abs. 1, 2 InvG.

Nach der Generalklausel des § 42 Abs. 1 Satz 2 InvG müssen sowohl der ausführliche als auch der vereinfachte Verkaufsprospekt die Angaben enthalten, die erforderlich sind, damit sich die Anleger über die ihnen angebotene Anlage und insbesondere über die damit verbundenen Risiken ein begründetes Urteil bilden können. Die dann folgenden konkreten Anforderungen gem. § 42 Abs. 1 Nr. 1–28, Abs. 2 Nr. 1–5 InvG stellen insofern nur Mindeststandards dar. Entsprechend der Dogmatik vorvertraglicher Aufklärungspflichten ist darüber hinaus über alle für die Beurteilung der Anlage wesentlichen bzw. erforderlichen Umstände zu informieren.[141] Darunter fallen grundsätzlich alle Angaben, die für die Vermögensanlage wertbildend sind.[142]

---

136 Bankrechtshandbuch-*Köndgen/Schmies*, § 113 Rn. 76ff.; vgl. auch BGH NJW 1997, 2866.
137 Dazu siehe unten Seite 83.
138 Zum Inhalt vgl. § 42 InvG und unten Seite 93.
139 Zur Rechnungslegung vgl. § 44 InvG und unten Seite 107.
140 Vgl. zum Informationssystem des Investmentgesetzes *Roggatz*, Informationspflichten von Investmentgesellschaften: Analyse der gesetzlichen Publizitätsvorschriften zur Verbesserung der investmentrechtlichen Transparenz und des Anlegerschutzes.
141 Bankrechtshandbuch-*Köndgen/Schmies*, § 113 Rn. 80. Die alte Fassung des § 19 Abs. 2 Satz 2 KAGG hatte noch alle Angaben von „wesentlicher Bedeutung" für die Beurteilung der Anlage verlangte. Ein Bedeutungsunterschied gegenüber der Regelung nach Investmentgesetz („erforderliche Angaben") ergibt sich daraus jedoch nicht, vgl. Begr.Reg.E., BT-Drucks. 15/1553, 89.
142 Brinkhaus/Scherer-*Schödermeier/Balzer* § 19 Rn. 22.

In Bezug auf die Integration ethisch-sozial-ökologischer Faktoren in die Anlagepolitik ist fraglich, welche Umstände als erforderlich für die Beurteilung der Anlage angesehen werden müssen. Geht man davon aus, dass sich inzwischen ein besonderer Markt für Kapitalanlagen gebildet hat,[143] die ethisch-sozial-ökologischen Bestimmungen entsprechen, handelt es sich bei diesen Bestimmungen um Angaben, die ein verständiger Anleger zur Grundlage seiner Anlageentscheidung machen kann. Sie können insofern einen wertbildenden Faktor darstellen.

Konkret muss der ausführliche Verkaufsprospekt gem. § 42 Abs. 1, Satz 3, Nr. 14 InvG die finanziellen wie auch nichtfinanziellen Anlageziele und die Anlagepolitik einschließlich etwaiger Konkretisierungen und Beschränkungen enthalten. Bei Investmentfonds mit ethisch-sozial-ökologischer Ausrichtung könnte dies die Beschreibung der ethisch-sozial-ökologischen Anlageziele wie auch etwaiger Beschränkungen mit einschließen. Diese werden integriert, weil sie einen – ethisch-sozial-ökologischen – Wert darstellen, mithin aus Sicht des Anlegers wertbildend sind. Wie bei den Anforderungen an die Formulierung der Anlagegrundsätze in den allgemeinen Vertragsbedingungen sind auch hier umso höhere Anforderungen an die Beschreibung der ethisch-sozial-ökologischen Anlageziele zu stellen, je spezieller diese ausgerichtet sind.

Umgekehrt könnten Angaben über ethisch-sozial-ökologische Anlageziele oder Methoden auch unzulässig sein, wenn sie faktisch ohne Bedeutung für die Zusammensetzung des Portfolios sind und deshalb nicht wertbildend, mithin unwesentlich sind.[144] Führen sie darüber hinaus zur Verwirrung oder Täuschung des Anlegers, könnte darin ein Verstoß gegen Normen des Gesetzes gegen unlauteren Wettbewerb (UWG) liegen

Für Investmentfonds, die einen Index abbilden (§ 63 InvG), ist gem. § 42 Abs. 1, Satz 3, Nr. 11 InvG anzugeben, dass der Grundsatz der Risikomischung entsprechend der Zusammensetzung des Indexes eingeschränkt wird, welche Wertpapiere Bestandteile des Indexes sind und wie hoch der Anteil der jeweiligen Wertpapiere am Index ist. Für letztere Angaben über die Art und den Anteil der enthaltenen Wertpapiere könnte bei Indizes, deren Zusammensetzung durch die Integration ethisch-sozial-ökologischer Faktoren beeinflusst wird,[145] auch eine entsprechende Aufschlüsselung nach diesen Kriterien erforderlich sein.

Diese Fragen zu den erforderlichen Prospektangaben sind vor dem Hintergrund der Prospekthaftung besonders relevant. Neben der allgemeinen zivilrechtlichen

---

143 *Bälz* BKR 2002, 447, 451; *Schoenheit*, UmweltWirschaftsForum 2004, 93; Deutsches Aktieninstitut (DAI), Nachhaltigkeit und Shareholder Value aus Sicht börsennotierter Unternehmen, 15; Produktübersicht über ethisch-sozial-ökologische Kapitalanlagen bei *Sternberger-Frey/Neuneyer*, Marktübersicht: nachhaltiges Investment, Anbieter und Produkte; Übersicht über die Anlegerinteressen bei *Schoenheit*, imug-Branchenstudie 2004 – Private Finanzplanung und nachhaltiges Investment; *Schoenheit*, Der Markt für sozial-ökologische Geldanlagen; *Hennig-Thurau/Hansen/Bornemann*, Marktchancen sozial-ökologischer Geldanlagen bei privaten Investoren: Eine verhaltenswissenschaftliche Analyse, ZAU 2001, 198.

144 Vgl. Brinkhaus/Scherer-*Schödermeier/Balzer* § 19 Rn. 23.

145 Siehe oben Seite 29; z. B. Dow Jones Stoxx Sustainability Index.

Haftung auf Schadensersatz kann der Anleger gem. § 127 Abs. 1 InvG Anteile gegen Erstattung des Kaufpreises wieder zurückgeben, wenn Prospektangaben, die für die Beurteilung der Anlage von wesentlicher Bedeutung waren, unrichtig oder unvollständig waren.[146] Dazu gehören gem. § 127 Abs. 2 Satz 2 i.V.m. § 42 Abs. 2 Nr. 2 InvG jedenfalls alle Angaben zu Anlagezielen und Anlagestrategien.

V. Allgemeine Verhaltensregeln und Organisationspflichten

Die Kapitalanlagegesellschaft hat gem. § 9 Abs. 1 InvG das Sondervermögen mit der Sorgfalt eines ordentlichen Kaufmanns (für gemeinschaftliche Rechnung der Anleger) zu verwalten. Die Verwaltung umfasst alle Dispositionen zur Erreichung der Anlageziele, kann also auch ethisch-sozial-ökologische Anlageziele umfassen, sofern solche vereinbart wurden.

Aus der Generalklausel des § 9 Abs. 1 InvG, die insoweit § 347 Abs. 1 HGB entspricht, ergibt sich zunächst lediglich der Haftungsmaßstab für die bestehenden Sorgfaltspflichten.[147] Kaufmann ist in diesem Zusammenhang gleichbedeutend mit einem qualifizierten Geschäftsleiter einer Kapitalanlagegesellschaft, der über die gem. § 9 Abs. 2 Nr. 2 InvG geforderte Sachkenntnis, Sorgfalt und Gewissenhaftigkeit verfügt.[148] Die nach § 276 Abs. 2 BGB erforderliche verkehrsübliche Sorgfalt entspricht folglich der Sorgfalt eines solchen Geschäftsleiters mit seinen typischen Fähigkeiten und Kenntnissen (Expertenpflichten).[149] Zur Bestimmung der gem. § 9 Abs. 1, Abs. 2 Nr. 2 InvG erforderlichen Sorgfalt sind überdies die in § 9 Abs. 2, Abs. 3 InvG, §§ 31ff. WpHG[150] normierten Verhaltensregeln maßgebend. Die erforderliche Sorgfalt ist zunächst nach objektiven, nicht personenbezogenen Gesichtspunkten zu bestimmen.[151] Bei wirtschaftlichen Fragestellungen verbleibt allerdings regelmäßig ein Ermessensspielraum zwischen mehreren möglichen Wegen, um ein nach objektiven Gesichtspunkten zulässiges Ziel zu erreichen.[152] Die (Quasi-)Treuhandfunktion[153] der Kapitalanlagegesellschaft gegenüber einem breiten und großenteils in diesem Geschäftsbereich unerfahrenen Anlegerpublikum führt dabei im Vergleich zu sonstigen Kaufleuten nach § 347 HGB zu erhöh-

---

146 Zur allgemeinen bürgerlich-rechtlichen Haftung *Grumann* BKR 2002, 310.
147 *Beckmann*, Investmenthandbuch, 410 § 9 Rn. 13.
148 Brinkhaus/Scherer-*Schödermeier/Balzer* § 10 Rn. 4.
149 Vgl. Bankrechtshandbuch-*Köndgen/Schmies*, § 113 Rn. 122.
150 Das WpHG ist für das Betreiben des Investmentgeschäfts nicht unmittelbar anwendbar, da das Investmentgeschäft nicht vom Begriff der Wertpapierdienstleistungen gem. § 2 Abs. 3 WpHG erfasst wird; vgl. auch §§ 2a Abs. 1 Nr. 7, 9 Abs. 1a, 34c WpHG. Aufgrund der sachlichen Nähe kann es gleichwohl zur Auslegung herangezogen werden; vgl. auch Lang, ZBB 2004, 289.
151 *Beckmann*, Investmenthandbuch, 410 § 9 Rn. 13.
152 Vgl. Schlegelberger-*Hefermehl*, HGB § 347 Rn. 19.
153 Zum speziellen Typ der sog. Quasi-Treuhand sowie zur werbenden Treuhand bei Kapitalanlagegesellschaften vgl. *Grundmann*, Treuhandvertrag, 32, 40f.

ten Sorgfaltspflichten.[154] Die Kapitalanlagegesellschaft trifft die Beweislast dafür, dass die erforderliche Sorgfalt gewahrt worden ist.[155]

Die in § 9 Abs. 2 InvG normierten Verhaltens- und Organisationspflichten sind also die normative Konkretisierung der erforderlichen Sorgfalt.[156] Dabei können drei Pflichtenbereiche unterschieden werden: Die Wahrnehmung der Anlegerinteressen (Abs. 2 Nr. 1), die Anwendung der gebotenen Sachkenntnis, Sorgfalt und Gewissenhaftigkeit im besten Interesse des Sondervermögens (Abs. 2 Nr. 2) und die konkrete wie organisatorische Vermeidung von Interessenkonflikten (Abs. 2 Nr. 3, Abs. 3).

1. Handeln im ausschließlichen Interesse der Anleger und der Integrität des Marktes

Die Verpflichtung, im ausschließlichen Interesse der Anleger zu handeln, zieht die Frage nach sich, ob das Anlegerinteresse beschränkt ist auf rein finanzielle Kategorien, oder ob auch Interessen ethisch-sozial-ökologischer Art von der Vorschrift umfasst werden können. Ausgeschlossen ist jedenfalls die Berücksichtigung von Drittinteressen, seien sie finanzieller oder nichtfinanzieller Art.[157]

Über die Unzulässigkeit der Berücksichtigung von Drittinteressen hinaus ist der Wortlaut jedoch offen. Denkbar wäre bei enger Auslegung, dass nach Sinn und Zweck der Norm die Berücksichtigung von Interessen ohne finanzielle Bedeutung unzulässig ist, mit der Folge, dass ethisch-sozial-ökologische Faktoren grundsätzlich nicht berücksichtigt werden dürfen, es sei denn, dass ihnen finanzielle Bedeutung zukommt. Auf der anderen Seite ist bei weiter Auslegung denkbar, dass das zu berücksichtigende Anlegerinteresse grundsätzlich alle (kollektiven) Anlegerinteressen umfasst, daher neben den finanziellen ebenso nichtfinanzielle Interessen.[158] In jedem Fall stellt sich die Frage, inwieweit die Ausgestaltung der Interessenwahrungspflicht der Dispositionsfreiheit der Parteien unterliegt und durch Vertragsbedingungen erfolgen kann. Dies gilt insbesondere, wenn allgemeine Anlageprinzipien wie Sicherheit und Rentabilität vertraglich eingeschränkt werden.[159]

---

154 *Beckmann*, Investmenthandbuch, 410 § 9 Rn. 15.

155 Vgl. Schlegelberger-*Hefermehl*, HGB § 347 Rn. 28.

156 Sie haben ihre Grundlage im Gemeinschaftsrecht, vgl. Art. 5h der Richtlinie 2001/107/EG des Europäischen Parlaments und des Rates vom 21. Januar 2002 zur Änderung der Richtlinie 85/611/EWG des Rates zur Koordinierung der Rechts- und Verwaltungsvorschriften betreffend bestimmte Organismen für gemeinsame Anlagen in Wertpapieren (OGAW) zwecks Festlegung von Bestimmungen für Verwaltungsgesellschaften und vereinfache Prospekte (OGAW-Management-RL); vgl. auch Art. 11 Spiegelstrich 11 Richtlinie 93/22/EWG des Rates vom 10. Mai 1993 über Wertpapierdienstleistungen (Wertpapierdienstleistungs-RL).

157 Vgl. *Beckmann*, Investmenthandbuch, 410 § 9 Rn. 11; vgl. 3.3 BaFin RL zu § 35 Abs. 6 WpHG.

158 Zur Bestimmung des Treugeberinteresses stricto sensu vgl. *Grundmann*, Treuhandvertrag, 220.

159 Zur Definition allgemeiner Anlageprinzipien vgl. BaFin-Schr. 15/2005 (Hinweise zur Anlage des gebundenen Vermögens von Versicherungsunternehmen nach § 54 Abs. 1 VAG, §§ 1 ff. Anlageverordnung).

Neben dem Interesse der Anleger muss die Verwaltung auch im Interesse der Integrität des Marktes erfolgen, § 9 Abs. 1 Nr. 1 Fall 2 InvG. Darunter ist das Interesse aller Marktteilnehmer und der Volkswirtschaft daran zu verstehen, dass die Regeln des Kapitalmarktrechtes eingehalten werden und Missständen im Kredit- und Finanzdienstleistungswesen entgegengewirkt wird.[160] In dieser Hinsicht stellt sich die Frage, ob es zu einer Störung der Integrität des Marktes durch den Einfluss ethisch-sozial-ökologischer Interessen kommen könnte. Denkbar wäre dies, wenn eine Beeinflussung des Marktes durch nichtfinanzielle Interessen als Störung zu beurteilen ist.

2. Tätigkeit mit der gebotenen Sachkenntnis, Sorgfalt und Gewissenhaftigkeit im besten Interesse des Sondervermögens

Die Vorschrift des § 9 Abs. 2 Nr. 2 InvG konkretisiert die gemäß Abs. 1 gebotene Sorgfalt dahingehend, dass jede Tätigkeit mit der gebotenen Sachkenntnis, Sorgfalt und Gewissenhaftigkeit im besten Interesse der verwalteten Sondervermögen auszuüben ist. Die Formulierung „im besten Interesse des Sondervermögens" ist dem Text der Richtlinie entnommen und könnte gleichlaufend mit dem Interesse der Anleger zu verstehen sein.[161] Während allerdings ein Sondervermögen als Abstraktum zwar finanzielle Interessen im Sinne der Mehrung und Sicherung haben kann, lassen sich ethisch-sozial-ökologische Interessen wohl nur natürlichen oder juristischen Personen zuordnen. Der Gesetz- und Richtliniengeber ging also ersichtlich nur von dem betriebswirtschaftlichen Ziel der renditeorientierten Vermögensverwaltung aus. Für dieses Ziel muss die Kapitalanlagegesellschaft über die erforderliche Sachkenntnis verfügen. Für den Fall, dass ethisch-sozial-ökologische Faktoren in das Anlageziel integriert werden, stellt sich die Frage, ob diesbezüglich gleichlaufende Pflichten hinsichtlich der erforderlichen Sachkenntnis bestehen.

Wie bereits im ersten Teil dargestellt, können ethisch-sozial-ökologische Faktoren auf vielfältige Art und Weise relevant sein und insbesondere den Unternehmenswert und die mit einem Wertpapier verbundenen Risiken beeinflussen. So vielfältig, wie ethisch-sozial-ökologische Faktoren relevant werden können, so vielfältig können sie sich auch auf die nach § 9 Abs. 2 Nr. 1 InvG bestehenden Pflichten auswirken.

Kapitalanlagegesellschaften sind verpflichtet, sich durch den professionellen Einsatz aller erforderlichen Managementinformationssysteme und sonstiger Erkenntnismittel die nötige Kenntnis aller Einflussfaktoren für die weitere Marktentwicklung zu verschaffen.[162] Fraglich ist demnach, welche Erkenntnismittel und Managementmethoden in Bezug auf ethisch-sozial-ökologische Fragestellungen überhaupt bestehen und inwieweit sie allgemein für alle Investmentfonds oder

---

160 Vgl. *Beckmann*, Investmenthandbuch, 410 § 9 Rn. 10.
161 Vgl. z.B. die Parallelvorschrift des § 31 Abs. 1 Nr. 1 WpHG.
162 *Beckmann*, Investmenthandbuch, 410 § 9 Rn. 17.

aufgrund besonderer Vereinbarungen über das Anlageziel als Teil einer professionellen Fondsverwaltung angesehen werden müssen.

3. Konkrete und organisatorische Vermeidung von Interessenkonflikten

Absatz 3 bezieht sich auf strukturelle, also durch die interne Organisation und Kontrolle der Kapitalanlagegesellschaft begründete Interessenkonflikte, während sich Abs. 2 Nr. 3 von § 9 InvG auf Umstände des Einzelfalles bezieht, denen nicht durch organisatorische Maßnahmen vorgebeugt werden kann. Strukturelle Interessenkonflikte stellen einen Gefährdungstatbestand dar und verpflichten zu vorbeugenden Maßnahmen.[163]

Dazu gehören zunächst die allgemeinen organisatorischen Voraussetzungen, wie sie in § 25 a Abs. 1 KWG[164] niedergelegt sind, mithin Risikomanagement (Nr. 1), interne Kontrollverfahren und Innenrevision (Nr. 2), Überwachung der eigenen finanziellen Lage (Nr. 3), EDV-Sicherung (Nr. 4), die vollständige Dokumentation aller ausgeführten Geschäfte (Nr. 5) und Sicherungssysteme gegen Geldwäsche und Betrug (Nr. 6). Diese Anforderungen sind durch die BaFin in zahlreichen Schreiben und Verlautbarungen konkretisiert worden.[165]

Für die Integration ethisch-sozial-ökologischer Faktoren ergeben sich in Bezug auf finanzielle Kontrollmechanismen zunächst keine Besonderheiten. Fraglich ist allerdings, inwieweit die Integration ethisch-sozial-ökologischer Faktoren erhöhte Anforderungen an die Dokumentationsverpflichtung, Kontrollverfahren und Innenrevision stellt. Soweit ethisch-sozial-ökologische Faktoren ausschließlich im Rahmen der finanziellen Analyse potentieller Investitionskandidaten berücksichtigt werden, sind keine besonderen Anforderungen zu erwarten. Soweit jedoch darüber hinaus nichtfinanzielle wertebasierte Faktoren für die Geschäftstätigkeit entscheidungserheblich sind, stellt sich hier die Frage der erforderlichen Kontrollverfahren, um die Einhaltung der gesetzlichen und vertraglichen Vorschriften zu gewährleisten und zu dokumentieren. Für den Fall, dass die Bewertungen externer Ratingagenturen in die Verwaltung des Sondervermögens mit einbezogen werden,[166] könnten überdies die Auslagerungsvorschriften nach § 16 InvG zu beachten sein.

Strukturell nicht vermeidbare Interessenkonflikte im Einzelfall können bei allen wertebasierten Entscheidungen auftreten. Fraglich ist, welche Anforderungen an

---

163 Assmann/Schneider-*Koller*, § 31 Rn. 33 (zur Parallelvorschrift des § 31 WpHG).
164 Die Anwendbarkeit des KWG ergibt sich aus § 1 Abs. 1 Nr. 6 KWG i. V. m. § 7 Abs. 2 InvG.
165 Vgl. Übersicht bei *Beckmann*, Investmenthandbuch, 438.
166 Vgl. beispielsweise das DAX-30-Rating durch die Ratingagentur *Scoris*, Handelsblatt v. 3. 12. 2007, 16; siehe auch Handelsbatt, Nachhaltigkeitsratings – Auf der Suche nach der Tugend, v. 17. 11. 2006, 32; zur Arbeitsweise von Ratingagenturen vgl. Observatoire sur la Responsabilité Sociétale des Entreprises, A Guide to Sustainability Analysis Organisations; *Goetz/Czymmek*, Der Beitrag des Öko-Rating für die unternehmerischen Stakeholder; *Schoenheit*, Informationsflüsse zwischen Unternehmen, Fondsgesellschaften und Research-Agenturen, 7 ff.

die Entscheidungsgrundlage, insbesondere die Vertragsbedingungen und internen Arbeitsanweisungen zu stellen sind, um die Wahrung der Interessen der Anleger dabei zu gewährleisten.

4. Konkretisierung durch Richtlinien

Die BaFin kann im Rahmen ihrer Richtlinienkompetenz gem. § 9 Abs. 5 InvG für den Regelfall festlegen, ob bzw. unter welchen Voraussetzungen den Verpflichtungen nach den Absätzen 1–4 entsprochen wird.[167] Es handelt sich dabei um Verwaltungsvorschriften zur Ergänzung und Konkretisierung der gesetzlichen Anforderungen.[168] Diese sind für Kapitalanlagegesellschaften und Gerichte verbindlich.[169]

Zur Thematik der Integration ethisch-sozial-ökologischer Faktoren in die Fondsverwaltung sind bisher keine Richtlinien erlassen worden. Nur in einem Fall wurde durch ein BAKred-Rundschreiben die Integration ethischer Normen in die Anlagepolitik thematisiert.[170] Aus Richtlinien der BaFin gem. § 9 Abs. 5 InvG lassen sich deshalb bisher keine weiteren Zulässigkeitsvoraussetzungen entnehmen.

5. Allgemeine Rechenschafts- und Interessenwahrungspflicht nach § 675 BGB

Der Investmentvertrag ist ein Geschäftsbesorgungsvertrag i.S.d. § 675 BGB. Deshalb bestehen neben den besonderen durch das Investmentrecht vorgegebenen Verhaltensregeln und Verpflichtungen subsidiär die aus jedem Geschäftsbesorgungsvertrag folgenden Rechtspflichten. Soweit Fragestellungen, die sich aus der Integration ethisch-sozial-ökologischer Faktoren ergeben, nicht bereits durch Regelungen des Investmentrechts erfasst werden, kann auf die Grundsätze des § 675 BGB zurückzukommen sein.

VI. Aufsichtsrecht

Kapitalanlagegesellschaften sind gem. § 1 Abs. 1 Satz 2 Nr. 5 i.V.m. § 1 Abs. 1 Satz 1 KWG Kreditinstitute und unterliegen damit der staatlichen Aufsicht gem. § 5 Abs. 1 InvG, § 6 KWG durch die BaFin.[171] Die BaFin hat gem. § 6 Abs. 2 KWG

---

167 Zur missverständlichen Formulierung von § 9 Abs. 5 InvG vgl. *Beckmann*, Investmenthandbuch, 410 § 9 Rn. 28.

168 *Beckmann*, Investmenthandbuch, 410 § 9 Rn. 28 i.V.m. § 4 Rn. 13.

169 BVerwGE 72, 300, 320.

170 Bundesaufsichtsamt für Kreditwesen (BAKred), Schreiben v. 8.6. 1989 („kirchliche Grundsätze"), abgedr. in: *Beckmann*, Investmenthandbuch, 438 Nr. 46.

171 Der Regierungsentwurf zum Investmentänderungsgesetz, BT-Drucks. 16/5576, sieht vor, die Kreditinstitut-Eigenschaft von Kapitalanlagegesellschaften abzuschaffen; vgl. auch BR-Drucks. 274/07. Das Kreditwesengesetz ist dann nicht mehr auf Kapitalanlagegesellschaften anwendbar

Missständen im Kredit- und Finanzdienstleistungswesen entgegenzuwirken, welche die Sicherheit der den Instituten anvertrauten Vermögenswerte gefährden, die ordnungsmäßige Durchführung der Bankgeschäfte oder Finanzdienstleistungen beeinträchtigen oder erhebliche Nachteile für die Gesamtwirtschaft herbeiführen können. Ihr obliegt folglich die Wahrung der allgemeinen Ordnung und des Anlegerschutzes im Anwendungsbereich des Investmentgesetzes.

Die Integration ethisch-sozial-ökologischer Faktoren in die Verwaltung von Sondervermögen durch Kapitalanlagegesellschaften kann auch aufsichtsrechtliche Implikationen haben. Zwar dürften sich für die Erlaubnis zum Geschäftsbetrieb (§ 7 InvG), Meldepflichten (§ 10 InvG) und Kapitalanforderungen (§ 11 InvG) keine Besonderheiten ergeben. Der BaFin obliegt jedoch auch die Prüfung der Verkaufsprospekte (§ 42 Abs. 6 InvG), die Genehmigung der Vertragsbedingungen (§ 43 Abs. 2 InvG) und die Überwachung grundsätzlich aller Tätigkeiten der Kapitalanlagegesellschaften, einschließlich der Einhaltung der allgemeinen Verhaltenspflichten nach § 9 InvG. Sie kann überdies Richtlinien und Anordnungen erlassen (§§ 4 Abs. 2, 9 Abs. 5 InvG), die gesetzliche Bestimmungen konkretisieren.

VII. Bezeichnungsschutz, Namensgebung und Fondskategorien

Der Bezeichnungsschutz gem. § 3 InvG greift, wenn eine „Kapitalanlagegesellschaft“, eine „Investmentgesellschaft“, eine „Investmentaktiengesellschaft“ bzw. ein „Investmentfonds“ nicht im Sinne des Investmentgesetzes geführt wird. Dies ist der Fall, wenn die Geschäftstätigkeit nicht der Legaldefinition gem. §§ 1, 2 InvG entspricht, wenn es sich mithin nicht um die kollektive Anlage von Geldvermögen nach dem Grundsatz der Risikomischung in Vermögensgegenständen nach dem Investmentgesetz handelt.[172]

Neben der grundsätzlichen Art der Geschäftstätigkeit gem. §§ 1, 2 InvG darf die Namensgebung eines Investmentfonds den potentiellen Anleger auch nicht über die Fondskategorie bzw. Anlagepolitik täuschen, vgl. § 4 Abs. 1 InvG. Die Bezeichnung eines Investmentfonds kann für den Erwerbsentschluss ein wesentliches Kriterium sein. Weder darf die Fondsbezeichnung in irreführender Weise den Anschein eines besonders günstigen Angebots hervorrufen, noch darf sie über die Beschaffenheit der angebotenen Leistungen täuschen (vgl. §§ 3–5 UWG). Durch § 4 InvG werden die Regelungen des UWG konkretisiert.[173] Bei einer Verletzung dieser Vorschriften kann die BaFin gem. § 5 Abs. 3 InvG aufsichtsrechtliche Maßnahmen ergreifen.

---

und diese unterfallen nicht mehr der Aufsicht durch die Bundesbank, sondern werden ausschließlich von der BaFin beaufsichtigt; vgl. auch *Fock*, ZBB 2004, 365.

172 Vgl. dazu die Regelung in § 7 Abs. 3 KAAG a.F.; *Beckmann*, Investmenthandbuch, 410 § 3 Rn. 5f.

173 *Dürr* WM 1989, 933; *Beckmann*, Investmenthandbuch, 410 § 4 Rn. 1.

Soweit Investmentfonds sich als Nachhaltigkeitsfonds, Ökofonds, oder mit ähnlichen Begriffen von ethisch-sozial-ökologischer Bedeutung bezeichnen, ist diese Art der Namensgebung an § 4 Abs. 1 InvG i.V.m. den Regelungen des UWG zu messen.

Überdies könnten diese Bezeichnungen eine eigene Fondskategorie i.S.v. § 4 Abs. 2 InvG darstellen. Während § 1 KAGG a.F. noch eine grundsätzliche Einteilung in Geldmarkt-, Wertpapier-, Beteiligung-, Investmentfondsanteil-, Grundstücks- bzw. gemischte Wertpapier- und Grundstücks- sowie Altersvorsorge-Sondervermögen enthielt,[174] definiert das Investmentgesetz keine abschließenden Fondskategorien, sondern enthält lediglich Sonderregeln für bestimmte Fondsarten bzw. -kategorien. Dafür ist die BaFin gem. § 4 Abs. 2 InvG ermächtigt in Richtlinien für den Regelfall festzulegen, welcher Fondskategorie ein Investmentvermögen nach den Vertragsbedingungen, insbesondere nach den dort genannten Anlagegrenzen, entspricht.[175] Fraglich ist einerseits, ob und unter welchen Voraussetzungen SRI-Fonds eine eigenständige Fondskategorie darstellen und andererseits, welche Vermögensgegenstände als die Fondskategorie bezeichnend bzw. namensgebend angesehen werden können.

VIII. Grundsätze der Portfolioverwaltung

Neben den allgemeinen Verhaltensregeln gem. § 9 InvG, die sich auf alle Tätigkeiten der Verwaltung beziehen, bestehen weitere spezielle Grundsätze der Portfolioverwaltung.

1. Gesetzliche Anlagegrenzen

Die §§ 46–52, 67, 68, 73, 80, 83–88, 112, 113 InvG[176] normieren Anlagevorschriften, die die Art bzw. Gewichtung einzelner Anlagegegenstände nach bestimmten Kriterien begrenzen. Sie sind rechtlich als Berufspflichten einzuordnen, haben jedoch darüber hinaus auch privatrechtlich Relevanz als nur eingeschränkt vertraglich modifizierbare Pflichten.[177] Damit stellen sie eine absolute gesetzliche Grenze dar und konkretisieren die Generalklausel des § 9 Abs. 1–3 InvG.[178] In der Verletzung dieser gesetzlichen Verpflichtungen liegt zugleich ein Verstoß gegen die allgemeinen Verhaltenspflichten gem. § 9 InvG.[179]

---

174 Zum investmentrechtlichen Typenzwang vgl. Bankrechtshandbuch-*Köndgen/Schmies*, § 113 Rn. 55.
175 Vgl. Richtlinie vom 14. 12. 2004, abgedr. in: *Beckmann*, Investmenthandbuch, 410 § 4 Anh.
176 Vgl. vormals §§ 7 b, 8 – 8 m, 25 b, 25 l, 27 – 29, 37 b, 37 i KAGG.
177 Bankrechtshandbuch-*Köndgen/Schmies*, § 113 Rn. 63 f.; zur Rechtsnatur auch *Lang*, ZBB 2004, 289.
178 Vgl. vormals § 10 Abs. 1 KAGG.
179 *Baur*, Investmentgesetze, § 8 c Rn. 1.

Die gesetzlichen Anlagegrenzen dienen einerseits der Risikovermeidung (z. B. kein Erwerb von Edelmetallen, § 46 Satz 2 InvG), andererseits geben sie eine minimale Risikodiversifikation vor.[180] Im Einzelnen bestehen Regelungen für: Zulässige Vermögensgegenstände (§ 47–52 InvG), Umfang der zulässigen Kreditaufnahme (§ 53 InvG), Darlehen und Sicherheiten (§§ 54–58 InvG), Anlagegrenzen hinsichtlich einzelner Aussteller (§§ 60–62 und §§ 64–65 InvG) und Anlagegrenzen bei Indexfonds (§ 63 InvG). In § 59 InvG ist überdies das Verbot von Leerverkäufen geregelt. Abweichende Sonderregeln bestehen gem. § 66 Abs. 1, 2, 4, 7, § 68 Abs. 6, § 69 Abs. 1, § 73, § 80 Abs. 1, § 85, § 88 Abs. 2 bis 5, 7, § 112 Abs. 1, § 113 Abs. 2, 4 InvG für Immobilien-, Altersvorsorge- und Spezialsondervermögen mit besonderen Risiken.

Im Hinblick auf diese Anlagegrenzen ergeben sich grundsätzlich keine Besonderheiten für den Fall, dass ethisch-sozial-ökologische Faktoren in die Portfolioverwaltung integriert werden. Die Anwendung ethisch-sozial-ökologischer Kriterien für die Portfolioselektion kann die Auswahl von Anlagegegenständen deutlich einschränken, darf aber nicht zu einer Überschreitung der Anlagegrenzen führen.

Fraglich könnte bei Wertpapierindex-Sondervermögen (Indexfonds) sein, ob sogenannte Nachhaltigkeits- oder SRI-Indizes,[181] die bereits bei der Indexerstellung ethisch-sozial-ökologische Faktoren mit einbeziehen, den Anforderungen von § 63 InvG genügen. Danach muss der Index in seiner Zusammensetzung hinreichend diversifiziert sein und eine adäquate Bezugsgrundlage für den Markt darstellen, auf den er sich bezieht. Für Investmentfonds, die als Anlageziel einen SRI-Index nachbilden, könnte fraglich sein, ob dieser Index mit § 63 InvG vereinbar ist.

2. Grundsatz der Risikomischung

Die Risikodiversifikation ist die Kardinalpflicht einer Kapitalanlagegesellschaft und wird durch die bereits genannten vielfältigen Anlagegrenzen konkretisiert.[182] Nach der Formulierung des § 1 Satz 2 InvG ist der Grundsatz der Risikomischung bereits Teil der Definition von Investmentvermögen, wird also als typusprägend für das Wesen des Investmentsparens als solches angesehen. Durch die Legaldefinition ist dieser Grundsatz der materielle Gesichtspunkt dafür, ob eine Vermögensmasse überhaupt in den Anwendungsbereich des Gesetzes fällt.[183]

Die Integration ethisch-sozial-ökologischer Faktoren in die Fondsverwaltung steht in keinem grundsätzlichen Konflikt mit dem Grundsatz der Risikomischung. Sehr strikte ethisch-sozial-ökologische Kriterien für die Portfolioselektion können zwar die Auswahl von Anlagegegenständen deutlich einschränken.[184] Der Grundsatz der Risikomischung ist jedoch durch Vertragsbedingungen auch weitgehend

---

180 Bankrechtshandbuch-*Köndgen/Schmies*, § 113 Rn. 67; *Baur*, Investmentgesetze, vor § 8 Rn. 3.
181 Siehe oben Seite 29; z. B. Dow Jones Stoxx Sustainability Index.
182 Vgl. Bankrechtshandbuch-*Köndgen/Schmies*, § 113 Rn. 69.
183 *Beckmann*, Investmenthandbuch, 410 § 1 Rn. 44.
184 Bedenken z. B. bei *Kuntze* WM 1991, 929.

einschränkbar, solange er nicht vollständig außer Kraft gesetzt wird.[185] Hinzu kommt, dass dieser Grundsatz durch die gesetzlichen Anlagegrenzen der §§ 46ff. InvG konkretisiert wird, welche wiederum nur eingeschränkt vertraglich modifizierbar sind und insoweit eine Mindest-Diversifikation und damit Risikomischung sicherstellen. Demnach ergeben sich jedenfalls für inländische Kapitalanlagegesellschaften, auf die die Anlagegrenzen des Investmentgesetzes anwendbar sind, durch die Integration ethisch-sozial-ökologischer Faktoren im Hinblick auf § 1 Satz 2 InvG keine Besonderheiten.

3. Auslagerung und Sachverständigenausschüsse

Eine Kapitalanlagegesellschaft ist verpflichtet, die treuhänderische Verwaltung des Sondervermögens selbständig und eigenverantwortlich durchzuführen.[186] Dies ergibt sich auch schon aus dem Geschäftsbesorgungsvertrag, §§ 675, 664 BGB.[187] Sie darf allerdings unter den Voraussetzungen von § 16 InvG, § 25a Abs. 2 KWG eigene Tätigkeiten auslagern.[188] Eine Auslagerung auf ein anderes Unternehmen liegt vor, wenn eine Tätigkeit des Geschäftsbetriebes nicht oder nicht mehr vollständig von der auslagernden Kapitalanlagegesellschaft, sondern einem organisatorisch getrennten Unternehmen durchgeführt wird.[189] Die Auslagerung wesentlicher Verwaltungstätigkeiten ist gem. § 16 InvG, § 25a Abs. 2 KWG nur zulässig, wenn ausreichende Steuerungs- und Kontrollmöglichkeiten der Tätigkeit der Auslagerungsgesellschaft durch die Kapitalanlagegesellschaft bestehen und, sofern die Auslagerung die Portfolioverwaltung betrifft, auch das Auslagerungsunternehmen der öffentlichen Aufsicht nach dem Kreditwesengesetz unterliegt, so dass die aufsichtsrechtlichen Kontrollmöglichkeiten der BaFin nicht beeinträchtigt werden.[190]

Bei Kapitalanlagegesellschaften, die ethisch-sozial-ökologische Faktoren bei der Portfolioverwaltung berücksichtigen und dabei auf ethisch-sozial-ökologische Unternehmensbewertungen Dritter zurückgreifen, stellt sich die Frage, ob darin bereits eine Auslagerung eigener Geschäftstätigkeit liegt.[191] Dies ist abhängig davon zu bewerten, ob es sich um i.S.d. § 25a Abs. 2 KWG wesentliche Bereiche handelt, die bankaufsichtsrechtliche Risiken begründen und deshalb nicht den Prüfungs-

---

185 Bankrechtshandbuch-*Köndgen/Schmies*, § 113 Rn. 70; *Beckmann*, Investmenthandbuch, 410 § 9 Rn. 53.

186 Brinkhaus/Scherer-*Schödermeier/Balzer* § 10 Rn. 14, 16.

187 Zu den Rechtsquellen für die Pflichten des Vermögensverwalters vgl. *Schwintowski/Schäfer*, Bankrecht, 785; § 675 BGB verweist nicht auf § 664 BGB, dieser ist aber gleichwohl anwendbar vgl. MüKo-BGB/*Seiler* § 664 Rn. 19, § 675 Rn. 24.

188 Dagegen war nach h.M. zu § 10 KAGG a.F. die Auslagerung von Kernbereichen der Verwaltungstätigkeit generell unzulässig, vgl. Brinkhaus/Scherer-*Schödermeier/Balzer* § 10 Rn. 16; zu den nicht auslagerbaren Funktionen Bödecker/*Vahldiek*, § 16 A.II.

189 *Beckmann*, Investmenthandbuch, 410 § 16 Rn. 3.

190 Boos/Fischer/Schulte-Mattler-*Braun* § 25a Rn. 555ff.; Brinkhaus/Scherer-*Schödermeier/Balzer* § 10 Rn. 16.

191 Vgl. *Kuntze* WM 1991, 929, 930.

und Kontrollrechten der BaFin entzogen werden dürfen.[192] Fraglich ist dabei insbesondere, inwieweit die Zusammensetzung des Portfolios durch externe Bewertungen bestimmt wird und ob das Auslagerungsunternehmen selbst der Aufsicht der BaFin unterliegt. Ähnliche Fragestellungen ergeben sich, wenn die ethisch-sozial-ökologische Bewertung der Anlagegegenstände durch einen besonderen Sachverständigenausschuss erfolgt und die Gestaltung des Portfolios dadurch mittelbar oder unmittelbar bestimmt wird.[193]

4. Ausübung von Stimm- und Beteiligungsrechten

Die Fondsverwaltung bzw. Kapitalanlagegesellschaft ist gem. § 31 Abs. 1 InvG befugt, die Rechte aus den Vermögensgegenständen des Sondervermögens im eigenen Namen auszuüben. Dazu gehören vor allem Stimmrechte (z.B. Gewinnverwendung, Entlastung des Vorstandes), aber auch alle weiteren Beteiligungsrechte, wie das Frage- und Auskunftsrecht in der Hauptversammlung und das Recht zur Einbringung eigener Beschlussvorlagen.[194]

Kapitalanlagegesellschaften haben das Stimmrecht für die von ihnen gehaltenen Aktien grundsätzlich selbst auszuüben (§ 32 Abs. 1 Satz 3 InvG). Sie bedürfen dabei keiner gesonderten Vollmacht der Anleger, die ihrerseits auch nicht weisungsbefugt sind, vgl. § 32 Abs. 1 Satz 1 und 2 InvG i.V.m. § 129 Abs. 3 AktG.

Die Ausübung der Stimm- und weiteren Beteiligungsrechte fällt unter die Verwaltungsangelegenheiten i.S.d. § 9 InvG und ist nach den dort normierten Verhaltensregeln, d.h. im alleinigen Interesse der Anleger und der Integrität des Marktes auszuüben.

Für den Fall, dass die Fondsverwaltung ihr Stimmrecht oder andere Beteiligungsrechte direkt oder mittelbar nutzt, um die Geschäftsführung des jeweiligen Unternehmens im Sinne bestimmter ethisch-sozial-ökologischer Werte zu beeinflussen, stellt sich die Frage ob, inwieweit und unter welchen Voraussetzungen diese Art der Ausübung von Beteiligungsrechten zulässig ist.

Zudem kann durch die Absprache mit anderen institutionellen Investoren der Kapital- und damit Stimmrechtsanteil erhöht werden, was wiederum aktien- und wettbewerbsrechtliche Anschlussfragen nach sich ziehen kann. Werden Beteiligungsrechte dazu genutzt, in ethisch-sozial-ökologischer Hinsicht mittelbaren Einfluss auf die Geschäftsführung auszuüben, so wirft dies sowohl im Verhältnis zum Anleger als auch zum betroffenen Unternehmen sowie gegenüber Wettbewerbern rechtliche Fragen auf. Einerseits könnten Kapitalanlagegesellschaften gegenüber ihren Anlegern verpflichtet sein, ihre Beteiligungsrechte nach rein finanziel-

---

192 *Beckmann*, Investmenthandbuch, 410 § 16 Rn. 13.
193 Vgl. BAKred-Schr. v. 8. 6. 1989 („kirchliche Grundsätze") und v. 29. 9. 1997, abgedr. in: *Beckmann*, Investmenthandbuch, 438 Nr. 46 und 74.
194 Vgl. §§ 118, 119, 120, 122, 126, 131, 134 AktG; *Bachmann* AG 2001, 635.

len Kriterien strikt nach der Devise des *Maximising Shareholder Value* auszuüben.[195] Andererseits könnten darüber hinausgehende Interessen ethisch-sozial-ökologischer Natur auch der Stimmrechtsausübung zugrundezulegen sein.

IX. Rechnungslegung und Abschlussprüfung

Über die Verwaltung und Entwicklung jedes Investmentfonds (Sondervermögens) ist gem. § 44 InvG jährlich und halbjährlich Rechnung zu legen. Die Anforderungen an die Rechnungslegung im Jahres-/Halbjahresbericht sind vergleichbar mit den Anforderungen an die Vertragsbedingungen. Die enthaltenen Informationen müssen alle wesentlichen Angaben enthalten, die es den Anlegern ermöglichen, sich ein Urteil über diese Tätigkeit und die Ergebnisse des Sondervermögens zu bilden, § 44 Abs. 1 Satz 2 InvG, und die Einhaltung der Vertragsbedingungen zu überprüfen.

Die notwendigen Angaben sind in § 44 Abs. 1 Satz 3 Nr. 1–5 InvG näher definiert. Dabei können sich für SRI-Investmentfonds Besonderheiten ergeben. Die wesentlichen Angaben i. S. v. § 44 Abs. 1 Satz 2 InvG sind abhängig von den Anlagezielen und -grundsätzen und können dementsprechend Angaben über ethisch-sozial-ökologische Belange notwendig machen.

Wenn ethisch-sozial-ökologische Faktoren in die Anlagepolitik integriert wurden, kann zu allen damit im Zusammenhang stehenden Tätigkeiten und Ergebnissen auch im Jahres- bzw. Halbjahresbericht Stellung zu nehmen sein. Darüber hinaus unterliegen alle Angaben im Jahresbericht der Prüfung durch den Abschlussprüfer.

X. Werbung

Werbung für Investmentfonds muss gem. § 124 Abs. 1 InvG grundsätzlich auf den Verkaufsprospekt hinweisen. Die wettbewerbsrechtliche Zulässigkeit von Werbung richtet sich gem. § 23 KWG nach dem Gesetz gegen unlauteren Wettbewerb. Nur für Werbung ausländischer Gesellschaften enthält § 124 Abs. 3 InvG ergänzende Regelungen.

Für Investmentfonds, die ethisch-sozial-ökologische Faktoren berücksichtigen, ergeben sich grundsätzlich keine Besonderheiten. Werbung mit ethischen, sozialen oder ökologischen Vorteilen ist an den Regelungen des UWG zu messen und kann beispielsweise gem. § 5 UWG irreführend sein, wenn sie unzutreffende An-

195 So Bankrechtshandbuch-*Köndgen* (2. Aufl.), § 113 Rn. 129; zum Shareholder Value Konzept vgl. *Grünewälder*, AG 1996, 447; zum Ermessen des Managements (einer AG) bei der Berücksichtigung von Nichtaktionärsinteressen vgl. *Empt*, Corporate Social Responsibility, 138; *Eidenmüller*, JZ 2001, 1041.

gaben enthält oder sich in pauschalen Hinweisen erschöpft ohne über den konkreten Bezug aufzuklären.[196]

XI. Sonderregelungen für Investmentaktiengesellschaften

Investmentaktiengesellschaften sind keine Investmentfonds i. S. d. § 2 Abs. 1 InvG und keine Kapitalanlagegesellschaften i. S. d. § 6 Abs. 1 InvG.[197] Es handelt sich vielmehr um Aktiengesellschaften, die gem. § 96 Abs. 2 InvG den satzungsmäßigen Unternehmensgegenstand festgelegt haben, ihre Mittel nach dem Grundsatz der Risikomischung in Vermögensgegenstände nach Maßgabe des § 2 Abs. 4 Nr. 1–4 und 7–9 InvG anzulegen und ihre Anteilinhaber an dem Gewinn aus der Verwaltung des Vermögens der Gesellschaft zu beteiligen. Das Rechtsverhältnis zwischen Anleger und Gesellschaft ist dabei das Verhältnis von Aktionär und Aktiengesellschaft und unterliegen deshalb zunächst dem Aktiengesetz (vgl. § 99 Abs. 1 InvG). Gemäß § 99 Abs. 2 InvG ist auch das Kreditwesengesetz grundsätzlich anwendbar. In den §§ 96–111 InvG sind zusätzliche spezielle Regelungen des Investment- und Aktienrechts normiert bzw. die §§ 20–29, 6 Abs. 3, 4, §§ 9, 10, 16, 34, 36 sowie 37 Abs. 2 und 3, die §§ 40–45, 46–65, 83–86, 91–95 sowie 112–120 InvG werden für entsprechend anwendbar erklärt. Dabei tritt an die Stelle der Vertragsbedingungen die Satzung und an die Stelle des Sondervermögens das Gesellschaftsvermögen.

Die rechtssystematischen Anknüpfungspunkte, die sich für Kapitalanlagegesellschaften bzw. Investmentfonds bei der Integration ethisch-sozial-ökologischer Faktoren in die Anlagepolitik ergeben, betreffen deshalb gleichermaßen auch Investmentaktiengesellschaften. Besonderheiten können sich darüber hinaus aus der Rechtsstellung der Anleger als Aktionäre ergeben.

Die Investmentaktiengesellschaft wird allerdings in dieser Arbeit, wie in der Einführung bereits erwähnt, aufgrund ihrer bislang marginalen praktischen Bedeutung nicht tiefergehend behandelt.

XII. Zusammenfassung der Zulässigkeitsvoraussetzungen

Aus den durch Socially Responsible Investment tangierten Vorschriften lässt sich folgende schematische Zusammenfassung ableiten:

1. Vertragsbedingungen

a) Genehmigung durch die Bundesanstalt, § 43 Abs. 2 InvG
b) Definition der Anlagegrundsätze, § 43 Abs. 4 InvG
  aa) Art und Umfang der zulässigen Vermögensgegenstände (Nr. 1 Satz 1)
  bb) Nachbildung eines Wertpapierindexes (Nr. 2 i. V. m. §§ 60, 63 InvG)

196 KG WRP 1996, 750; Baumbach/Köhler/*Bornkamm* § 5 Rn. 4.167, 4.176.
197 Siehe dazu bereits oben Seite 45.

2. Verhaltens- und Organisationspflichten

a) Tätigkeit im ausschließlichen Interesse der Anleger, § 9 Abs. 2 Nr. 1 InvG
b) Tätigkeit im ausschließlichen Interesse der Integrität des Marktes, § 9 Abs. 2 Nr. 1 InvG
c) Tätigkeit mit der gebotene Sachkenntnis, Sorgfalt und Gewissenhaftigkeit, § 9 Abs. 2 Nr. 2 InvG
d) Vermeidung von Interessenkonflikten, § 9 Abs. 2 Nr. 3, Abs. 3 InvG i. V. m. § 25 a Abs. 1 KWG
e) Allgemeine Interessenwahrungspflicht, § 675 BGB

3. Anlageregeln und Portfolioverwaltung

a) Grundsatz der Risikomischung, § 1 Satz 2 InvG
b) Gesetzliche Anlagegrenzen, §§ 46 ff. InvG
c) Anerkennungsvoraussetzungen für Indexfonds, § 63 Abs. 1 Satz 2 InvG
d) Zulässigkeit der Auslagerung eigener Tätigkeiten, § 16 InvG, § 25 a Abs. 2 KWG
e) Zulässigkeit von Sachverständigenausschüssen, § 16 InvG, § 25 a Abs. 2 KWG
f) Ausübung von Stimmrechten, § 32 Abs. 1 InvG

4. Anlegerinformation und Verkaufsprospekt

a) Anlegerinformation, § 121 InvG
b) Erforderliche Angaben über Anlage und Risiko, § 42 Abs. 1 Satz 2 InvG
c) Ausführlicher Verkaufsprospekt, § 42 Abs. 1 Satz 3 InvG
d) Vereinfachter Verkaufsprospekt, § 42 Abs. 2 InvG

5. Namensgebung und Werbung

a) Bezeichnungsschutz, § 3 InvG
b) Anforderungen durch Richtlinien zur Definition von Fondskategorien, § 4 Abs. 2 InvG
c) Verbot der irreführenden Bezeichnung, § 4 Abs. 1 InvG
d) Zulässigkeit von Werbung, § 124 InvG, §§ 3–5 UWG

6. Jahresbericht und Rechnungslegung

a) Tätigkeitsbericht, § 44 Abs. 1 Satz 2 Fall 1 InvG
b) Vermögensaufstellung, § 44 Abs. 1 Satz 3 InvG
c) Überprüfung durch Jahresabschlussprüfer, § 44 Abs. 5 InvG
d) Halbjahresbericht, § 44 Abs. 2 InvG

B. Rechtliche Zulässigkeit und Voraussetzungen nach Investmentgesetz

Socially Responsible Investment berührt eine Vielzahl allgemein gefasster Rechtsnormen. Es war während der umfassenden Reform des Investmentrechts, die 2003 zum neuen Investmentgesetz führte, bereits bekannt und auf dem deutschen Markt etabliert.[198] Dennoch finden sich im Investmentgesetz keinerlei Anzeichen,

---

198 Zur Reform des Investmentrechts *Ellerkmann*, BB 2003, 2693.

die darauf hindeuten, dass sich der Gesetzgeber der damit verbundenen Fragestellungen bewusst war. Auch im jüngsten Entwurf zum Investmentänderungsgesetz geht die Gesetzesbegründung von einem Anlegerbild aus, bei dem die reine Vermögensanlage, jedoch keinerlei weiteres Interesse, im Vordergrund steht.[199] Dementsprechend sind lediglich die dem klassischen Investmentsparen zugrundeliegenden Maximen – Sicherheit und Rentabilität der Kapitalanlage – den Normen des Investmentgesetzes zu entnehmen. Für darüber hinausgehende Interessen, beispielsweise ethisch-sozial-ökologische Belange, bestehen keine Anhaltspunkte.

Der Wortlaut des Investmentgesetzes ist im Hinblick auf Anlageziele und -grundsätze allgemein gefasst. Anders als etwa in § 54 VAG wird eine möglichst große Rentabilität nicht explizit als Ziel genannt. Der Wortlaut der Vorschriften des Investmentgesetzes kann ausgelegt werden und (Anleger-)interessen ethisch-sozial-ökologischer Art erfassen.[200] Gegen die Erfassung neuer wirtschaftlicher Phänomene durch allgemein formulierte Normen ist auch unter systematischen Gesichtspunkten nichts einzuwenden. Denkbar wäre allerdings, dass investmentrechtliche Vorschriften nach ihrem Sinn und Zweck der Berücksichtigung ethisch-sozial-ökologischer Belange grundsätzlich entgegenstehen.

Der Gesetzgeber hat sich im Investmentgesetz darauf beschränkt, den Grundsatz der Risikomischung (§ 1 Satz 2 InvG) und die zulässigen Vermögensgegenstände (§§ 46 ff. InvG) vorzuschreiben, die konkrete ökonomische Ausgestaltung, etwa die Spezialisierung auf Regionen, Branchen – oder auch ethisch-sozial-ökologische Kriterien – jedoch offengelassen.[201] Diese Zurückhaltung ist darin begründet, dass sich Marktenwicklungen und neue Produktarten durch den Gesetzgeber schwerlich antizipieren lassen. Im Regelwerk wird deshalb ausdrücklich Raum gelassen für innovative und unvorhergesehene Investmentformen.[202] Neue Produktvarianten, wie sie auch durch Socially Responsible Investment Strategien hervorgebracht werden, sind demnach zulässig, soweit sie nicht gegen diese gesetzlichen Grundsätze verstoßen.

Es wurde bereits dargelegt, dass SRI-Strategien zu einer Einschränkung der Anzahl der für das Portfolio verfügbaren Wertpapiere und dadurch zu einer Einschränkung des Grundsatzes der Risikomischung führen können. Dieser Grund-

---

199 „Rein vermögensrechtliche Interessen", vgl. Entwurf eines Gesetzes zur Änderung des Investmentgesetzes und zur Anpassung anderer Vorschriften (Investmentänderungsgesetz) Bundesratsentwurf, Drucks. 274/07 vom 24. 4. 2007; Regierungsentwurf, BT-Drucks. 16/5578 (elektronische Vorabfassung), 207 f.

200 Das Investmentgesetz beruht großenteils auf europäischen Richtlinien, deren gemeinschaftsautonome Auslegung bei der Auslegung der deutschen Vorschriften berücksichtigt werden muss; zur richtlinienkonformen Auslegung vgl. *Roth* in: Riesenhuber (Hrsg), Europäische Methodenlehre, 250 ff.; zur Auslegung europäischen Sekundärrechts vgl. *Riesenhuber* in: Riesenhuber (Hrsg), Europäische Methodenlehre, 186 ff.

201 *Dürr*, ZIP 1991, 286, 287.

202 Vgl. beispielsweise die neuen Regelungen gem. §§ 90 g–90 k InvG, die durch das Investmentänderungsgesetz eingeführt werden. Sie schaffen eine neue Fondskategorie „Sonstige Sondervermögen", die laut Gesetzesbegründung, vgl. BR-Entw. (BR-Drucks. 274/07, 2, 188), Reg.E. (BT-Drucks. 16/5576, 2, 57) als Vehikel für die Auflage von innovativen Fondsprodukten dienen soll.

satz wird durch SRI-Strategien jedoch nicht in Frage gestellt, sondern nur, wie auch durch Branchenfonds oder andere spezialisierte Fonds, graduell eingeschränkt. Gegen die für jeden Einzelfall zu prüfende Einschränkung bestehen keine Zulässigkeitsbedenken grundsätzlicher Art.

Neben dem Grundsatz der Risikomischung darf auch nicht das Anlegerinteresse i.S.d. Generalklausel des § 9 InvG verletzt werden. Die BaFin hat bisher von der Möglichkeit noch keinen Gebrauch gemacht, das Anlegerinteresse gem. § 9 Abs. 5 InvG durch Richtlinien zu konkretisieren. Der Selbstorganisation durch brancheneigene Regeln sollte nicht vorgegriffen werden.[203] Die allgemein anerkannten brancheneigenen Wohlverhaltensregeln des Bundesverbandes Investment und Asset Management e.V. (BVI),[204] welche die Generalklausel des § 9 InvG konkretisieren, weisen ebenfalls keine Bezugnahme auf nichtfinanzielle Faktoren auf.

Der Grundsatz, dass in Treuhandverhältnissen, vgl. § 675 BGB, alle legitimen Interessen relevant sein können und die Vertragsparteien ihre Interessen durch privatautonome Vereinbarungen festzulegen können, wird durch das Investmentgesetz nicht eingeschränkt. Ein Konflikt der Grundregeln des Investmentgesetzes mit der Berücksichtigung ethisch-sozial-ökologischer Belange lässt sich nicht feststellen.

Der Gesetzgeber hat überdies in anderen Gesetzen nichtfinanzielle Faktoren ausdrücklich anerkannt. Gemäß §§ 289 und 315 HGB müssen nichtfinanzielle Leistungsindikatoren in den Lagebericht von Unternehmen integriert werden. Diese Regelung gilt auch für Kapitalanlagegesellschaften, die in Form einer GmbH organisiert sein müssen, sowie für die Investmentaktiengesellschaft.

Im Zusammenhang mit Kapitalanlagen für die Altersvorsorge wurden ethisch-sozial-ökologische Faktoren in §§ 115 Abs. 4, 118b Abs. 1 und in Anlage D III. des Versicherungsaufsichtsgesetzes sowie in § 7 Abs. 1 Nr. 5, Abs. 4 Altersvorsorgeverträgezertifizierungsgesetz anerkannt. Letztere Vorschriften schaffen Informationspflichten für Pensionsfonds, Pensionskassen, Direkt-Lebensversicherungen und „Riester"-Produkte für die Altersvorsorge, nach denen der Anleger darüber unterrichtet werden muss, ob und wie ethische, soziale und ökologische Belange bei der Verwendung der eingezahlten Beiträge berücksichtigt werden.

Die hinter diesen Informationspflichten stehende Wertung, dass Anleger nicht nur ein Informationsinteresse hinsichtlich der finanziellen Entwicklung ihrer Kapitaleinlagen, sondern auch hinsichtlich ethisch-sozial-ökologischer Belange bei deren Verwendung im kollektiven Investmentportfolio haben, lässt sich auch auf die Regelungen des Investmentgesetzes übertragen. Das Anlegerinteresse kann ethisch-sozial-ökologische Interessen umfassen. Zwar kann der Umgang mit individuell-subjektiven Begriffen ethisch-sozial-ökologischer Art erhöhte Anforderungen an die Klarheit und Verständlichkeit von Informationen und vertraglicher Regelun-

---

203 Vgl. Anschreiben zum Konsultationspapier 2/2007 – Beabsichtigte Allgemeinverbindlichkeitserklärung der BVI-Wohlverhaltensregeln, www.bafin.de/konsultationen/070504.htm.
204 BVI Wohlverhaltensregeln 2006, www.bvi.de.

gen stellen.[205] Gegen die Berücksichtigung ethisch-sozial-ökologischer Belange bei der Auslegung des Investmentgesetzes bestehen jedoch keine grundsätzlichen Bedenken.

Es ist vielmehr für jeden Einzelfall zu prüfen, wie die berührten Normen auszulegen sind und welche Zulässigkeitsvoraussetzungen sich aus ihnen ergeben. Dabei lassen sich die oben entwickelten Fallgruppen unterscheiden.

Nachfolgend werden – differenziert nach den oben bereits dargestellten rechtlichen Anknüpfungspunkten – die gesetzlichen Anforderungen und die daraus folgenden Zulässigkeitsvoraussetzungen getrennt für die drei genannten Fallgruppen untersucht.

I. Vertragsbedingungen

Wenn ethisch-sozial-ökologische Anlageziele bzw. Anlagegrundsätze vereinbart werden, ist fraglich, welche Anforderungen an die Definition dieser Ziele in den allgemeinen Vertragsbedingungen zu stellen sind.

Die Vertragsbedingungen bilden neben den gesetzlichen Verpflichtungen das Kernstück des Investmentvertrages zwischen Anleger und Kapitalanlagegesellschaft. Sie müssen vor Ausgabe der Anteile schriftlich festgelegt werden, § 43 Abs. 1 InvG, und bedürfen dabei der Genehmigung durch die BaFin, § 43 Abs. 2 InvG. Ihre Mindestangaben sind in § 43 Abs. 4 InvG aufgezählt.

Die Anleger und der Abschlussprüfer müssen anhand der Vertragsbedingungen in die Lage versetzt werden, die tatsächliche Anlagepolitik des Investmentfonds mit den vertraglichen Anlagegrundsätzen zu vergleichen und etwaige Abweichungen festzustellen.[206] Eine Verletzung der Vertragsbedingungen führt zur Haftung und etwaigen Schadensersatzansprüchen nach den allgemeinen Vorschriften, §§ 280 ff. BGB und § 823 Abs. 2 BGB i. V. m. dem Investmentgesetz.[207] Außerdem müssen die Vertragsbedingungen anhand der gesetzlichen Vorschriften überprüfbar sein, um durch die Aufsichtsbehörde genehmigt werden zu können. Der Vertrieb von Fondsanteilen setzt die Genehmigung und somit die Einhaltung der gesetzlichen Anforderungen an die Vertragsbedingungen voraus.

Maßstab für die Anforderungen an die Vertragsbedingungen ist die Überprüfbarkeit ihrer Einhaltung sowohl für den Anleger als auch für die Aufsichtsbehörde.

---

205 Bedenken gegen einen etwaigen „ideologischen Charakter" ethisch-sozial-ökologischer Faktoren bereits bei *Dürr*, ZIP 1991, 286.

206 Bankrechtshandbuch-*Köndgen/Schmies*, § 113 Rn. 76 ff.; vgl. auch BGH NJW 1997, 2866.

207 *Baur*, Investmentgesetze, § 10 Rn. 31.

1. Definition der Anlagegrundsätze

Gemäß § 43 Abs. 4 InvG ist zu definieren, nach welchen Grundsätzen die Auswahl der zu beschaffenden Vermögensgegenstände erfolgt. Dazu zählen insbesondere die Art dieser Vermögensgegenstände einschließlich etwaiger Einlagen in anderen Sondervermögen und ihre jeweiligen maximalen Anteile am gesamten Sondervermögen.[208] Hierher gehören zudem Hinweise, welche Rendite- oder Wachstumsziele der Fonds anstrebt, welche Regionen, Branchen oder sonstigen Schwerpunkte sich im Portfolio widerspiegeln sollen und ob die Auswahl von Vermögensgegenständen durch Dritte, zum Beispiel durch einen Anlagenausschuss, erfolgt oder beeinflusst wird.[209]

a) Angaben über Rendite- und Wachstumsziele

Zur Definition der Anlagegrundsätze gehört die grundsätzliche Ausrichtung des Fonds auf Rendite- oder Wachstumsziele. Der Gesetzgeber hat keine konkrete Gestaltung der ökonomischen Ziele eines Fonds bestimmt. Diese können zwischen der Kapitalanlagegesellschaft und den Anlegern frei vereinbart werden. Die Vereinbarung kann deshalb auf eine unbedingte Gewinnerzielung gerichtet sein, die Förderung bestimmter regionaler Märkte oder Wirtschaftsbereiche vorsehen, oder auch der Verwirklichung ethisch-sozial-ökologischer Grundsätze dienen.[210]

aa) Fallgruppe 1 – Optimierungs-Integration

Bei Investmentfonds der ersten Fallgruppe ergeben sich hinsichtlich der Rendite- und Wachstumsziele keine Unterschiede zu konventionell verwalteten Fonds. Dementsprechend reicht ein allgemeiner Hinweis darauf aus, dass die Gesellschaft für das Sondervermögen nur solche Vermögensgegenstände erwerben soll, die Ertrag und/oder Wachstum erwarten lassen.[211]

bb) Fallgruppe 2 – Balance-Integration

Im Gegensatz dazu verfolgen Investmentfonds der zweiten Fallgruppe neben den Rendite- oder Wachstumszielen eine – wenn auch nachrangige – ethisch-sozial-ökologische Zielsetzung. Aufgrund dieser Nachrangigkeit muss sie nicht als Zielsetzung zusammen mit den Angaben über Rendite- und Wachstumsziele genannt werden. Es spricht allerdings auch nichts dagegen, bereits an dieser Stelle auch auf die ethisch-sozial-ökologische Zielsetzung und deren Konkretisierung in weiteren Vertragsbedingungen hinzuweisen.

---

208 Einlagen in anderen Sondervermögen sind möglich bei Dachfonds bzw. Umbrellafonds, deren Sondervermögen wiederum in anderen Sondervermögen angelegt ist.
209 *Baur*, Investmentgesetze, § 15 Rn. 22.
210 *Dürr*, ZIP 1991, 286, 287.
211 Vgl. BVI Mustervertragsbedingungen für Wertpapier-Sondervermögen, § 4 Abs. 2.

cc) Fallgruppe 3 – Maximal-Integration

Fonds der dritten Fallgruppe verfolgen zwar ebenso Rendite- oder Wachstumsziele, beziehen aber ethisch-sozial-ökologische Ziele gleichermaßen oder sogar vorrangig in die grundsätzliche Ausrichtung der Investmentstrategie mit ein. Deshalb ist diese zusätzliche Zielsetzung, die – abhängig von nicht beeinflussbaren wirtschaftlichen Entwicklungen – auch auf Kosten der Rendite- und Wachstumsziele gehen kann, zusammen mit diesen zu nennen und ihr Rangverhältnis ist deutlich zu machen.

Bei der Fondsverwaltung kann die situationsabhängige individuelle Abwägung der vertraglich festgelegten Interessen zu Interpretations- und Transparenzproblemen führen. Die Anlageziele können individuell-subjektive Komponenten enthalten, die sich rationalen Begründungsansätzen entziehen und ihre Grundlage in einer persönlichen Weltanschauung, politischen Neigung oder auch religiösen Motiven finden.[212] Entscheidend ist allein, dass diese Ziele für eine Gruppe von Anlegern kollektiv bestimmbar sind und in den Vertragsbedingungen objektiv-präzise und somit überprüfbar festgelegt werden können. Dies gilt insbesondere für die Befugnis, finanzielle Interessen zurücktreten zu lassen. Nur dann kann die Kapitalanlagegesellschaft den Vertragsbedingungen das Anlegerinteresse gem. § 9 Abs. 2 Nr. 1 Fall 1 InvG entnehmen, auf Grundlage dessen sie das Fondsvermögen zu verwalten verpflichtet ist.

b) Art und Auswahl der Vermögensgegenstände

Die Verpflichtung gem. § 43 Abs. 4 Nr. 1 InvG anzugeben, welche Arten von Vermögensgegenständen in welchem Umfang für das Sondervermögen erworben werden dürfen, ist eine ausfüllungsbedürftige Generalklausel. Diese Angaben müssen einerseits den Anleger möglichst umfassend über die Anlagepolitik informieren und objektive Anhaltspunkte für die Überprüfung bzw. Überwachung durch den Abschlussprüfer und die Depotbank definieren, andererseits können sie nur einen Rahmen vorgeben, der der Kapitalanlagegesellschaft ausreichenden wirtschaftlichen Spielraum belässt, um die Zusammensetzung des Portfolios den wirtschaftlichen Gegebenheiten anpassen zu können.

Durch die gesetzlichen Anlagegrenzen ist zwar eine gewisse Mindestdiversifikation und Risikostreuung bereits gewährleistet. Diese Regelungen geben jedoch nur einen breiten Rahmen vor, innerhalb dessen Anlagestrategien mit erheblichen Unterschieden zulässig sind. Die Grundsätze der Anlagepolitik einschließlich der gesetzlichen Anlageregeln müssen so umschrieben werden, dass erkennbar ist, aus welcher Art von Wertpapieren sich das Sondervermögen zusammensetzen soll und welches der Leitgedanke bei der Auswahl dieser Papiere ist.[213] Im Hinblick auf den Anlegerschutz vor finanziellen Risiken ist eine SRI-Strategie umso genauer darzu-

212 Bedenken gegen den „ideologischen Charakter" ethisch-sozial-ökologischer Faktoren bereits bei *Dürr*, ZIP 1991, 286; zu islamischen Aktienfonds *Baelz*, BKR 2002, 447.
213 *Beckmann*, Investmenthandbuch, 425 § 15 Rn. 24.

legen, je spezifischer und risikoreicher sie unter Ausnutzung der gesetzlichen Spielräume gewählt wird. Dabei sind die Anforderungen für allgemeine Geschäftsbedingungen gem. §§ 305–310 BGB, insbesondere hinsichtlich Verständlichkeit und Transparenz, einzuhalten.[214]

Für einen Investmentfonds mit gemäßigter bzw. breiter Anlagestrategie kann es ausreichen, die gesetzlichen Anforderungen in den Vertragsbedingungen in verständlicher Form zu wiederholen und darüber hinaus anzugeben, welche Wertpapiergattungen in welchen geographischen Anlageregionen und in welchen Wirtschaftsbereichen bis zu welchem Anteil für das Sondervermögen erworben werden dürfen.[215]

aa) Fallgruppe 1 – Optimierungs-Integration

Keine Besonderheiten ergeben sich für solche Investmentfonds der ersten Fallgruppe, die die Wirtschaftsdimension ethisch-sozial-ökologischer Faktoren entweder nur in die Risikoanalyse und Unternehmensbewertung miteinbeziehen oder die schwerpunktmäßig in bestimmte Branchen oder Branchensektoren investieren, welche eine strukturelle Verbindung mit ethisch-sozial-ökologischen Faktoren aufweisen, beispielsweise erneuerbare Energien, Umwelttechnologie oder Gesundheitsdienstleister.[216]

Die Portfolioselektion wird durch eine Erweiterung der Analysegrundlage im Risikomanagement lediglich optimiert, ohne dass sich an der ökonomischen Ausrichtung etwas ändert. Eine besondere Vereinbarung in den Vertragsbedingungen ist nicht erforderlich. Die bloße Schwerpunktsetzung in bestimmten Branchen ist, wie jede andere Branchengewichtung auch, in den Vertragsbedingungen einschließlich ihrer angestrebten quotalen Gewichtung zu nennen.[217] Soweit der Anlageschwerpunkt in diesen Branchen gewählt wurde, um von einem erwarteten Markttrend ethisch-sozial-ökologischer Art zu profitieren, ist auf diese Zielsetzung in den allgemeinen Angaben zum Anlageziel einzugehen. Führt die Branchengewichtung zu einer erhöhten Volatilität, ist darauf hinzuweisen.[218] Aus dem Bezug zu ethisch-sozial-ökologischen Faktoren ergeben sich insoweit zunächst keine Besonderheiten.

Ein Anlageschwerpunkt kann dagegen auch durch ein komplexes Bewertungsverfahren gebildet werden, das solche Anlagetitel besonders gewichtet, bei denen ein oder mehrere ethisch-sozial-ökologische Faktoren von wirtschaftlicher Bedeutung besonders positiv bewertet werden, beispielsweise die schwerpunktmäßige Anlage in Wertpapiere von Unternehmen, die besonders nachhaltig wirtschaften. In diesem Fall ist ebenfalls ein Hinweis auf die Schwerpunktsetzung einschließlich des

---

214 Der Investmentvertrag ist ein Formularvertrag kraft gesetzlicher Anordnung, vgl. oben Seite 46.
215 *Baur*, Investmentgesetze, § 15 Rn. 22 m.w. Nachw.
216 *Kuntze* WM 1991, 929.
217 *Beckmann*, Investmenthandbuch, 425 § 15 Rn. 24.
218 Vgl. § 42 Abs. 4 InvG zum Hinweis im Verkaufsprospekt.

Höchstanteils der gleichartigen Anteile erforderlich.[219] Dies entspricht auch den Bedürfnissen der Praxis, da es sich um ein Differenzierungskriterium handelt, welches für die Vermarktung der Fondsanteile eingesetzt werden kann (z.B. „Nachhaltigkeits-Fonds").

Der Hinweis muss allerdings anhand objektiv überprüfbarer Kriterien nachvollziehbar sein, um dem Informationsbedürfnis der Anleger und der Überwachungspflicht der Depotbank gem. § 27 Abs. 1 Nr. 3 InvG zu genügen. Dies setzt reversible Auswahlkriterien und -verfahren voraus.[220]

Für Investmentfonds der ersten Fallgruppe ist die Problematik der Überprüfbarkeit gering. Die Frage, ob ethisch-sozial-ökologischen Faktoren eine wirtschaftliche Bedeutung zukommt und wie diese zu bestimmen ist, unterliegt einer fortdauernden wirtschaftswissenschaftlichen Diskussion und wird durch empirische Studien stetig weiter erforscht.[221] Aufgrund der Komplexität ökonomischer Sachverhalte bestehen dabei notwendigerweise Unsicherheiten. Diese sind aber nicht größer oder geringer, als andere Fragestellungen, die Grundlage einer Anlagestrategie sein können, wie etwa aufstrebende regionale Märkte, technologische Entwicklungen oder Branchentrends. Insofern ist eine Vereinbarung, die sich auf sehr weit interpretationsfähige Begriffe wie „sozial", „verantwortungsvoll", „ökologisch" oder „nachhaltig" stützt, durchaus formal überprüfbar, wenn ausschließlich ihre wirtschaftliche Bedeutung in Frage steht. Die Wertedimension, die ohne nähere Definition einer formalen Überprüfung nicht zugänglich wäre, bleibt ausgeklammert. Die formale Überprüfbarkeit ist demnach schon dann zu bejahen, wenn für den Anleger sowie für die Kontrollinstanzen nur eindeutig ist, dass die in Frage stehenden Kriterien ausschließlich in ihrer wirtschaftlichen Dimension erfasst werden sollen.

Ein Verweis, die schwerpunktmäßige Anlage erfolge in „Unternehmen, von denen das Fondsmanagement annimmt, dass sie eine langfristige Wertschöpfung anstreben"[222] wäre gleichwohl nicht ausreichend. Diese Formulierung knüpft nicht an wissenschaftlich überprüfbare Zusammenhänge an, sondern ohne jede Konkreti-

---

219 Zu Angaben über den Umfang bzw. Anteil einzelner Arten von Vermögensgegenständen am Sondervermögen siehe unten c).

220 *Beckmann*, Investmenthandbuch, 425 § 15 Rn. 24.

221 Vgl. *Schäfer/Lindenmeyer*, Unternehmenserfolge erzielen und verantworten; *Schröder*, SRI in Germany, Switzerland and USA – An Analysis of Investment Funds and Indices; *Arlow/Gannon*, The Academy of Management Review 1982, 235; *Bauer/Koedijk/Otten*, International Evidence on Ethical Mutual Fund Performance and Investment Style; *Bassen/Hölz/Schlange*, The Influence of Corporate Responsibility on the Cost of Capital; *Plinke*, Aktienperformance und Nachhaltigkeit – Hat die Umwelt- und Sozialperformance einen Einfluss auf die Aktienperformance?; *White/Klernan*, Corporate Environmental Governance – A study into the influence of Environmental Governance and Financial Performance; *Osthoff/Kempf*, The Effect of Socially Responsible Investing on Portfolio Performance; *Waddock/Graves*, Strategic Management Journal 1997, 303 (Vol. 18:4); *Ziegler/Renning/Schröder*, Der Einfluss ökologischer und sozialer Nachhaltigkeit auf den Shareholder Value von europäischen Aktiengesellschaften.

222 Vgl. Anlagegrundsätze des Allianz RCM Global Sustainability Fonds (Verkaufsprospekt 2005).

sierung an die notwendigerweise subjektive Sicht des Fondsmanagements. Gleichermaßen unzureichend ist der Hinweis auf die schwerpunktmäßige Anlage in Unternehmen, die von „unabhängigen dritten Quellen“[223] als besonders nachhaltig handelnd bewertet werden. Zwar kann die Bewertung von Unternehmen anhand ethisch-sozial-ökologischer Faktoren unter den Voraussetzungen von § 16 InvG durch Dritte erfolgen. In diesem Fall ist jedoch die Identität des Auslagerungsunternehmens offenzulegen und es ist darauf hinzuweisen, dass die externe Bewertung auf der Grundlage bestimmter wirtschaftlicher Kriterien erfolgt, die den Anlagezielen und -grundsätzen entsprechen.[224]

bb) Fallgruppe 2 – Balance-Integtion

Für Fonds der zweiten Fallgruppe bestehen wesentlich weitergehende Anforderungen, da über die Verfolgung finanzieller Ziele hinaus auch wertebasierte Ziele in den Vertragsbedingungen vereinbart werden. Eine allgemeingültige Definition wertebasierter Begriffe wie „ethisch“ oder „sozial“ existiert nicht. Wenn die Auswahlkriterien für das Portfolio solche oder ähnliche wertebasierte Kriterien enthalten, ist fraglich, ob und unter welchen Voraussetzungen diese konkret genug sind, um Grundlage einer formalen Überprüfung durch Aufsichtsbehörden, Abschlussprüfer und Depotbank sein zu können. Dabei kann nicht auf weitere Angaben im Verkaufsprospekt verwiesen werden. Der Prospekt kann vielmehr nur allgemeinverständlich erläutern, was in den Vertragsbedingungen hinreichend präzise festgelegt wurde.

Ethische, soziale, moralische oder andere Maßstäbe, die ideologischen Bewertungen zugänglich sind, können daher in den Vertragsbedingungen nicht herangezogen werden. Beispielsweise wäre die Vereinbarung, dass das Sondervermögen nur in „sozialverantwortlich handelnde Unternehmen“ investiert werden soll, mangels näherer Anhaltspunkte nicht formal überprüfbar.

Ethische und soziale Maßstäbe werden aber dann überprüfbar, wenn sie durch hinreichend klare Regeln und Begriffe konkretisiert werden. Auch für Begriffe wie „ökologisch“ oder „nachhaltig“ besteht zwar ein weiter Interpretationsspielraum. So ist beispielsweise heftig umstritten, ob Kernenergie klima- und damit umweltfreundlich ist, oder ob die Verseuchungsrisiken durch Störfälle und atomaren Restmüll etwaige positive Umwelteffekte negativ überwiegen.[225] Diese Begriffe sind aber gleichwohl überprüfbar, wenn sie definiert werden. Dabei kann es nicht darum gehen, den vollständigen Bewertungsprozess in den Vertragsbedingungen zu beschreiben. Ausreichend ist vielmehr eine objektiv nachvollziehbare Definition der anlagemäßigen Schwerpunktsetzung. Beispielsweise ist bei einer Konzentration auf Wertpapiere besonders nachhaltig wirtschaftender Unternehmen

---

223 Vgl. Anlagegrundsätze des Allianz RCM Global Sustainability Fonds (Verkaufsprospekt 2005).
224 Zu den Voraussetzungen der Auslagerung siehe unten Seite 84.
225 Vgl. beispielsweise die Energiepolitik der Europäischen Kommission, Mitteilung KOM(2007) 2 der Europäischen Kommission zur Begrenzung des globalen Klimawandels.

eine der objektiven Überprüfung zugängliche Definition von Nachhaltigkeit erforderlich. Entscheidend ist dabei – in den Grenzen des Wortsinnes – nicht die allgemeine Richtigkeit einer solchen Definition, sondern ihre Überprüfbarkeit.

Wird an die nachhaltige Wirtschaftsweise eines Unternehmens angeknüpft, sind zumindest die (Positiv-)Kriterien zu nennen, anhand derer diese beurteilt werden. Bei einem einfach zu überprüfenden Anknüpfungspunkt kann ein entsprechend einfacher Hinweis ausreichend sein. Beispielsweise ist bei einem Anlageschwerpunkt in Unternehmen, die sich in ihrer Unternehmensphilosophie zur Nachhaltigkeit bekennen, die Unternehmensphilosophie durch den Geschäfts- oder Nachhaltigkeitsbericht nachprüfbar. In diesem Beispiel ist zwar der Aussagewert des Auswahlkriteriums begrenzt. Eine Beziehung zwischen Unternehmensphilosophie und Unternehmenserfolg erscheint jedoch auch nicht als offenkundig falsch, denn von solchen Unternehmen wäre jedenfalls grundsätzlich zu erwarten, dass sie ihre Unternehmensstrategie an Nachhaltigkeitskriterien ausrichten.[226] Es bleibt dem Anleger überlassen, ob er sein Kapital in einem Investmentfonds anlegen möchte, der schwerpunktmäßig in Unternehmen investiert, die sich selbst als nachhaltig wirtschaftend bezeichnen, oder einen Fonds bevorzugt, der die Bewertung der Nachhaltigkeit anhand bestimmter objektiver Kriterien selbst vornimmt bzw. durch Dritte vornehmen lässt. Entscheidend ist die ausreichende Information und objektive Überprüfbarkeit. Daran kann es auch mangeln, wenn die erforderlichen Angaben unklar formuliert und oder nicht in verständlicher Sprache abgefasst sind.[227] Der Prüfungsmaßstab entspricht dabei grundsätzlich den Anforderungen an allgemeine Geschäftsbedingungen, §§ 305 ff. BGB.

Wenn auf die Bewertung durch externe Quellen verwiesen wird, sind unter Umständen die Voraussetzungen der Auslagerung zu beachten.[228] Soweit externe Quellen nur zur internen Entscheidung herangezogen werden, gelten allein die in den Vertragsbedingungen vereinbarten Regeln. Ein Verweis auf die – nicht verbindlichen – externen Bewertungskriterien ist dann in den Vertragsbedingungen nicht zulässig und kann allenfalls zu Erläuterungszwecken im Verkaufsprospekt erfolgen. Wird die ethisch-sozial-ökologische Bewertung dagegen eigenständig von einem Auslagerungsunternehmen durchgeführt, können auch die Kriterien dieses Unternehmens in die Vertragsbedingungen einbezogen werden. Ein Verweis auf externe Grundsätze und Erläuterungen der Bewertungskriterien ist zulässig, soweit in den Vertragsbedingungen jedenfalls die Grundsätze zusammengefasst werden, von denen das beauftragte Auslagerungsunternehmen auch bei einer Änderung oder Anpassung seiner Bewertungskriterien nicht abweichen darf.

---

226 Vg. z.B. das Anlageziel von JPMorgan Funds – Global Socially Responsible Fund, Verkaufsprospekt 2006, 77: „Erzielung eines langfristigen Kapitalwachstums durch die Anlage vorwiegend in Aktien von Unternehmen weltweit, die sozial verantwortliche Unternehmensgrundsätze zeigen. Von solchen Unternehmen wäre zu erwarten, dass sie auf ökologische Nachhaltigkeit hinarbeiten, positive Beziehungen zu ihren Anteilinhabern entwickeln und universelle Menschenrechte einhalten oder unterstützen."

227 *Beckmann*, Investmenthandbuch, 425 § 15 Rn. 10.

228 Zur Auslagerung siehe unten Seite 84.

cc) Fallgruppe 3 – Maximal-Integration

Die dritte Fallgruppe unterscheidet sich von der zweiten Fallgruppe allein durch die Rangstellung von ökonomischen und wertebasierten Anlagezielen. Beide beziehen jedoch, im Gegensatz zur ersten Fallgruppe, die Wertedimension ethisch-sozial-ökologischer Faktoren mit ein. Die Ansprüche an eine formal-objektiv überprüfbare Definition wertebasierter Anlageziele stimmen deshalb überein mit den vorstehenden Ausführungen für die zweite Fallgruppe.

c) Umfang und Anteil einzelner Arten von Vermögensgegenständen

Neben der Art und Auswahl der zu erwerbenden Vermögensgegenstände ist auch anzugeben, in welchem Umfang diese erworben werden dürfen, wie groß also ihr Anteil im Verhältnis zum gesamten Sondervermögen sein darf. Dabei ist zunächst nach Wertpapiergattungen und deren Mischungsverhältnis zu differenzieren (Aktien-/Rentenpapiere, inländisch/ausländisch notierte Werte, börsennotierte/nicht-börsennotierte Werte, Standard-/Spezialwerte). Darüber hinaus ist bei besonderen Anlageschwerpunkten deren (Höchst-)Anteil anzugeben, beispielsweise der Anteil bestimmter Branchen.

Fraglich ist in diesem Zusammenhang, ob Wertpapiere von Unternehmen, die bestimmten ethisch-sozial-ökologischen Kriterien genügen, als eine eigene Wertpapiergattung zu betrachten sind. Die Gattung eines Wertpapiers knüpft jedoch an Eigenschaften des Wertpapiers selbst an, nicht unmittelbar an Eigenschaften des ausgebenden Unternehmens und vor allem nicht an Eigenschaften, die von der Art der Geschäftsführung abhängig sind und denen keine strukturelle Stabilität zukommt, wie etwa eine Ausrichtung der Geschäftsführung an den Prinzipien der Nachhaltigkeit. Fragen der Nachhaltigkeit sowie auch andere wirtschaftlich bedeutsame ethisch-sozial-ökologische Faktoren können allein im Hinblick auf den Anlageschwerpunkt Bedeutung erlangen. Nur in diesem Fall ist in den Vertragsbedingungen auch auf ihren Anteil am Sondervermögen einzugehen.

d) Art und Umfang von Anteilen an anderen Sondervermögen (Subfonds)

Ein Investmentfonds, der als Dachfonds ausgerichtet ist und das Sondervermögen ganz oder teilweise in anderen Sondervermögen bzw. Subfonds anlegt, muss dies gem. § 43 Abs. 4 Nr. 1 Fall 3 InvG in den Vertragsbedingungen erläutern. Vergleichbar mit der Differenzierung nach Wertpapiergattungen müssen die Vertragsbedingungen Angaben dazu enthalten, in welche Art von anderen Sondervermögen bzw. Subfonds der in Frage stehende Dachfonds investieren darf. Dabei ist nach Fondskategorien zu differenzieren (z. B. Aktienfonds, Rentenfonds, Geldmarktfonds, Derivatefonds, Indexfonds, Immmobilienfonds, etc.) und bei gemischten Fonds deren Zusammensetzung zu nennen. Für jede Art von Subfonds bzw. Zielfonds ist der quotale Höchstanteil am gesamten Sondervermögen anzugeben.

Dem Wortlaut des § 43 Abs. 4 InvG lässt sich nicht entnehmen, dass auch Angaben über die Zusammensetzung der konkreten Zielfonds zu machen sind. Vielmehr bezieht sich die Vorschrift auf Angaben zur Art der möglichen Zielfonds, sodass grundsätzlich eine unbegrenzte Zahl von Zielfonds derselben Art erfasst wird. Auf die Zusammensetzung einzelner Fonds ist in den Vertragsbedingungen deshalb nicht einzugehen. Weitere Angaben zu konkreten Zielfonds und erwerbbaren Investmentanteilen, namentlich die Beschreibung der Anlageziele und Anlagegrundsätze dieser Fonds sind jedoch gem. § 42 Abs. 1 Satz 3 Nr. 7, Abs. 1 Nr. 14 Fall 3 InvG im Verkaufsprospekt anzugeben.[229]

Fraglich ist in diesem Zusammenhang, ob auch Investmentfonds mit besonderen Anlageschwerpunkten, wie beispielsweise SRI-Fonds, als Zielfonds zulässig sind. Da § 43 Abs. 4 Nr. 1 Fall 3 InvG allein an der Art der möglichen Zielfonds anknüpft, müssten auch diese Zielfonds nach artspezifischen Kriterien definiert werden. Dies erscheint grundsätzlich möglich, wobei an die abstrakte Definition der Fondsart entsprechend geringere Anforderungen zu stellen sind, als an die Definition der konkreten Anlagegrundsätze einzelner Fonds. Im Hinblick auf den Anlegerschutz erscheint es ausreichend, lediglich auf solche Eigenschaften der Zielfonds hinzuweisen, die eine Risikorelevanz haben, beispielsweise das Verhältnis von Aktien- und Rentenpapieren. Es ist danach ausreichend, wenn der Hinweis auf einen SRI-Anlageschwerpunkt von Zielfonds nicht in den Vertragsbedingungen, sondern nur in der Beschreibung der Zielfonds im Verkaufsprospekt erfolgt.

Dies gilt gleichermaßen, wenn der Dachfonds selbst sich dadurch auszeichnet, dass er einen eigenständigen Anlageschwerpunkt von ethisch-sozial-ökologischer Bedeutung hat. In diesem Fall sind schon aufgrund der Anlagegrundsätze des Dachfonds nur solche Zielfonds bzw. Investmentanteile zulässig, die dem eigenen Anlageschwerpunkt entsprechen. Je spezieller der Anlageschwerpunkt definiert wird, desto höher sind die Anforderungen an etwaige Zielfonds. Die Beschreibung der wesentlichen Merkmale und der Anlagegrundsätze der Zielfonds kann jedoch auch in diesem Fall außerhalb der Vertragsbedingungen im Verkaufskatalog erfolgen.

e) Anlageausschuss

Ein Anlageausschuss mit lediglich beratender Funktion, der keine konkreten Erwerbsentscheidungen trifft, ist grundsätzlich zulässig. Die Auswahlkriterien der Anlagepolitik, auf die sich die Beratungsfunktion des Anlageausschusses bezieht, müssen allerdings in den Vertragsbedingungen festgelegt werden.[230] Nach Baustein 3 der zwischen BVI und BaFin abgestimmten Besonderen (Muster-)vertragsbedingungen für richtlinienkonforme Sondervermögen[231] ist es ausreichend darauf hinzuweisen, dass „sich die Gesellschaft bei der Auswahl der für das Sondervermögen anzuschaffenden oder zu veräußernden Vermögensgegenstände des Rates eines Anlageausschusses bedient."

---

229 Siehe unten Seite 93.
230 *Baur*, Investmentgesetze, § 15 Rn. 22.
231 Bausteine für „Besondere Vertragsbedingungen" für richtlinienkonforme Sondervermögen, Stand: 10. 12. 2004, abgedr. in: Bankrechthandbuch-*Köndgen/Schmies*, § 113 Anh. 2.

Es erscheint durchaus zweifelhaft, ob ein so allgemein gefasster Hinweis tatsächlich ausreichend sein kann. In Anlehnung an § 77 InvG, der sich nur auf Immobilien-Sondervermögen bezieht, sind wohl jedenfalls nähere Angaben dazu zu fordern, wieviele Mitglieder der Anlageausschuss hat, ob mehrere Ausschüsse bestellt werden können, welche persönlichen Eigenschaften bzw. fachlichen Eignungen für die Mitglieder des Anlageausschusses vorausgesetzt werden und ob die Dauer der Tätigkeit einzelner Mitglieder begrenzt ist.

Soll der Anlageausschuss bei der Beratung nicht nur wirtschaftlich Kriterien, sondern auch ethisch-sozial-ökologische Kriterien berücksichtigen, ist zu differenzieren.

aa) Fallgruppe 1 – Optimierungs-Integration

Für Investmentfonds der ersten Fallgruppe ergeben sich gegenüber konventionell geführten Fonds keine grundsätzlichen Unterschiede. Je nach Anlagestrategie kann die Beratung auch die wirtschaftliche Analyse ethisch-sozial-ökologischer Faktoren umfassen. Auf die Aufgabe des Anlageausschusses, beispielsweise auch die Nachhaltigkeit der Unternehmensführung in die Bewertung einzubeziehen, kann hingewiesen werden. In diesem Fall ist entsprechend der Regelung in § 77 Abs. 2 Satz 1 InvG auch darauf hinzuweisen, dass die Mitglieder über besondere Erfahrungen für diese Aufgabe verfügen. Da es sich aber jedenfalls um rein wirtschaftliche Faktoren handelt, ist bereits der allgemeine Hinweis auf die wirtschaftliche Beratungskompetenz der Mitglieder des Anlageausschusses ausreichend.

bb) Fallgruppe 2 – Balance-Integration

Soll der Anlageausschuss ethisch-sozial-ökologische Faktoren auch in ihrer Wertedimension insoweit in die Bewertung bzw. Beratung miteinbeziehen, als keine wirtschaftlichen Zielsetzungen entgegenstehen, geht die Tätigkeit über eine rein wirtschaftliche Beratung hinaus. Diese weitergehende Aufgabe muss dementsprechend auch in den Vertragsbedingungen dem Anlageausschuss zugeordnet werden und es ist analog § 77 Abs. 2 Satz 1 InvG auf die besonderen Erfahrungen der Mitglieder des Ausschusses hinsichtlich dieser Bewertungen hinzuweisen.

Ethisch-sozial-ökologische Faktoren, die nicht nur in ihrer wirtschaftlichen, sondern auch in ihrer Wertedimension in den Bewertungsprozess einfließen, sind zudem definitionsbedürftig. Dafür kann grundsätzlich auf die Definition dieser Kriterien in den Anlagegrundsätzen oder an anderer Stelle verwiesen werden.

cc) Fallgruppe 3 – Maximal-Integration

In der dritten Fallgruppe kann der Anlageausschuss in seiner beratenden Tätigkeit auf die Wertedimension ethisch-sozial-ökologischer Faktoren beschränkt sein oder auch die wirtschaftliche Dimension miteinbeziehen. Da bei Investmentfonds dieser Fallgruppe der Wertedimension besondere Bedeutung zukommt, wird der Anlageausschuss in der Regel auf diese beschränkt sein. In Anlehnung an § 77 Abs. 2

Satz 1 InvG ist die Beratungskompetenz der Ausschussmitglieder darzulegen. Je nach Spezialitätsgrad der Anlagegrundsätze sind entsprechend spezielle Kenntnisse vorauszusetzen.

Die Kriterien, die der Beratung zugrundeliegen, müssen klar definiert sein und der Definition der Anlagegrundsätze entsprechen.

f) Indexfonds

Investmentfonds, die darauf gerichtet sind, einen gem. § 63 InvG von der BaFin anerkannten Wertpapierindex nachzubilden, müssen gem. § 43 Abs. 4 Nr. 2 InvG in den Vertragsbedingungen den nachzubildenden Wertpapierindex nennen und darauf hinweisen, dass gem. § 63 Abs. 1 Satz 1, Abs. 2 InvG die Ausstellergrenze des § 60 Abs. 1 InvG überschritten werden darf. Die Verwendung des Begriffs Indexfonds setzt gem. § 4 Abs. 2 InvG i.V.m. Art. 3 Nr. 2 der Richtlinie zur Festlegung von Fondskategorien voraus, dass die im Investmentvermögen gehaltenen Wertpapiere und Derivate tatsächlich zu mindestens 95% den Bezugsindex nachbilden.

Das Sondervermögen eines Indexfonds darf grundsätzlich bis zu 20% des Wertes und einmalig sogar bis zu 35% des Wertes in Wertpapieren einzelner Aussteller anlegen. Diese erweiterte Ausstellergrenze ist notwendig, um die Nachbildung von Indizes zu ermöglichen, die Unternehmen mit hoher Marktkapitalisierung enthalten, die die gem. § 60 Abs. 1 InvG geltende Ausstellergrenze von 10% überschreiten.[232]

Weitere Angaben über den Wertpapierindex, insbesondere über dessen Zusammensetzung, sind gem. § 42 Abs. 1 Satz 3 Nr. 11 InvG im ausführlichen Verkaufsprospekt zu machen. Wenn es sich bei dem nachzubildenden Wertpapierindex um einen SRI-Index handelt, ergeben sich hinsichtlich der Vertragsbedingungen grundsätzlich keine Besonderheiten. Voraussetzung ist allerdings, dass es sich um einen von der BaFin gemäß den Kriterien nach § 63 Abs. 1 Satz 2 InvG anerkannten Wertpapier-Index handelt.

Die Anerkennungsvoraussetzungen gem. § 63 Abs. 1 Satz 2 InvG setzen voraus, dass die im Index enthaltenen Wertpapiere hinreichend diversifiziert sind, dass der Index eine adäquate Bezugsgrundlage für den Markt darstellt, auf den er sich bezieht und dass er in angemessener Weise veröffentlicht wird. Da diese Kriterien auf europarechtliche Vorschriften zurückgehen, werden die Anerkennungsvoraussetzungen im europarechtlichen Kapitel behandelt.[233]

2. Investorstrategie

Das Management eines Investmentfonds kann aus der Position als institutioneller Investor heraus und mit den damit verbundenen Beteiligungsrechten Einfluss auf

---

232 Beim DAX beispielsweise die Allianz-Aktie.
233 Siehe unten Seite 177.

die Unternehmensführung der im Portfolio enthaltenen Unternehmen nehmen (*Engagement* bzw. aktives Aktionärsverhalten).[234] Fraglich ist, ob und wie in den Vertragsbedingungen auf eine solche Investorstrategie hinzuweisen ist, sofern eine solche besteht.

Das wichtigste potentielle Mittel der Einflussnahme im Rahmen einer Investorstrategie ist das Stimmrecht als Aktionär. In § 32 InvG, der die Stimmrechtsausübung regelt, wird lediglich bestimmt, dass Kapitalanlagegesellschaften das Stimmrecht ohne schriftliche Vollmacht der Anleger ausüben können und im Regelfall auch selbst ausüben sollen.[235] Es kann im Einzelfall auch auf einen Stimmrechtsvertreter übertragen werden.[236] Eine Hinweispflicht in den Vertragsbedingungen kann dem nicht entnommen werden. Die Kapitalanlagegesellschaft bzw. Fondsverwaltung ist nach der Generalklausel des § 9 InvG verpflichtet, das Stimmrecht bzw. sonstige Mittel einer Investorstrategie im alleinigen Interesse der Anleger und der Integrität des Marktes auszuüben.[237] Soweit eine Investorstrategie mit besonderer ethisch-sozial-ökologischer Zielsetzung verfolgt werden soll, muss diese gleichlaufend sein mit den Anlagezielen und -grundsätzen. Eine gesetzliche Verpflichtung, in den Vertragsbedingungen auf die Art und Weise der Ausübung von Beteiligungs- bzw. Stimmrechten des Sondervermögens hinzuweisen, besteht jedoch nicht. Über die Investorstrategie muss demnach grundsätzlich keine Vereinbarung in den Vertragsbedingungen getroffen werden.

Etwas anderes gilt, wenn ein Fonds im Verkaufsprospekt oder anderweitig angibt, bestimmte ethisch-sozial-ökologische Ziele bei den im Portfolio enthaltenen Unternehmen besonders zu fördern. Eine solche Absichtserklärung im Verkaufsprospekt muss in den Vertragsbedingungen verankert werden, um die besondere Verpflichtung und damit verbundene Rechenschaftspflicht in das Vertragsverhältnis einzubeziehen. Wenn die durch die Investorstrategie zu verfolgenden ethisch-sozial-ökologischen Ziele bereits bei den Anlagegrundsätzen genannt sind, ist ein Zusatz der Art ausreichend, dass diese Ziele auch bei der Ausübung von Beteiligungsrechten gegenüber den im Portfolio enthaltenen Unternehmen verfolgt werden.

---

234 Siehe oben Seite 31.
235 Nach § 10 Abs. 1 Satz 1 KAGG a.F. war die Kapitalanlagegesellschaft zur Ausübung der mit dem Sondervermögen verbundenen Stimmrechte verpflichtet, vgl. *Kümpel*, Bank- und Kapitalmarktrecht, Rn. 12.148.
236 Zu Proxy Voting Services und professionellen Stimmrechtsvertretern vgl. unten Fn. 648 sowie *Hanloser*, NZG 2001, 355; die dauerhafte Ermächtigung eines unabhängigen Stimmrechtsvertreters ist nicht zulässig. Eine entsprechende Anregung der Regierungskommission Corporate Governance zur dauerhaften Ermächtigung von Stimmrechtsvertretern wurde nicht umgesetzt, vgl. *Baums*, Bericht der Regierungskommission Corporate Governance, Rn. 128.
237 Explizit noch § 10 Abs. 1 KAGG a.F.: Die Kapitalanlagegesellschaft hat mit der Sorgfalt eines ordentlichen Kaufmanns das Sondervermögen für gemeinschaftliche Rechnung der Anteilinhaber zu verwalten. Sie handelt bei der Wahrnehmung ihrer Aufgaben unabhängig von der Depotbank und ausschließlich im Interesse der Anteilinhaber, insbesondere auch bei der Ausübung der mit dem Sondervermögen verbundenen Stimm- und Gläubigerrechte.

Investmentfonds der zweiten Fallgruppe können sich auch auf die Verfolgung ethisch-sozial-ökologische Ziele im Rahmen der Investorstrategie beschränken, ohne diese auch bei der Portfolioselektion zu berücksichtigen. In diesem Fall werden ethisch-sozial-ökologische Ziele nicht im Investmentprozess, sondern nur bei der Investorstrategie berücksichtigt. Sie müssen dann zwar nicht bei den Angaben zur Art und Auswahl der Wertpapiere nach § 43 Abs. 4 Nr. 1 InvG, aber in Bezug auf die Investorstrategie definiert werden. Die Anforderungen an die Definition und Überprüfbarkeit dieser Ziele sind gleichlaufend mit den Anforderungen, die oben im Zusammenhang mit der Art und Auswahl von Wertpapieren dargelegt wurden.

3. Aufsichtsrechtliche Genehmigungsfähigkeit

Die Genehmigung der Vertragsbedingungen ist gem. § 43 Abs. 2 Satz 2 InvG zu erteilen, wenn die Vertragsbedingungen den gesetzlichen Anforderungen entsprechen. Das Genehmigungsverfahren richtet sich nach den Grundsätzen des allgemeinen Verwaltungsrechts.[238] Der Aufsichtsbehörde steht nach dem Wortlaut des § 43 Abs. 2 Satz 2 InvG kein Ermessen zu. Entscheidend ist allein die nach den gesetzlichen Kriterien festzustellende Rechtmäßigkeit.

Auf die einzuhaltenden gesetzlichen Bestimmungen wird in den Ausführungen zu den jeweiligen Prüfungspunkten dieses Kapitels eingegangen. Keine der gesetzlichen Bestimmungen steht im grundsätzlichen Konflikt mit der Integration ethisch-sozial-ökologischer Faktoren in die Verwaltung von Investmentfonds. Allerdings können, abhängig von der Fallgruppe und der konkreten Art der Umsetzung, bestimmte – überprüfbare – Voraussetzungen einzuhalten sein. Werden diese beachtet und somit die gesetzlichen Anforderungen eingehalten, liegen auch die Voraussetzungen der Genehmigung vor.

Im Hinblick auf die Verfolgung wertebasierter ethisch-sozial-ökologischer Anlageziele durch Fonds der zweiten und dritten Fallgruppe ist die Genehmigung davon abhängig, dass diese wertebasierten Ziele in den Vertragsbedingungen so konkretisiert werden, dass sie durch die BaFin und die weiteren Kontrollinstanzen (Depotbank, Jahresabschlussprüfer)[239] überhaupt überprüfbar, also einer Bewertung anhand formal-objektiver Kriterien zugänglich sind. Die Voraussetzungen wurden bereits im Zusammenhang mit der Auswahl der Vermögensgegenstände für das Sondervermögen dargestellt.[240]

---

238 *Baur*, Investmentgesetze, § 15 Rn. 16.
239 Vgl. §§ 5, 27, 44 Abs. 5 InvG; dazu Bankrechtshandbuch-*Köndgen/Schmies*, § 113 Rn. 36 ff.; *Beckmann*, Investmenthandbuch, 425 § 15 Rn. 24; *Kuntze* WM 1991, 929.
240 Vgl. oben Seite 67.

II. Verhaltens- und Organisationspflichten

Die Generalklausel des § 9 Abs. 1–3 InvG differenziert die allgemeinen Verhaltens- und Organisationspflichten nach den Bereichen Anlegerinteresse, Marktinteresse, Interessenkollisionen und Anforderungen an Sachkenntnis und Sorgfalt.

1. Handeln im ausschließlichen Anlegerinteresse

Gemäß § 9 Abs. 2 Nr. 1 Fall 1 InvG sind Kapitalanlagegesellschaften verpflichtet, bei der Ausübung ihrer Tätigkeit im ausschließlichen Interesse ihrer Anleger zu handeln. Dabei ist wiederum nach den drei Fallgruppen zu differenzieren.

a) Fallgruppe 1 – Optimierungs-Integration

In der ersten Fallgruppe werden ethisch-sozial-ökologische Faktoren auf allen drei Ebenen allein in ihrer Wirtschaftsdimension berücksichtigt. Die Fondsverwaltung ist ausschließlich an finanziellen Zielen ausgerichtet.

Die rein finanzielle Zielsetzung deckt sich mit dem allgemein vorauszusetzenden Interesse der Anleger an einer Maximierung ihrer Kapitalrendite bei Minimierung des Risikos. Für die Anforderungen der Generalklausel des § 9 Abs. 2 Nr. 1 Fall 1 InvG ergeben sich hinsichtlich der Tätigkeit im ausschließlichen Interesse der Anleger somit keine Unterschiede zu konventionell geführten Fonds.

Zu einem Auseinanderfallen von Anlagestrategie und Anlegerinteressen kann es kommen, wenn die Anleger „mehr erwarten“, also eine stärkere Berücksichtigung ihrer ethisch-sozial-ökologischen Interessen. Ein solches Auseinanderfallen ist jedoch unerheblich, wenn sich aus den Vertragsbedingungen keine diesen Erwartungen entsprechende objektive Pflicht der Fondsverwaltung ergibt. Zwar kann die Gestaltung der Werbung und der Verkaufsunterlagen eine erhöhte Erwartungshaltung der Anleger bewirken, der durch die Anlagestrategie nicht entsprochen wird. Für die Verhaltens- und Organisationspflichten sind jedoch allein die Reglungen des Investmentgesetzes und der Vertragsbedingungen maßgeblich. Nur subsidiär kann auf den weiteren Inhalt des Verkaufsprospektes zurückgegriffen werden, um Verhaltens- und Organisationspflichten näher zu bestimmen.[241] Auch aus der ebenfalls subsidiär bestehenden Interessenwahrungspflicht gem. § 675 BGB ergeben sich darüber hinaus keine konkreten Pflichten.

b) Fallgruppe 2 – Balance-Integration

Die zweite Fallgruppe unterscheidet sich von der ersten Fallgruppe nicht in der ökonomischen Ausrichtung, sondern in ihrer zusätzlichen Zielsetzung. Das für das Handeln der Verwaltungsgesellschaft maßgebliche Anlegerinteresse umfasst, je nach konkreter Ausgestaltung der Anlageziele in den Vertragsbedingungen, ne-

241 Bankrechtshandbuch-*Köndgen/Schmies*, § 113 Rn. 115.

ben den finanziellen Interessen auch ethisch-sozial-ökologische Interessen in ihrer Wertedimension.

Dementsprechend sind alle notwendigen Dispositionen vorzunehmen, um die Anlageziele bestmöglich zu erreichen. Der Sorgfaltsmaßstab und Ermessenspielraum bleibt im Vergleich zur Verfolgung rein finanzieller Interessen unverändert, doch das Tätigkeitsfeld der Fondsverwaltung, welches diesem Sorgfaltsmaßstab genügen muss, wird um die in Frage stehende Wertedimension erweitert.

Ethisch-sozial-ökologische Zielsetzungen sind in dieser Fallgruppe nachrangig gegenüber der wirtschaftlichen Zielsetzung der Renditemaximierung und Risikosteuerung. Wenn beispielsweise ethisch-sozial-ökologische Zielsetzungen eine Umschichtung des Portfolios erforderlich machen, diese jedoch wirtschaftlich nachteilig wäre, würde die Umschichtung gegen die Anlegerinteressen gem. § 9 Abs. 2 Nr. 1 InvG verstoßen. In diesem Kontext ist fraglich, ob auch eine für das Portfolio wirtschaftlich neutrale Umschichtung die Anlegerinteressen verletzt, wenn dadurch Transaktionskosten verursacht werden.[242] Die Kostenbelastung für das Fondsvermögen ist grundsätzlich so gering wie möglich zu halten. Eine Umschichtung des Portfolios ohne sachliche Rechtfertigung verstößt deshalb gegen die Verhaltenspflichten gem. § 9 Abs. 1, 2 InvG.[243] Da die wirtschaftliche Zielsetzung Vorrang genießt vor ethisch-sozial-ökologischen Belangen, reichen diese als Rechtfertigung nicht aus. Dementsprechend wäre der Austausch eines Wertpapiers gegen ein wirtschaftlich gleichwertiges, in ethisch-sozial-ökologischer Hinsicht jedoch besser bewertetes Wertpapier aufgrund der entstehenden Transaktionskosten nicht mit § 9 Abs. 2 Nr. 1 InvG vereinbar. Eine entsprechende vertragliche Vereinbarung, die die Umschichtung zulässt, hätte die Einordnung in die dritte Fallgruppe zur Folge. Eine Umschichtung ist deshalb für Investmentfonds der zweiten Fallgruppe nur möglich, wenn sie wirtschaftlich indiziert ist.

Bei Investmentfonds der zweiten Fallgruppe ist das Anlegerinteresse gem. § 9 Abs. 2 Nr. 1 InvG gewahrt, wenn bei der Fondsverwaltung die in den Vertragsbedingungen vereinbarten ethisch-sozial-ökologischen Zielsetzungen bestmöglich zu erreichen gesucht werden, ohne das Portfolio (wirtschaftlich) negativ zu verändern oder mittelbar mit vermeidbaren Transaktionskosten zu belasten.

c) Fallgruppe 3 – Maximal-Integration

Die dritte Fallgruppe entfernt sich von der dem Investmentgesetz zugrundeliegenden gesetzlichen Wertung, indem dem Ziel der optimalen Kapitalvermehrung bei verhältnismäßig möglichst geringem Verlustrisiko (Ertrags-/Riskikopräferenz) ein weiteres gleichwertiges oder sogar höherrangiges Ziel wertebasierter Art an die Seite gestellt wird. SRI-Faktoren werden unmittelbar in die Gleichung mit einbezogen i. S. v. [(Kapitalertrag + ethisch-sozial-ökologische Ziel)/Risiko].

242 Zu dieser Problematik *Posner*, Economic Analysis of Law, 456.
243 *Beckmann*, Investmenthandbuch, 410 § 9 Rn. 19.

Es ändert sich dabei nichts an der Aufgabe der Fondsverwaltung, die Anlageziele mit je nach Ertrags-/Risikopräferenz optimierter Risikodiversifizierung und -absicherung zu erreichen. Der Faktor „Risiko" bleibt der Gleichung als Divisor erhalten. Der Dividend enthält dagegen neben dem Kapitalertragsziel auch ethisch-sozial-ökologische Ziele und ist entsprechend den Vertragsbedingungen zu bestimmen.

Für die Generalklausel gem. § 9 Abs. 2 Nr. 1 InvG besteht bei dieser dritten Fallgruppe die Besonderheit, dass bei der Fondsverwaltung finanzielle Interessen und ethisch-sozial-ökologische Interessen gegeneinander abgewogen werden müssen. Wie bereits ausgeführt,[244] muss das Anlegerinteresse in den Vertragsbedingungen objektiv-präzise und somit überprüfbar festgelegt sein. Der so vorgegebene Rahmen ist mit der gebotenen Sachkenntnis, Sorgfalt und Gewissenhaftigkeit,[245] vgl. § 9 Abs. 2 Nr. 2 HS. 1 InvG, aufzufüllen. Es verbleibt, ebenso wie auch für den in den Vertragsbedingungen vereinbarte Risikorahmen und die finanziellen Anlageziele, ein erheblicher Entscheidungsspielraum, ohne den eine effektive Verwaltung nicht möglich wäre.[246] Insbesondere im Fall der Abwägung zwischen sich widersprechenden ethisch-sozial-ökologischen und finanziellen Anlagezielen müssen erstere Ziele durch die Vertragsbedingungen und weitere Konkretisierung in der internen Geschäftsorganisation einer sachlichen Abwägung zugänglich gemacht werden.[247]

2. Handeln im Interesse der Integrität des Marktes

Neben der Handlungspflicht im ausschließlichen Interesse des Anlegers nennt § 9 Abs. 2 Nr. 1 InvG gleichermaßen das Interesse der Integrität des Marktes. Die Integrität des Kapitalmarktes erfordert die Einhaltung der Regeln des Kapitalmarktrechtes, die der Stabilität des Marktes dienen, insbesondere dem Schutz vor Insolvenz und Kapitalverlust sowie dem Schutz vor kriminellen Missständen, namentlich Anlagebetrug, Unterschlagung und Geldwäsche.[248] Diese Regelungen, wie beispielsweise § 25a Abs. 1 KWG, dienen gleichzeitig den kollektiven Anlegerinteressen.[249] Die Integration rein wertebasierter Belange in die Anlagestrategie steht nicht im Konflikt mit diesen Regeln. Insoweit ergeben sich keine Besonderheiten gegenüber konventionellen Investmentfonds.

3. Vermeidung von Interessenkonflikten

Für die Pflicht zur Vermeidung und Auflösung struktureller und konkreter Interessenkonflikte gem. §§ 9 Abs. 2 Nr. 3, Abs. 3 InvG i.V.m. § 25a Abs. 1 KWG erge-

---

244 Zu den Anforderungen an die Vertragsbedingungen siehe oben Seite 67.
245 Zur gebotenen Sorgfalt siehe unten Seite 82.
246 Vgl. *Baur*, Investmentgesetze, § 10 Rn. 26.
247 Zur internen Geschäftsorganisation vgl. *Beckmann*, Investmenthandbuch, 410 § 9 Rn. 31.
248 Vgl. *Beckmann*, Investmenthandbuch, 410 § 9 Rn. 10.
249 Vgl. § 25a Abs. 1 KWG: Angemessene Risikostrategie, interne Kontrollsysteme und Innenrevision, Sicherheitsvorkehrungen für die EDV, etc.

ben sich keine grundsätzlichen Besonderheiten. Bei SRI-Fonds der dritten Fallgruppe ist besonders zu beachten, dass durch die vorrangig wertebasierte Zielsetzung Interessenkonflikte nichtfinanzieller Art entstehen können, die bei konventionellen Investmentfonds nicht denkbar sind.

Beim Rückgriff auf ethisch-sozial-ökologische Ratingagenturen oder SRI-Indizes, kann aufgrund der jungen, dynamischen und uneinheitlichen Marktentwicklung und aufgrund fehlender Standards zu prüfen sein, ob diese externen Informationsquellen ihrerseits frei von strukturellen Interessenkonflikten sind. Dabei bestehen Parallelen zum Rückgriff auf Ratingagenturen für Bonitätsbewertungen. Die Prüfung kann sich insbesondere auf die Führungsstruktur, die Beteiligungsstruktur und die Transparenz der Bewertungsprozesse bzw. zugrundeliegenden Kriterien beziehen. Analog der Wertung von § 16 Abs. 2 Satz 3 InvG zur Auslagerung von Tätigkeiten der Verwaltungsgesellschaft dürfen Personen, deren Interessen mit denen der Kapitalanlagegesellschaft oder der Anleger kollidieren können, keinen wesentlichen Einfluss auf die Tätigkeit der Ratingagentur haben.

4. Tätigkeit mit der gebotenen Sachkenntnis, Sorgfalt und Gewissenhaftigkeit

Die Fondsverwaltung muss gem. § 9 Abs. 2 Nr. 2 InvG mit der gebotenen Sachkenntnis, Sorgfalt und Gewissenhaftigkeit ausgeführt werden. Aus dieser Generalklausel können sich erhöhte Anforderungen an das Fondsmanagement ergeben, wenn nach den Vertragsbedingungen besondere Anlageziele erreicht oder bestimmte Anlagetechniken angewendet werden sollen, die besondere Kenntnisse und Fähigkeiten voraussetzen.

Bereits die Integration der Wirtschaftsdimension ethisch-sozial-ökologischer Faktoren in die Fondsverwaltung stellt erhöhte Anforderungen an die Sachkenntnis. Die Anforderungen erhöhen sich weiter, wenn darüber hinaus die Wertedimension bestimmter ethisch-sozial-ökologischer Faktoren zu berücksichtigen ist.

Die wirtschaftliche Forschung im Bereich der Wirtschaftsdimension von ethisch-sozial-ökologischen Faktoren kann sich schneller entwickeln als der allgemein vorauszusetzende Wissensstandard im Investmentgeschäft (Expertenwissen). Zum heutigen Zeitpunkt kann noch nicht ohne weiteres davon ausgegangen werden, dass die Integration ethisch-sozial-ökologischer Faktoren in die Risikoanalyse zum standardmäßig vorauszusetzenden Expertenwissen gehört.[250] Dies wird sich aller Voraussicht nach jedoch zukünftig ändern und ethisch-sozial-ökologische Risikofaktoren, wie beispielsweise die Bewertung der Positionierung eines Unternehmens angesichts zunehmender Regulierung im Bereich von CO_2-Emissionen, werden zunehmend als Expertenwissen vorauszusetzen sein.

---

250 A. A. wohl bei UNEP Financial Initiative, A legal framework for the integration of environmental, social and governance issues into institutional investment, 8 f.

Ein Investmentfonds, der die Integration ethisch-sozial-ökologischer Faktoren auf der Ebene des Risikomanagements oder der Portfolioselektion in seinen Anlagegrundsätzen ausweist, muss daher seine Arbeits- und Wissensorganisation entsprechend dieser Anforderungen einrichten. Je genauer die Verpflichtungen in den Vertragsbedingungen niedergelegt werden, desto enger lassen sie sich eingrenzen. Liegt beispielsweise der Anlagestrategie ein SRI-Index mit *Best-of-class*-Kriterien zugrunde, schließen die Sorgfaltspflichten keine eigenständige Überprüfung der Indexzusammensetzung ein. Werden dagegen eigene Investmentprozesse nur ausgelagert, beispielsweise an ethisch-sozial-ökologische Ratingagenturen, ist die Einhaltung der eigenen Sorgfaltspflichten durch das Auslagerungsunternehmen vertraglich sicherzustellen.[251]

Bei Nachhaltigkeits-Themenfonds, die einen ethisch-sozial-ökologischen Bezug allein durch die Branchenbeschränkung auf ethisch, sozial oder ökologisch positiv bewertete Branchen herstellen, bestehen keine besonderen Sorgfaltspflichten für die ethisch-sozial-ökologische Bewertung einzelner Unternehmen dieser Branchen.

III. Anlageregeln und Portfolioverwaltung

1. Grundsatz der Risikomischung und gesetzliche Anlagegrenzen

Für die Einhaltung des Grundsatzes der Risikomischung, § 1 Satz 2 InvG, sowie der gesetzlichen Anlagegrenzen, §§ 46ff. InvG, ergeben sich, wie bereits ausgeführt, grundsätzlich keine Besonderheiten durch die Integration ethisch-sozial-ökologischer Faktoren in die Portfolioverwaltung. Diese Grenzen sind unabhängig von einer etwaigen Einengung der für das Portfolio in Betracht kommenden Wertpapiere durch ethisch-sozial-ökologische Auswahlkriterien einzuhalten.

Wenn Investmentfonds strenge ethisch-sozial-ökologische Auswahlkriterien anwenden, kann es zumindest bei Fonds der dritten Fallgruppe zu einer starken Reduktion der Investitionskandidaten kommen, aus denen das endgültige Portfolio erstellt wird. Auch bei Einhaltung der gesetzlichen Anlagegrenzen kann die Risikodiversifikation dadurch eingeschränkt werden. Gleiches gilt bei Themenfonds, die sich auf bestimmte Branchen beschränken. Diese Einschränkung kann im Rahmen der nicht modifizierbaren Anlagegrenzen und des Grundsatzes der Risikomischung jedoch ohne weiteres vertraglich vereinbart werden.[252] Es besteht kein Unterschied zu Einschränkungen aufgrund anderer, konventioneller Kriterien, etwa bestimmter Branchen oder Branchentrends.[253]

---

251 Zur Auslagerung siehe nachfolgend unter 2.
252 Bankrechtshandbuch-*Köndgen/Schmies*, § 113 Rn. 62, 70; *Beckmann*, Investmenthandbuch, 410 § 9 Rn. 53.
253 Beispielsweise der „Neue Markt" Ende der 90er Jahre.

Für Wertpapierindex-Sondervermögen (Indexfonds) gelten gem. § 63 InvG erweiterte Anlagegrenzen. Diese gelten auch für SRI-Indexfonds, soweit sie von der BaFin anerkannte Indizes zugrundelegen.[254]

2. Auslagerung eigener Tätigkeiten

Investmentfonds bzw. Kapitalanlagegesellschaften sind auf Grundlage des Geschäftsbesorgungsvertrages gem. §§ 675, 664 BGB verpflichtet, das Sondervermögen selbständig und eigenverantwortlich zu verwalten.[255] Diese Pflicht leitet sich bereits ab aus den allgemeinen organisatorischen Pflichten gem. § 9 Abs. 1–3 InvG, § 25a Abs. 1 KWG. Unter den Voraussetzungen von § 16 InvG, § 25a Abs. 2 KWG können jedoch eigene Tätigkeiten ausgelagert werden.[256]

Eine Auslagerung eigener Tätigkeiten liegt vor, wenn eine Tätigkeit oder Funktion des Geschäftsbetriebes nicht oder nicht mehr vollständig von der auslagernden Kapitalanlagegesellschaft, sondern einem organisatorisch getrennten Unternehmen durchgeführt wird.[257] Im Zusammenhang mit der Integration ethisch-sozial-ökologischer Faktoren können sowohl im Bereich der Portfolioselektion als auch im Bereich der Investorstrategie eigene Tätigkeiten ausgelagert werden. Im Prozess der Portfolioselektion kann auf Ebene der Auswahl von Investitionskandidaten (*Positive Screening*) oder auf Ebene der finanziellen Bewertung und Risikoanalyse auf Dritte zurückgegriffen werden. Möglich ist überdies, wie auch bei konventionellen Fonds, die Auslagerung des Portfoliomanagements insgesamt.[258]

Auf Ebene der Investorstrategie bzw. Ausübung von Beteiligungsrechten kann die Ausübung von Aktionärsstimmrechten einem weisungsgebundenen externen Stimmrechtsvertreter übertragen werden. Über die reine Ausübung hinaus könnte jedoch auch das gesamte Beteiligungsmanagement einschließlich des Dialogs mit der Unternehmensführung, des Fragerechts in der Hauptversammlung bis hin zur Einbringung eigener Beschlussvorlagen ausgelagert werden.[259] Wird dabei das Ziel verfolgt, ethisch-sozial-ökologische Faktoren stärker in die Geschäftsprozesse zu integrieren, handelt es sich um einen *Engagement*-Ansatz.

Die gem. § 16 Abs. 1 InvG anwendbaren Auslagerungsregeln des § 25a Abs. 2 KWG beschränken sich einerseits sachlich auf Tätigkeiten des Bank- bzw. Investmentgeschäfts i. S. d. § 1 Abs. 1 Satz 2 Nr. 6 KWG i. V. m. § 7 Abs. 2 InvG. Das Investmentgeschäft umfasst gem. § 7 Abs. 2 InvG die Verwaltung von Investmentvermögen sowie damit zusammenhängende Nebendienstleistungen, beispielsweise den Vertrieb

254 Zu den Anerkennungsvoraussetzungen unten Seite 177.
255 Siehe oben Seite 45; *Beckmann*, Investmenthandbuch, 425 § 10 Rn. 2.
256 Dagegen war nach h. M. zu § 10 KAGG a. F. die Auslagerung von Kernbereichen der Verwaltungstätigkeit generell unzulässig, vgl. Brinkhaus/Scherer-*Schödermeier/Balzer* § 10 Rn. 16.
257 BAKred-Schr. 11/2001; *Beckmann*, Investmenthandbuch, 410 § 16 Rn. 3.
258 Zur Übertragung des Portfoliomanagements vgl. *Beckmann*, Investmenthandbuch, 410 § 16 Rn. 10.
259 Zu Proxy Voting Services und professionellen Stimmrechtsvertretern vgl. unten Fn. 648.

und die Verwahrung von Investmentanteilen, den Abschluss von Altersvorsorgeverträgen und sonstige mit diesen Nebendienstleistungen unmittelbar verbundene Tätigkeiten. Tätigkeiten im Zusammenhang mit der Integration ethisch-sozial-ökologischer Faktoren betreffen entweder die Portfolioselektion oder die Investorstrategie, mithin die Verwaltung des Investment- bzw. Sondervermögens, § 7 Abs. 2 Satz 1 Fall 1 InvG. Der sachliche Anwendungsbereich von § 25a Abs. 2 KWG ist daher eröffnet.

Andererseits beschränkt sich die Regelung des § 25a Abs. 2 KWG auf Tätigkeitsbereiche, die wesentlich sind.[260] Unwesentliche Bereiche unterliegen daher nicht den Anforderungen von § 16 InvG, § 25a Abs. 2 KWG, sondern lediglich den allgemeinen Organisationspflichten gem. § 9 Abs. 1–3 InvG, § 25a Abs. 1 KWG. Darunter fallen allerdings nur solche Bereiche, die keine bankaufsichtsrechtlichen Risiken begründen oder bei der Auslagerung nicht dazu führen können, dass die Ordnungsmäßigkeit der Geschäfte oder die Steuer- und Kontrollmöglichkeiten der Geschäftsleitung, respektive die Prüfungs- und Kontrollrechte der BaFin beeinträchtigt werden (z.B. Wartungsdienste, Wachschutz, Inkassowesen).[261] Umgekehrt sind alle Bereiche wesentlich, die bankaufsichtsrechtlich relevante Risiken (insb. Markt-, Liquiditäts- und Reputationsrisiken) begründen oder beeinflussen bzw. dem internen Risikomanagement oder dem Rechnungswesen unterfallen.[262] Alle oben genannten Tätigkeiten, die mit der Integration ethisch-sozial-ökologischer Faktoren einhergehen, berühren einen bzw. mehrere dieser Bereiche und sind als deshalb als wesentlich einzustufen.

Es ist jedoch auch bei sachlich erfassten und als wesentlich zu qualifizierenden Tätigkeiten für jeden Einzelfall abzugrenzen, ob diese Tätigkeit bzw. Funktion tatsächlich ausgelagert wurde oder ob von Dritten lediglich Hilfsleistungen erbracht werden, während die Kerntätigkeit und Entscheidungsfindung des Bereichs bei der Kapitalanlagegesellschaft verbleibt. Die Abgrenzung, ob eine Auslagerung vorliegt, wird funktional danach bestimmt, ob die Steuerungsmöglichkeiten der Geschäftsleitung und der aufsichtsrechtliche Zugriff durch das Verhältnis zu dem Dritten gelockert werden bzw. werden könnten.[263] Dies wird jedenfalls dann nicht der Fall sein, wenn lediglich auf Informationen und Analysen Dritter zurückgegriffen wird, die abschließende Bewertung und Entscheidung jedoch bei der Kapitalanlagegesellschaft erfolgt. Zum Beispiel liegt im Rückgriff auf ein extern erstelltes ethisch-sozial-ökologisches Risikoprofil einzelner Unternehmen noch keine Auslagerung, wenn die Risikoanalyse insgesamt von der Kapitalanlagegesellschaft selbst vorgenommen wird.

Umgekehrt kann in der ungeprüften Übernahme externer Informationen als faktisch einziges Entscheidungskriterium eine Auslagerung eigener Tätigkeiten liegen. Entscheidend ist, ob die Kapitalanlagegesellschaft externe Informationen bzw.

260 BAKred-Schr. 11/2001.
261 BAKred-Schr. 11/2001.
262 Boos/Fischer/Schulte-Mattler-*Braun* § 25a Rn. 598f.
263 Vgl. BAKred-Schr. 11/2001.

Bewertungen nachvollzieht und auf ihre Übereinstimmung mit Gesetz, Vertragsbedingungen und der Anlagepolitik überprüft.[264] Dies wäre beispielsweise nicht mehr zu bejahen, wenn ein Portfolio ausschließlich aus Wertpapieren zusammengesetzt wird, die von einer externen SRI-Ratingagentur nach bestimmten Kriterien als positiv bewertet wurden und lediglich die konkrete Gewichtung der Anteile der einzelnen Titel im Portfolio durch die Kapitalanlagegesellschaft selbst erfolgt.[265]

Liegt nach dieser Abgrenzung eine Auslagerung vor, ist diese nur dann zulässig, wenn die Voraussetzungen von § 16 InvG und § 25 a Abs. 2 KWG erfüllt sind. Das ist der Fall, wenn:

a. die Auslagerung die Kapitalanlagegesellschaft nicht daran hindert, im Interesse ihrer Anleger (und der Integrität des Marktes, § 9 Abs. 2 Nr. 1 InvG)[266] zu handeln (§ 16 Abs. 1 InvG); und
b. die Ordnungsmäßigkeit der ausgelagerten Geschäfte nicht beeinträchtigt wird (§ 25 a Abs. 2 Satz 1 Fall 1 KWG); und
c. die Steuerungs- und Kontrollmöglichkeiten der Geschäftsleitung nicht beeinträchtigt werden (§ 25 a Abs. 2 Satz 1 Fall 2 KWG); und
d. die Prüfungsrechte und Kontrollmöglichkeiten der BaFin nicht beeinträchtigt werden (§ 25 a Abs. 2 Satz 1 Fall 3 KWG); und
e. die entsprechenden Weisungsbefugnisse und die Einbeziehung in die internen Kontrollverfahren vertraglich gesichert wird (§ 25 a Abs. 2 Satz 2 KWG); und,

sofern die übertragene Tätigkeit die Portfolioverwaltung betrifft,

f. das damit betraute Unternehmen ebenfalls der staatlichen Aufsicht unterliegt (§ 16 Abs. 2 Satz 1 InvG); und
g. die Auslagerung bzw. deren Ausgestaltung den Vorgaben der Kapitalanlagegesellschaft (§ 42 Abs. 1, § 43 Abs. 4 InvG) für die Verteilung der Anlagen entsprechen (§ 16 Abs. 2 Satz 2 InvG); und
h. die Interessen des Auslagerungsunternehmens nicht mit denen der Kapitalanlagegesellschaft bzw. der Anleger kollidieren können (§ 16 Abs. 3 Satz 2 InvG).

Zur Portfolioverwaltung i. S. d. § 16 Abs. 2 InvG, deren Auslagerung die zusätzlichen Anforderungen f–g nach sich zieht, gehört jede Tätigkeit mit Entscheidungsspielraum, die die im Portfolio enthaltenen Wertpapiere oder deren konkrete Zusammensetzung betrifft, beispielsweise auch die Risikoverwaltung und Stimmrechtsausübung.[267] Wie bereits ausgeführt, setzt die Integration ethisch-sozial-ökologischer Faktoren im Bereich von Portfolioselektion und Risikomana-

---

264 Brinkhaus/Scherer-*Schödermeier/Balzer* § 10 Rn. 17.
265 Vgl. *Greeneffects* Investmentfonds, www.greeneffects.de; das Portfolio dieses Fonds umfasst ausschließlich Wertpapiere, die im Naturaktien-Index (NAI) gelistet sind. Die Gewichtung der einzelnen Wertpapiere folgt allerdings nicht der Zusammensetzung des NAI.
266 Die Integrität des Marktes wird zwar in § 16 Abs. 1 InvG nicht aufgeführt, folgt jedoch aus dem stets einschlägigen Pflichtenkatalog des § 9 InvG.
267 Vgl. *Beckmann*, Investmenthandbuch, 410 § 16 Rn. 10, 16.

gement bzw. im Bereich der Investorstrategie und Stimmrechtsausübung an. Beide Bereiche betreffen die Portfolioverwaltung i.S.d. § 16 Abs. 2 InvG, sodass die dort aufgestellten Voraussetzungen immer einschlägig sind.

Ob diese Voraussetzungen erfüllt sind, ist für jeden Einzelfall zu prüfen. Für die Auslagerungsvoraussetzungen unter b., c. und e., die sich auf die Steuerung und Kontrolle der ausgelagerten Tätigkeiten durch die Geschäftsleitung beziehen, ergeben sich für SRI-Fonds keine Besonderheiten gegenüber konventionellen Investmentfonds. Durch entsprechende Ausgestaltung der Verträge mit dem Auslagerungsunternehmen lassen sich Ordnungsmäßigkeit und Kontrolle sicherstellen. Ebenso lassen sich bei der Übertragung der Portfolioverwaltung insgesamt die Vorgaben der Kapitalanlagegesellschaft (§ 42 Abs. 1, § 43 Abs. 4 InvG) für die Verteilung der Anlagen gem. § 16 Abs. 2 Satz 2 InvG vertraglich festlegen. Die Auslagerungsvoraussetzungen sind demnach erfüllt, wenn dem Auslagerungsunternehmen exakt vorherbestimmbare und nachprüfbare objektive Beurteilungs- und Ergebnisfindungskriterien zwingend vorgegeben werden, also Vorgaben hinsichtlich der Entscheidungsfindung gemacht werden, die den internen Handlungsanweisungen entsprechen.[268]

Auch für die unter d. und f. genannten Prüfungsrechte und Kontrollmöglichkeiten der BaFin ergeben sich grundsätzlich keine Besonderheiten. Das Auslagerungsunternehmen muss, da die Auslagerung regelmäßig die Portfolioverwaltung betrifft, selbst einer wirksamen öffentlichen Aufsicht unterliegen und die BaFin muss im Rahmen einer Jahresabschlussprüfung oder einer Prüfung nach § 44 KWG tätig werden können.

Die Voraussetzungen unter a. und h. beziehen sich auf die Wahrung der Anlegerinteressen. So darf als gesetzliches Beispiel gem. § 16 Abs. 3 Satz 2 InvG nicht die Depotbank gleichzeitig Auslagerungsunternehmen sein. Die Zielrichtung entspricht der Vorschrift des § 9 Abs. 2 Nr. 3 InvG. Die Ausführungen für die jeweiligen Fallgruppen zu § 9 InvG sind insoweit übertragbar.[269] Auslagerungsunternehmen, denen Tätigkeiten der Integration ethisch-sozial-ökologischer Faktoren in die Portfolioverwaltung übertragen wurden, dürfen ausschließlich die Interessen des Fonds bzw. mittelbar der Anleger berücksichtigen. Ihre Unabhängigkeit und Interessenlage muss gleichermaßen abgesichert sein wie bei anderen Auslagerungsunternehmen, die beispielsweise finanzielle Analysen erstellen. Aus der Tatsache, dass es sich um ethisch-sozial-ökologische Faktoren und nicht um sonstige wirtschaftlich relevante Faktoren handelt, ergeben sich keine Besonderheiten.

3. Anlage- und Sachverständigenausschuss

Auf die Einsetzung eines Anlage- bzw. Sachverständigenausschusses muss in den Vertragsbedingungen hingewiesen werden. Fraglich ist darüber hinaus, wie weit

268 BAKred-Schr. 11/2001.
269 Siehe oben Seite 79.

die Funktionen und Kompetenzen des Ausschusses bei der Portfolioverwaltung reichen dürfen.

Der Anlageausschuss ist im Investmentrecht nicht vorgesehen. Lediglich § 77 InvG sieht vor, dass Immobilienfonds einen Sachverständigenausschuss zur Bewertung des Immobilienvermögens zu bestellen haben. Dabei handelt es sich nicht um einen Anlageausschuss, der mit der Auswahl von Wertpapieren oder anderen Anlagegegenständen für das Sondervermögen betraut ist, sondern um ein Expertengremium mit Kontrollfunktion zur Bewertung des (Immobilien-)Sondervermögens.

Ein Anlageausschuss ist gleichwohl in der Praxis üblich und wird von der BaFin als zulässig erachtet, soweit er ausschließlich in beratender Funktion für das Fondsmanagement tätig ist.[270] Die Verantwortung und Entscheidungskompetenz für die Auswahl der zu erwerbenden Wertpapiere muss jedoch beim Fondsmanagement liegen, das gegenüber den Anlegern für die Einhaltung der Anlagegrundsätze verantwortlich ist.[271] Anderenfalls wäre die Einsetzung des Anlageausschusses als Auslagerung zu qualifizieren, die den entsprechenden Voraussetzungen von § 16 InvG und § 25 a Abs. 2 KWG genügen müsste.[272]

Im Zusammenhang mit der Integration ethisch-sozial-ökologischer Faktoren in die Fondsverwaltung kommt einem Anlageausschuss in der Regel die Funktion zu, Wertpapiere aus dem Anlageuniversum in ethisch-sozial-ökologischer Hinsicht zu bewerten oder – je nach Ansatz – aus dem Titeluniversum anhand bestimmter Positivkriterien Investitionskandidaten zu selektieren. Der Anlageausschuss verfolgt dabei einen je nach Art der Kriterien bestimmten Anlageschwerpunkt und gibt entsprechende Empfehlungen ab. Dabei macht es keinen Unterschied, ob es sich um ethisch-sozial-ökologische Kriterien wie beispielsweise eine nachhaltige Wirtschaftsweise handelt oder um andere wirtschaftliche Faktoren, wie etwa die Bewertung der Innovationsfähigkeit und Zukunftsträchtigkeit von Informationstechnologie-Unternehmen. In jedem Fall kann dem Anlageausschuss nur eine Beratungsfunktion zukommen.[273] Darüber hinausgehende Funktionen wären unter dem Gesichtspunkt der Auslagerung zu prüfen.

Auf der Ebene der Risikoanalyse ist ein Anlageausschuss dagegen nicht tätig. Denkbar wäre jedoch auch ein Anlageausschuss, der Investorstrategien erarbeitet bzw. Empfehlungen für die Ausübung von Beteiligungsrechten abgibt, um die Integration der Wirtschaftsdimension ethisch-sozial-ökologischer Faktoren in die Geschäftsprozesse der im Portfolio enthaltenen Unternehmen zu fördern. Einem

270 BAKred-Schr. v. 8. 6. 1989 („kirchliche Grundsätze"), abgedr. in: Beckmann, Investmenthandbuch, 438 Nr. 46.

271 *Baur*, Investmentgesetze, § 10 Rn. 9.

272 BAKred-Schr. 11/2001.

273 Vgl. Anlageausschuss des *Sarasin OekoSar Equity Fonds*, Verkaufsprospekt 2006, 20: „Ein interdisziplinär zusammengesetzter Beirat unterstützt den Anlageberater in Bezug auf Konzept, Auswahlkriterien und Definition auszuschließender Aktivitäten. Er bespricht mit dem Anlageberater neue wissenschaftliche und gesellschaftliche Erkenntnisse. Der Beirat hat keine Entscheidungsbefugnisse auf Titelebene. Er ist zusammengesetzt aus Fachleuten aus den Bereichen Naturwissenschaft, Sozialwissenschaft und Ökonomie.

solchen Ausschuss käme aus denselben Erwägungen ebenfalls nur eine beratende Funktion zu.

Es ist im Ergebnis rechtlich unproblematisch, Anlage- und Sachverständigenausschüsse mit Beratungsfunktionen zu ethisch-sozial-ökologischen Fragestellungen zu betrauen.

4. Investorstrategie und Ausübung von Beteiligungsrechten

Die Berechtigung zur Ausübung der Stimmrechte und sonstigen Beteiligungsrechte (z. B. Frage- bzw. Auskunftsrecht in der Hauptversammlung, Einbringung von Beschlussvorlagen, etc.) muss, wie bereits oben dargestellt,[274] nicht in den Vertragsbedingungen vereinbart werden, sondern ergibt sich bereits aus der generellen Verfügungsermächtigung gem. § 31 Abs. 1 InvG. Danach ist die Kapitalanlagegesellschaft berechtigt, im eigenen Namen über die zum Sondervermögen gehörenden Gegenstände nach Maßgabe des Investmentgesetzes und der Vertragsbedingungen zu verfügen und alle Rechte aus ihnen auszuüben. Für das Stimmrecht aus den Wertpapieren des Sondervermögens stellt § 32 Abs. 1 Satz 1 InvG klar, dass die Kapitalanlagegesellschaft zur Stimmrechtsausübung keiner gesonderten Vollmacht der Anleger bedarf. Durch die Ausübung des Stimmrechts und der anderen Beteiligungsrechte kann die den Investmentfonds verwaltende Kapitalanlagegesellschaft einen – wenn auch begrenzten –[275] Einfluss auf die Geschäftsführung und somit auf den Geschäftserfolg der Unternehmen nehmen, an denen sie beteiligt ist.[276]

Die konkreten rechtlichen und tatsächlichen Möglichkeiten und deren Zulässigkeit werden im nachfolgenden Kapitel zu den Aktionärsrechten tiefergehend behandelt.[277] Unabhängig von der konkreten Art der Ausübung ist zu beachten, dass die Ausübung dieser Rechte unter die Verwaltungsangelegenheiten i. S. d. § 9 InvG fällt und nach den dort normierten Verhaltensregeln, d. h. im alleinigen Interesse der Anleger und der Integrität des Marktes auszuüben ist.[278] Die Kapitalanlagegesellschaft soll gem. § 32 Abs. 1 Satz 3 InvG ihr Stimmrecht – jedenfalls bei inländischen

---

274 Siehe oben Seite 77.

275 Der Anteil an stimmberechtigten Aktien ist gem. § 64 Abs. 2 Satz 1 InvG auf 10% der Aktien eines Unternehmens bzw. der Emittenten begrenzt. Dieser Regelung liegt Art. 25 Abs. 1 Satz 1 OGAW-Richtlinie (85/611/EWG) zugrunde, der vorsieht, dass Kapitalanlagegesellschaften über keinen Stimmrechtsanteil verfügen dürfen, der mit einem „nennenswerten Einfluss" auf die Geschäftsführung verbunden ist.

276 Diese Rechte umfassen: Stimmrechte in den Fällen des § 119 Abs. 1 AktG, insbesondere Bestellung der Mitglieder des Aufsichtsrates, § 127 AktG, Verwendung des Bilanzgewinns, Entlastung der Mitglieder des Vorstands und des Aufsichtsrates, § 120 AktG; Einbringung eigener Beschlussvorlagen, § 122 Abs. 2 AktG; Gegenanträge zu einem Vorschlag von Vorstand und Aufsichtsrat, § 126 AktG; Auskunftsrecht über Angelegenheiten der Gesellschaft, § 131 AktG; Auskunftsrecht zum Konzernlageberichts, § 131 AktG i. V. m. § 289 Abs. 3 HGB und weitere Prüfungsrechte; ausführlich zum Aktienrecht siehe unten Seite 146.

277 Vgl. unten Seite 149.

278 Vgl. *Baur*, Investmentgesetze, § 10 Rn. 34: „Sonderfall der treuhänderischen Verwaltung".

Gesellschaften[279] – im Regelfall selbst ausüben. Für die weiteren Beteiligungsrechte besteht keine vergleichbare Regelung, sie stehen jedoch im unmittelbaren Sachzusammenhang mit der Stimmrechtsausübung. Bei der Ausübung von Stimm- und Beteiligungsrechten handelt es sich um wesentliche eigene Tätigkeiten i. S. d. § 16 Abs. 1 InvG i. V. m. § 25 a Abs. 2 KWG, auf die grundsätzlich die Regeln zur Auslagerung anwendbar sind. Die weisungsgebundene wie auch weisungslose generelle Bevollmächtigung eines Stimmrechtsvertreters ist jedoch als Sonderfall der Auslagerung gem. § 32 Abs. 1 Satz 4, 5 InvG zulässig.

a) Vertragliche und gesetzliche Pflichten

Dem Investmentgesetz als solchem und den allgemeinen Verhaltensregeln des § 9 InvG im Besonderen liegen, wie der Bezug auf die Sorgfalt eines ordentlichen Kaufmannes i. S. d. § 347 Abs. 1 HGB zeigt, primär kaufmännische, d. h. wirtschaftliche Wertungen zugrunde. Zwar handelt es sich um eine ausfüllungsbedürftige Generalklausel, die keine konkrete Handlungsanweisung, sondern einen Haftungsmaßstab für die Tätigkeit der Verwaltung des Sondervermögens definiert, deren ordentliche Ausführung wiederum abhängig ist von den vertraglich vereinbarten Zielsetzungen der Verwaltung. Wenn jedoch anderweitige vertragliche Absprachen fehlen, ist die Ausübung von Beteiligungsrechten ohne wirtschaftlichen Hintergrund oder aus rein ethischer Motivation von der Verwaltung mit der Sorgfalt eines ordentlichen Kaufmanns nicht umfasst.[280] Vielmehr ist davon auszugehen, dass es dem Anlegerinteresse gem. § 9 Abs. 2 Nr. 1 InvG und damit der Sorgfalt eines ordentlichen Kaufmanns gem. § 9 Abs. 1 InvG entspricht, Beteiligungsrechte nach rein finanziellen Kriterien, mithin nach der Maxime des *Shareholder Value*, auszuüben.[281] Auch die Duldung bzw. Unterstützung ethisch-sozial-ökologisch oder auch rechtlich missbilligter Geschäftspraktiken durch die Ausübung der Beteiligungsrechte ist zulässig, soweit diese Art der Geschäftsführung nicht die – weit gesteckten – Grenzen der nationalen Strafbarkeit überschreitet. So wäre etwa die Entlastung eines Vorstandes, der in Entwicklungsländern, in denen gesetzliche Regelungen fehlen, Kinderarbeit zulässt, Leib und Leben seiner Arbeitnehmer durch mangelnde Arbeitssicherheit zumindest grob fahrlässig gefährdet oder andere ethisch verwerfliche Geschäftspraktiken fördert oder duldet, im Sinne der Pflichten nach § 9 InvG gleichwohl zulässig, wenn diese Art der Geschäftsführung aus rein wirtschaftlichen Gesichtspunkten nicht zu beanstanden ist.

---

279 Die gesetzliche Ausnahme für die Stimmrechtsausübung bei ausländischen Gesellschaften geht auf die Wertung zurück, dass mit der Teilnahme an der Hauptversammlung Aufwand und hohe Kosten verbunden sind. Kosten und Aufwand werden mit zunehmender Rechtsharmonisierung und elektronischen Teilnahmemöglichkeiten innerhalb des EU-Binnenmarktes jedoch sinken, sodass sich die Ausnahme für Gesellschaften mit Sitz in EU-Mitgliedstaaten zukünftig nicht aufrechterhalten lassen wird.

280 Vgl. *Baur*, Investmentgesetze, § 10 Rn. 37.

281 Zum Anlegerinteresse siehe oben Seite 79; Bankrechtshandbuch-*Köndgen* (2. Aufl.), § 113 Rn. 129.

b) Wirtschaftliche Bewertung

Die wirtschaftliche Bewertung ist indes abhängig vom Investmenthorizont. Ein Investmentfonds, der langfristige Anlagen in nachhaltig wirtschaftenden Unternehmen anstrebt, kann ethisch, sozial und rechtlich fragwürdige Geschäftspraktiken aus wirtschaftlichen Gründen ablehnen, wenn sie mit entsprechenden Risiken verbunden sind und eine nachhaltige Entwicklung gefährden könnten. Im vorgenannten Beispiel könnte das Fondsmanagement den Dialog mit der Geschäftsführung suchen, in der Hauptversammlung gem. § 131 AktG i.V.m. § 289 Abs. 3 HGB Auskunft über die Arbeitnehmerbelange in den fraglichen Produktionsstätten und damit verbundene Risiken und Entwicklungsperspektiven verlangen oder gegen die Entlastung des Vorstandes stimmen, um der Ablehnung dieser Art der Geschäftsführung durch den Vorstand Ausdruck zu verleihen.[282] Es bestehen vielfältige rechtliche und kooperative Strategien, die im nachfolgenden Kapitel zu den Aktionärsrechten tiefergehend behandelt werden.

Bei Investmentfonds der dritten Fallgruppe ergibt sich die Besonderheit, dass wirtschaftliche Zielsetzungen hinter ethisch-sozial-ökologischen Zielsetzungen zurücktreten können. Wie bereits im Zusammenhang mit den Anlagegrundsätzen und den allgemeinen Verhaltens- und Organisationspflichten dargestellt, kann dies vertraglich vereinbart werden. Die Einflussnahme auf Unternehmen des Investmentportfolios ist entsprechend dieser vertraglichen Regelungen zulässig.

c) Kosten-Nutzen-Grenze

Eine Zulässigkeitsgrenze kann sich aus der Kosten-Nutzen-Analyse der Investorstrategie ergeben. Eine Strategie der Einflussnahme auf Unternehmen erfordert zunächst eine entsprechende Beurteilungsgrundlage, die wiederum Analysekosten verursacht.[283] Der erwartete positive Einfluss der Investorstrategie muss die Kosten der vorausgehenden Analyse rechtfertigen.

Je nach Art und Weise der wirtschaftlichen Bewertung und Risikoanalyse bei der Portfolioselektion können allerdings erhebliche Synergieeffekte genutzt werden. Die Integration ethisch-sozial-ökologischer Faktoren in die Unternehmensbewertung und Risikoanalyse macht bereits auf dieser Ebene Analysen erforderlich, die später im Rahmen der Investorstrategie genutzt werden können.

Fallen schon bei der Risikoanalyse Defizite auf, deren Behebung auch das Ziel einer Investorstrategie ausmachen würde, können sie entsprechend vermerkt werden. Die Kosten der Investorstrategie beschränken sich dann auf die Weiterverfolgung, die insofern gleichzeitig eine Weiterführung der Risikoanalyse und -minimierung darstellt. Dabei ist insbesondere der Dialog mit der Unternehmensführung nicht sonderlich kostenintensiv. Bestenfalls erfolgt die Abstimmung mit der Unternehmensführung bereits vor dem Investment und legt damit die Grund-

282 Beispiel bei *Baur*, Investmentgesetze, § 10 Rn. 37.
283 Vgl. *Posner*, Economic Analysis of Law, 451 ff., 456.

lage für regelmäßige Konsultationen. Je größer der Kapitalanteil, desto mehr wird eine dauerhafte Abstimmung im beidseitigen Interesse liegen. Umgekehrt kann wohl kaum erwartet werden, dass die Unternehmensführung Anregungen oder Bedenken auf die eigene Tagesordnung setzt, die – unabhängig von ihrer etwaigen sachlichen Richtigkeit – nur von einem sehr geringen Anteil der Kapitalgeber getragen werden. In diesem Fall kann einer Forderung bzw. einem Hinweis durch gemeinsames Vorbringen mit anderen institutionellen Investoren Nachdruck verliehen werden.

Andere Mittel, insbesondere wenn sie sich sachlich im Protest gegen die Art und Weise der Geschäftsführung des Vorstandes erschöpfen und Erfolgsaussichten dieses Protestes kaum bestehen, sind dagegen aufwendiger wirtschaftlich zu begründen. Dabei kommt es darauf an, welches Gewicht ethisch-sozial-ökologischen Zielen in der Gesamtausrichtung des Fonds zukommt.

aa) Fallgruppe 1 – Optimierungs-Integration

Bei schwerwiegenden Bedenken hinsichtlich der Unternehmensführung muss es rentabler sein, durch veritablen *shareholder-activism*, z.B. Gegenanträge zu Beschlussvorlagen des Vorstandes oder die entsprechend begründete Verweigerung der Entlastung, Druck auf die Unternehmensführung auszuüben, anstatt das Wertpapier abzustoßen und das Portfolio entsprechend umzuschichten. Die Kosten der Portfolioumschichtung stellen somit die Kosten-Nutzen-Grenze dar. In der Einflussnahme auf oder Auseinandersetzung mit der Unternehmensführung liegt kein Selbstzweck. Regelmäßig wird eine Auseinandersetzung im Zuge der Hauptversammlung durch Konsultationen im Vorfeld, mit Hinweis auf das geplante Abstimmungsverhalten, vermeidbar sein. Im Einzelfall kann allerdings auch der konkreten Ausübung von Stimm- und Beteiligungsrechten Bedeutung zukommen.[284]

bb) Fallgruppe 2 – Balance-Integration

Diese Rentabilitätserwägungen gelten dem Grunde nach auch für die zweite Fallgruppe. Allerdings ist der Fonds nach seiner Zielsetzung verpflichtet, die vereinbarten ethisch-sozial-ökologischen Ziele unter dem Vorbehalt der Kostenneutralität so gut wie möglich zu verfolgen. Aus dem Kostenneutralitätsgebot ergibt sich bereits, dass auch im Bereich der Investorstrategie die ethisch-sozial-ökologische Zielsetzung – was selten der Fall sein wird – nicht im direkten Widerspruch mit ökonomischen Zielen stehen darf. Die, wenn auch nachrangige, ethisch-sozial-ökologische Zielsetzung, impliziert gleichwohl, dass damit ein gewisser Verwaltungsaufwand verbunden ist.

Bei der üblichen pauschalen Festlegung der Verwaltungsgebühr gem. § 41 Abs. 4 InvG kann es jedoch ohnehin nicht zu einer Erhöhung der Kosten aufgrund kon-

---

284 Vgl. die Durchsetzung unternehmensweit gültiger Arbeitsstandards bei Rio Tinto, Union Shareholder Campaign, abgedr. in: Eurosif, Pension Programme SRI Toolkit, 27.

kreter Tätigkeiten kommen. Darin enthalten sind auch Verwaltungskosten für die Verfolgung ethisch-sozial-ökologischer Ziele, sodass für die Anleger Kostensicherheit besteht. Bei nicht-pauschaler Kostenberechnung ist die Kosten-Nutzen-Grenze da zu ziehen, wo die Verwaltungskosten für eine *Engagement*-Strategie, berichtigt um die Wahrscheinlichkeit, damit die ethisch-sozial-ökologischen Ziele erreichen zu können, die Kosten einer Portfolioumschichtung hin zu einem wirtschaftlich wie ethisch-sozial-ökologisch gleich oder besser bewerteten Wertpapier übersteigen.

Ein Deinvestment aus wertebasierten oder auch rein finanziellen Gründen ethisch-sozial-ökologischer Art, sollte dem Management mitgeteilt und eventuell öffentlich gemacht werden, um das Bewusstsein für diese Fragestellungen zu schärfen.[285]

Wenn ein Investmentfonds dieser Fallgruppe eine Investorstrategie verfolgt, ist er höheren Anforderungen ausgesetzt als Fonds der ersten Fallgruppe. Umgekehrt kann aber aus der ethisch-sozial-ökologischen Zielsetzung noch keine Verpflichtung abgeleitet werden, überhaupt eine Investorstrategie zu verfolgen. Eine solche Verpflichtung müsste vereinbart oder im Verkaufsprospekt angekündigt sein.

cc) Fallgruppe 3 – Maximal-Integration

Die Ausführungen zur zweiten Fallgruppe sind auf die dritte Fallgruppe übertragbar. Da kein Vorrang der wirtschaftlichen Zielsetzung besteht, kommt hinzu, dass auch rentable Wertpapiere aus rein wertebasierten Gründen abgestoßen und ausgetauscht werden können. Die grundsätzlich wirtschaftliche Zielsetzung verbietet aber umgekehrt, vergleichsweise unrentable Wertpapiere nur deshalb im Portfolio zu halten, um als Investor Einfluss auf die Unternehmensleitung ausüben zu können.

IV. Anlegerinformation und Verkaufsprospekt

Dem Anleger soll durch standardisierte vorvertragliche Informationen die Möglichkeit gegeben werden, eine eigenverantwortliche Anlageentscheidung zu treffen.[286] Dementsprechend müssen Informationen über die Integration ethisch-sozial-ökologischer Faktoren in den vorvertraglichen Verkaufsunterlagen enthalten sein, soweit sie für die Anlageentscheidung erheblich sein können.

---

285 So handelte beispielsweise der staatliche norwegische Pensionsfonds (*Statens pensjonsfond – Utland*), der 2006 mit großer Öffentlichkeitswirkung die Aktien von *Walmart* abstieß und dies mit ethisch-sozial-ökologischen Kriterien begründete. Eine Liste der ausgeschlossenen Unternehmen ist mit jeweiliger Begründung abrufbar über www.regjeringen.no/en/dep/fin.

286 Beckmann-*Schmies*, Investmenthandbuch, 410 § 121 Rn. 1; Die Europäische Kommission will die Verpflichtung für Kapitalanlagegesellschaften noch verschärfen, derzufolge sie nachzuweisen haben, dass das Produkt für den einzelnen Kunden zweckmäßig ist und dass der Kunde alle mit bestimmten Produkten einhergehenden Risikowarnungen erhalten hat, Weißbuch der Europäischen Kommission für den Ausbau des Binnenmarktrahmens für Investmentfonds [KOM(2006) 686], 13.

1. Verkaufsunterlagen

Dem Erwerber sind vor Vertragsschluss die in § 121 Abs. 1 InvG aufgezählten Verkaufsunterlagen anzubieten; diese umfassen einen ausführlichen Verkaufsprospekt einschließlich der Vertragsbedingungen, § 42 Abs. 1 InvG, einen vereinfachten Verkaufsprospekt, § 42 Abs. 2 InvG, sowie zusätzlich den Jahresbericht und, soweit bereits erstellt, den letzten Halbjahresbericht.[287] Er kann diese Unterlagen auch nach Vertragsschluss jederzeit verlangen, § 121 Abs. 1 Satz 3 HS. 2 InvG.[288]

Zudem besteht für den Anleger nach Vertragsschluss ein spezieller Auskunftsanspruch gem. § 121 Abs. 4 Satz 1 InvG, der sich auf die gesetzlichen Anlagegrenzen, die Methoden des Risikomanagements und die Entwicklungen bei Risiken und Renditen der wichtigsten Kategorien von Vermögensgegenständen des Sondervermögens bezieht. Der Auskunftsanspruch hinsichtlich der Anlagegrenzen umfasst die gesetzlichen und etwaige andere vertragliche Anlagegrenzen (z.B. nach Regionen, Unternehmensgröße oder Branchen), auf die allerdings auch bereits in den Vertragsbedingungen hingewiesen wird.

Risikomanagementmethoden sind auf Nachfrage des Anlegers hinsichtlich ihres Verfahrens und konzeptionellen Ansatzes zu erklären. Allerdings wird es als ausreichend zu erachten sein, wenn auf die Verwendung eines allgemein anerkannten Modells verwiesen und dieses in einfachen Worten erklärt wird, sodass sich der interessierte Anleger über die genaue Funktionsweise mittels weiterführender Literatur informieren kann.[289] Soweit ethisch-sozial-ökologische (Risko-)Faktoren in der Risikosteuerung besonders berücksichtigt werden, ist auf diese Tatsache hinzuweisen. Auf Details der Analyse, Gewichtung, etc. erstreckt sich der Auskunftsanspruch jedoch nicht, da die Angaben zur Methodik regelmäßig ausreichen werden, um sich ein Bild darüber zu machen, in welchem Maße das Anlagerisiko im Ergebnis begrenzt wird.

Der Auskunftsanspruch bezüglich der jüngsten Entwicklungen bei den Risiken und Renditen der wichtigsten Kategorien von Vermögensgegenständen wird regelmäßig durch die Halbjahres- und Jahresberichte erfüllt, besteht jedoch gem. § 121 Abs. 4 Satz 1 InvG auch zwischenzeitlich. Wertpapiere, deren Aufnahme in

---

287 Der Regierungsentwurf zum Investmentänderungsgesetz, BT-Drucks. 16/5578, sieht vor, dass zukünftig nur noch der vereinfachte Verkaufsprospekt an den Anleger ausgehändigt werden muss. Der ausführliche Verkaufsprospekt ist auf Verlangen zur Verfügung zu stellen (§ 121 InvG-Reg. E.).

288 Beckmann-*Schmies*, Investmenthandbuch, 410 § 121 Rn. 12.

289 Das *Value at Risk* Modell ließe sich z.B. wie folgt beschreiben: Die Gesellschaft ermittelt bewertungstäglich das Marktrisiko des Fonds nach dem *Value at Risk* (VaR)-Konzept. Das VaR-Konzept ist ein statistisches Verfahren, das zur Berechnung des Verlustpotenzials aus Preisänderungen eines Portfolios angewandt wird. Der VaR gibt somit den statistisch zu erwartenden maximalen Verlust an, der über eine vorgegebene Haltedauer mit einer bestimmten Wahrscheinlichkeit (Konfidenz) nicht überschritten wird. So wird sichergestellt, dass das so ermittelte Marktrisiko des Fonds, unter Berücksichtigung sämtlicher im Fonds befindlichen Anlageinstrumente (Wertpapiere, Geldmarktpapiere, Derivate, etc.) zu keiner Zeit das Zweifache des Marktrisikos des zugrundegelegten Vergleichsvermögens überschreitet.

das Portfolio bestimmte positive ethisch-sozial-ökologische Bewertungen zugrundeliegen (*Positive Screening*), stellen keine eigenständige Wertpapierkategorie dar. Eine Bezugnahme auf ethisch-sozial-ökologische Faktoren ist somit nicht erforderlich.

Die in § 121 Abs. 4 spezifizierten Auskunftsansprüche gehen letztlich nicht über den bereits aus § 666 BGB folgenden allgemeinen Auskunftsanspruch hinaus.[290] Ihre Formulierung entspricht exakt der Formulierung des Art. 24a OGAW-Richtlinie[291] und setzt diese somit deklaratorisch in nationales Recht um.

2. Ausführlicher Verkaufsprospekt

Das Gesetz stellt unterschiedliche Anforderungen an den ausführlichen und den vereinfachten Verkaufsprospekt. Beide Prospekte müssen jedoch nach der Generalklausel des § 42 Abs. 1 Satz 2 InvG die Angaben enthalten, die erforderlich sind, damit sich die Anleger über die ihnen angebotene Anlage und insbesondere über die damit verbundenen Risiken ein begründetes Urteil bilden können.[292] Dazu gehören einerseits alle in den folgenden Absätzen von § 42 InvG weiter konkretisierten Angaben, darüber hinaus jedoch auch alle weiteren, für die Beurteilung der Anlage und des Anlagerisikos wesentlichen bzw. erforderlichen, mithin wertbildenden Umstände.[293]

Die wirtschaftliche Berücksichtigung ethisch-sozial-ökologischer Faktoren kann aus Sicht eines verständigen Anlegers bei der Anlageentscheidung einen erheblichen Faktor darstellen und deshalb wertbildend sein. Es kann sich folglich um gem. § 42 Abs. 1 Satz 2 InvG erforderliche Angaben handeln. Diese Faktoren werden zwar auf vielfältigen Ebenen des Investmentprozesses (wirtschaftlich) relevant, lassen sich aber regelmäßig den in den Unterabsätzen von § 42 InvG konkretisierten Angaben zuordnen. Ein Rückgriff auf die Generalklausel ist deshalb nicht erforderlich.

Von den gem. § 42 Abs. 1, 3, 4 InvG gesetzlich vorgeschriebenen Angaben für den ausführlichen Verkaufsprospekt sind nur bestimmte Angaben von besonderer Be-

---

290 Vgl. Beckmann-*Schmies*, Investmenthandbuch, 410 § 121 Rn. 32; Bankrechtshandbuch – *Köndgen/Schmies*, § 113 Rn. 130.

291 Eingefügt durch Richtlinie 2001/108/EG des Europäischen Parlaments und des Rates vom 21. Januar 2002 zur Änderung der Richtlinie 85/611/EWG des Rates zur Koordinierung der Rechts- und Verwaltungsvorschriften betreffend bestimmte Organismen für gemeinsame Anlagen in Wertpapieren (OGAW).

292 Im Weißbuch der Europäischen Kommission für den Ausbau des Binnenmarktrahmens für Investmentfonds [KOM(2006) 686], wird angeregt, die Differenzierung zwischen vereinfachtem und ausführlichem Verkaufsprospekt wieder aufzuheben.

293 Bankrechtshandbuch-*Köndgen/Schmies*, § 113 Rn. 80. Die alte Fassung des § 19 Abs. 2 Satz 2 KAGG hatte noch alle Angaben von „wesentlicher Bedeutung" für die Beurteilung der Anlage verlangt. Ein Bedeutungsunterschied gegenüber der Regelung nach Investmentgesetz („erforderliche Angaben") ergibt sich daraus jedoch nicht, vgl. Begr.Reg.E., BT-Drucks. 15/1553, 89; vgl. auch Brinkhaus/Scherer-*Schödermeier/Balzer* § 19 Rn. 22; *Baur*, Investmentgesetze, § 19 Rn. 26; für eine Liste der Mindestangaben vgl. Bödecker/*Braun*, § 42 A-B.III.

deutung für SRI-Investmentfonds. Neben den von allen konventionellen Fonds zu machenden Angaben können sich potentiell Besonderheiten ergeben: Bei der Erläuterung des Risikoprofils (Abs. 1 Satz 3 a. E.), den Angaben über Anlageziele, insbesondere finanzielle Ziele (Abs. 1 Nr. 14 Satz 1, 1. HS., Fall 1), der Beschreibung der Anlagepolitik (Abs. 1 Nr. 14 Satz 1, 1. HS., Fall 2), und der Konkretisierungen und Beschränkungen der Anlagepolitik (Abs. 1 Nr. 14 Satz 1, 2. HS., Fall 1), dem Profil des typischen Anlegers (Abs. 1 Nr. 27), dem Hinweis bei erhöhter Volatilität (Abs. 4 InvG), sowie für SRI-Indexfonds bei den Angaben über den nachgebildeten Wertpapierindex und dessen anteilige Zusammensetzung und die etwaige Einschränkung des Grundsatzes der Risikomischung (Abs. 1 Nr. 11).

a) Erläuterung des Risikoprofils

Der Anleger muss dem ausführlichen Verkaufsprospekt in eindeutiger und leicht verständlicher Form entnehmen können, mit welchem finanziellen Risiko er bei der betreffenden Geldanlage zu rechnen hat. Er ist folglich, wie bei jedem konventionell verwalteten Fonds, zunächst auf die allgemein mit Anlagen in Aktien und aktienähnliche Wertpapieren verbundenen Risiken hinzuweisen. Dazu zählen: Zinsänderungsrisiko, Bonitätsrisiko, allgemeines Marktrisiko, unternehmensspezifisches Risiko, Kontrahentenrisiko, Währungsrisiko, Länder-/Regionenrisiko, Konzentrationsrisiko, Transferrisiko, Liquiditätsrisiko, Verwahrrisiko, Emerging-Markets-Risiken, Erfolgsrisiko, Inflationsrisiko, Risiko der Änderung von Rahmenbedingungen, Abwicklungsrisiko, Schlüsselpersonenrisiko, Risiko der Entstehung anteilbewegungsbedingter Transaktionskosten, sowie bei Dachfonds: Adressenausfallrisiko, Risiko hinsichtlich des Teilfondskapitals und Flexibilitätseinschränkungsrisiko. Beim Einsatz von Techniken und Instrumenten kommen damit verbundene besondere Risiken hinzu.

Hinsichtlich dieser Risikokategorien ergeben sich für SRI-Fonds gegenüber konventionell verwalteten Fonds keine grundsätzlichen Besonderheiten. Es kann es zu besonderen unternehmensspezifischen Risiken und Konzentrationsrisiken kommen, wenn SRI-Fonds in ihrer Anlagestrategie eine Konzentration auf bestimmte Branchen oder Produktarten vorsehen oder wenn strenge Auswahlkriterien zu einer starken Einengung des Anlageuniversums führen. Diese Risiken sind vergleichbar mit anderen, konventionell geführten, Branchen- oder in sonstiger Weise stark spezialisierten Fonds und machen einen entsprechenden Hinweis notwendig.[294] Die Anforderungen an die Angaben zum Risikoprofil im ausführlichen Verkaufsprospekt von SRI-Fonds sind insofern nicht weitergehend als bei konventionelle Fonds.

---

294 Vgl. z. B. *Activest EcoTech Fonds*, Verkaufsprospekt 2005, 5: „Durch die Fokussierung auf Vermögenswerte von Unternehmen, die umweltfreundliche Produkte und Technologien herstellen oder dazu beitragen, eine saubere und gesündere Umwelt zu schaffen, kann die Wertentwicklung zudem abweichend vom allgemeinen Börsentrend sein, wie sie z. B. durch breit ausgerichtete Marktindizes dargestellt werden".

Besonderheiten ergeben sich bei SRI-Indexfonds. Während beispielsweise der DAX die allgemeine Marktentwicklung der 30 größten deutschen börsennotierten Unternehmen repräsentiert, bilden SRI-Indizes die Marktentwicklung von Unternehmen ab, die nach bestimmten ethisch-sozial-ökologischen Kriterien ausgewählt und gewichtet wurden. Der abgebildete Markt lässt sich im Fall des DAX anhand von zwei eindeutigen Kriterien (Land und Unternehmensgröße) bestimmen. Für die Bildung eines SRI-Indexes kann dagegen die Bestimmung einer Vielzahl interpretationsbedürftiger Kriterien notwendig sein.[295] Dabei kommt es leicht zu erhöhten Konzentrationsrisiken durch Übergewichtung bestimmter geographischer Regionen, Unternehmensgrößen und Wirtschaftsbereiche.[296] Auf diese mit der Nutzung von SRI-Indizes verbundenen Risiken ist bereits in der Erläuterung des Risikoprofils hinzuweisen.

b) Beschreibung der Anlageziele

Für die gem. § 42 Abs. 1 Nr. 14 Satz 1, 1. HS., Fall 1 InvG anzugebenden Anlageziele kann auf die allgemeinen Vertragsbedingungen verwiesen werden, in denen die Anlageziele, Kapital- oder Ertragssteigerung und je nach Fallgruppe auch ethisch-sozial-ökologische Anlageziele, beschrieben werden. Verweise innerhalb des Verkaufsprospektes auf die Vertragsbedingungen sind zulässig.[297]

Vorliegend ist das für die Differenzierung nach Fallgruppen oben Gesagte übertragbar. Es ist zu erläutern, welche finanziellen und etwaigen ethisch-sozial-ökologischen Ziele der Fonds verfolgt, ob es sich um einen thesaurierenden oder ausschüttenden Fonds handelt und dass sich die Anlageziele mit nicht gesicherten zukünftigen Entwicklungen befassen, sodass für das tatsächliche Erreichen der Anlageziele keine Zusicherung gegeben werden kann.[298]

c) Beschreibung der Anlagepolitik und etwaiger Beschränkungen

Für die gem. § 42 Abs. 1 Nr. 14 Satz 1, 1. HS., Fall 2 InvG zu erläuternde Anlagepolitik einschließlich ihrer Konkretisierungen und Beschränkungen sind die Erwägungen zur Beschreibung der Anlageziele in den Vertragsbedingungen übertragbar.

Für Investmentfonds mit Spezialisierung auf bestimmte Anlagegegenstände oder Wirtschaftsbereiche ergeben sich durch die Integration ethisch-sozial-ökologischer Faktoren keine grundsätzlichen Unterschiede gegenüber konventionell verwalte-

---

295 Zu Indexfonds siehe bereits oben Seite 29.
296 Vgl. *Hamid/Sandford* in: Deutsche Bank Equity Research (Hrsg.), Portfolio, Index and Futures Research, 30–34.
297 Brinkhaus/Scherer-*Schödermeier/Balzer* § 19 Rn. 22.
298 Vgl. *Baur*, Investmentgesetze, § 19 Rn. 31; Brinkhaus/Scherer-*Schödermeier/Balzer* § 19 Rn. 28; BAKred-Schr. v. 28. 3. 1990 und 30. 5. 1990. Beispiel: Das Anlageziel des Sondervermögens ist die Partizipation an den Chancen der globalen Aktienmärkte und die Erwirtschaftung einer möglichst hohen Wertentwicklung und zugleich angemessenen jährlichen Ausschüttung in Euro, *DWS Zukunftsressourcen*, Verkaufsprospekt 2005, 3.

ten Fonds. Investmentfonds, die in ihrer Anlagepolitik ethisch-sozial-ökologische Themen oder Trends aufgreifen und schwerpunktmäßig in bestimmte Wirtschaftsbereiche investieren, müssen diese Anlagepolitik ebenso erläutern wie andere Investmentfonds, die aufgrund der Anlagemotive bestimmte Wirtschaftsbereiche im Portfolio übergewichten. Es ist insoweit unerheblich, auf welches Thema ein Investmentfonds in der Hoffnung auf eine positive Entwicklung sein Portfolio ausrichtet.

Wenn der Anlageschwerpunkt auf solchen Anlagetiteln liegt, die aufgrund bestimmter Kriterien ausgewählt wurden, müssen diese Kriterien so erläutert werden, dass sie für den Anleger objektiv nachvollziehbar und überprüfbar sind.[299] Wenn die Anwendung positiv formulierter Auswahlkriterien mittelbar zu einer Beschränkung, beispielsweise für Wertpapiere nicht-nachhaltig handelnder Unternehmen, führt oder führen kann, ist auch darauf hinzuweisen. Es gilt das zu den Vertragsbedingungen Gesagte entsprechend.[300]

d) Profil des typischen Anlegers

Die Regelung des § 42 Abs. 1 Nr. 27 InvG geht zurück auf eine Änderung von Schema A des Anhangs I Nr. 5 Abs. 2 der OGAW-Richtlinie.[301] Danach muss der ausführliche Verkaufsprospekt die Beschreibung des Profils eines typischen Anlegers enthalten. Inhaltlich sind darin keine zusätzlichen Informationen enthalten. Aus der Anlagepolitik und dem Risikoprofil kann jedoch ein kurzes und prägnantes Anlegerprofil abgeleitet werden. Dementsprechend sollte darin der Hinweis auf den zeitlichen Anlagehorizont enthalten sein und auf die Volatilität bzw. das Risiko des Fonds hinwiesen werden.

Bei ethisch-sozial-ökologischen Aspekten in der Anlagepolitik ist auch auf diese hinzuweisen, beispielsweise: „Dies ist ein Aktien(teil)fonds, der konzipiert ist, um in ein Universum von sozial verantwortungsvollen Unternehmen überall auf der Welt zu investieren. Daher kann der (Teil-)Fonds geeignet sein für Anleger, die eine globale Aktienstrategie suchen, die nach ethischen Grundsätzen verwaltet wird, und die bereit sind, mit einem Anlagehorizont von mindestens fünf Jahren anzulegen."[302]

e) Besondere Informationen bei Dachfonds

Dachfonds investieren in der Regel in geographisch, unternehmensgrößenspezifisch oder thematisch spezialisierte Teilfonds.[303] Umgekehrt sind jedoch speziali-

299 *Beckmann*, Investmenthandbuch, 425 § 15 Rn. 24.
300 Vgl. oben Seite 66.
301 Richtlinie 2001/107/EG des Europäischen Parlaments und des Rates vom 21. Januar 2002 zur Änderung der Richtlinie 85/611/EWG des Rates zur Koordinierung der Rechts- und Verwaltungsvorschriften betreffend bestimmte Organismen für gemeinsame Anlagen in Wertpapieren (OGAW).
302 Anlegerprofil des *JPMorgan – Global Socially Responsible Fund*, Verkaufsprospekt 2006, 77.
303 Die Spezialisierung der Teilfonds war gem. § 8 b Abs. 2 Satz 1 KAGG a. F. sogar gesetzlich vorgeschrieben für einen solchen Dachfonds, vgl. z. B. *JPMorgan Funds*, Verkaufsprospekt 2006, 49, ein

sierte Fonds regelmäßig nicht als Dachfonds ausgestaltet, weil eine weitere Aufteilung auf Teilfonds mit noch stärkerer Spezialisierung mit immer kleineren Fondsvermögen einhergehen würde, die sich nicht mehr wirtschaftlich verwalten lassen. SRI-Investmentfonds sind bereits spezialisiert und deshalb regelmäßig nicht als Dachfonds, sondern als Einzel- oder Teilfonds ausgestaltet.[304]

Ein als Dachfonds aufgelegter SRI-Fonds müsste im ausführlichen Verkaufsprospekt zusätzlich den Anforderungen gem. § 42 Abs. 1 Nr. 7 und Nr. 14 HS. 3 InvG genügen. Danach müssen die wesentlichen Merkmale der Teilfonds, insbesondere Anlagegrundsätze und -grenzen und -beschränkungen beschrieben werden. An diese Beschreibung sind die gleichen Anforderungen zu stellen, wie an die Beschreibung von SRI-Teilfonds innerhalb eines ansonsten konventionell geführten Dachfonds.[305] Anlageziel und Anlagepolitik können zusammengefasst werden. Allerdings dürfen dabei keine wesentlichen Merkmale der Anlagepolitik unterschlagen werden. Wesentlich ist etwa die Anwendung von Auswahlkriterien (*Positive/Negative Screening*) oder die thematische Spezialisierung auf ethisch-sozial-ökologische Trends. Im Ergebnis sind deshalb an die Beschreibung der Anlagegrundsätze ähnlich hohe Anforderungen zu stellen wie bei Einzelfonds. Gleiches gilt für das Risikoprofil, das zwar durch die Zusammenfassung in Stichpunkten verkürzt sein kann, aber alle wesentlichen Angaben zu besonderen Risiken wie Marktenge oder erhöhte Volatilität enthalten muss.

f) Besondere Informationen bei Indexfonds

Die Nachbildung eines Wertpapierindexes setzt neben der Anerkennung des Indexes durch die BaFin gem. § 63 Abs. 1 Satz 2 InvG eine entsprechende Vereinbarung in den allgemeinen Vertragsbedingungen voraus. Der Verkaufsprospekt muss die Wertpapiere einschließlich ihrer Anteile nennen, die Bestandteil des Indexes sind und auf die etwaige Einschränkung des Grundsatzes der Risikomischung hinweisen, vgl. § 42 Abs. 1 Nr. 11 InvG.

Bei der Nachbildung von SRI-Indizes sind zunächst die auch für andere Indizes geltenden Angaben über die Zusammensetzung des Indexes zu machen, einschließlich etwaiger Gewichtungen nach geographischen Kriterien, Marktkapitalisierung, etc. Unter diese Zusammensetzungskriterien fallen auch ethisch-sozial-ökologische Kriterien, nach denen der Index erstellt wird. Fraglich ist allerdings, in welcher Ausführlichkeit diese beschrieben werden müssen. Dafür ist entscheidend, welche Angaben über die Indexzusammensetzung für die Anlageentscheidung erheblich sind.[306]

Dachfonds, der in 50 verschiedene Teilfonds investiert, die jeweils eine geographisch, unternehmensgrößenspezifisch oder thematisch spezialisierte Anlagepolitik verfolgen.

304 Eine Ausnahme ist z. B. der *Living Planet Fund*, Verkaufsprospekt 2005, der als Dachfonds aufgelegt wurde, zur Zeit aber nur über einen Teilfonds verfügt.

305 Vgl. z. B. *JPMorgan Funds*, Verkaufsprospekt 2006, 49, in dessen 50 Teilfonds ein Teilfonds enthalten ist, der eine SRI-Strategie verfolgt.

306 Vgl. *Beckmann*, Investmenthandbuch, 425 § 19 Rn. 12.

aa) Fallgruppe 1 – Optimierungs-Integration

Bei einer rein an ökonomischen Kriterien ausgerichteten Anlagestrategie, die ethisch-sozial-ökologische Kriterien ausschließlich in ihrer wirtschaftlichen Dimension erfasst, ist auf sonstige, wertebasierte Aspekte nicht einzugehen. Es ist demnach ausreichend darauf hinzuweisen, welche grundsätzlichen Aspekte für die Indexzusammensetzung maßgeblich sind, wie diese gewichtet werden und welche konkreten Kriterien in die Bewertung mit einfließen. Letzteres kann beispielsweise durch die Nennung exemplarischer Kriterien erläutert werden. Auf die ökonomische Relevanz dieser Kriterien, also die positive Verbindung zwischen ethisch-sozial-ökologischen Kriterien und wirtschaftlichem Erfolg, ist dagegen bei der Beschreibung der Anlageziele und -grundsätze einzugehen. Insoweit kann auf die Vertragsbedingungen verwiesen werden.[307]

Die notwendigen zusätzlichen Angaben bei einer Nachbildung des Dow Jones Sustainability Index wären beispielsweise:[308]

Der Down Jones Sustainability Index enthält die nach Kriterien der Nachhaltigkeit als führend bewerteten 10% der größten der weltweit insgesamt 2500 Unternehmen, die auch im Dow Jones Index vertreten sind.

Die Nachhaltigkeit wird dabei zu je 1/3 mit Kriterien ökonomischer, ökologischer und sozialer Art bewertet.

Tabelle der Kriterien:

Ökonomisch	Ökologisch	Sozial
• Corporate Governance • Risikomanagement • Anti-Korruptions-Regeln • Beziehungen zu Kunden und Investoren • branchenspezifische Kriterien	• Öko-Effizienz • Umweltmanagement • Umweltberichterstattung • branchenspezifische Kriterien	• Förderung des Humankapitals • Arbeitsstandards • Stakeholder Beziehungen • Gesellschaftliches *Engagement* • Sozialberichterstattung • branchenspezifische Kriterien

Für die branchenspezifischen Kriterien, die exakte Gewichtung der Kriterien untereinander und weitere Details der Bewertung und Berechnung kann auf externe Informationen, etwa die Internetseite des Indexes, verwiesen werden.[309] Alle für den durchschnittlichen Anleger wesentlichen Informationen müssen dagegen im Prospekt enthalten sein, da die externe Bereitstellung mit sprachlichen oder anderen Hindernissen verbunden sein kann. In Betracht kommt jedoch, auf den Ab-

307 *Baur*, Investmentgesetze, § 19 Rn. 6.
308 Der Dow Jones Sustainability Index wurde hier lediglich als Beispiel gewählt. Ob er als Index gem. § 63 InvG anerkannt werden kann, bedarf einer entsprechenden Prüfung durch die BaFin. Zu den Anerkennungsvoraussetzungen vgl. unten Seite 177.
309 In diesem Beispiel www.sustainability-indexes.com.

druck einer Kriterientabelle zu verzichten und stattdessen darauf hinzuweisen, dass eine genaue Beschreibung des SRI-Indexes und der zugrundeliegenden Kriterien kostenlos angefordert werden kann.

Im Weiteren ist auf eine etwaige Einschränkung des Grundsatzes der Risikomischung hinzuweisen, die sich aus der starken Marktkapitalisierung eines oder weniger Wertpapiere ergeben kann.[310] Gleichermaßen ist gem. § 42 Abs. 4 InvG auf eine erhöhte Volatilität in der bisherigen Indexentwicklung hinzuweisen. Nach bisherigen Untersuchungen ist die Volatilität bei vielen SRI-Indizes erhöht im Vergleich zu konventionellen Indizes.[311] Diesem Hinweis kommt bei SRI-Indizes deshalb besondere Bedeutung zu.

bb) Fallgruppen 2 und 3 – Balance- und Maximal-Integration

Bei Verwendung eines SRI-Indexes, der in seiner Zusammensetzung auch die Wertedimension ethisch-sozial-ökologischer Faktoren berücksichtigt, also wertebasierte Ausschlusskriterien oder Positivkriterien verwendet, sind entsprechend weitergehende Angaben im Verkaufsprospekt nötig.

Insoweit ist der bereits im Zusammenhang mit der Beschreibung der Anlagegrundsätze in den Vertragsbedingungen beschriebene Maßstab anzuwenden. Erstens ist die zusätzliche wertebasierte ethisch-sozial-ökologische Zielsetzung zu nennen und ihr Rangverhältnis gegenüber wirtschaftlichen Faktoren deutlich zu machen. Dies entspricht der Definition der Anlageziele.

Zweitens müssen die ethisch-sozial-ökologischen Auswahlkriterien, nach denen der Index zusammengesetzt wird, so umschrieben werden, dass erkennbar ist, aus welcher Art von Wertpapieren sich das den Index abbildende Sondervermögen zusammensetzen wird und welches der Leitgedanke bei der Auswahl dieser Papiere ist.[312] Wie in der ersten Fallgruppe ist es dafür ausreichend, die objektiven Kriterien der Auswahl zu nennen, ohne den vollständigen Bewertungsprozess zu beschreiben. Der Unterschied zwischen den Fallgruppen liegt dabei im Fokus, mit dem die – unter Umständen sogar gleichlautenden – Kriterien angewendet werden: In der ersten Fallgruppe ausschließlich mit Fokus auf ihre wirtschaftliche Aussagekraft, in den Fallgruppen zwei und drei auch hinsichtlich ihrer Wertedimension. Diese Differenzierung muss der Beschreibung des nachgebildeten Wertpapierindexes gem. § 42 Abs. 1 Nr. 11 InvG zu entnehmen sein.

g) Auslagerung

Investmentfonds, die eigene Tätigkeiten gem. § 16 InvG, § 25a Abs. 2 KWG auslagern, müssen diese gem. § 16 Abs. 4 InvG im Verkaufsprospekt auflisten. Wie be-

---

310 Bei der Nachbildung des DAX 30 wäre beispielsweise auf die starke Marktkapitalisierung der Allianz Aktie und die daraus resultierende geringere Diversifizierung und rechnerische Erhöhnung des Risikos hinzuweisen.
311 *Hamid/Sandford* in: Deutsche Bank Equity Research (Hrsg.), Portfolio, Index and Futures Research, 2.
312 *Beckmann*, Investmenthandbuch, 425 § 15 Rn. 24.

reits beschrieben,[313] können bei SRI-Fonds sowohl im Bereich der Portfolioselektion als auch im Bereich der Investorstrategie eigene Tätigkeiten ausgelagert werden. Besonderheiten für die Auflistung dieser Tätigkeiten im Prospekt ergeben sich insoweit nicht.

3. Vereinfachter Verkaufsprospekt

Im vereinfachten Verkaufsprospekt müssen die für den ausführlichen Verkaufsprospekt dargestellten SRI-relevanten Informationen ebenfalls enthalten sein. Dies gilt insbesondere für die Anlageziele, das Anlageprofil und Risikoprofil sowie das Profil eines typischen Anlegers. Insoweit sind die Ausführungen zum ausführlichen Verkaufsprospekt übertragbar.[314]

V. Namensgebung und Werbung

1. Bezeichnung des Investmentfonds

Die Bezeichnung eines Investmentfonds darf gem. § 4 Abs. 1 InvG nicht irreführen. Die Namensgebung darf also nicht geeignet sein, bei den potentiellen Anlegern in wettbewerbsrechtlich relevanter Weise Schlüsse über bestimmte Eigenschaften des Investmentfonds hervorzurufen, die mit den tatsächlichen Verhältnissen nicht im Einklang stehen.[315] Dementsprechend verpflichten die Wohlverhaltensregeln des Bundesverbandes Investment und Asset Management e.V. Kapitalanlagegesellschaften hinsichtlich der Namensgebung von Sondervermögen zu Wahrheit und Klarheit.[316]

Bei der Regelung des § 4 Abs. 1 InvG handelt es sich insofern um eine Konkretisierung der Generalklausel des § 3 UWG.[317] Auf die wettbewerbsrechtliche Zulässigkeit der Fondsbezeichnung sind die für die Firmierung geltenden Kriterien des § 3 UWG übertragbar.

Als irreführende Namensgebung kommen auch Hinweise über tatsächliche Umstände in Betracht, die ethisch-sozial-ökologische Belange zum Gegenstand haben. Bei der Prüfung, ob die Namensgebung geeignet ist potentielle Anleger irrezuführen, ist auf die Sicht der Verkehrskreise abzustellen, an die sich die Angabe richtet, mithin also den durchschnittlichen Anlegerhorizont.[318] Der Zusatz „spezial“ ruft

---

313 Siehe oben Seite 84.
314 Es ist zu erwarten, dass zukünftig nur noch der vereinfachte Verkaufsprospekt ausgehändigt werden muss, während der ausführliche Verkaufsprospekt auf Anfrage erhältlich ist, vgl. Regierungsentwurf zum Investmentänderungsgesetz, BT-Drucks. 16/5578. Diese Regelung würde die Bedeutung des vereinfachten Verkaufsprospektes erhöhen.
315 Vgl. *Dürr*, WM 1989, 933, 935.
316 BVI Wohlverhaltensregeln 2006, II-9.
317 *Beckmann*, Investmenthandbuch, 410 § 4 Rn. 1, 8.
318 Vgl. *Beckmann*, Investmenthandbuch, 410 § 4 Rn. 6.

beispielsweise die Vorstellung hervor, dass eine spezialisierte Anlagestrategie besteht und wäre irreführend, wenn die Anlagegrundsätze breit gestreute Wertpapieranlagen vorsehen.[319]

Eine Fondsbezeichnung, die die Worte ethisch, sozial, ökologisch, nachhaltig oder ähnliche Begriffe enthält, ruft bei potentiellen Anlegern die Vorstellung hervor, dass diesen Aspekten bei der Anlagepolitik eine besondere Bedeutung zukommt. Ist dies nicht der Fall, liegt ein Verstoß gegen § 4 Abs. 1 InvG vor.

Aus der Fondsbezeichnung muss sich nicht bereits ableiten lassen, welchen Stellenwert ethisch-sozial-ökologische Faktoren in der konkreten Anlagestrategie einnehmen. Beispielsweise wäre die Fondsbezeichnung „Öko-Invest" sowohl zulässig a) für einen Fonds der ersten Fallgruppe, der als Themenfonds auf Unternehmen aus dem Umwelttechnikbereich spezialisiert ist als auch b) für einen gemischten Aktienfonds der zweiten Fallgruppe, der bei der Auswahl des Portfolios insbesondere die Emissionen und Umwelt(schutz)leistungen der jeweiligen Unternehmen mitberücksichtigt als auch c) für einen ökologisch besonders strengen Fonds der dritten Fallgruppe, der nur solche Unternehmen für das Portfolio zulässt, die über bestimmte anerkannte Umwelt-Gütesiegel verfügen.

Unzulässig sind dagegen alle Konstellationen, in denen ein Bezug zwischen Bezeichnung und Anlagestrategie nicht besteht. Der Begriff „ethisch" kann beispielsweise für Fonds der ersten und zweiten Fallgruppe problematisch oder unzulässig sein, da damit eine ethisch-moralische Dimension suggeriert wird, die bei einer uneingeschränkten Renditeorientierung entweder nicht besteht (erste Fallgruppe), oder stets nachrangig ist (zweite Fallgruppe). Umgekehrt darf sich hinter einem unscheinbaren Namen, z. B. „ABC Invest", nicht ein Fonds der dritten Fallgruppe verstecken, dessen Anlagegrundsätze umfangreiche Einschränkungen aufgrund ethisch-sozial-ökologischer Kriterien aufweisen.[320]

Eine Bezeichnung kann zwar bereits dann irreführend sein, wenn sie lediglich dazu geeignet ist, potentielle Anleger „anzulocken".[321] Sie ist aber wiederum dann zulässig, wenn sie auf einen tatsächlichen Umstand hinweist. Ein potentieller Anleger mag durch die Bezeichnung „Nachhaltigkeitsfonds" angelockt werden und dann darüber enttäuscht sein, dass im Portfolio auch Unternehmen aus der Erdölindustrie oder anderen Branchen enthalten sind, die allgemein nicht mit nachhaltiger Entwicklung in Verbindung gebracht werden. Dies ist bei vielen SRI-Fonds der Fall, die *„Best-of"* Kriterien verwenden. Es handelt sich gleichwohl um Fonds, die in ihrer Anlagepolitik berücksichtigen, ob sich ein Unternehmen – im Verhältnis zu anderen Unternehmen derselben Branche – stärker für eine nachhaltige wirtschaftliche Entwicklung engagiert.

Begriffe, denen nicht eindeutig eine bestimmte ethisch-sozial-ökologische Bedeutung zugeordnet werden kann, sind nur dann problematisch, wenn die Grenzen

319 Beispiel aus *Beckmann*, Investmenthandbuch, 410 § 4 Rn. 8.
320 Vgl. *Dürr*, ZIP 1991, 986, 994.
321 *Baumbach/Hefermehl*, Wettbewerbsrecht, § 3 Rn. 19.

der Interpretationsfähigkeit überschritten werden oder ein Zusammenhang gar nicht besteht.

2. Richtlinie zur Definition von Fondskategorien

Die gesetzliche Einteilung von Fondskategorien durch das KAGG ist mit Einführung des Investmentgesetzes weggefallen. Damit haben die bisherigen Kategorien, beispielsweise die Einteilung in Aktien-, Renten-, Geldmarkt-, oder Immobilienfonds, nicht ihre Bedeutung verloren. Um einen gesetzlichen Steuerungsmechanismus zu erhalten, ist die BaFin gem. § 4 Abs. 2 InvG ermächtigt, über Richtlinien festzulegen, welcher Fondskategorie ein Investmentfonds nach seinen Vertragsbedingungen entspricht.

Die Bundesanstalt hat von ihrer Kompetenz Gebrauch gemacht und in der Richtlinie zur Festlegung von Fondskategorien gemäß § 4 Abs. 2 InvG vom 14. September 2004 eine Grundregel für die Kategorisierung von Fonds sowie Sonderregeln für Dach-, Index-, Geldmarkt- und Derivatefonds festgelegt. Nach der Grundregel gem. Art. 2 Abs. 1 der Richtlinie setzt die Verwendung einer Fondskategorie bei der Namensgebung oder im Vertrieb voraus, dass nach den Vertragsbedingungen mindestens 51% des Wertes des Investmentvermögens im die Fondskategorie bezeichnenden, also namensgebenden Vermögensgegenstand angelegt sein müssen. Als namensgebende Vermögensgegenstände werden beispielhaft „Aktien" oder „Rentenpapiere" angegeben. Fraglich ist, ob diese Grundregel auch auf SRI-Fonds anwendbar ist.

Dies würde voraussetzen, dass SRI-Fonds eine eigene Fondskategorie darstellen. Fondskategorien können nach verschiedenen Kriterien, darunter auch nach der Anlagepolitik differenziert werden.[322] Im deutschen Sprachgebrauch hat sich der Begriff „nachhaltiges Investment" für solche Fonds herausgebildet, die in ihrer Anlagepolitik ethische, soziale oder ökologische Kriterien berücksichtigen, sich auf bestimmte zukunftsrelevante Themen spezialisiert haben (z.B. erneuerbare Energien) oder die auf Unternehmen spezialisiert sind, deren Geschäftspolitik auf die nachhaltige Steigerung des Unternehmenswertes unter besonderer Berücksichtigung ihrer sozialen Verantwortung gerichtet ist. Dabei handelt es sich zwar einerseits um einen „bunten Strauß" von Fonds, denen jeweils unterschiedliche positive und negative Anlagekriterien zugrundeliegen. Es lässt sich jedoch gleichwohl eine gemeinsame Richtung erkennen: Die Förderung einer nachhaltigen und sozial verantwortlichen Wirtschaftsentwicklung. Die Abgrenzung von Nachhaltigkeitsfonds und anderen, konventionellen Fonds ist anhand objektiver Kriterien möglich. Danach könnten Nachhaltigkeitsfonds als eigenständige Fondskategorie definiert werden.

Mittlerweile ist davon auszugehen, dass auch die Marktdurchdringung dieser Fonds ausreicht, um sie als eigenständige Kategorie zu erfassen. Der Gesetzgeber

---

322 Vgl. *Beckmann*, Investmenthandbuch, 410 § 4 Rn. 16ff.

hat bereits 2001 mit der Einführung der Berichtspflicht über ethische, soziale und ökologische Belange in §§ 10a, 115, 118b und Anhang D III Versicherungsaufsichtsgesetz sowie in § 7 Abs. 1 Nr. 5, Abs. 4 Altersvorsorgeverträgezertifizierungsgesetz die Integration ethisch-sozial-ökologischer Kriterien in die Verwaltung von Sondervermögen anerkannt. Der Bundesverband Investment und Asset Management e.V. (BVI) berichtet seit 2004 in seinen Jahrbüchern über die Entwicklung des Marktes für Nachhaltigkeitsfonds.[323] Im Jahr 2008 wurden im deutschsprachigen Raum 301 Nachhaltigkeitsfonds angeboten, die über 25 Mrd. Euro verwalten.[324]

Nachhaltigkeitsfonds sind deshalb als Fondskategorie definierbar und stellen auch tatsächlich eine auf dem Markt für Publikumsfonds abgrenzbare Gruppe dar. Sie fallen folglich als eigenständige Fondskategorie unter die Generalklausel des Artikel 2 Abs. 1 der BaFin-Richtlinie zur Festlegung von Fondskategorien gemäß § 4 Abs. 2 InvG.

In einem SRI-Fonds enthaltene Wertpapiere müssen danach zu mindestens 51% des Gesamtwertes des Investmentvermögens aus den für die Fondskategorie namensgebenden Vermögensgegenständen bestehen. Für Investmentfonds der zweiten und dritten Fallgruppe ist dieses Kriterium unproblematisch, da für die Auswahl aller Wertpapiere sowohl die Wirtschafts- als auch die Wertedimension ethisch-sozial-ökologischer Kriterien berücksichtigt wird. Gleiches gilt für Themenfonds aller drei Fallgruppen, die nicht an bestimmten ethisch-sozial-ökologischen Kriterien ausgerichtet sind, sondern an einem Thema, z. B. „Zukunftsressourcen",[325] das in die Namensgebung integriert wird, wenn sich mindestens 51% der Wertpapiere diesem Thema zuordnen lassen. Gegen solche Themenfonds bestehen auch dann keine Bedenken, wenn bei der Portfolioselektion keinerlei ethisch-sozial-ökologische Kriterien zu Anwendung kommen, sondern eine bloße Branchenauswahl getroffen wird, die theoretisch auch Unternehmen enthalten kann, deren Reputation in ethisch-sozial-ökologischer Hinsicht besonders negativ ist. Ein Fonds mit der Bezeichnung „Zukunftsressourcen"[326] kann beispielsweise auch Unternehmen enthalten, die die Wasserversorgung in Entwicklungsländern privatisieren, gentechnisch manipuliertes Saatgut vertreiben oder Pflanzenschutzmittel herstellen.

Nicht unter die Generalklausel des Artikel 2 Abs. 1 der BaFin-Richtlinie fallen solche Investmentfonds der ersten Fallgruppe, die ethisch-sozial-ökologische Kriterien ausschließlich in die Risikoanalyse und die finanzielle Bewertung von Unternehmen miteinbeziehen. In diesem Fall findet keine Bewertung darüber statt, ob sich ein Unternehmen in ethischer, sozialer oder ökologischer Hinsicht verantwortlich verhält, sondern lediglich eine Überprüfung dahingehend, ob sich ethisch-sozial-ökologische Belange negativ oder als zukünftiger Risikofaktor für den Un-

---

323 BVI, www.bvi.de/de/bibliothek/jahrbuecher.
324 Zahlen aus: Sustainable Business Institut, Marktentwicklung Nachhaltige Publikumsfonds 2009, Mitteilung vom 24. 8. 2009, www.nachhaltiges-investment.org.
325 Vgl. *DWS Zukunftsressourcen*, ISIN: DE0005152466.
326 Vgl. Portfolio des Themenfonds *DWS Zukunftsressourcen*, ISIN: DE0005152466.

ternehmenswert auswirken. Diese Überprüfung kann auch von konventionellen Fonds durchgeführt werden, ohne dass dies der Erwähnung in den Vertragsbedingungen oder im Verkaufsprospekt bedarf. Es handelt sich um eine rein finanzielle Bewertung, die innerhalb des konventionellen Rahmens liegt und mangels Besonderheit keiner Erwähnung bedarf.

Wertpapiere, die neben sonstigen finanziellen Kriterien auch nach diesen Kriterien analysiert wurden, können somit nicht als namensgebende Vermögensgegenstände i.S.d. Artikel 2 Abs. 1 der Richtlinie fungieren. In der Folge würde ein Investmentfonds der ersten Fallgruppe, der durch seine Bezeichnung mit Begriffen wie ethisch, sozial, ökologisch, Umwelt, Öko, nachhaltig oder ähnlichen Begriffen seine Einordnung in die Fondskategorie der Nachhaltigkeitsfonds nahelegt, gegen die Regel des Artikel 2 Abs. 1 der Richtlinie verstoßen. Anderes gilt nur für Themenfonds, für die eine Bezeichnung wie beispielsweise „Fonds für Umwelttechnik" bei entsprechender Branchenausrichtung zulässig ist.

Bei Investmentfonds der ersten Fallgruppe handelt es sich, mit Ausnahme von Themenfonds, nicht um Nachhaltigkeitsfonds.

3. Zulässigkeit von Werbung

Das Verbot wettbewerbswidriger Werbung für Investmentfonds ist in § 124 InvG geregelt, der insoweit § 5 UWG konkretisiert. Während die irreführende Namensgebung durch § 4 Abs. 1 InvG, §§ 3, 5 UWG sanktioniert wird, ist jede andere Form irreführender Werbung gem. § 124 InvG, §§ 3, 5 UWG verboten.

Dementsprechend verpflichten die Wohlverhaltensregeln des BVI Kapitalanlagegesellschaften dazu, ihre Verkaufsunterlagen sowie sämtliche Werbematerialien so zu gestalten, dass sie weder missverständlich noch irreführend sind und mit den Vertragsbedingungen und dem Verkaufsprospekt übereinstimmen. Auch sämtliche Vertriebspartner sollen durch die Kapitalanlagegesellschaft verpflichtet werden, entsprechend diesen Regelungen zu handeln und eigene Werbematerialien vor Verwendung mit der Kapitalanlagegesellschaft abzustimmen.[327]

Gegen die Werbung mit der Unterstützung altruistischer Zwecke wie Umweltschutz und soziales Engagement bestehen keine grundlegenden Bedenken. Dies ist wettbewerbsrechtlich unbedenklich, wenn die Angaben zutreffen.[328] SRI-Fonds, die mit ethisch-sozial-ökologischen Aspekten werben, müssen deshalb konkrete Angaben darüber machen, worin der konkrete ethisch-sozial-ökologische Beitrag liegt.

Diesem wettbewerbsrechtlichen Erfordernis wird in der Regel dadurch genügt, dass, wie in § 124 Abs. 1 Satz 1 InvG vorgeschrieben, in jeder Werbung auf den Verkaufsprospekt und die Stellen, wo dieser erhältlich ist, hingewiesen wird. Die

327 BVI, Wohlverhaltensregeln 2006, II-12.
328 Baumbach/Köhler/*Bornkamm*, § 5 Rn. 4.176.

inhaltlichen Anforderungen des Verkaufsprospektes einschließlich der Anlageziele und Anlagegrundsätze sind so umfassend, dass eine Irreführung durch darauf bezogene Werbung nur in Betracht kommt, wenn auch der Verkaufsprospekt Mängel aufweist. Diese können darin liegen, dass der ethisch-sozial-ökologische Beitrag des Investments nicht ausreichend konkret aufgezeigt wird, oder dass ein solcher Beitrag nicht oder nicht ausreichend konkret besteht und dem potentiellen Anleger lediglich in irreführender Weise suggeriert wird.

Bedenken können auch dann bestehen, wenn dem Anleger durch ein Investment mehr an positiver ethisch-sozial-ökologischer Wirkung versprochen wird, als in der Realität möglich ist. Eine Werbung der Art „Verhindern Sie Kinderarbeit – investieren Sie hier!" für einen Investmentfonds mit Ausschlusskriterien für Unternehmen, die im Verdacht stehen, Kinder im Alter unter 14 Jahren zu beschäftigen, wäre als irreführend zu qualifizieren. Denn der durchschnittliche Anleger wäre geneigt anzunehmen, mit seinem Investment einen konkreten Beitrag gegen Kinderarbeit zu leisten, der mit einer Spende an eine Nichtregierungsorganisation vergleichbar ist, die sich gegen Kinderarbeit engagiert. Der Ausschluss bestimmter Unternehmen aus dem Portfolio hat jedoch keinen unmittelbaren Verhinderungseffekt, sondern könnte lediglich mittelbar dazu beitragen, dass der Problematik Kinderarbeit auf den internationalen Kapitalmärkten mehr Aufmerksamkeit zugewendet wird und wirtschaftlicher Druck auf die betroffenen Unternehmen entsteht, ihre Beschäftigungspolitik zu ändern. Eine Werbung dieser Art wäre lediglich denkbar für einen Fonds der dritten Fallgruppe, der nach den Vertragsbedingungen darauf angelegt ist, durch strategische Investments in betroffene Unternehmen seine Investorposition für ein Umlenken in der Beschäftigungspolitik dieser Unternehmen einzusetzen. In diesem, für SRI-Fonds untypischen, Fall stände dem Investment ein ausreichend konkretes Verhinderungsbemühen gegenüber, das der vorliegend beispielhaft genannten Werbung entsprechen würde.

Auf die Werbung für Investmentfonds mit ethisch-sozial-ökologischen Begriffen sind die für die Umweltwerbung entwickelten Maßstäbe – insbesondere im Hinblick auf die damit versprochene Leistung – übertragbar.[329]

VI. Jahresbericht und Rechnungslegung

Der Jahresbericht muss gem. § 44 Abs. 1 Satz 2 InvG alle wesentlichen Angaben enthalten, die es den Anlegern ermöglichen, sich ein Urteil über die Tätigkeit der Fondsverwaltung und die Ergebnisse des Sondervermögens zu bilden und die Einhaltung der Vertragsbedingungen zu überprüfen. Er ist für die Anleger sowie für die potentiellen Anleger neben den Verkaufsunterlagen und Halbjahresberich-

---

329 Zur Umweltwerbung vgl. MüKo-Lauterkeitsrecht/*Busche*, § 5 Rn. 401 ff.; zum Gemeinschaftsrecht MüKo-Lauterkeitsrecht/*Micklitz*, EG K, Rn. 95 ff.; Baumbach/Köhler/*Bornkamm*, § 5 Rn. 4.175; *Faylor*, WRP 1990, 725; *Ewert*, Wettbewerbsrechtliche Bewertung von Umweltwerbung, 43 ff.; *Paulus*, WRP 1990, 739.

ten die wichtigste Informationsquelle, um sich über die wesentlichen Daten und Vorgänge zu unterrichten.[330] Daneben dient die Berichts- und Prüfungspflicht gem. § 44 Abs. 5 InvG gegenüber der BaFin der Aufsicht, um die Einhaltung der Anlagegrenzen, der vertraglichen Anlagepolitik und der Wohlverhaltensregeln nach § 9 InvG zu gewährleisten. Die Integration ethisch-sozial-ökologischer Zielsetzungen in die Fondsverwaltung und Anlagepolitik kann insofern auch Gegenstand der Berichts- und der Prüfungspflicht sein.

1. Tätigkeitsbericht

Gemäß § 44 Abs. 1 Satz 2 Fall 1 InvG muss der Jahresbericht einen Tätigkeitsbericht enthalten, der Aufschluss darüber gibt, wie die in den Vertragsbedingungen vereinbarte Anlagepolitik verfolgt wurde und zu welchen Ergebnissen sie geführt hat. Neben der Zusammensetzung des Sondervermögens gehören dazu auch alle weiteren Angaben, die für die Urteilsbildung der Anleger von Bedeutung sind, wie z. B. die Art und Weise der Ausübung von Stimmrechten aus Aktien (§ 32 InvG).[331]

Für Investmentfonds der ersten Fallgruppe ergeben sich mangels ethisch-sozial-ökologischer Zielsetzung keine Besonderheiten im Vergleich zu konventionellen Fonds. Bei Investmentfonds der zweiten und dritten Fallgruppe sind dagegen alle Informationen als wesentlich einzuordnen, die für die Verwirklichung der SRI-Strategie und die Bewertung ihrer Ergebnisse Bedeutung haben. Die notwendigen Angaben lassen sich aufgrund der vielfältigen Ausgestaltungsmöglichkeiten der Kriterien und Anlageziele nicht allgemeingültig darstellen. Es können jedoch die folgenden Fragestellungen wesentlich sein:

- Portfolioverwaltung
  - Wurden SRI-Kriterien bei der Portfolioverwaltung angewendet?
  - Welche Bedeutung kam diesen Kriterien im Rechnungslegungszeitraum zu?
  - Kam es zu Umschichtungen oder zum Ausschluss (Deinvestment) von Wertpapieren aufgrund von SRI-Kriterien?
  - Wenn ein Anlageausschuss besteht: Welche Anlageempfehlungen hat der Anlageausschuss ausgesprochen?
  - Wenn Informationen oder Bewertungen externer SRI-Ratingagenturen verwendet wurden: Mit welchen Agenturen wurde zusammengearbeitet?
  - Bei SRI-Indexfonds: Wie hat sich der zugrundegelegte SRI-Index verändert?
- Investorstrategie
  - Hat die Fondsverwaltung eine bestimmte Investorstrategie verfolgt?
  - Mit welchen Mitteln wurde diese Strategie umgesetzt?
  - Wie wurde die Wirksamkeit der Investorstrategie gemessen und welche konkreten Ergebnisse wurden erzielt?
  - Welche Grundsätze bestehen zur Stimmrechtsausübung?

---

330 Vgl. *Beckmann*, Investmenthandbuch, 410 § 44 Rn. 2.
331 Vgl. *Beckmann*, Investmenthandbuch, 410 § 44 Rn. 11, 47.

- Hatten SRI-Kriterien Einfluss auf die Stimmrechtsausübung?
- Wurden bestimmte Entscheidungen oder Anträge oder Fragen bei Hauptversammlungen mitgetragen oder eingebracht, die SRI-Belange betreffen?

Bei SRI-Fonds der dritten Fallgruppe ist zusätzlich darauf einzugehen, wie sich die SRI-Strategie wirtschaftlich ausgewirkt und insbesondere ob sie zu einer Erhöhung des Risikos oder einer Verminderung der Rendite geführt hat.

Je differenzierter die Anlagegrundsätze in den Vertragsbedingungen ausgeführt sind, desto höher sind die Anforderungen an die Nachvollziehbarkeit im Jahresbericht. Die Einhaltung der vertragsgemäßen Anlagepolitik und der Anlagegrenzen sowie der Wohlverhaltensregeln und etwaigen Meldepflichten gegenüber der Finanzmarktaufsicht müssen sowohl für den Anleger als auch für die qualitative Marktaufsicht der BaFin erkennbar sein.[332]

Darüber hinaus sind zusätzliche Angaben zulässig, die nicht gesetzlich vorgeschrieben aber für den Anleger von Interesse sind. Bei SRI-Fonds, die über einen Anlageausschuss bzw. Sachverständigenrat verfügen, können beispielsweise nähere Angaben zu den dort vertretenen Personen und etwaige Wechsel in der personellen Zusammensetzung aufgenommen werden.

2. Vermögensaufstellung

In der Vermögensaufstellung gem. § 44 Abs. 1 Nr. 1 InvG sind zunächst alle Wertpapiere und anderen Vermögensgegenstände gegliedert nach Art, Nennbetrag, Kurswert und Anteil am Wert des Sondervermögens aufzuführen.

Für Fonds der ersten Fallgruppe ergeben sich keine besonderen Anforderungen. Bei Fonds der zweiten und dritten Fallgruppe ist je nach Ausgestaltung der Anlagegrundsätze eine weitere Gliederung nach SRI-Anlagegrundsätzen erforderlich. Nach den Vorgaben des § 44 Abs. 1 Nr. 1 Satz 3 InvG ist in der Untergliederung zunächst zu unterscheiden nach Wertpapieren mit einer Zulassung zum amtlichen/organisierten Markt, Wertpapieren aus Neuemissionen, verbrieften Geldmarktinstrumenten sowie Schuldscheindarlehen; darüber hinaus ist eine weitere Gliederung nach geeigneten Kriterien unter Berücksichtigung der Anlagepolitik nach prozentualen Anteilen am Wert des Sondervermögens vorzunehmen. Wenn ethisch-sozial-ökologische Kriterien in der Anlagepolitik zur Differenzierung von Wertpapieren eingesetzt werden, kann die Realisierung der Anlagepolitik durch den Anleger nur nachvollzogen werden, wenn die Vermögensaufstellung gegliedert ist. Die Anwendung ethisch-sozial-ökologischer Kriterien ist – je nach genauer Ausgestaltung der Anlagepolitik – gem. § 44 Abs. 1 Nr. 1 Satz 3 InvG auch in der Gliederung nachvollziehbar zu machen. Dies gilt umso mehr dann, wenn diesen Wertpapieren ein besonderes Risiko anhaften sollte.[333]

---

332 Vgl. *Beckmann*, Investmenthandbuch, 410 § 44 Rn. 2.
333 Vgl. Bundesaufsichtsamt für Kreditwesen (BAKred), Schreiben v. 30. 7. 1991.

Käufe und Verkäufe sind gem. § 44 Abs. 1 Nr. 1 Satz 4 InvG nach Nennbetrag oder Zahl aufzuführen. Eine Differenzierung danach, ob für einen Kauf/Verkauf ethisch-sozial-ökologische Belange entscheidend waren, lässt sich der Vorschrift nicht entnehmen. Vielmehr ist es ausreichend, auf besondere Vorkommnisse im Zusammenhang mit der SRI-Strategie im Tätigkeitsbericht hinzuweisen.

Bei SRI-Indexfonds kann regelmäßig nur auf die Informationen zurückgegriffen werden, die der Indexbetreiber veröffentlicht. Geeignet sind insofern nur Indizes, deren veröffentlichte Angaben die gesetzlichen Mindesterfordernisse erfüllen.[334]

3. Abschlussprüfung

Gleichlaufend mit diesen gesetzlichen Erfordernissen gestaltet sich auch die Prüfungspflicht durch den Abschlussprüfer gem. § 44 Abs. 5–7 InvG. Diese umfasst alle gesetzlich vorgeschriebenen Teile einschließlich des Tätigkeitsberichts.[335] Nach § 44 Abs. 5 Satz 3 InvG hat der Prüfer auch festzustellen, ob bei der Verwaltung des Sondervermögens die sonstigen Vorschriften des Investmentgesetzes und Bestimmungen der Vertragsbedingungen eingehalten worden sind. Prüfungsgegenstand sind demnach auch die Organisations- und Verhaltenspflichten gem. § 9 InvG. Bei dieser Prüfung handelt es sich um eine Rechtmäßigkeitsprüfung, die nur auf Grundlage eindeutiger förmlicher Regeln erfolgen kann.[336] Die Einhaltung von Anlagezielen und sonstigen vertraglichen Vereinbarungen von ethisch-sozial-ökologischem Gehalt sind deshalb auch nur insoweit überprüfbar, als sie in den Vertragsbedingungen als förmliche Regeln formuliert sind. Die Einhaltung dieser Regeln muss sich aus dem Jahresbericht ablesen lassen. Die Anforderungen an die Überprüfbarkeit im Rahmen der Abschlussprüfung sind insoweit gleichlaufend mit den Informationserfordernissen der Marktaufsicht und der Überprüfbarkeit im Genehmigungsverfahren für allgemeine Vertragsbedingungen, § 43 Abs. 2 Satz 1 InvG.

VII. Zusammenfassung

SRI-Investmentfonds sind mit den Regelungen des Investmentgesetzes vereinbar. Die Integration ethisch-sozial-ökologischer Zielsetzungen in die Fondsverwaltung, also den Investmentprozess und die Investorstrategie, begegnet keinen grundsätzlichen Bedenken. Einzelnen rechtlichen Voraussetzungen, die das Investmentgesetz an SRI-Fonds und deren Kapitalanlagegesellschaften stellt, führen

---

334 Beispielsweise der Dow Jones Sustainability Index, der entsprechende Viertel-, Halb- und Jahresberichte veröffentlicht und monatlich über besondere Vorkommnisse unterrichtet, siehe www.sustainability-index.com. Zu den Anerkennungsvoraussetzungen für Wertpapier-Indizes vgl. unten Seite 177.

335 Brinkhaus/Scherer-*Schödermeier/Balzer* § 24a Rn. 47.

336 Vgl. *Dürr* ZIP 1991, 286, 293 f.; *Beckmann*, Investmenthandbuch, 410 § 44 Rn. 63; Brinkhaus/Scherer-*Schödermeier/Balzer* § 24a Rn. 48.

bei Investmentfonds der zweiten und dritten Fallgruppe zu besonderen Anforderungen. Bei Investmentfonds der ersten Fallgruppe ergeben sich, mit Ausnahme von SRI-Indexfonds, keine Besonderheiten gegenüber konventionellen Fonds. Dieses Ergebnis folgt aus den geringen Unterschieden zwischen konventionellen Investmentfonds und solchen der ersten Fallgruppe. Die geringe Unterscheidbarkeit wirkt sich bei der Zulässigkeit von Firmierung und Fondsbezeichnung aus: Die Namensgebung darf nicht zur Irreführung hinsichtlich ethisch-sozial-ökologischer Belange führen.

Im Mittelpunkt der Erwägungen für Investmentfonds der zweiten und dritten Fallgruppe stehen die Vertragsbedingungen, § 43 InvG, sowie die Generalklausel des § 9 InvG. Die Vertragsbedingungen müssen die Anlageziele, einschließlich der Modalitäten für die Berücksichtigung der Wertedimension, klar und objektiv überprüfbar erfassen. Bei der Berücksichtigung der Wertedimension ethisch-sozial-ökologischer Faktoren handelt es sich um eine zusätzliche Zielsetzung, die sich nicht bereits dem Investmentgesetz oder dem Sinn und Zweck des Investmentvertrages ergibt, sondern der Definition und Vereinbarung zwischen Anlegern und Kapitalanlagegesellschaft bedarf. Insbesondere das Verhältnis zwischen finanziellen und ethisch-sozial-ökologischen Zielen, nach dem in dieser Untersuchung die drei Fallgruppen unterschieden werden, muss sich der Vereinbarung, also den Vertragsbedingungen, eindeutig entnehmen lassen.

Von einigen Regelungen des Investmentgesetzes darf auch durch vertragliche Vereinbarung nicht oder nur unter Wahrung bestimmter Voraussetzung abgewichten werden. Dazu zählen die gesetzlichen Anlagegrenzen und der Grundsatz der Risikomischung. Von besonderer Bedeutung für Socially Responsible Investment ist die Frage der Auslagerung und des Rückgriffs auf ethisch-sozial-ökologische Ratingagenturen. Auslagerungsunternehmen, denen Tätigkeiten der Integration ethisch-sozial-ökologischer Faktoren in die Portfolioverwaltung übertragen wurden, dürfen ausschließlich die Interessen des Fonds bzw. mittelbar der Anleger berücksichtigen. Ihre Unabhängigkeit und Interessenlage muss gleichermaßen abgesichert sein wie bei anderen Auslagerungsunternehmen, die beispielsweise finanzielle Analysen erstellen. Wenn ein Anlageausschuss zur ethisch-sozial-ökologischen Bewertung von Wertpapieren gebildet wird, darf diesem nur eine Beratungsfunktion zukommen.

Der Investmentvertrag wird überlagert von den allgemeinen Verhaltens- und Organisationspflichten gem. der Generalklausel des § 9 InvG. Die Fondsverwaltung muss erstens den Vertragsbedingungen folgen, zweitens ihr Verwaltungshandeln ausschließlich an den Anlegerinteressen ausrichten. Letztere sind, je nach der Art der Integration ethisch-sozial-ökologischer Faktoren in die Portfolioverwaltung, auf allen Stufen des Investmentprozesses sowie bei der Ausübung von Aktionärsrechten berührt. Bei Fonds der zweiten Fallgruppe erfordert der Vorrang finanzieller Interessen die Einhaltung der Kosten-Nutzen-Grenze. Beispielsweise wäre der Austausch eines Wertpapiers gegen ein wirtschaftlich gleichwertiges, in ethisch-sozial-ökologischer Hinsicht jedoch besser bewertetes Wertpapier nicht mit § 9

Abs. 2 Nr. 1 InvG vereinbar, wenn dadurch sonst vermeidbare Transaktionskosten entstehen.[337] Die Kosten-Nutzen-Grenze wird auch bei der Investorstrategie relevant: Die für Engagement aufgewendeten Kosten müssen durch den erwarteten positiven (finanziellen) Einfluss der Investorstrategie wirtschaftlich gerechtfertigt sein.

Die Mitberücksichtigung (zweite Fallgruppe) sowie Abwägung (dritte Fallgruppe) zwischen finanziellen und ethisch-sozial-ökologischen Interessen, stellt als zusätzliche Fragestellung erhöhte Anforderungen an die Kompetenz der Fondsverwaltung. Der Sorgfaltsmaßstab und Ermessenspielraum bleibt im Vergleich zur Verfolgung rein finanzieller Interessen unverändert, doch das Tätigkeitsfeld der Fondsverwaltung, welches diesem Sorgfaltsmaßstab genügen muss, wird um die in Frage stehende Wertedimension erweitert.

Kapitel II – Altersvorsorgerecht

A. System der Altersvorsorge

Das System der Altersvorsorge in Deutschland lässt sich in einem Drei-Säulen-Modell erfassen.[338] Die erste Säule besteht aus der gesetzlichen Rentenversicherung, die gem. § 1 bis 3 SGB-VI alle Arbeitnehmer, bestimmte Selbständige sowie spezielle weitere Personengruppen erfasst. Ebenfalls zur ersten Säule gehören eigenständige Substitute der gesetzlichen Rentenversicherung, namentlich die berufsständische Versorgung und die Beamtenversorgung.

Neben dieser das System dominierenden Grundversorgung besteht als zweite Säule die ergänzende erwerbsbasierte Alterssicherung, insbesondere die betriebliche Altersvorsorge, die sich wiederum in verschiedene Modelle und Durchführungswege aufgliedert. Dazu gehören Direktzusagen (des Arbeitgebers), Unterstützungskassen, Pensionskassen, Pensionsfonds und Direktversicherungen (Lebensversicherungen zur Altersvorsorge).[339]

Zur dritten Säule zählen alle sonstigen Wege der privaten Altersvorsorge, die keinen unmittelbaren Bezug zur Erwerbsstellung haben. Es kann sich dabei um rein eigenverantwortlichen Vermögensaufbau in Form von Aktienfonds-Sparplänen, Immobilienbesitz oder ähnlichen Vermögensanlagen handeln. Zu dieser Säule zählen jedoch auch gesetzlich normierte und staatlich geförderte Anlageformen mit besonderen Verfügbarkeitsbeschränkungen, die der gesetzlichen Rentenversicherung nachempfunden sind, namentlich die sogenannte Riester-Rente und Rürup-Rente.[340]

---

337 Vgl. *Posner*, Economic Analysis of Law, 456.

338 Zum Dreisäulenmodell vgl. *Schuhmacher-Hummel*, Die Rolle von Pensionskassen im Bereich Socially Responsible Investments, 22 ff., 45.

339 Beckmann/Matusche-Beckmann/*Schwintowski*, Versicherungsrechtshandbuch, § 43 Rn. 24.

340 Vgl. Handelsblatt, Nachhaltige Rentenversicherungen, v. 24. 11. 2006, 30.

Während die gesetzliche Versicherung im Umlageverfahren funktioniert und Rücklagen lediglich zur Sicherung der Liquidität gebildet werden, basieren die betrieblichen und privaten Altersvorsorgesysteme auf dem Kapitaldeckungsverfahren. Das eingezahlte Kapital wird auf dem Kapitalmarkt angelegt und im Versorgungsfall ausbezahlt. Da die Einzahlungsweise typischerweise das gesamte Erwerbsleben umfasst und später die gesamte Rentendauer abgedeckt werden muss, handelt es sich um beträchtliche Kapitalrücklagen, die über einen sehr langen Zeitraum angelegt werden. Allein in der betrieblichen Altersversorgung betrugen die angelegten Vermögenswerte Ende des Jahres 2004 in allen Durchführungswegen 381 Mrd. Euro.[341]

Bei Pensionsfonds und Pensionskassen, (fondsbasierten) Lebensversicherungen einschließlich Direktversicherungen sowie bei Riester-Rentenversicherungen bestehen, abgesehen von den Auszahlungsmodalitäten und der steuerlichen Behandlung, strukturelle Ähnlichkeiten zu Investmentfonds.[342] Das Kapital einer Vielzahl von Anlegern wird kollektiv durch eine Verwaltungsgesellschaft in Wertpapieren und anderen Vermögensgegenständen angelegt. Es wird die Fragestellung relevant, wie das angelegte Kapital verwaltet werden soll, ob ethisch-sozial-ökologische Kriterien bei der Verwaltung beachtet werden und welche Informationspflichten gegenüber den Anlegern bestehen. Die mit Socially Responsible Investment verbundenen Fragestellungen bestehen deshalb gleichermaßen für die genannten Kapitalanlagen der zweiten und dritten Säule des Systems der Altersvorsorge.

B. Rechtsvorschriften für Socially Responsible Investment

Die für Socially Responsible Investment im Bereich der Altersvorsorge relevanten Vorschriften lassen sich nach Anlagevorschriften und Informationspflichten unterscheiden.

I. Anlagevorschriften

Der Gesetzgeber regelt für Versicherungsunternehmen und Pensionsfonds (aufsichtspflichtige Unternehmen, § 1 Abs. 1 VAG) in § 54 Abs. 1 und § 115 Abs. 1 Satz 3 Versicherungsaufsichtsgesetz (VAG), dass das eingezahlte Vermögen mit möglichst großer Sicherheit und Rentabilität bei ausreichender Liquidität und un-

---

341 Daten des Deutschen Instituts für Altersvorsorge, www.dia-vorsorge.de. Der bedeutendste Durchführungsweg ist mit 221,7 Mrd. Euro die Direktzusage (59% der Deckungsmittel). Die Deckungsmittel betrugen bei Pensionskassen 83,2 Mrd. Euro (21% der Deckungsmittel), bei Unterstützungskassen 29,7 Mrd. Euro (8% der Deckungsmittel) und bei Direktversicherungen 45,8 Mrd. Euro (12% der Deckungsmittel). Pensionsfonds waren im Jahr 2003 mit rd. 0,6 Mrd. Euro noch von untergeordneter Bedeutung.

342 Übersicht über die verschiedenen Formen von SRI-Kapitalanlagen bei *Sternberger-Frey/Neuneyer*, Marktübersicht: nachhaltiges Investment, Anbieter und Produkte.

ter Wahrung angemessener Mischung und Streuung angelegt werden muss. Für Pensionsfonds werden diese Grundsätze konkretisiert durch die Verordnung über die Anlage des gebundenen Vermögens von Pensionsfonds gemäß § 115 Abs. 2 des Versicherungsaufsichtsgesetzes (Pensionsfonds-KapitalanlageVO) und darauf bezogene Rundschreiben der BaFin. Die darin enthaltenen Anordnungen, insbesondere hinsichtlich der zulässigen Vermögensgegenstände und der Anlagegrenzen für die Mischung und Streuung (§§ 2, 3 und 4 Pensionsfonds-KapitalanlageVO) sind den Parallelbestimmungen im Investmentgesetz (§§ 46ff. InvG) nachempfunden und geben etwas engere – auf größere Sicherheit zielende – Anlagegrenzen an.[343]

Die Anlagegrundsätze für das gebundene Vermögen gem. § 54 Abs. 1 VAG werden durch die Verordnung über die Anlage des gebundenen Vermögens von Versicherungsunternehmen (AnlageVO) konkretisiert, die ebenfalls die zulässigen Vermögensgegenstände (§ 1) sowie Anlagegrenzen für die angemessene Mischung (§ 2) und Streuung (§ 3) festlegt. Sie werden weiter ausgeführt im BaFin Rundschreiben 15/2005, das ausführliche Erläuterungen zur Anlage des gebundenen Vermögens von Versicherungsunternehmen (§ 54 Abs. 1 VAG, §§ 1ff. Anlageverordnung) enthält. Darin wird bekräftigt, dass der im Gesetz bewusst an erster Stelle genannten Sicherheit die höchste Priorität zukommt. Vermögensanlagen müssen darüber hinaus rentabel sein, wobei es darauf ankommt, dass unter Berücksichtigung der Sicherheits- und Liquiditätserfordernisse sowie der Kapitalmarktlage ein *nachhaltiger Ertrag* erzielt wird. Dieser im Rundschreiben verwendete Begriff der Nachhaltigkeit wird nicht näher definiert, ist aber wohl dahingehend zu verstehen, dass zwar keine Mindestrendite vorgeschrieben ist, die Rendite aber, abgesehen von kurzzeitigen Marktschwankungen, nicht negativ sein darf. Hinsichtlich der Mischung und Streuung wird die risikomindernde Funktion der gesetzlichen Anlagegrenzen hervorgehoben, die lediglich Höchstgrenzen und damit Anhaltspunkte für die Vermögensverwaltung vorgeben, das Fondsmanagement jedoch von seiner Pflicht zur Prüfung und Abwägung nicht befreien.

Diese Anlagevorschriften geben ein engeres Korsett vor als die Anlagemodalitäten des Investmentgesetzes, das auch Sondervermögen mit zusätzlichen Risiken (§§ 112ff. InvG) zulässt. Gleichwohl besteht ein ausreichender Anlagerahmen, um SRI-Strategien in die Vermögensverwaltung zu integrieren.

Diese Möglichkeit hat der Gesetzgeber bereits im Jahr 2001 durch die Einführung der Informationspflicht über ethische, soziale und ökologische Belange gem. §§ 10a, 115, 118b und Anhang D III Versicherungsaufsichtsgesetz sowie in § 7 Abs. 1 Nr. 5, Abs. 4 Altersvorsorgeverträgezertifizierungsgesetz anerkannt.[344]

---

343 Kritisch zu den Anlagegrenzen *Haferstock/Rößler*, DB 1999, 2273; für einen Überblick im anglo-amerikanischen Rechtssystem vgl. *Sturm/Badde*, Socially Responsible Investment by Pension Funds – A State-of-the-Knowledge Report, 22.

344 Altersvermögensgesetz, BGBl. 2001, 1310.

II. Informationspflichten gegenüber Vertragspartnern und Versorgungsberechtigten

Nach den gesetzlichen Anlagevorschriften ist die Berücksichtigung ethisch-sozial-ökologischer Belange grundsätzlich zulässig und es bestehen besondere Informationspflichten gegenüber dem Vertragspartner bzw. Versorgungsberechtigten. Diese Informationspflichten wurden nicht nur aus Gründen des Anlegerschutzes eingeführt, sondern hatten den darüber hinausgehenden Zweck, einen gesetzlichen Anstoß für SRI-Strategien in der Altersvorsorge zu geben und die potentiellen Vertragspartner bzw. Versorgungsberechtigten über die Möglichkeit der Berücksichtigung ethisch-sozial-ökologischer Belange zu informieren.[345] Nach der Einführung dieser Informationspflicht in das Altersvorsorgeverträge-Zertifizierungsgesetz im Jahr 2001 wurde die Informationspflicht 2003 auch auf Pensionsfonds und (Direkt-)Lebensversicherungen ausgedehnt.[346]

1. Informationsverpflichtete nach Versicherungsaufsichtsgesetz und Altersvorsorgeverträgezertifizierungsgesetz

Informationspflichten bestehen nach dem Versicherungsaufsichtsgesetz (VAG) und dem Altersvorsorgeverträge-Zertifizierungsgesetz (AltZertG).[347] Die Informationspflichten erfassen alle privaten oder betrieblichen Formen von Kapitalanlagen, die ausschließlich der Altersvorsorge dienen, indem ihre Auszahlungsmodalitäten eine Auszahlung und Verwendung vor dem Rentenalter ausschließen und auf eine lebenslange Leibrente gerichtet sind.[348]

2. Informationspflicht gem. § 115 Abs. 4 VAG

Das VAG erfasst in § 115 Abs. 4 Pensionsfonds. Diese Vorschrift ist gem. § 118b Abs. 1 VAG auch auf Pensionskassen anwendbar. Über den Verweis von § 10a Abs. 1 Satz 3 und Anlage D Abschnitt III Nr. 2 lit. b) lit. cc) ist § 115 Abs. 4 VAG

---

345 Vgl. Gesetz zur Reform der gesetzlichen Rentenversicherung und zur Förderung eines kapitalgedeckten Altersvorsorgevermögens (Altersvermögensgesetz – AVmG) vom 26. Juni 2001, BT-Drucks. 14/4595; Bericht des Ausschusses für Arbeit und Sozialordnung, BT-Drucks. 14/5150, 23, 40; siehe auch Bericht des Finanzausschusses zum Alterseinkünftegesetz 2004 (BT-Drucks. 15/2150), BT-Drucks. 15/3004; Siebtes Gesetz zur Änderung des Versicherungsaufsichtsgesetzes vom 29 August 2005, Beschlussempfehlung und Bericht des Finanzausschusses zu dem Gesetzentwurf der Bundesregierung (Drucksache 15/5221), BT-Drucks. 15/5618; zur Berichtspflicht für Pensionsfonds in Deutschland und Großbritannien vgl. auch *Schuhmacher-Hummel*, Die Rolle von Pensionskassen im Bereich Socially Responsible Investments, 281.

346 Gesetz zur Umsetzung aufsichtsrechtlicher Bestimmungen zur Sanierung und Liquidation von Versicherungsunternehmen und Kreditinstituten vom 10. Dezember 2003, BGBl. 2003/2478; zur Begründung siehe Reg.E., BT-Drucks. 15/1653.

347 Zusammenfassend *Meyer/Claes*, ZVerWiss 2003, 249.

348 Vgl. Gesetzesbegründung, Reg.E. zum Gesetz zur Umsetzung aufsichtsrechtlicher Bestimmungen zur Sanierung und Liquidation von Versicherungsunternehmen und Kreditinstituten, BT-Drucks. 15/1653, 22.

auch anwendbar auf Lebensversicherungen und Pensionskassen, die Leistungen der betrieblichen Altersversorgung erbringen. Es handelt sich um ein kompliziertes Verweissystem, in dessen Zentrum § 115 Abs. 4 VAG steht.

a) Entstehungsgeschichte und systematische Einordnung

Nach dieser Vorschrift müssen die Anbieter der betrieblichen Altersversorgung schriftlich bei Vertragsschluss sowie jährlich schriftlich darüber informieren, ob und wie ethische, soziale und ökologische Belange bei der Verwendung der eingezahlten Beiträge berücksichtigt werden. Der Zusatz *schriftlich bei Vertragsschluss sowie jährlich schriftlich* wurde erst mit dem siebten Gesetz zur Änderung des Versicherungsaufsichtsgesetzes 2005 eingefügt,[349] um die Aufsichtspraxis der BaFin zu unterbinden, wonach ein einmaliger Ausschluss der Berücksichtigung ethisch-sozial-ökologischer Belange in den Vertragsbedingungen ausreichte, um die jährliche Informationspflicht zu vermeiden.[350] Dies hatte zu dem ungewollten Phänomen geführt, dass die grundsätzlich gewünschte, wenn auch dem Markt überlassene, Berücksichtigung ethisch-sozial-ökologischer Belange von vielen Anbietern in den Vertragsbedingungen ausgeschlossen und damit genau das Gegenteil des gesetzgeberischen Willens bewirkt und langfristig vertraglich festgeschrieben wurde.

Die Informationspflicht besteht nach heutiger Rechtslage sowohl vor bzw. bei Vertragsschluss als auch regelmäßig jährlich, unabhängig davon, ob tatsächlich ethische, soziale und ökologische Belange bei der Verwendung der eingezahlten Beiträge berücksichtigt wurden. Werden diese nicht berücksichtigt, genügt der einfache Hinweis, dass ethische, soziale und ökologische Belange im Sinne des § 115 Abs. 4 VAG bei der Verwendung der eingezahlten Beiträge nicht berücksichtigt wurden. Die Informationspflicht erschöpft sich in diesem Fall in der formalen gesetzlichen Anforderung. Sie ist gleichwohl nicht sinnlos, da ihr auch die Funktion zukommt, die Versorgungsberechtigten auf die Möglichkeit der Berücksichtung dieser Belange hinzuweisen. Sie dient überdies der Selbstkontrolle der Pensionsfonds, die so gezwungen sind zu diesem Bereich Stellung zu nehmen.[351]

Wenn dagegen ethische, soziale und ökologische Belange bei der Anlage und Verwaltung des eingezahlten Kapitals berücksichtigt werden, umfasst die Informationspflicht auch das *Wie* der Berücksichtigung, da in diesem Fall auch Rechenschaft darüber abgelegt werden muss, inwieweit das Verhalten tatsächlich an diesen Belangen ausgerichtet wurde.[352]

---

349 Siebtes Gesetz zur Änderung des Versicherungsaufsichtsgesetzes vom 29 August 2005, siehe Beschlussempfehlung und Bericht des Finanzausschusses zu dem Gesetzentwurf der Bundesregierung (Drucksache 15/5221), BT-Drucks. 15-5618, 11.

350 Vgl. Erläuterungen der BaFin, BMF-Schreiben vom 26. 9. 2001, abgedr. bei Prölss/Kollhosser-*Präve*, § 10 a Rn. 60.

351 Blomeyer/*Otto* (3. Aufl.), Anhang zu § 1 Rn. 807.

352 Vgl. Erläuterungen der BaFin, BMF-Schreiben vom 26. 9. 2001, abgedr. bei Prölss/Kollhosser-*Präve*, § 10 a Rn. 60.

b) Politische Vorbehalte

Der noch relativ neue Ansatz, ethisch-sozial-ökologische Faktoren in die Verwaltung kollektiver Vermögensanlagen einzubeziehen, wurde zunächst als dem Aufsichtsrecht seinem Inhalt nach nicht geläufige und schwer handhabbare Materie eingeschätzt.[353] Deshalb wurde teilweise vertreten, dass eine „formelle Stellungnahme" ausreichen soll.[354] Aus der oben beschriebenen Praxis der BaFin wie auch aus einzelnen Kommentierungen lässt sich auf ein gewisses Unbehagen der Aufsichtsbehörde schließen, die den Umgang mit nichtfinanziellen Belangen als ungewohnt und fremdartig empfunden haben mag. So wurde bzw. wird § 115 Abs. 4 VAG teilweise als rein politische Regelung aufgefasst.[355] Diese Einschätzung geht auf mangelndes Verständnis der wirtschaftlichen Hintergründe der Vorschrift zurück. Ein Pensionsfonds oder ein anderer nach § 115 Abs. 4 VAG verpflichteter Anbieter, der bei Fondsverwaltung SRI-Strategien verfolgt, wird auch über die Kompetenz verfügen, diese Strategie gegenüber den Versorgungsberechtigten schriftlich darzulegen. Die Bedenken gegenüber der Handhabbarkeit ethisch-sozial-ökologischer Begriffe gehen deshalb ins Leere. Auch der Verdacht einer ideologisch motivierten Regelung lässt sich angesichts der breiten internationalen Marktentwicklung und vergleichbarer Regelungen in anderen Ländern wohl kaum aufrechterhalten.

c) Inhaltliche Anforderungen

Nicht näher geregelt sind die konkreten inhaltlichen Anforderungen der Informationspflicht. Nach Anhang D Abschnitt III des VAG müssen die Informationen ausführlich und aussagekräftig sein. Der Verweis auf § 115 Abs. 4 in Anlage D III steht im Kontext mit den Informationen zu den Anlagemöglichkeiten, der Struktur des Anlagenportfolios und den Informationen über das Risikopotential. Es handelt sich dabei um komplexe Sachverhalte, die für die Versorgungsberechtigten verständlich aufbereitet werden müssen.

Für die Frage, wie – also mit welchen konkreten Strategien – ethisch-sozial-ökologische Belange berücksichtigt werden *sollen*, lassen sich die Ausführungen zum Anforderungsniveau gem. § 42 InvG für die Angaben im Verkaufsprospekt übertragen.[356] Dabei kann auf die Vertragsbedingungen Bezug genommen werden, die den Versorgungsberechtigen gem. Anlage D Abschnitt III Nr. 1 lit. b) VAG bei Beginn des Versorgungsverhältnisses auszuhändigen sind. Das für SRI-Investmentfonds Gesagte gilt insoweit entsprechend.

---

353 Vgl. Fahr/Kaulbach/Bähr, § 115 Rn. 9; Blomeyer/*Otto* (3. Aufl.), Anhang zu § 1 Rn. 807.

354 Vgl. Blomeyer/*Otto* (3. Aufl.), Anhang zu § 1 Rn. 807; anders dagegen Blomeyer/*Otto*/*Rolfs* (4. Aufl.), Anhang zu § 1 Rn. 904, der lediglich auf § 115 Abs. 4 VAG verweist.

355 *Laars*, Bundesanstalt für Finanzdienstleistungsaufsicht, in: Nomos Erläuterungen zum Deutschen Bundesrecht, Kommentar zum VAG, § 115, www.nomos.de; differenzierend *Schäfer*, ZKredW 2005, 558.

356 Siehe oben Seite 93.

Die alljährlich zu erteilenden Informationen beziehen sich darüber hinaus auf die konkrete Umsetzung der in den Vertragsbedingungen vorgesehenen Berücksichtigung ethisch-sozial-ökologischer Belange. Wie bereits zum Rechenschaftsbericht gem. § 44 InvG ausgeführt, sind diese Informationen abhängig von der Art und Weise der Berücksichtigung und lassen sich nicht allgemeingültig zusammenfassen.[357] Sie müssen darüber Aufschluss geben, wie die in den Vertragsbedingungen vereinbarte Anlagepolitik verfolgt wurde und zu welchen Ergebnissen sie geführt hat. Insoweit sind die Ausführungen zu § 44 InvG übertragbar.

Im Einzelfall kann problematisch sein, dass die Informationspflicht gem. § 115 Abs. 4 VAG, im Gegensatz zu Anlage D Abschnitt III Nr. 2 lit. b) lit. cc), bereits bei Vertragsschluss erfüllt werden muss. Gesetzlich Verpflichteter ist der Pensionsfonds. Dessen Vertragspartner sind jedoch nicht die versorgungsberechtigten Arbeitnehmer, auf die sich die Informationspflicht bezieht, sondern gem. § 112 Abs. 1 Nr. 1 VAG die Arbeitgeber, mit denen entsprechende Verträge für die betriebliche Altersvorsorge der Belegschaft bestehen. Wird ein zu informierender Arbeitnehmer dem Pensionsfonds erst bei oder nach Einbeziehung in das Versorgungsverhältnis bekannt, können die entsprechenden Informationspflichten nur umgehend nachgeholt werden.[358]

3. Informationspflicht gem. § 7 Abs. 1 Nr. 5, Abs. 4 AltZertG

Das AltZertG erfasst gem. § 1 alle Verträge, die bestimmte Eigenschaften aufweisen, namentlich Verträge zur Altersvorsorge, die eine Auszahlung der eingezahlten Beträge erst ab dem 60. Lebensjahr oder frühestens mit dem Beginn der staatlichen Rentenzahlung vorsehen. Bei den zugrundeliegenden Finanzprodukten kann es sich um Lebensversicherungen, Fondssparpläne, Anlagen in Zertifikaten und verwandte Formen des Sparens und Anlegens handeln, soweit nur die Zertifizierungsvoraussetzungen nach § 1 Abs. 1 und 2 AltZertG einhalten werden. Diese sehen neben der Altersgrenze auch vor, dass mindestens die eingezahlten Beträge für die Auszahlungsphase zur Verfügung stehen und dass eine gleichbleibende oder steigende lebenslange Leibrente garantiert wird.

Die Informationspflicht vor Vertragsabschluss ist in § 7 Abs. 1 Nr. 5 Fall 2 AltZertG geregelt und bezieht sich darauf, wie ethische, soziale und ökologische Belange bei der Verwendung der eingezahlten Beträge berücksichtigt werden (*sollen*). Darüber hinaus ist während der Laufzeit des Vertrages gem. § 7 Abs. 4 HS. 2 AltZertG darüber zu informieren, ob und wie ethische, soziale und ökologische Belange bei der Verwendung der eingezahlten Beträge (*tatsächlich*) berücksichtigt wurden.

Im Gegensatz zu Investmentfonds und Pensionsfonds fließen die eingezahlten Beträge nicht in ein Sondervermögen, sondern werden auf den Altersvorsorgevertrag

---

357 Siehe oben Seite 107.

358 Kritisch dazu *Laars*, Bundesanstalt für Finanzdienstleistungsaufsicht, in: Nomos Erläuterungen zum Deutschen Bundesrecht, Kommentar zum VAG, § 115, www.nomos.de.

gutgeschrieben.[359] Die Informationspflicht bezieht sich auf die Verwaltung des mit den eingezahlten Beträgen gebildeten Kapitals. Die Informationspflicht nach AltZertG ist insoweit gleichlaufend mit der Informationspflicht gem. § 115 Abs. 4 VAG. Die obigen Ausführungen sind übertragbar. Im Ergebnis sind die Bewertungskriterien und ihre konkrete Anwendung so zu beschreiben, dass die in den Vertragsbedingungen vereinbarte Anlagepolitik und ihre Ergebnisse für die Vertragspartner transparent und nachvollziehbar sind.

Wenn die Anlage des gebildeten Kapitals in Fonds erfolgt (fondsbasierte Altersvorsorgeverträge), sind die Anlagepolitik und die ethisch-sozial-ökologischen Anlagekriterien dieser Fonds zu erläutern. Die Informationspflichten sind dann vergleichbar mit den Angaben eines Dachfonds über die enthaltenen Teilfonds. Die Ausführungen zu § 42 Abs. 1 Satz 3 Nr. 7, Abs. 1 Nr. 14 Fall 3 InvG sind insoweit übertragbar.[360] Bei mehreren Teilfonds müssen die jeweiligen Anteile für den Vertragspartner ersichtlich sein.[361]

An die Informationen über die konkrete Umsetzung der in den Vertragsbedingungen vorgesehenen Berücksichtigung ethisch-sozial-ökologischer Belange sind die zu § 115 Abs. 4 VAG ausgeführten Anforderungen zu stellen.

III. Grenzen der Zulässigkeit

Die gesetzlichen Anlagevorschriften lassen die Integration von SRI-Strategien in die Anlagepolitik grundsätzlich zu, wenn die entsprechenden Informationspflichten eingehalten werden. Es stellt sich allerdings die Frage, welcher Stellenwert ethisch-sozial-ökologischen Belangen neben bzw. gegenüber den gesetzlichen Zielvorgaben – Sicherheit, Rendite, Mischung, Streuung, Liquidität – eingeräumt werden kann.

Die für die Differenzierung von SRI-Investmentfonds verwendeten Fallgruppen lassen sich grundsätzlich auch auf die hier in Frage stehenden Sondervermögen für die Altersvorsorge übertragen. Sie unterscheiden sich dadurch, ob ethisch-sozial-ökologische Belange in ökonomisch optimaler/suboptimaler Weise integriert werden und ob lediglich ihre Wirtschaftsdimension (finanzielle Aussagekraft) berücksichtigt wird oder auch eine darüber hinausgehende Wertedimension (ethisch-moralische Aspekte).

Die gesetzlichen Anlagevorschriften stehen der Berücksichtigung von ethisch-sozial-ökologischen Belangen, die nicht notwendig wirtschaftliche Bedeutung, sondern vorrangig ethisch-moralische Bedeutung haben, nicht entgegen. Entsprechende Informationspflichten bei bzw. vor Vertragsschluss (§ 15 Abs. 4 VAG, § 7

359 Unter „Verwendung" i.S.d. § 7 Abs. 1 Nr. 5, Abs. 4 AltZertG ist insofern die Gutschrift auf den Vertrag zu verstehen, vgl. BaFin, Kommentierung AltZertG, 34; siehe auch bereits Erläuterungen der BaFin, BMF-Schreiben vom 26. 9. 2001, abgedr. bei Prölss/Kollhosser-*Präve*, § 10a Rn. 60.
360 Vgl. oben Seite 98.
361 BaFin, Kommentierung AltZertG, 34.

Abs. 1 Nr. 5 AltZertG) stellen sicher, dass die Versorgungsberechtigten bzw. Antragsteller über diese nichtfinanziellen Belange informiert sind und entscheiden können, ob sie die jeweilige ethisch-moralische Ausrichtung unterstützen.

Bedenken könnten gegenüber ethisch-moralischen Extrempositionen oder stark ideologisch geprägten Positionen bestehen, die dazu verleiten könnten, das gesetzlich vorgegebene Kernziel der Sicherung der Altersversorgung aus den Augen zu verlieren. Dabei handelt es sich jedoch letztlich um die anschließend zu behandelnde Frage der Sicherheit und Rentabilität. Die Frage der daneben verfolgten nichtfinanziellen ethisch-moralischen Ziele ist unabhängig zu betrachten. Sie dürfen lediglich nicht als solche rechtswidrig sein. Überdies sind derartige Bedenken für Pensionsfonds und -kassen insofern unbegründet, als die Marktkräfte für ethisch-moralische Splitterpositionen kaum Raum bieten. Ein Pensionsfonds ist erst ab einer gewissen Größe rentabel zu führen. Bei Lebensversicherungen und privaten Renten bestehen ebenfalls Marktgrenzen, da es für ein Versicherungsunternehmen kaum wirtschaftlich sein wird, ein verhältnismäßig aufwendig zu bewerbendes und zu verwaltendes Nischenprodukt zur Altersvorsorge auf den Markt zu bringen. Ein Blick auf die aktuelle Angebotssituation bestätigt, dass ethisch-sozial-ökologische Extrempositionen bisher keinen Eingang zum Markt für Produkte der privaten und betrieblichen Altersvorsorge gefunden haben.[362] Grundsätzliche rechtliche Bedenken gegen die Integration ethisch-moralischer Aspekte (*Wertedimension*) in Altersvorsorgeverträge bestehen nicht.

Fraglich ist allerdings, wie das zweite Differenzierungskriterium, die ökonomisch optimale oder suboptimale Integration dieser Kriterien bei der Verwendung der eingezahlten Altersvorsorgebeträge zu bewerten ist. SRI-Investmentfonds, die ethisch-sozial-ökologischen Kriterien Vorrang einräumen gegenüber wirtschaftlichen Erwägungen (Sicherheit, Rendite), sind grundsätzlich zulässig. Das Investmentgesetz gibt nicht vor, dass das Anlagevermögen mit möglichst großer Sicherheit und Rentabilität angelegt werden muss. Entscheidend ist vielmehr, dass die in den Vertragsbedingungen näher formulierten Anlegerinteressen, namentlich die Anlageziele und -grundsätze eingehalten und bei der Verwaltung des Sondervermögens ausschließlich die Anlegerinteressen berücksichtigt werden, vgl. § 9 InvG.

Im Gegensatz dazu hat der Gesetzgeber für die hier in Frage stehenden, gem. § 1 Abs. 1 VAG unter die Aufsicht nach dem VAG fallenden Versicherungsunternehmen und Einrichtungen der betrieblichen Altersvorsorge die Anlagebedingungen spezieller ausgestaltet. Gemäß § 54 Abs. 1 und § 115 Abs. 1 Satz 3 VAG sowie den dazugehörigen Richtlinien muss das eingezahlte Vermögen mit möglichst großer Sicherheit und Rentabilität bei ausreichender Liquidität und unter Wahrung angemessener Mischung und Streuung angelegt werden. Eine vorrangige oder gleichrangige Berücksichtigung ethisch-sozial-ökologischer Belange, die im Konfliktfall zu einem potentiell höheren Risiko, zu einer potentiell geringeren Rendite oder zu einer Einschränkung der angemessenen Mischung und Streuung führt, ist

---

362 Für eine Übersicht vgl. www.nachhaltiges-investment.org.

mit diesen Anlagegrundsätzen unvereinbar. Die gesetzlichen Vorgaben zielen auf die Absicherung der Leistungs- und Funktionsfähigkeit des Systems der Altersvorsorge. Es liegt im allgemeinen Interesse, bei der Versorgung im Rahmen der betrieblichen und privaten Altersvorsorge finanziellen Erwägungen den Vorrang einzuräumen, um auszuschließen, dass die Versorgung aufgrund unzureichender Absicherung schlussendlich durch allgemeine Sozialleistungen ausgeglichen werden muss. Dies gilt umso mehr, wenn die betriebliche und private Altersvorsorge durch Steuererleichterungen oder staatliche Zuschüsse direkt oder mittelbar gefördert wird. Sicherheit und Rendite genießen bei der Anlage des Altersvorsorgekapitals deshalb absoluten Vorrang.

Übertragen auf die zu SRI-Investmentfonds entwickelten Fallgruppen sind für die private und betriebliche Altersvorsorge nur die Zielsetzungen der ersten und zweiten Fallgruppe (ökonomisch optimierte Integration ethisch-sozial-ökologischer Faktoren) zulässig.

IV. Zusammenfassung

Die betriebliche und private Altersvorsorge ist umfassend gesetzlich geregelt und wird durch Steuererleichterungen und Zuschüsse gefördert. Um die Funktionsfähigkeit dieser zweiten und dritten Säule des Systems der Altersvorsorge neben der an Bedeutung abnehmenden staatlichen Rentenversicherung abzusichern, bestehen differenzierte Anlagevorschriften. Diese lassen die Berücksichtigung ethisch-sozial-ökologischer Belange grundsätzlich zu. Die gesetzlichen Anlagegrundsätze, insbesondere die Optimierung der Rendite-Risiko-Relation, sind bei der Integration ethisch-sozial-ökologischer Faktoren in die Anlagestrategie jedoch vorrangig zu beachten. SRI-Ansätze der dritten Fallgruppe, die keinen Vorrang finanzieller Interessen sicherstellen, sind insoweit unzulässig.

Informationspflichten über die Art und Weise der Berücksichtigung dieser Belange bei der Verwendung der eingezahlten Beiträge stellen die Transparenz für die Versorgungsberechtigten und Vertragspartner sicher. Der Informationspflicht vor Abschluss des Vertrages kommt auch die Funktion zu, Versorgungsberechtigte und Vertragspartner auf die Möglichkeit der Berücksichtigung ethisch-sozial-ökologischer Belange bei der Anlage ihres Altersvorsorgekapitals hinzuweisen. Für die Anbieter von privaten und betrieblichen Altersvorsorgeleistungen bewirkt sie überdies eine gewisse Selbstkontrolle.

Titel II – Gesellschaftsrecht

Das Gesellschaftsrecht bestimmt das Verhältnis zwischen kollektiven Investmentvermögen bzw. deren verwaltenden Gesellschaften und den auf dem Kapitalmarkt vertretenen Unternehmen. Während das im vorstehenden Teil dargestellte Kapitalanlagerecht das vertragsrechtliche Verhältnis zwischen Anlegern und kapitalverwaltenden Gesellschaften regelt, ist das Rechtsverhältnis zwischen verwaltenden Gesellschaften und Unternehmen gesellschaftsrechtlich bestimmt. Es kommt einerseits durch den Erwerb von Aktien zustande (Aktienrecht), andererseits durch handelsrechtliche Transparenz- und Informationspflichten, namentlich die Verpflichtung zur Finanzberichterstattung (Bilanzrecht).

Gesellschaftsrechtliche Regelungen sind vor allem für die Investorstrategie (*Engagement*) relevant, da sie Unternehmenstransparenz (Berichtspflichten) schaffen und Beteiligungsrechte (Aktionärsrechte) gewähren. Die Verfolgung einer bestimmten Investorstrategie ist notwendigerweise abhängig von ausreichenden Informationen über das betreffende Unternehmen, also von Informations*pflichten* des Unternehmens und Informations*rechten* der verwaltenden Gesellschaft. Informationspflichten von Unternehmen werden vor allem durch die Finanzberichterstattung gewährleistet, die für Kapitalgesellschaften in den §§ 264 ff. des Handelsgesetzbuches geregelt ist. Darüber hinaus bestehen wertpapierrechtliche Informationspflichten nach Wertpapierhandelsgesetz, Börsenordnung und anderen Gesetzen, die hier mangels besonderer Bedeutung für Socially Responsible Investment nicht näher untersucht werden. Zur Erlangung von Informationen über ein Unternehmen sind demnach sowohl die Finanzberichterstattungspflichten als auch aktienrechtliche Auskunftsrechte relevant.

Letztere stehen im Kontext mit anderen Beteiligungsrechten, namentlich Stimm-, Antrags-, und Prüfungsrechten. Sie können einerseits genutzt werden, um Informationsrechte durchzusetzen, andererseits haben Aktionäre durch das Organ der Hauptversammlung auch bestimmte Mitspracherechte und Einwirkungsmöglichkeiten auf die Unternehmensführung. Sie bestimmen die Möglichkeiten, mit denen Ziele einer Investorstrategie mit der Unternehmensführung abgestimmt und durchgesetzt werden können.

Im Folgenden werden zunächst die Regelungen zur Finanzberichterstattung und ihre Bedeutung für Socially Responsible Investment dargestellt (*Bilanzrecht*), und anschließend wird auf die Möglichkeiten der Nutzung der Aktionärsrechte für SRI-Investorstrategien eingegangen (*Aktienrecht*).

Kapitel I – Bilanzrecht

Das Handelsgesetzbuch verpflichtet gem. §§ 264ff. HGB Kapitalgesellschaften dazu, den von jedem Kaufmann gem. § 242 HGB zu erstellenden Jahresabschluss (Bilanz, Gewinn- und Verlustrechnung) um einen Anhang zu erweitern sowie einen Lagebericht aufzustellen.[363] Die Bilanz, Gewinn- und Verlustrechnung sowie deren Erläuterung im Anhang enthalten ausschließlich finanzielle Informationen. Hier können ethisch-sozial-ökologische Faktoren abgebildet beziehungsweise zu berücksichtigen sein, wenn sie quantifizierbare finanzielle Auswirkungen haben, also beispielsweise Rückstellungen für ethisch-sozial-ökologische Risiken gebildet oder Investitionen im Umwelt- oder Sozialbereich abgeschrieben werden. Auf diese Zusammenhänge wird im europarechtlichen Teil zum Bilanzrecht näher eingegangen.[364]

Von besonderer Bedeutung für Socially Responsible Investment ist allerdings der Lagebericht.[365] Dieser enthält eine ausformulierte Stellungnahme nicht nur zur finanziellen Lage des Unternehmens, sondern auch zu nichtfinanziellen Belangen, die für das Unternehmen von Bedeutung sind.[366] Darüber hinaus korrespondiert die Zielsetzung der Lageberichterstattung mit dem Auskunftsrecht der Aktionäre gem. § 131 AktG (bei der GmbH 51a GmbHG) und bildet somit eine für *Engagement*-Strategien wichtige Verbindung zwischen Finanzberichterstattung und Aktienrecht.

Im Folgenden wird die Bedeutung des Lageberichts für Socially Responsible Investment untersucht.

A. Lagebericht und nichtfinanzielle Leistungsindikatoren

I. Bisherige Entwicklung

Der Lagebericht wurde als Geschäftsbericht bereits durch die Aktienrechtsreform im Jahre 1884 in das Allgemeine Deutsche Handelsgesetzbuch eingeführt und bis zum Aktiengesetz von 1965 weiter ergänzt.[367] Er diente funktional der Erläuterung der Bilanz und war vornehmlich an die Aktionäre adressiert.[368]

---

363 Der Lagebericht gehört formalrechtlich nicht zum Jahresabschluss, sondern ergänzt diesen nur, vgl. MüKo-HGB/*Lange*, § 289 Rn. 2.

364 Siehe unten Seite 192.

365 Vgl. Deloitte, Langfristig mehr Wert – Nichtfinanzielle Leistungsindikatoren mit Nachhaltigkeitsbezug auf dem Weg in die Geschäftsberichte deutscher Unternehmen, 8.

366 Für eine Rangfolge der nichtfinanziellen Einflussfaktoren vgl. *Günther/Beyer*, BB 2001, 1623, 1625.

367 Art. 185, 239 Allgemeines Deutsches Handelsgesetzbuch, abgedr. bei: *Schubert*, Hundert Jahre modernes Aktienrecht, 573.

368 Staub/Canaris/*Hommelhoff*, § 289 Rn. 7.

Durch die Vierte Richtlinie 78/660/EWG des Rates vom 25. Juli 1978 aufgrund von Artikel 54 Absatz 3 lit. g) des Vertrages über den Jahresabschluss von Gesellschaften bestimmter Rechtsformen (Bilanzrichtlinie) wurde die Materie neu geregelt und eine konzeptionelle Trennung zwischen Anhang zur Bilanz und Lagebericht eingeführt.[369] Der bislang einheitliche Geschäftsbericht wurde aufgespalten in den Anhang, Art. 43 der Richtlinie, und den Lagebericht, Art. 46 der Richtlinie, und damit in zwei eigenständige Instrumente der Finanzberichterstattung. Der bisherige Geschäftsbericht bildet nach dieser Regelung als Anhang zum Jahresabschluss eine Einheit zusammen mit der Bilanz und der Gewinn- und Verlustrechnung. Daneben steht der Lagebericht als zusätzliches Instrument. Diese Aufteilung geht auch aus § 264 Abs. 1 HGB hervor:

Die gesetzlichen Vertreter einer Kapitalgesellschaft haben den Jahresabschluss (§ 242) um einen Anhang zu erweitern, der mit der Bilanz und der Gewinn- und Verlustrechnung eine Einheit bildet, sowie einen Lagebericht aufzustellen.

Die Finanzberichterstattung ruht also gleichsam auf zwei Säulen.[370] In der ersten Säule die traditionelle Rechnungslegung, das Zahlenwerk von Bilanz und Gewinn- und Verlustrechnung einschließlich deren Erläuterung im Anhang. In der zweiten Säule die erweiterte Finanzberichterstattung, die sich nicht in der gewissenhaften Rechnungslegung entsprechend § 317 HGB erschöpft, sondern die Lage der Gesellschaft so darstellen soll, dass ein den tatsächlichen Verhältnissen entsprechendes Bild vermittelt wird. Mithin wurde durch den Lagebericht ein neues Instrument der Finanzberichterstattung in das deutsche Recht eingeführt, das dem *true and fair view* Prinzip folgt.[371]

Später wurde das *true and fair view* Prinzip, das gem. Art. 2 Abs. 3 der Richtlinie 1978/660/EG von Anfang an für alle Teile des Jahresabschlusses galt, für Kapitalgesellschaften auch auf die erste Säule ausgedehnt. Gemäß § 264 Abs. 2 HGB muss der Jahresabschluss von Kapitalgesellschaften nicht nur unter Beachtung der Grundsätze ordnungsmäßiger Buchführung erstellt werden, sondern ein den tatsächlichen Verhältnissen entsprechendes Bild der Vermögens-, Finanz- und Ertragslage der Kapitalgesellschaft vermitteln. Führen besondere Umstände dazu, dass der Jahresabschluss ein den tatsächlichen Verhältnissen entsprechendes Bild im Sinne des Satzes 1 nicht vermittelt, so sind gem. § 264 Abs. 2 Satz 2 HGB im Anhang zusätzliche Angaben zu machen.

Durch die Bilanzregeln des Gemeinschaftsrechts wurde außerdem ein erweiterter Kreis von Berichtsadressaten gesetzlich anerkannt. Gemäß den Erwägungsgründen der Bilanzrichtlinie und der Rechtsprechung des Europäischen Gerichtshofes dient die Offenlegung des Lageberichtes dem Schutz- beziehungsweise Informa-

---

369 Umsetzung in deutsches Recht durch das Bilanzrichtliniengesetz vom 19. Dezember 1985, BGBl. 1985 I, 2355.

370 Zum Zwei-Säulen-Modell vgl. MüKo-AktG/*Steuber*, § 289 Rn. 6; Staub/Canaris/*Hommelhoff*, § 289 Rn. 12.

371 Vgl. Coing, NJW 1990, 937, 938.

tionsinteresse sowohl der Gesellschafter als auch aller anderen an Informationen interessierten Personen, mithin der Allgemeinheit.[372]

In der Praxis blieb nach der Einführung 1985 der genaue Inhalt des Lageberichtes lange Zeit recht unbestimmt. Einerseits bestanden keine Standards, um die durch den europäischen und deutschen Normgeber nicht näher bestimmten Rechtsbegriffe zu konkretisieren. Andererseits beschränkte sich die Prüfungspflicht durch den Abschlussprüfer gem. § 317 HGB a.F. bis zur Novelle durch das Gesetz zur Kontrolle und Transparenz im Unternehmensrecht[373] auf die Überprüfung darauf, dass durch den Bericht keine falschen Vorstellungen über die Lage des Unternehmens geweckt werden. Dementsprechend kam es auch kaum zu gerichtlichen Streitigkeiten über den Lagebericht.[374]

Nach der Verschärfung der Prüfungspflicht wurde durch das Institut der Wirtschaftsprüfer in Deutschland e.V. (IDW) ein erster Standard für die Lageberichterstattung aufgestellt.[375] Am 3 September 1998 wurde außerdem das Deutsche Rechnungslegungs-Standards-Committee e.V. (DRSC) als privates Rechnungslegungsgremium gem. § 342 Abs. 1 HGB anerkannt. Ihm wurden durch Vertrag mit dem Bundesministerium der Justiz die in § 342 Abs. 1 HGB genannten Aufgaben übertragen, darunter die Entwicklung von Empfehlungen zur Anwendung der Grundsätze über die Konzernrechnungslegung. Der Standard „DRS 15 – Lageberichterstattung" wurde am 26. 2. 2005 im Bundesanzeiger bekannt gemacht.[376]

Die deutschen Rechnungslegungsstandards (DRS) werden allerdings gem. § 315a HGB für kapitalmarktorientierte Konzerngesellschaften von den gemäß Verordnung 2002/1606/EG in allen Mitgliedstaaten anwendbaren internationalen Rechnungslegungsstandards, *International Accounting Standards* (IAS) und *International Financial Reporting Standards* (IFRS), überlagert.[377] Da Socially Responsible Investment Strategien das Bestehen eines Aktienmarktes voraussetzen und nur kapitalmarkt-

372 Der Koordinierung der einzelstaatlichen Vorschriften über die Gliederung und den Inhalt des Jahresabschlusses und des Lageberichts sowie über die Bewertungsmethoden und die Offenlegung dieser Unterlagen, insbesondere bei der Aktiengesellschaft und der Gesellschaft mit beschränkter Haftung, kommt im Hinblick auf den Schutz der Gesellschafter sowie Dritter besondere Bedeutung zu (Erwägungsgrund (1) der Bilanzrichtlinie 78/660/EWG). Zu den „Dritten" i. S. d. Bilanzrichtlinie zählt nach EuGH (Slg. 1997, 6843 = ZIP 1997, 2155) jede an Informationen interessierte Person; vgl. Besprechung bei *Crezelius*, ZGR 1999, 252; Schön JZ 1998, 195. Zum Informationsinteresse der Allgemeinheit Staub/Canaris/*Hommelhoff*, § 289 Rn. 53.

373 KonTraG vom 5. März 1998.

374 BGHZ 124, 111, 122; OLG Köln ZIP 1993, 110; LG Berlin AG 1997, 183.

375 IDW RS HFA 1 vom 26. Juni 1998, abgedr. in: IdW Fachnachrichten 1998, 318; vgl. auch Rechtnungslegungshinweis IDW RH HFA 1.007 vom 18. 10. 2005 zur Lageberichterstattung nach § 289 Abs. 1 und 3 HGB bzw. § 315 Abs. 1 HGB in der Fassung des Bilanzrechtsreformgesetzes, abgedruckt in: WPg 2005, 1234 f.

376 Bundesanzeiger vom 26. 2. 2005, Beilage 40.

377 Vgl. Verordnung 1725/2003/EG der Europäischen Kommission vom 29. September 2003 betreffend die Übernahme bestimmter internationaler Rechnungslegungsstandards in Übereinstimmung mit der Verordnung (EG) Nr. 1606/2002 des Europäischen Parlaments und des Rates; zum Verhältnis von Gemeinschaftsrecht und IAS/IFRS ausführlich unten Seite 202.

orientierte Unternehmen in diese Investmentstrategien einbezogen werden, sind die IAS/IFRS Standards von besonderer Relevanz.

II. Einbeziehung von ethisch-sozial-ökologischen Leistungsindikatoren

Die Verpflichtung zur Einbeziehung nichtfinanzieller ethisch-sozial-ökologischer Faktoren in den Lagebericht wurde eingeführt durch die Richtlinie 2003/51/EG des Europäischen Parlaments und des Rates vom 18. Juni 2003 zur Änderung der Richtlinien 78/660/EWG, 83/349/EWG, 86/635/EWG und 91/674/EWG über den Jahresabschluss und den konsolidierten Abschluss von Gesellschaften bestimmter Rechtsformen, von Banken und anderen Finanzinstituten sowie von Versicherungsunternehmen. Danach

[stellt] der Lagebericht zumindest den Geschäftsverlauf, das Geschäftsergebnis und die Lage der Gesellschaft so dar, dass ein den tatsächlichen Verhältnissen entsprechendes Bild entsteht, und beschreibt die wesentlichen Risiken und Ungewissheiten, denen sie ausgesetzt ist. Der Lagebericht besteht aus einer ausgewogenen und umfassenden Analyse des Geschäftsverlaufs, des Geschäftsergebnisses und der Lage der Gesellschaft, die dem Umfang und der Komplexität der Geschäftstätigkeit angemessen ist. Soweit dies für das Verständnis des Geschäftsverlaufs, des Geschäftsergebnisses oder der Lage der Gesellschaft erforderlich ist, umfasst die Analyse die wichtigsten finanziellen und – soweit angebracht – nichtfinanziellen Leistungsindikatoren, die für die betreffende Geschäftstätigkeit von Bedeutung sind, einschließlich Informationen in Bezug auf Umwelt- und Arbeitnehmerbelange. (Art. 1 Nr. 10 Änderungsrichtlinie)

Die Vorgaben von Art. 1 Nr. 10 und Art. 2 Nr. 14 der Änderungsrichtlinie wurden durch das Bilanzrechtsreformgesetz 2004 in § 289 Abs. 3 HGB (Lagebericht) und § 315 Abs. 1 Satz 4 HGB (Konzernlagebericht) umgesetzt.[378]

Im Konzernlagebericht sind der Geschäftsverlauf einschließlich des Geschäftsergebnisses und die Lage des Konzerns so darzustellen, dass ein den tatsächlichen Verhältnissen entsprechendes Bild vermittelt wird. Er hat eine ausgewogene und umfassende, dem Umfang und der Komplexität der Geschäftstätigkeit entsprechende Analyse des Geschäftsverlaufs und der Lage des Konzerns zu enthalten. In die Analyse sind die für die Geschäftstätigkeit bedeutsamsten finanziellen Leistungsindikatoren einzubeziehen und unter Bezugnahme auf die im Konzernabschluss ausgewiesenen Beträge und Angaben zu erläutern. Satz 3 gilt entsprechend für nichtfinanzielle Leistungsindikatoren, wie Informationen über Umwelt- und Arbeitnehmerbelange, soweit sie für das Verständnis des Geschäftsverlaufs oder der Lage von Bedeutung sind. (§ 315 Abs. 1 Satz 1–4)

Wie bereits aus dem Vergleich des Wortlauts von Richtlinie und Umsetzung hervorgeht, ist die Regelung in ihrer Gänze von Gemeinschaftsrecht überformt. Lediglich für kleine und mittelgroße Kapitalgesellschaften, die nicht kapitalmarktorientiert sind, lässt das Gemeinschaftsrecht optionale Ausnahmen in der Umsetzung zu, von denen Deutschland in § 289 Abs. 3 HGB auch Gebrauch ge-

---

378 Gesetz zur Einführung internationaler Rechnungslegungsstandards und zur Sicherung der Qualität der Abschlussprüfung (Bilanzrechtsreformgesetz – BilReG) vom 4. Dezember 2004, BGBl. 2004 I, 3166; vgl. *Wimsheim*, DStR 2005, 438.

macht hat.[379] Da Socially Responsible Investment Strategien das Bestehen eines Aktienmarktes voraussetzen und nur kapitalmarktorientierte Unternehmen in diese Investmentstrategien einbezogen werden, ist diese Ausnahme allerdings von geringer Bedeutung. Auch Versicherungsunternehmen und Pensionsfonds werden gem. §§ 341 Abs. 4 Satz 1, 341a Abs. 1, 341j Abs. 1 HGB wie große Kapitalgesellschaften behandelt.

Die allgemeinen Regelungen zum Lagebericht in §§ 289, 315 HGB beruhen ebenfalls auf Vorgaben des Gemeinschaftsrechts. Dementsprechend muss die Auslegung dieser Vorschriften den Anforderungen und der Auslegung des Gemeinschaftsrechts entsprechen.[380] Zwar sind strengere nationale Vorschriften grundsätzlich zulässig, wenn sie durch die Richtlinie nicht ausdrücklich ausgeschlossen werden und den Zielen der Richtlinie nicht entgegenstehen.[381] Im Bereich der Rechnungslegung für kapitalmarktorientierte Gesellschaften wird das in deutsches Recht umgesetzte Gemeinschaftsrecht allerdings darüber hinaus durch Internationale Standards der Finanzberichterstattung (IAS/IFRS) in Form von europäischen Verordnungen ergänzt, die Einzelfragen der Auslegung verbindlich festlegen.[382] Dadurch wird einerseits der Spielraum des deutschen Gesetzgebers auf annähernd null reduziert, andererseits wären strengere Anforderungen auch rechts- und wirtschaftspolitisch fragwürdig. Lediglich für andere, von der Bilanzrichtlinie nicht verfolgte Zwecke, etwa den der Besteuerung, können darüber hinausgehende Regelungen zur Rechnungslegung notwendig sein.

Für den Lagebericht bestehen bisher noch keine gemeinschaftsrechtlich normierten *International Accounting Standards* (IAS) oder *International Financial Reporting Standards* (IFRS).[383] Einige Regelungen der IAS/IFRS kommen der Zielsetzung des Lageberichts nahe, füllen dessen Funktion jedoch nur in kleinen Teilbereichen aus.[384] Es ist zu erwarten, dass in naher Zukunft durch das *International Accounting Standards Board* (IASB) Standards zur Lageberichterstattung verabschiedet wer-

---

379 Die Beschränkung auf große Kapitalgesellschaften ist zulässig gem. Art. 46 Abs. 4 i.V.m. Art. 27 der Richtlinie 1978/660/EG (Jahresabschlussrichtlinie) und Art. 6 Abs. 1 der Richtlinie 83/349/EG (Konzernabschlussrichtlinie).

380 Staub/Canaris/*Hommelhoff*, § 289 Rn. 2; Zur richtlinienkonformen Auslegung: Schwarz, Europäisches Gesellschaftsrecht, 151 ff.; *Grundmann*, ZEuP 1996, 399; ders. JuS 2002, 768; *Lutter*, JZ 1992, 593; *Grundmann, Hommelhoff, de Kluiver, Lutter* in: Schulze (Hrsg), Auslegung europäischen Privatrechts.

381 Vgl. *Grundmann*, Europäisches Gesellschaftsrecht, Rn. 149 f.

382 Zur Anerkennung von *International Accounting Standards* (IAS) und *International Financial Reporting Standards* (IFRS) vgl. unten Seite 203 sowie Verordnung 2003/1725 der Europäischen Kommission vom 29. September 2003 betreffend die Übernahme bestimmter internationaler Rechnungslegungsstandards in Übereinstimmung mit der Verordnung (EG) Nr. 1606/2002 des Europäischen Parlaments und des Rates.

383 Vgl. Verordnung 1725/2003/EG der Europäischen Kommission vom 29. September 2003 betreffend die Übernahme bestimmter internationaler Rechnungslegungsstandards in Übereinstimmung mit der Verordnung (EG) Nr. 1606/2002 des Europäischen Parlaments und des Rates; zum Verhältnis von Gemeinschaftsrecht und IAS/IFRS ausführlich unten Seite 202.

384 Beispielsweise die Segmentberichterstattung, IFRS 14.

den.[385] Der Aktionsplan für die Modernisierung des Gesellschaftsrechts und die Mitteilung der Kommission zur Rechnungslegungsstrategie der EU verfolgen ein voll integriertes Konzept.[386] Auch vor diesem Hintergrund ist zu erwarten, dass die Kommission die Entwicklung von Standards der Lageberichterstattung durch das IASB unterstützen und solche Standards im Verordnungswege in Gemeinschaftsrecht umsetzen wird.

Die deutschen Vorschriften zur Lageberichterstattung, § 289 und § 315 HGB müssen also aus sich heraus auf der Ebene des Gemeinschaftsrechts ausgelegt werden. Alle nachstehenden Ausführungen zur Auslegung stehen unter dem Vorbehalt, dass sie durch Standards des Gemeinschaftsrechts jederzeit konkretisiert und überlagert werden können. Mittelfristig wird dieser für Socially Responsible Investment wichtige Rechtsbereich vollständig und umfassend durch Gemeinschaftsrecht geregelt sein.

III. Funktion und Inhalt des Konzernlageberichts

Funktion und Inhalt des Jahresberichts lassen sich abgrenzen zum Jahresabschluss, der aus Bilanz, der Gewinn- und Verlustrechnung sowie dem Anhang besteht. Der Anhang zum Jahresabschluss erläutert die Bilanz und die Gewinn- und Verlustrechnung, während der Lagebericht den Geschäftsverlauf im Bilanzzeitraum darstellen soll. Für steuerliche Zwecke und gesellschaftsrechtliche Zwecke, etwa die Zulässigkeit von Ausschüttungen, ist der Lagebericht nicht erheblich. Sein Fehlen führt auch nicht zur Nichtigkeit des Jahresabschlusses.[387] Vielmehr dient er der Information über geschäftserhebliche Tatsachen, die nicht bereits im Jahresabschluss und dessen Erläuterung im Anhang enthalten sind, deren Einbeziehung aber notwendig ist für ein den tatsächlichen Verhältnissen entsprechendes wirtschaftliches Gesamtbild von der Lage der Gesellschaft und den Chancen und Risiken der zukünftigen Entwicklung. Im Gegensatz zum Anhang erläutert der Lagebericht nicht vorrangig Bilanzpositionen, sondern die für das Unternehmen wirtschaftlich bedeutsamen Zusammenhänge.[388] Es wird nicht primär Rechenschaft für Vergangenes abgelegt, sondern es werden analytisch aufbereitete Informationen über die Lage der Gesellschaft und ihre Zukunftsaussichten vermittelt.[389]

---

385 Vgl. Mitteilung von IASB/FASB vom 29. Oktober 2002; IASB/FASB, Memorandum of Understanding (2006); zu den internationalen Entwicklungen vgl. *Buchheim/Knorr*, WPg 2006, 413.
386 Mitteilung der Europäischen Kommission, Modernisierung des Gesellschaftsrechts und Verbesserung der Corporate Governance in der Europäischen Union – Aktionsplan, KOM(2003) 284; Mitteilung der Europäischen Kommission, Rechnungslegungsstrategie der EU: Künftiges Vorgehen, KOM(2000) 359; vgl. auch Villiers, European Integration and Globalisation: The Experience of Financial Reporting Regulation, in: Macleaod, Global Governance and the Quest for Justice, Vol. II – Corporate Governance, 73, 83.
387 Der Lagebericht gehört formalrechtlich nicht zum Jahresabschluss, sondern ergänzt diesen nur, vgl. MüKo-HGB/*Lange*, § 289 Rn. 2.
388 MüKo-AktG/*Steuber*, § 289 Rn. 11.
389 Vgl. *Baetge/Kirsch/Thiele*, Bilanzen, 722.

1. Verpflichtete Unternehmen

Der Lagebericht muss gem. §§ 264 Abs. 1, 289 HGB von allen großen und mittelgroßen Kapitalgesellschaften erstellt werden sowie gem. §§ 293, 315 HGB von großen Konzernmuttergesellschaften und kleinen oder mittelgroßen Konzerngesellschaften, wenn sie kapitalmarktorientiert sind.[390] Darüber hinaus verpflichtet § 5 Abs. 2 i.V.m. §§ 1, 3 PublG alle weiteren rechnungspflichtigen Unternehmen, die nicht Einzelkaufleute oder Personengesellschaften sind, zur Aufstellung eines Lageberichtes. Für Genossenschaften, § 336 Abs. 1, 2 HGB, Kreditinstitute, § 340a Abs. 1 HGB, und Versicherungsunternehmen, § 341a Abs. 1 HGB, bestehen jeweils gesonderte Vorschriften.[391] Keine Verpflichtung zur Lageberichterstattung besteht dagegen für kleine Kapitalgesellschaften ohne Kapitalmarktorientierung, nicht publikationspflichtige Personengesellschaften sowie Einzelkaufleute. Erstellen diese Unternehmen gleichwohl freiwillig einen Lagebericht, muss dieser allerdings den Anforderungen von § 289 HGB genügen. Für Socially Responsible Investment Strategien, die das Bestehen eines Aktienmarktes voraussetzen und nur kapitalmarktorientierte Unternehmen einbeziehen, sind die Ausnahmen für Personengesellschaften und nicht kapitalmarktorientierte Unternehmen allerdings nicht von Bedeutung. Vielmehr handelt es sich bei gelisteten Unternehmen regelmäßig um Konzerngesellschaften, sodass der Konzernlagebericht im Vordergrund steht.

2. Grundsätze der Lageberichterstattung

Der Lagebericht unterliegt als Teil der Finanzberichterstattung allgemeinen Grundsätzen ordnungsmäßiger Lageberichterstattung.[392] Die deutschen Grundsätze ordnungsmäßiger Buchführung bzw. die Rechnungslegungsgrundsätze der Vollständigkeit, der Richtigkeit, der Klarheit und Übersichtlichkeit, der Wesentlichkeit und der Vorsicht sind allerdings nur insoweit anwendbar, als sie nicht mit Grundsätzen des Gemeinschaftsrechts konfligieren.[393] Aus dem Gemeinschaftsrecht ergeben sich zunächst die in der Bilanzrichtlinie 78/660/EWG niedergelegten Grundsätze:[394] Der Grundsatz der Klarheit und Übersichtlichkeit (Art. 2 Abs. 2), der Grundsatz der Wahrheit bzw. *true and fair view* (Art. 2 Abs. 3), der Grundsatz der Ste-

---

390 Kapitalmarktorientierte Gesellschaften sind solche, die einen organisierten Markt im Sinne des § 2 Abs. 5 des Wertpapierhandelsgesetzes durch von ihnen ausgegebene Wertpapiere im Sinne des § 2 Abs. 1 Satz 1 des Wertpapierhandelsgesetzes in Anspruch nehmen oder die Zulassung zum Handel an einem organisierten Markt beantragt haben, vlg. §§ 267 Abs. 3, 293 Abs. 5.

391 Versicherungsunternehmen und Pensionsfonds werden gem. §§ 341 Abs. 4 Satz 1, 341a Abs. 1, 341j Abs. 1 HGB wie große Kapitalgesellschaften behandelt.

392 *Baetge/Schulze*, BB 1998, 937, 938; *Fischer/Baetge/Paskert*, Der Lagebericht, 16; zu den qualitativen Anforderungen an IAS und US-GAAP vgl. ADS International, Abschn. 1 Rn. 58 ff., sowie zum Vergleich mit den deutschen Vorschriften Abschn. 1 Rn. 249 ff.

393 Ohne Berücksichtigung des Gemeinschaftsrechts: *Winnefeld*, Bilanzhandbuch, 1505; für einen Vergleich mit internationalen Standards *Hayn/Waldersee*, IFRS/US-GAAP/HGB, 58.

394 Zu den Rechnungslegungsgrundsätzen der Bilanzrichtlinie vgl. *Grundmann*, Europäisches Gesellschaftsrecht, Rn. 509.

tigkeit und Vergleichbarkeit der Darstellungsform (Art. 3, 4) und der Grundsatz der Vorsicht (Art. 31 Abs. 1). Diese beziehen sich allerdings auf den Jahresabschluss, der gem. Art. 2 Abs. 1 der Richtlinie die Bilanz, die Gewinn- und Verlustrechnung und den Anhang, nicht jedoch den Lagebericht umfasst. Für diesen gilt nach dem Wortlaut der Richtlinie lediglich der in Art. 46 selbst niedergelegte Grundsatz der Wahrheit bzw. *true and fair view*. Alle vorgenannten Grundsätze sind deshalb nur insoweit auf den Lagebericht anwendbar, als sie lediglich eine Konkretisierung des *true and fair view* Grundsatzes darstellen.

Dies ist zu bejahen für den fast deckungsgleichen Grundsatz der Richtigkeit sowie für den Grundsatz der Klarheit und Übersichtlichkeit und die Grundsätze der Vollständigkeit und Wesentlichkeit.[395] Für den Adressatenkreis, zu dem jeder interessierte Dritte, mithin also auch die Allgemeinheit zählt, muss der Lagebericht so klar und übersichtlich gestaltet werden, dass die enthaltenen Informationen ohne sachverständige Übersetzung eigenständig zur Kenntnis genommen werden können.[396] Der Grundsatz der Vollständigkeit ergibt sich aus der Anforderung, ein Gesamtbild der Gesellschaft, mithin ein vollständiges Bild der Gesellschaft zu zeichnen. Die Beschränkung auf wesentliche Angaben ist Voraussetzung für ein den tatsächlichen Verhältnissen entsprechendes Bild der Gesellschaft, das nicht durch unwesentliche Angaben verzerrt wird.[397]

Nicht im Konflikt mit dem *true and fair view* Prinzip steht der Grundsatz der Stetigkeit und Vergleichbarkeit der Darstellungsform gem. Art. 3, 4 der Richtlinie. Dieser Grundsatz hat eine interne und eine externe Dimension, die Vergleichbarkeit periodisch aufeinander folgender Konzernlageberichte und die Vergleichbarkeit mit Konzernlageberichten anderer Unternehmen. Letzteres lässt sich nicht autonom, sondern nur durch die Anwendung externer Standards erreichen. Die Möglichkeit der Stetigkeit und Vergleichbarkeit und damit des Grundsatzes hängt insofern vom Bestehen entsprechender Standards ab. Europäische Standards bestehen bislang nicht; das Nichtbestehen europäischer Standards hindert jedoch nicht die Anwendung dieses Grundsatzes auf mittlerweile bestehende deutsche Rechnungslegungsstandards.

Der Grundsatz der Vorsicht bietet dagegen Konfliktpotential gegenüber dem Ziel einer zukunftsorientierten und gleichwertigen Berichterstattung über Chancen und Risiken. Er kann nur im Sinne der Richtigkeit bzw. des *true and fair view* Anwendung finden.[398] Zwar wird der Grundsatz der Vorsicht im IASB Rahmenkonzept – für die Rechnungslegung – genannt, er wird dort jedoch als Sorgfalt verstanden.[399] Die Rechnungslegung muss danach neutral, nicht aber (über-)

395 Bezüglich dieser Grundsätze besteht wohl Einigkeit, vgl. *Budde*, Bilanz-Kommentar, § 289 HGB Rn. 8.
396 Staub/Canaris/*Hommelhoff*, § 289 Rn. 53.
397 Vgl. *Budde*, Bilanz-Kommentar, § 289 Rn. 112; *Baetge/Kirsch/Thiele*, Bilanzen, 746.
398 A. A. *Baetge/Kirsch/Thiele*, Bilanzen, 725.
399 Vorsicht bedeutet, dass ein gewisses Maß an Sorgfalt bei der Ermessensausübung, die für die erforderlichen Schätzungen unter gewissen Umständen erforderlich ist, einbezogen wird, so dass Vermögenswerte oder Erträge nicht zu hoch und Schulden oder Aufwendungen nicht zu niedrig

vorsichtig erfolgen. Der Deutsche Rechnungslegungs-Standard DRS-15 nennt den Grundsatz der Vorsicht nicht in seinen fünf Grundsätzen der Konzernlageberichterstattung: Vollständigkeit, Verlässlichkeit, Klarheit und Übersichtlichkeit, Vermittlung der Sicht der Unternehmensleitung und Konzentration auf die nachhaltige Wertschaffung.[400] Der Grundsatz der Vermittlung der Sicht der Unternehmensleitung macht deutlich, dass die Sichtweise und Einschätzung der Unternehmensleitung im Vordergrund steht. Dem Adressaten soll eine – ausgewogene und fundierte – Sicht der Unternehmensleitung vermittelt werden. Dieser Grundsatz lässt sich der zugrundeliegenden Richtlinie zwar nicht unmittelbar entnehmen. Allerdings wird der Lagebericht von der Unternehmensleitung aufgestellt und gibt schon deshalb notwendigerweise die Sicht der Unternehmensleitung wieder. Insofern ist es folgerichtig, von einem Grundsatz der Vermittlung der Sicht der Unternehmensleitung auszugehen. Durch das IASB wurde dieser Grundsatz bisher noch nicht formuliert, ist aber im Hinblick auf die Zusammenarbeit mit dem amerikanischen FASB und das amerikanische Pendant zum Lagebericht, die *management discussion and analysis* (MD&A), zukünftig zu erwarten.[401] Abgesichert wird der Informationsgehalt durch den alles überspannenden Grundsatz des *true and fair view*.

Auch der durch DRS-15 aufgestellte Grundsatz der Konzentration auf die nachhaltige Wertschaffung lässt sich der Richtlinie nicht ohne weiteres entnehmen. Er wird abgeleitet aus der Anforderung einer Analyse der wichtigsten finanziellen und nichtfinanziellen Leistungsindikatoren.[402] Diese Analyse umfasst sowohl vergangenheitsbezogene als auch zukunftsbezogene Faktoren, ist allerdings insgesamt zukunftsorientiert, also auf die zukünftige Entwicklung des Unternehmens gerichtet. Die aktuelle und zukünftige Leistungsfähigkeit des Unternehmens, mithin sein Wertschaffungspotential, soll dargestellt werden. Im Sinne einer nachhaltigen Entwicklung ist grundsätzlich die nachhaltige Wertschaffung zum Maßstab zu nehmen. Es ist deshalb davon auszugehen, dass dieser Grundsatz zukünftig auch durch das IASB angenommen und vom Gemeinschaftsrecht übernommen wird. Die weitere Entwicklung bleibt gleichwohl abzuwarten.

---

angesetzt werden. Das Vorsichtsprinzip kann nur im Zusammenhang mit den qualitativen Merkmalen des Rahmenkonzeptes gesehen werden, insbesondere der Relevanz und der getreuen Darstellung von Geschäftsvorfällen. Das Vorsichtsprinzip rechtfertigt nicht einen bewusst zu hohen Ansatz von Schulden oder Aufwendungen oder einen bewusst zu niedrigen Ansatz von Vermögenswerten oder Erträgen, da der Abschluss dann nicht mehr neutral wäre und deshalb das Kriterium der Zuverlässigkeit nicht mehr erfüllen würde. Vgl. IASB, Rahmenkonzept für die Aufstellung und Darstellung von Abschlüssen 1989 (2001 durch das IASB bestätigt), F. 36–37. Vgl. auch *Bohl/Riese/Schlüter/Mangliers*, IFRS Handbuch, § 2 Rn. 18.

400 Bundesanzeiger vom 26. 2. 2005, Beilage 40; DRS-15 entspricht dem Entwurf E-DRS-20, www.standardsetter.de/drsc/drs.html.

401 Nach IAS (IAS 1.8) sollen Unternehmen bisher lediglich freiwillig einen „financial review by management" erstellen. Zum Diskussionsstand vgl. DRS Committee, IASB Diskussionspapier Management Commentary; IASB, Discussion Paper Management Commentary 2005; *Beiersdorf/Buchheim*, BB 2006, 96.

402 Vgl. E-DRS-20 Tz. 30–35.

Zusammenfassend sind die folgenden, gemeinschaftsrechtkonformen Grundsätze anzunehmen: Grundsatz der Richtigkeit, Grundsatz der Klarheit und Übersichtlichkeit, Grundsatz der Vollständigkeit, Grundsatz der Wesentlichkeit, Grundsatz der Stetigkeit und Vergleichbarkeit, Vermittlung der Sicht der Unternehmensleitung und Konzentration auf die nachhaltige Wertschaffung. Sie sind unabhängig von den Grundsätzen der ordnungsmäßigen Buchführung zu bestimmen und werden nicht durch diese begrenzt.[403]

3. Inhalt des Konzernlageberichts

Der Gesetzgeber hat für den Inhalt des Konzernlageberichts kein Darstellungsniveau vorgegeben.[404] Dieses richtet sich deshalb zunächst nur nach den gesetzlichen Mindestangaben und den oben dargestellten Grundsätzen der Lageberichterstattung.

Die Mindestangaben sind in § 315 Abs. 2 und 4 HGB festgelegt, wobei die Angaben nach Abs. 4 nur für kapitalmarktorientierte Gesellschaften verbindlich sind.[405] Zu den für Socially Responsible Investment relevanten Mindestangaben nach Abs. 2 gehören Risikomanagementziele und -methoden (Nr. 2 lit. a) und Forschung und Entwicklung (Nr. 3). Nach § 315 Abs. 4 Nr. 1–6 HGB müssen Regelungen offengelegt werden, die sich auf das Stimmrecht bzw. die Unternehmenskontrolle auswirken können und insofern auch für Investoren relevant sind, die SRI mittels *Engagement-Strategien* verfolgen. Durch die Richtlinie 2006/46/EG, die einen neuen Art. 46a in die Bilanz- und Konzernbilanzrichtlinie einfügt, werden kapitalmarktorientierte Gesellschaften außerdem verpflichtet, in einem gesonderten Abschnitt des Lageberichts eine Erklärung zur Unternehmensführung (*Corporate Governance Statement*) aufzunehmen.[406] Die Umsetzungsfrist der Richtlinie ist am 5. September 2008 aus, eine Ergänzung von §§ 289 und 315 HGB ist deshalb alsbald zu erwarten.[407] Die Erklärung zur Unternehmensführung muss dann darauf eingehen, ob das Unternehmen einem Unternehmensführungskodex unterliegt oder die (freiwillige) Anwendung beschlossen hat und ob es sonstige Unternehmensführungspraktiken verfolgt, die über die Anforderungen des nationalen Rechts hinausge-

---

403 Vgl. dazu auch DRS-15, Tz. 50.

404 Staub/Canaris/*Hommelhoff*, § 289 Rn. 34.

405 Aktiengesellschaften und Kommanditgesellschaften auf Aktien, die einen organisierten Markt im Sinne des § 2 Abs. 7 des Wertpapiererwerbs- und Übernahmegesetzes durch von ihnen ausgegebene stimmberechtigte Aktien in Anspruch nehmen.

406 Richtlinie 2006/46/EG des Europäischen Parlaments und des Rates vom 14. Juni 2006 zur Änderung der Richtlinien des Rates 78/660/EWG über den Jahresabschluss von Gesellschaften bestimmter Rechtsformen, 83/349/EWG über den konsolidierten Abschluss, 86/635/EWG über den Jahresabschluss und den konsolidierten Abschluss von Banken und anderen Finanzinstituten und 91/674/EWG über den Jahresabschluss und den konsolidierten Abschluss von Versicherungsunternehmen; zur aktuellen Diskussion vgl. *Arbeitskreis Externe Unternehmensrechnung*, DB 2006, 1069; dieselben DB 2003, 2337.

407 Die Umsetzung erfolgte zwischenzeitlich mit Beschluss des Bundestages vom 26. 3. 2009 über das Bilanzrechtsmodernisierungsgesetz (BilMoG), vgl. Beschlussempfehlung des Bundestages, BT-Drucks. 16/12407, durch Einfügung des neuen § 289a HGB.

hen. Außerdem sind die Aktionärsrechte und Möglichkeiten ihrer Ausübung zu erläutern.

Neben diesen Angaben und den Mindestangaben gem. § 315 Abs. 2 und 4 HGB müssen alle Informationen in den Lagebericht aufgenommen werden, die zu einer ausgewogenen und umfassenden, dem Umfang und der Komplexität des Geschäftsbetriebes angemessenen Analyse notwendig sind und nach dem *true and fair view* Grundsatz ein den tatsächlichen Verhältnissen entsprechendes Bild des Geschäftsverlaufs, Geschäftsergebnisses und der Lage der Gesellschaft einschließlich wesentlicher Chancen und Risiken darstellen.

Informationen, die über diese Anforderungen hinausgehen, sind dagegen freiwillig.[408] Die Abgrenzung ist schwierig, da freiwillige Angaben sowohl in eigenständigen Zusatzberichten als auch im Lagebericht selbst gemacht werden können. Freiwillige Angaben im Lagebericht unterliegen sowohl den allgemeinen materiellen Anforderungen bzw. Grundsätzen der Konzernlageberichterstattung als auch der Prüfung gem. § 317 Abs. 2 HGB.[409] Freiwillige Angaben sollten, um dem Grundsatz der Wesentlichkeit zu genügen, separat vom Lagebericht in einem besonderen Abschnitt oder in einem eigenständigen Bericht (z. B. Umwelt- und Sozialbericht) dargestellt werden.[410]

B. Socially Responsible Investment in der Lageberichterstattung

Ethisch-sozial-ökologische Faktoren fließen grundsätzlich überall dort in die von DRS geforderten Angaben des Lageberichtes ein, wo sie (für den Geschäftsverlauf und die Lage der Gesellschaft) Bedeutung haben.[411] Dies ist der Fall, wenn sie einen wesentlichen Einfluss auf den Geschäftsverlauf oder die wirtschaftliche Lage genommen haben oder die Unternehmensleitung von diesen einen wesentlichen Einfluss auf die voraussichtliche Entwicklung des Konzerns erwartet.[412]

---

408 Zur Abgrenzung zwischen verpflichtenden, empfohlenen und freiwilligen Angaben vgl. *Baetge/Prigge*, DB 2006, 401; vgl. auch *Strawser/Gelb*, Corporate Social Responsibility and Financial Disclosures: An Alternative Explanation for Increased Disclosure.

409 *Budde*, Bilanz-Kommentar, § 317 Rn. 59; vgl. auch Rechtnungslegungshinweis IDW RH HFA 1.007 vom 18. 10. 2005 zur Lageberichterstattung nach § 289 Abs. 1 und 3 HGB bzw. § 315 Abs. 1 HGB in der Fassung des Bilanzrechtsreformgesetzes, abgedruckt in: WPg 2005, 1234f. Danach kommt „eine weitergehende Berichterstattung [über sonstige nichtfinanzielle Leistungsindikatoren] nicht in Betracht, wenn hierdurch die Klarheit und Übersichtlichkeit der Analyse und damit der Konzentration auf das Wesentliche beeinträchtigt würde".

410 Vgl. MüKo-HGB/*Lange*, § 289 Rn. 19ff.; *Budde*, Bilanz-Kommentar, § 289 Rn. 112; *Baetge/Kirsch/Thiele*, Bilanzen, 746.

411 Auch das Institut der Wirtschaftsprüfer in Deutschland e. V. (IDW) hat mit seinem Rechtnungslegungshinweis IDW RH HFA 1.007 vom 18. 10. 2005 zur Lageberichterstattung nach § 289 Abs. 1 und 3 HGB bzw. § 315 Abs. 1 HGB in der Fassung des Bilanzrechtsreformgesetzes Stellung genommen, vgl. WPg 2005, 1235.

412 Vgl. DRS-15, Tz. 31.

Dementsprechend stellt die Begründung des Regierungsentwurfes zum Bilanzrechtsreformgesetz klar, dass die Vorschrift weit auszulegen ist:[413]

Die in Anlehnung an die Richtlinie besonders erwähnten Belange der Arbeitnehmer und des Umweltschutzes bilden keine abschließende Aufzählung und zwingen auch nicht zu einer entsprechenden Schwerpunktsetzung. Vielmehr gehören auch sonstige nichtfinanzielle Angaben in die Lageberichterstattung, wenn sie zur Einschätzung von Geschäftsverlauf oder Lage von Bedeutung sind oder die voraussichtliche Unternehmensentwicklung wesentlich beeinflussen können. Dazu werden regelmäßig die Entwicklung des Kundenstammes, das Humankapital, der Bereich Forschung und Entwicklung, unter Umständen auch die – z. B. durch Sponsoring oder karitative Zuwendungen seitens des Unternehmens geförderte – gesellschaftliche Reputation der Kapitalgesellschaft zählen

Wie bereits dargestellt, sind die Vorschriften zum Lagebericht auf der Ebene des Gemeinschaftsrechts auszulegen. Dies hindert jedoch nicht die Anwendung gemeinschaftsrechtskonformer nationaler Standards, wie sie für das deutsche Recht durch das Deutsche Rechnungslegungs-Standards Committee e.V. erarbeitet wurden.

I. DRS-Standards zur Lage- und Risikoberichterstattung

Die Deutschen Rechnungslegungs-Standards DRS-15 (Lageberichterstattung) sowie der DRS-5 (Risikoberichterstattung) gliedern den Lagebericht in die Abschnitte Geschäft und Strategie (DRS-15 Tz. 36–47), Ertragslage (DRS-15 Tz. 53–63), Finanzlage (DRS-15 Tz. 64–79), Vermögenslage (DRS-15 Tz. 80–83), Nachtragsbericht (DRS-15 Tz. 84–85), Risikobericht (DRS-15 Tz. 86 i.V.m. DRS-5), Prognosebericht (DRS-15 Tz. 87–95).[414]

1. Geschäft und Strategie (DRS-15 Tz. 36–47)

Als Ausgangspunkt für die analytischen Informationen im Lagebericht sind zunächst die Geschäftstätigkeit, ihre Rahmenbedingungen und die Ziele der Unternehmensleitung darzulegen. Ethisch-sozial-ökologische Faktoren sind an dieser Stelle bereits relevant, wenn sie entweder für die Rahmenbedingungen der Geschäftstätigkeit wesentlich sind, beispielsweise deshalb, weil das Unternehmen durch seine Produkte oder Dienstleistungen in einem durch ethische, soziale oder ökologische Fragestellungen geprägten Markt tätig ist (erneuerbare Energien, sozial Dienstleistungen, etc.) oder weil das Unternehmen in einem ethisch-sozial-

413 Vgl. auch die Gesetzesbegründung zum deutschen Umsetzungsgesetz, Entwurf eines Gesetzes zur Einführung internationaler Rechnungslegungsstandards und zur Sicherung der Qualität der Abschlussprüfung (Bilanzrechtsreformgesetz – BilReG), BT-Drucks. 15/3419, 31. Zur Auslegung vgl. auch MüKo-AktG/*Steuber*, § 289 Rn. 120.

414 Der am 26. 2. 2005 vom BMJ im Bundesanzeiger bekannt gemachte DRS-15 entspricht dem am 7. 12. 2004 vom DSR verabschiedeten E-DRS-20; der am 29. 5. 2001 vom BMJ im Bundesanzeiger bekannt gemachte DRS-5 entspricht dem am 3. 4. 2001 vom DSR verabschiedeten E-DRS-5.

ökologisch sensiblen Markt tätig und einer erhöhten öffentlichen Aufmerksamkeit für diese Fragestellungen ausgesetzt ist.

Diese Fragestellungen können darüber hinaus relevant werden, wenn die Unternehmensleitung nichtfinanzielle ethisch-sozial-ökologische Zielsetzungen von wesentlicher Bedeutung hat. Dies wäre beispielsweise der Fall, wenn ein Unternehmen solchen Zielsetzungen in der Unternehmensstrategie eine wesentlich größere Bedeutung geben will oder deren öffentliche Wahrnehmung durch entsprechende Kommunikationsstrategien verändern möchte.[415] Auch die Forschungs- und Entwicklungsziele des Unternehmens können von ethisch-sozial-ökologischer Relevanz für die Unternehmensstrategie sein.

2. Ertragslage (DRS-15 Tz. 53–63)

Die Darstellung der Ertragslage vermittelt eine zeitraumbezogene Information über die Ergebnisentwicklung des Unternehmens bzw. Konzerns und die zugrundeliegenden Einflussfaktoren und Trends. Ethisch-sozial-ökologische Faktoren können unternehmensintern im Bereich der Umweltschutzaufwendungen, Personalentwicklung oder Arbeitsstandards relevant werden oder auch von außen in Form regulativer Rahmenbedingungen oder Markttrends auf die Ergebnisentwicklung des Unternehmens einwirken. Gleiches gilt, wenn einzelne Aufwendungen in der Summe stabil bleiben, aber wesentliche Veränderungen in ihrer Struktur erfolgt sind. Die Einführung des Emissionshandels kann beispielsweise die Aufwendungen für Energie und Entsorgung sowohl in der Höhe als auch in der Zusammensetzung der Kosten beeinflussen und ist dann entsprechend zu erläutern.

Die wesentlichen Faktoren für die Ergebnisentwicklung sind vollständig und in der Reihenfolge ihrer Bedeutung darzustellen.[416] Ethisch-sozial-ökologische Faktoren sind dann analytisch herauszuarbeiten, wenn sie wesentlichen Einfluss auf die Ergebnisentwicklung im Berichtszeitraum hatten oder bei prognoseorientierter Betrachtung wesentlicher Einfluss für kommende Ergebniszeiträume zu erwarten ist.

3. Finanzlage (DRS-15 Tz. 64–79)

Im Mittelpunkt der Darstellung der Finanzlage steht die Fähigkeit des Unternehmens bzw. Konzerns, seine Zahlungsverpflichtungen und seine rechtlichen oder wirtschaftlichen Investitionsverpflichtungen zu erfüllen.[417] Ethisch-sozial-ökologische Faktoren werden an dieser Stelle kaum relevant. Allerdings können sich In-

415 Ein solches Beispiel war der öffentlichkeitswirksame Wandel der Unternehmensstrategie des Ölkonzerns BP (jetzt: *Beyond Oil*) hin zu einem ökologisch verantwortungsvollen innovativen Unternehmen.
416 DRS-15, Tz. 56.
417 Vgl. DRS-15, Tz. 73, 78.

vestitionsverpflichtungen auf Sachvermögen oder immaterielles Vermögen sozialer oder ökologischer Art beziehen, beispielsweise wirtschaftlich zwingende Investitionen in die Ausbildung der Mitarbeiter oder in Umwelttechnik, um vor der Einführung stehende Umweltstandards erfüllen zu können.

Darüber hinaus umfasst die Finanzlage auch die Grundsätze und Ziele des Finanzmanagements etwaiger Rücklagen. Soweit die Verwaltung der Rücklagen SRI-Grundsätzen und Zielen folgt, können diese dargelegt werden. Da SRI-Grundsätze bei der Verwaltung von Rücklagen regelmäßig keine Auswirkungen auf die Rentabilität der Rücklagen und die wirtschaftliche Lage des Unternehmens haben, sind nähere Angaben aber nicht verpflichtend.

4. Vermögenslage (DRS-15 Tz. 80–83)

Hinsichtlich der Vermögenslage sind Höhe und Zusammensetzung des Vermögens sowie wesentliche Abweichungen gegenüber dem Vorjahr und wesentliche Änderungen außerbilanzieller Finanzierungsinstrumente oder immaterieller Vermögenswerte anzugeben und zu erläutern. Ethisch-sozial-ökologische Faktoren werden von diesen Angaben nur dann berührt, wenn sie immaterielle Vermögenswerte abbilden.

5. Nachtragsbericht (DRS-15 Tz. 84–85)

Ereignisse, die eine Darstellung im Bericht zur Ertrags-, Finanz- oder Vermögenslage erfordert hätten, aber erst nach Schluss des Geschäftsjahres eingetreten sind, müssen im Nachtragsbericht angegeben werden. Dies gilt dementsprechend auch für Vorgänge ethisch-sozial-ökologischer Art, die nach Schluss des Geschäftsjahres eintreten.

6. Risikobericht (DRS-15 Tz. 86 i.V.m. DRS-5)

Für den Risikobericht sind ethisch-sozial-ökologische Faktoren relevant, die einen wesentlichen Einfluss auf Chancen und Risiken der Geschäftstätigkeit, auf den Geschäftsverlauf oder auf die wirtschaftliche Lage der Gesellschaft haben könnten.[418] Dabei bezieht sich § 315 Abs. 1 Satz 4 HGB auf alle tatsächlichen Umstände, gleichgültig, ob es sich um finanzielle oder nichtfinanzielle Leistungsindikatoren handelt. Die Bezugnahme auf nichtfinanzielle Leistungsindikatoren wie beispielsweise Umwelt- und Arbeitnehmerbelange in § 315 Abs. 1 Satz 3 HGB, die durch das Bilanzrechtsreformgesetz eingeführt wurde, unterstreicht insofern nur die bereits nach bisheriger Rechtslage bestehende Pflicht, im Risikobericht auf

418 Vgl. DRS Committee, IASB Diskussionspapier Management Commentary, Q4.

ethisch-sozial-ökologische Faktoren einzugehen, mit denen wesentliche Chancen und Risiken der Gesellschaft verbunden sind.[419]

Der Gesetzgeber hat weder im Gesetz noch in der Gesetzesbegründung konkrete Grundsätze für die Aufstellung einer Risikoberichterstattung festgelegt.[420] Im deutschen Rechnungslegungsstandard DRS-5 wird Risiko jedoch definiert als die Möglichkeit von negativen künftigen Entwicklungen der wirtschaftlichen Lage des Konzerns; Chance ist danach die Möglichkeit von positiven künftigen Entwicklungen der wirtschaftlichen Lage des Konzerns. Die Definition bezieht das Risiko explizit auf die wirtschaftliche Lage insgesamt, nicht nur auf die Vermögens-, Finanz- und Ertragslage.[421] Es kommt darauf an, ob ein – finanzieller oder nichtfinanzieller – Umstand die künftige Entwicklung der wirtschaftlichen Lage der (Konzern-)Gesellschaft negativ beeinflussen könnte.

Wenn beispielsweise bei einer betriebsinternen Prüfung Sicherheitsmängel an den Produktionsanlagen festgestellt werden, handelt es sich um einen Umstand nichtfinanzieller Art, der ein Risiko für die Arbeitnehmer des Betriebes, die umliegenden Anwohner oder die Umwelt darstellt, und dessen Verwirklichung unmittelbar (Verlust von Produktionsanlagen, Verletzung von Arbeitnehmern) oder mittelbar (Reputationsverlust) negative Auswirkungen auf die wirtschaftliche Entwicklung des Konzerns haben kann. Die Einbeziehung nichtfinanzieller Angaben in die Lageberichterstattung erfasst somit alle ethisch-sozial-ökologischen Umstände, die entweder unmittelbare Risiken beziehungsweise Kosten verursachen können (Ausfall von Produktionsanlagen, Rückruf gefährlicher Produkte, Schadensersatzansprüche wegen Umweltzerstörung, etc.) oder deren zufälliges Öffentlichwerden zu mittelbaren Kosten (Reputationsverlust) führen kann. Während ökologische Faktoren in der Regel sowohl unmittelbare Kosten verursachen als auch mittelbar das Ansehen des Unternehmens schädigen, bedeuten ethische und soziale Faktoren meist ein mittelbares Risiko durch einen Verlust an Reputation, sinkende Attraktivität als Arbeitgeber und weitere mittelbar negative Folgen.

Den Schwerpunkt der Berichterstattung bilden nicht die allgemeinen Markt- und Branchenrisiken, sondern die mit den spezifischen Gegebenheiten des Konzerns und seiner Geschäftstätigkeit verbundenen Risiken, beispielsweise die Abhängigkeiten von Patenten, Herstellungsverfahren, einzelnen Kunden oder Lieferanten, bestimmten rechtlichen Rahmenbedingungen, etc. Ethisch-sozial-ökologische Faktoren können Risiken in vielen Zusammenhängen bedingen oder beeinflussen, beispielsweise:

I. Umfeldrisiken
   - Politische Entwicklungen (z.B. Einflussnahme der Politik auf Stilllegung von Kernkraftwerken)[422]

419 Zu den Anforderungen des Gesetzes zur Kontrolle und Transparenz im Unternehmensbereich (KonTraG) an das „value reporting" bereits *Wolf*, DStR 2003, 1089.
420 Vorgaben finden sich allerdings im DCGK, vgl. *Preußner*, NZG 2004, 303.
421 Anders wohl *Winnefeld*, Bilanzhandbuch, 1513.
422 Beispiel aus: *Winnefeld*, Bilanzhandbuch, 1514.

  - Veränderungen des ethischen Bewusstseins der Gesellschaft (z. B. aufkommendes Interesse für Arbeits- und Umweltbedingungen an ausländischen Produktionsstätten)
  - Veränderungen des Sozialbewusstseins (z. B. aufkommendes Interesse an der Familienfreundlichkeit von Unternehmen und der Gleichbehandlung von Frauen in Führungspositionen)
  - Veränderung von Umweltstandards
  - Veränderung von Arbeits- oder Sozialstandards

II. Unternehmensstrategische Risiken
  - Investitionen in technischen Umweltschutz und in Öko-Effizienz
  - Unternehmensphilosophie
  - Verhältnis zu Stakeholdern
  - Corporate Social Responsibility
  - Informationsmanagement

III. Leistungswirtschaftliche Risiken
  - Umweltmanagement
  - Produktsicherheit
  - Arbeitsschutz
  - Innovationsfähigkeit
  - Überwachung von Zulieferern

IV. Personalrisiken
  - Personalentwicklung, -ausbildung und -weiterbildung
  - Ethisch-sozial-ökologische Werte von Schlüsselpersonen
  - Führungsrisiken (z. B. Krisenmanagement bei Unfällen und Störfällen)

V. Sonstige Risiken
  - Schadensersatzansprüche, Prozessrisiko und andere rechtliche Risiken
  - Unfälle, Störfälle und andere Unglücksfälle

Informationen über diese Risiken sind nur dann von Wert für den Abschlussadressaten, wenn sie verständlich, relevant, verlässlich und vergleichbar sind. Die einzelnen Risiken und möglichen Konsequenzen sind daher in aus sich heraus verständlicher Form darzustellen, wobei sowohl ihre Eintrittswahrscheinlichkeit als auch die betragsmäßige Auswirkung zu berücksichtigen ist.[423] Die Quantifizierung von Risiken ist jedenfalls dann nötig, wenn dies nach anerkannten und verlässlichen Methoden möglich und wirtschaftlich vertretbar ist und die quantitative Angabe eine entscheidungsrelevante Information für die Adressaten des Konzernlageberichts ist.[424] Nichtfinanzielle Risiken, die sich gleichwohl erheblich auf die wirtschaftliche Lage der Gesellschaft auswirken können, lassen sich mangels verlässlicher Methoden regelmäßig nur grob schätzen. Da Schätzungen stets subjektive Sichtweisen zugrundeliegen, die für den Adressaten des Risikoberichts nicht erkennbar sind, sollte eine Quantifizierung in diesen Fällen unterbleiben.[425]

---

423 *Wolf*, DStR 2005, 438.
424 Vgl. DRS-5, Tz. 19.
425 *Wolf*, DStR 2003, 1089, 1093; ähnlich DRS-5, Tz. 19.

Wenn ein verlässliches Rechenmodell verwendet wird, sind die zugrundegelegten Angaben zu erläutern.

Der Grundsatz der Wesentlichkeit gilt auch für den Risikobericht. Informationen sind dann wesentlich, wenn sie die wirtschaftlichen Entscheidungen der Adressaten beeinflussen, indem sie ihnen bei der Beurteilung vergangener, derzeitiger oder zukünftiger Ereignisse helfen oder ihre Beurteilungen aus der Vergangenheit bestätigen oder korrigieren.

Die Interessen außenstehender, potentieller Investoren stehen jedoch regelmäßig im Konflikt mit den Interessen der Geschäftsführung und derjenigen Investoren, die bereits Unternehmensanteile erworben haben. Während sich außenstehende Investoren ein möglichst umfassendes Bild des Unternehmens machen wollen, werden Unternehmer stets zu vermeiden suchen Risiken offenzulegen, denen die Gesellschaft ausgesetzt ist. Grund dafür ist primär die Wahrung von Geschäftsgeheimnissen, aber auch die Beschränkung potentieller rechtlicher Angriffsflächen. Komplexe Risken sind in ihrer Eintrittswahrscheinlichkeit und ihren potentiellen Folgen oft nur schwer zu bewerten. Dies gilt insbesondere, wenn für spezifische oder neue Risiken keine Vergleichsdaten vorliegen oder zukünftige Einflussfaktoren nicht eingeschätzt werden können, sodass ein breiter Prognosespielraum verbleibt. Angaben im Risikobericht können von den Adressaten falsch verstanden, dramatisierst oder schlicht sehr vorsichtig interpretiert werden und dadurch den Unternehmenswert beeinträchtigen, Kredite verteuern, Betriebsprüfungen verursachen oder sonstige negative Auswirkungen haben.

Vor diesem Hintergrund sind bei der Auslegung der Vorschriften zum Risikobericht die widerstreitenden Interessen abzuwägen.[426] Der die Vorschriften zum Lagebericht bestimmende *true and fair view* Grundsatz zeigt, dass der Normgeber sich an den Informationsbedürfnissen der Teilnehmer an den internationalen Kapitalmärkten, mithin an den Interessen der außenstehenden Investoren orientiert.[427]

Bei der Bestimmung von Art und die Grenzen der Berichtspflicht stellt sich die Frage, welche Risiken (Wesentlichkeit) wie genau (Einzelrisiken oder Risikokategorien) dargestellt werden müssen und ob ein Unternehmen unter bestimmten Umständen von der Darstellung befreit ist.

In Anlehnung an die Wertung in § 13 Abs. 1 Satz 2 WpHG kann für die Frage der Wesentlichkeit auf die Rechtsfigur des verständigen Anlegers zurückgegriffen werden. Wesentlich sind danach solche Umstände, die ein verständiger Anleger bei seiner Anlageentscheidung berücksichtigen würde. Umstände, die im Falle ihres öffentlichen Bekanntwerdens geeignet sind, den Börsen- oder Marktpreis erheblich zu beeinflussen (Insiderinformationen) verpflichten börsennotierte Unternehmen bereits zu einer Ad-hoc-Mitteilung. Der Maßstab für verpflichtende Angaben im nur jährlich veröffentlichten Risikobericht ist im Vergleich zu Ad-hoc-Mit-

426 Ebenroth/Boujong/Joost/*Wiedmann*, § 289 Rn. 11; *Baetge/Schulze*, DB 1998, 937, 943.
427 *Winnefeld*, Bilanzhandbuch, 1513.

teilungen geringer anzusetzen. In Betracht kommen zunächst alle Risiken, die grundsätzlich geeignet wären, die wirtschaftliche Lage des Unternehmens nicht bloß unerheblich negativ zu beeinflussen.

Fraglich ist allerdings, welche Anforderungen an die Eintrittswahrscheinlichkeit zu stellen sind. Ein Investor wird nicht nur solche Risiken bei seiner Anlageentscheidung berücksichtigen, die unmittelbar bevorstehen und deren Verwirklichung mit überwiegender Wahrscheinlichkeit erwartet werden kann. Vielmehr wird er alle Risiken berücksichtigen, die entweder eine erhebliche Eintrittswahrscheinlichkeit haben, oder deren potentielle Folgen besonders schwerwiegend wären. Ein Unternehmen, das Kernkraftwerke betreibt, wird beispielsweise auf die schwerwiegenden, wenn auch sehr unwahrscheinlichen, Konsequenzen einer Kernschmelze in einem ihrer Kraftwerke hinweisen müssen. Anderes kann nur gelten für solche sehr unwahrscheinlichen aber schwerwiegenden Risiken, die atypisch sind und in keinem Zusammenhang mit dem Geschäftsbetrieb stehen. Von einem Kernkraftwerksbetreiber ist beispielsweise kaum zu verlangen, im Risikobericht die potentiellen Auswirkungen eines Meteoriteneinschlags zu erörtern oder auf andere atypische Eventualitäten einzugehen. In Zeiten erhöhter Aktivität militanter politischer Gruppen können dagegen Risiken durch gezielte Anschläge aufzuführen sein.

Nach diesen Kriterien sind letztlich alle Risiken zu erörtern, die in ihren potentiellen Auswirkungen nicht unerheblich sind und sich entweder andeuten oder typischerweise mit dem Geschäftsbetrieb verbunden sind. Eine hohe Eintrittswahrscheinlichkeit erhöht das Risiko, bei typischen – wenn auch unwahrscheinlichen – Risiken lässt die geringe Eintrittswahrscheinlichkeit die Berichtspflicht jedoch nicht wegfallen.[428]

Grundsätzlich kann die Berichterstattung nicht mit der Begründung unterbleiben, dass der Gesellschaft durch die Veröffentlichung ein Nachteil droht.[429] Es ist gerade Sinn und Zweck des Risikoberichts, außenstehende Investoren über Risiken zu informieren, die diese von einer Beteiligung abhalten könnten und deren Veröffentlichung für das Unternehmen daher nachteilig ist. Hier deutet sich ein Wertungswiderspruch zum Auskunftsverweigerungsrecht des Vorstandes gem. § 131 Abs. 3 AktG an. Gemäß Abs. 3 Nr. 1 der Vorschrift darf der Vorstand die Auskunft verweigern, soweit die Erteilung der Auskunft nach vernünftiger kaufmännischer Beurteilung geeignet ist, der Gesellschaft oder einem verbundenen Unternehmen einen nicht unerheblichen Nachteil zuzufügen. Die Informationspflichten gegenüber der Hauptversammlung können allerdings nicht geringer sein als die Informationspflichten gegenüber außenstehenden Investoren.

In Anbetracht des oben beschriebenen Interessenkonfliktes zwischen Unternehmensinteressen und Investoreninteressen muss folglich auch dem legitimen Bedürfnis genügt werden, Geschäftsgeheimnisse zu schützen und Selbstschädigung

428 A. A. wohl *Winnefeld*, Bilanzhandbuch, 1514 („erhebliche Wahrscheinlichkeit").
429 Baumbach/*Schulze-Osterloh*, § 42 Rn. 551.

zu vermeiden. Dies gilt umso mehr auf internationalen Kapitalmärkten mit uneinheitlichen Offenlegungsstandards, die für besonders verpflichtete Unternehmen zu Wettbewerbsnachteilen gegenüber ihren Konkurrenten führen können.

Diesen Bedenken wird dadurch Rechnung getragen, dass Unternehmen die Veröffentlichung durch geeignete Maßnahmen vermeiden können, die die Interessen außenstehender Investoren wahren. So kann die Darstellung von Risiken im Lagebericht unterbleiben, wenn sie vollständig abgesichert sind, sei es durch Wertberichtigungen in der Bilanz, durch entsprechende Rückstellungen oder durch die Abwälzung auf Versicherer oder andere Deckungsgeschäfte.[430] Dem liegt die Wertung zugrunde, dass ein „verständiger Investor" von einem Investment nicht Abstand nehmen wird, wenn das spezifische Risiko bereits entsprechend bilanziert, durch Rückstellungen abgesichert, vertraglich gedeckt oder faktisch beseitigt ist. Dementsprechend beschränkt sich gem. DRS-5 die Darstellung und Erläuterung für Risiken, die durch wirksame Maßnahmen – z.B. durch Abschluss eines Vertrags oder einer Versicherung – zuverlässig kompensiert wurden, auf das Restrisiko.[431] Die Darstellung kann also „netto", bereinigt um bereits erfolgte Sicherungsmaßnahmen erfolgen.

In vielen Fällen wird auch bei effektiver – also nach wirtschaftlichen Kriterien sinnvoller – Absicherung ein Restrisiko verbleiben. Im Beispiel des Kernkraftwerkbetreibers: Hier ist der Super-GAU einer Kernschmelze aufgrund der enormen potentiellen Schadenssumme weder faktisch in voller Höhe versicherbar noch wäre dies angesichts der kaum kalkulierbaren Versicherungsprämie wirtschaftlich sinnvoll.[432] Auch Reputationsrisiken, die trotz Absicherung unmittelbar verursachter Schäden auftreten, sind kaum kalkulierbar. Beispielsweise werden Rückstellungen eines Automobilkonzerns für eine etwaige Rückrufaktion wegen bekannter Mängel eines Automodells in der Regel nicht den Marketingaufwand mitberücksichtigen, der nötig ist, um einen wegen verspäteten Rückrufs eingetretenen Reputationsschaden wieder auszugleichen.[433]

Fraglich ist, welche Anforderungen an die Beschreibung der Restrisiken im Risikobericht zu stellen sind. Soweit das Restrisiko nicht exakt quantifiziert werden kann, benötigt der verständige Investor ausreichende Angaben für eine eigene Einschätzung. In diesem Fall ist zur Erläuterung des Restrisikos über die Risiken vor den Sicherungs- und Bewältigungsmaßnahmen und die ergriffenen Maßnahmen

---

430 Vgl. *Winnefeld*, Bilanzhandbuch, 1515; *Budde*, Bilanz-Kommentar, § 289 Rn. 46; a.A. teilweise *Dörner/Menold/Pfitzer/Oser*, § 289 Rn. 390, der Wertberichtigungen und Rückstellungen nicht genügen lässt.

431 DRS-5, Tz. 22.

432 Die in der atomrechtlichen Deckungsvorsorge-Verordnung vom 25. Januar 1977 (AtDeckV) festgelegte Deckungsvorsorge beschränkte sich dementsprechend auf den eher symbolischen Wert von 500 Mio. Euro. Durch die Novelle vom 12. August 2005 wurde der Wert auf bis zu 2,5 Mrd. Euro angehoben.

433 Ein Beispiel aus jüngerer Zeit ist die geplante Versenkung der Öllagerplattform Brent Spar 1995. Es ist davon auszugehen, dass die mittelbaren Reputationskosten im Zusammenhang mit der versuchten Versenkung und die Kosten der anschließenden Medienkampagne „Wir werden uns ändern" die Kosten der alternativen Entsorgung an Land um ein vielfaches überstiegen.

zu berichten. Auch in dieser Hinsicht gilt der Wesentlichkeitsgrundsatz. Detailangaben sind grundsätzlich nicht erforderlich, der Adressat des Berichts muss sich jedoch über die wesentlichen Umstände des beschriebenen (Rest-)risikos ein Bild machen können.

Für die Gesamteinschätzung der Risikolage kann es auch erforderlich sein, über Risiken zu berichten, die im Jahresabschluss bereits durch Bildung einer Rückstellung berücksichtigt worden sind.[434] Derartige Sachverhalte stellen bei formaler bilanzrechtlicher Betrachtungsweise zwar keine Risiken der künftigen Entwicklung dar, aus Investorensicht gehören sie jedoch zu einer umfassenden und in sich geschlossenen Darstellung der Risikolage des Unternehmens.[435]

An die Genauigkeit der Darstellung eines Risikos sind umso geringere Maßstäbe anzulegen, je mehr Gegenmaßnahmen bereits ergriffen und Teilrisiken beseitigt wurden. Ist das verbleibende Restrisiko quantitativ so gering, dass seine Verwirklichung keinen Einfluss auf die zukünftige wirtschaftliche Lage des Konzerns haben kann, kann die Darstellung des Restrisikos ganz unterbleiben.

Es ist Unternehmen demnach theoretisch möglich, Risiken durch ausreichende Absicherung aus dem Risikobericht zu eliminieren. Diese Konsequenz folgt aus der Annahme, dass Risiken, deren finanziellen Folgen für das Unternehmen vollständig abgesichert wurden, für die Investitionsentscheidung eines verständigen Anlegers nicht mehr erheblich sind. Die – finanziellen – Interessen des verständigen Anlegers sind gewahrt.

Es verbleiben allerdings noch die potentiell anders gearteten Interessen weiterer Adressaten des Risikoberichts, namentlich der Öffentlichkeit. Diese können beispielsweise ethisch-moralischer Art sein und sich auch auf solche Informationen beziehen, die ein ethisch-moralisches (Reputations-)risiko für das Unternehmen darstellen, wobei es auf dessen finanzielle Absicherung nicht ankommt.

Dies zieht die Frage nach sich, ob der Wegfall der Berichtspflicht für finanziell abgesicherte Risiken für solche Fälle ausgenommen sein könnte, in denen diesem Risiko eine ethisch-moralische Bedeutung zukommt, die den Wegfall der Berichtspflicht als unzulässig erscheinen lässt. Dafür wäre eine rechtliche Verbindung zwischen handelsrechtlichen Berichtspflichten und ethisch-moralische Wertungen nötig. Das Handelsgesetzbuch kennt zwar Verhaltensregeln zwischen Kaufleuten, die als Kaufmannsehre bezeichnet werden können und eine ethisch-moralische Dimension enthalten. Allgemeine ethisch-moralische Erwägungen für Gesellschaften sind ihm jedoch nicht zu entnehmen.

Eine Rückausnahme gegen den Wegfall der Berichtspflicht für finanziell abgesicherte Risiken lässt sich mangels entsprechender ethisch-moralischer Wertungen

---

434 Aus den gem. § 315 Abs. 2 Nr. 2a HGB erforderlichen Angaben zum Risikomanagement und zu den Methoden der Risikoabsicherung lassen sich dagegen keine Berichtspflichten zu konkreten Risiken ableiten.

435 Vgl. DRS-5, Tz. 22, 30.

des Gesetzes nicht konstruieren. Denkbar wäre nur eine Selbstbindung der Gesellschaft aufgrund freiwilliger Standards.

Im Ergebnis sind trotz der Möglichkeit, die Risikoberichtspflicht durch vollständige Absicherung zu vermeiden, die gesetzlichen Anforderungen an den Risikobericht so umfassend ausgestaltet, dass sie eine wesentliche Informationsquelle für SRI-Investoren darstellen.

7. Prognosebericht (DRS-15 Tz. 87–94)

Der Prognosebericht erklärt aus Sicht der Unternehmensleitung die strategische Ausrichtung für die kommenden zwei Geschäftsjahre. Angaben zur Geschäftspolitik, zur Verwendung neuer Verfahren und zu geplanten Investitionen können sich, vergleichbar mit dem Bericht über das vergangene Geschäftsjahr, auf Sachverhalte mit ethisch-sozial-ökologischer Bedeutung beziehen. Anders als bei den sonstigen Teilen des Lageberichts steht beim Prognosebericht nach DRS-15 ausdrücklich die Sicht der Unternehmensleitung im Vordergrund. Aus Gründen der Klarheit muss der Prognosebericht geschlossen und insbesondere klar abgrenzbar von der Risikoberichterstattung dargestellt werden.

II. Erklärung zur Unternehmensführung

Börsennotierte Aktiengesellschaften sind gem. § 161 AktG verpflichtet, den deutschen Corporate-Governance-Kodex (DCGK) einzuhalten oder sich über Abweichungen zu erklären. Die Abweichungserklärung muss jedoch, entgegen den ursprünglichen Vorstellungen der Regierungskommission Corporate Governance, nicht begründet werden.[436]

Der DCGK enthält unter anderem in Teil 2 Angaben zu den Aktionärsrechen und deren Ausübung. Diese haben Relevanz für institutionelle Investoren, die *Engagement*-Strategien nutzen, um in ethisch-sozial-ökologischer Hinsicht Einfluss auf die Geschäftsführung zu nehmen.

Durch die europäische Richtlinie 2006/46/EG wird ab 5. September 2008 der Lagebericht um eine Erklärung zur Unternehmensführung (Corporate Governance Statement) ergänzt.[437] Börsennotierte Gesellschaften müssen danach in einem beson-

436 MüKo-AktG/*Semmler*, § 161 Rn. 148; vgl. auch *Baums*, Bericht der Regierungskommission Corporate Governance; zu den Rechtsfolgen bei Verstoß gegen § 161 AktG vgl. Abram, ZBB 2003, 41; Zur Implementierung vgl. *Wymeersch*, Implementation of the Corporate Governance Codes, in: *Hopt/Wymeersch/Kanda/Baum*, Corporate Governance in Context, 403.

437 Richtlinie 2006/46/EG des Europäischen Parlaments und des Rates vom 14. Juni 2006 zur Änderung der Richtlinien des Rates 78/660/EWG über den Jahresabschluss von Gesellschaften bestimmter Rechtsformen, 83/349/EWG über den konsolidierten Abschluss, 86/635/EWG über den Jahresabschluss und den konsolidierten Abschluss von Banken und anderen Finanzinstituten und 91/674/EWG über den Jahresabschluss und den konsolidierten Abschluss von Versicherungsunternehmen; umgesetzt durch § 289 a HGB.

deren Abschnitt des Lageberichts darüber berichten, ob die Gesellschaft einem Unternehmensführungskodex unterliegt oder einen solchen freiwillig anwendet und welche Unternehmensführungspraktiken über die Anforderungen des nationalen Rechts hinaus angewendet werden. Abweichungen von diesen Kodizes müssen erklärt und begründet werden. Nach Umsetzung der Richtlinie sind folglich auch Abweichungen vom DCGC zu begründen.

Die Richtlinie geht über § 161 AktG hinaus und verpflichtet Unternehmen außerdem zu einigen Mindestangaben, unabhängig davon, ob diese von einem nationalen oder privatrechtlichen Kodex gefordert werden. Im europarechtlichen Teil der Arbeit werden die Richtlinienanforderungen näher behandelt.[438]

Die Erklärung zur Unternehmensführung hat für Socially Responsible Investment nur mittelbar insoweit Bedeutung, als Regelungen in Kodizes über die gesetzlichen Anforderungen hinausgehen können und die Unternehmensführung motivieren, in der Praxis erweiterte Aktionärsrechte und Informationen zu gewähren. Im Hinblick auf *Engagement*-Strategien sind dabei insbesondere Frage- und Antragsrechte von Bedeutung.[439] Außerdem könnte es im Laufe der Zeit zur Herausbildung von Standards kommen, die zwar lediglich durch rechtlich nicht verpflichtende Kodizes festgelegt werden, deren Nichtbefolgung aber Wettbewerbsnachteile oder sonstige mittelbare Sanktionen mit sich bringen würde.[440]

III. Sanktionen bei unrichtiger Lageberichterstattung

Die Einhaltung der Berichtspflichten gem. §§ 289, 315 HGB ist durch Straf- und Bußgeldvorschriften abgesichert. Wer als Mitglied des vertretungsberechtigten Organs oder des Aufsichtsrats einer Kapitalgesellschaft vorsätzlich die Verhältnisse der Kapitalgesellschaft im Lagebericht unrichtig wiedergibt, verschleiert oder gegenüber einem Abschlussprüfer unrichtige Angaben macht, kann gem. § 331 HGB mit bis zu drei Jahren Freiheitsstrafe oder Geldstrafe bestraft werden. In gleicher Weise kann gem. § 332 HGB ein Abschlussprüfer bestraft werden, der im Prüfungsbericht erhebliche Umstände verschweigt oder einen inhaltlich unrichtigen Bestätigungsvermerk i.S.v. § 322 HGB erteilt. Werden die Vorschriften über den Inhalt des Lageberichts gem. §§ 289, 315 HGB verletzt, liegt darin gem. §§ 334, 335 HGB eine Ordnungswidrigkeit, die mit einem entsprechenden Ordnungsgeld sanktioniert ist. Die Nichtaufstellung eines Lageberichts kann auch die Anfechtbarkeit von Entlastungs- und Gewinnverwendungsbeschlüssen nach sich ziehen.[441]

---

438 Siehe unten Seite 205.
439 Zum Rechtsrahmen von *Engagement*-Strategien siehe unten Seite 149.
440 Unverbindliche Standards können so dennoch eine starke Verbindlichkeit erlangen (Hardening of Soft-Law).
441 Vgl. OLG Nürnberg AG 2007, 295.

Die Lageberichterstattung ist in das die Richtigkeit des Jahresabschlusses absichernde Sanktionssystem eingebunden. Angesichts der großen wirtschaftlichen Bedeutung der Rechnungslegungs- und Bilanzierungsvorschriften ist auch die Lageberichterstattung mit entsprechenden Prüfvorschriften und Strafandrohungen sanktioniert.

IV. Zukünftige Entwicklung

Die gesetzlichen Vorschriften zum Lagebericht basieren schon jetzt fast vollständig auf europarechtlichen Vorschriften. Konkretisierende Auslegungsregeln, wie sie in Deutschland durch das gem. § 342 Abs. 1 HGB gesetzlich anerkannte Deutsche Rechnungslegungs-Standards-Committee erarbeitet werden, bestehen auf europäischer Ebene noch nicht. Es ist jedoch zu erwarten, dass die Deutschen Rechnungslegungs-Standards mittelfristig im Rahmen des Anerkennnungsverfahrens der Europäischen Union für internationale Standards des IASB durch IAS/IFRS bzw. auf diesen aufbauende Standards ersetzt werden, die europaweit rechtlich verbindlich sind. Die Diskussion des Lageberichts beziehungsweise *management commentary* ist auf internationaler Ebene in vollem Gange.[442] Die Strategie der Europäischen Union zielt insofern nicht nur auf die Vereinheitlichung der Standards der Finanzberichterstattung auf europäischer Ebene, sondern auch auf ihre unmittelbare Anbindung an internationale Standards, an deren Erarbeitung die nationalen Standardisierungseinrichtungen wiederum beteiligt sind.

Kapitel II – Aktienrecht

A. Bedeutung der Aktionärsrechte für Socially Responsible Investment

Neben dem Portfolio-Management kann Socially Responsible Investment auch durch SRI-Strategien verwirklicht werden, die an der Position als Investor, also als Aktionär, ansetzen (*Engagement*).

Darunter fällt grundsätzlich jede Art der Interessenverfolgung, angefangen bei informellen Gesprächen mit der Unternehmensführung. Insbesondere institutionelle Investoren haben aufgrund der Bedeutung ihrer Beteiligung die Möglichkeit, ethisch-sozial-ökologische Belange in einen ohnehin bestehenden Dialog mit der Geschäftsführung einzubringen. Darüber hinaus bietet das Aktienrecht jedoch auch rechtliche Möglichkeiten, als Aktionär seine Interessen zu verfolgen.[443]

---

442 Vgl. unten Seite 198; zur Interessenlage der Aktionäre vgl. *Ek*, Praxisleitfaden Hauptversammlung, Rn. 6 ff.

443 Vgl. *Thaeter/Guski*, AG 2007, 301; *Bassen*, ZBB 2005, 430; zur Einordnung des Unternehmens in die wirtschaftliche, soziale und politische Umwelt vgl. KK-AktG(1996)/*Mertens*, § 82 Rn. 16 f.

Investmentfonds können gem. § 32 InvG die Rechte aus den Aktien des Sondervermögens ausüben, ohne dass es dafür einer Vollmacht der Anleger bedarf. Für Lebensversicherungen besteht mangels Sondervermögen eine entsprechende Regelung nicht. Versicherungsunternehmen können alle mit dem Vermögen des Pensionsfonds verbundenen Rechte im Rahmen der allgemeinen Pflichten gegenüber den Versorgungsempfängern ausüben. Pensionsfonds werden trotz ihrer strukturellen Nähe zu Investmentfonds gem. § 113 VAG wie Lebensversicherungsunternehmen behandelt.

Für die *Engagement*-Strategie institutioneller Investoren sind einerseits konkrete Fragen der Risikokontrolle, Innovationsfähigkeit und andere mit ethisch-sozial-ökologischen Faktoren im Zusammenhang stehende Fragen der wirtschaftlichen Leistungsfähigkeit von Bedeutung; andererseits ist die Definition der von der Mehrheit der Anteilsinhaber verfolgten Unternehmensstrategie und -philosophie bedeutsam, die neben der wirtschaftlichen Ausrichtung auch die Einbettung des Unternehmens in die Gesellschaft und – bei multinational tätigen Unternehmen – die Beteiligung an internationalen Prozessen umfasst.[444]

Für alle Fragen der Geschäftsführung ist grundsätzlich allein der Vorstand zuständig, vgl. § 76 Abs. 1 AktG. Dem Aufsichtsrat stehen neben der Bestellung und Abberufung der Vorstandsmitglieder nur Überwachungsrechte zu, vgl. § 111 Abs. 1 AktG. Die Hauptversammlung kann nur in den in § 119 Abs. 1 AktG oder in der Satzung oder in anderen Gesetzen genannten Fällen entscheiden, namentlich über die Gewinnverwendung, die Abschlussprüfung, die Entlastung des Vorstandes und bei wesentlichen Umstrukturierungsmaßnahmen der Gesellschaft. Über Fragen der Geschäftsführung kann die Hauptversammlung gem. § 119 Abs. 2 AktG nur auf Vorlage des Vorstandes entscheiden. Die Satzung kann bestimmte Geschäfte von der Zustimmung durch den Aufsichtsrat abhängig machen, nicht jedoch von der Zustimmung durch die Hauptversammlung.[445] Die Hauptversammlung hat also im Gegensatz zur Gesellschafterversammlung der GmbH, § 37 Abs. 1 GmbHG, keinerlei Weisungsbefugnis gegenüber dem Vorstand.

Bei der Berücksichtigung ethisch-sozial-ökologischer Belange geht es regelmäßig um Fragen der Geschäftsführung. Die tatsächliche Entscheidungsmacht der Aktionäre bzw. der Hauptversammlung ist insofern stark eingeschränkt. Allerdings bestehen durch die Nutzung von Frage-, Antrags- und Stimmrechten zahlreiche Möglichkeiten der Einflussnahme.[446] Ein Vorstand wird neben der Abstimmung mit dem – von der Hauptversammlung gewählten Aufsichtsrat – stets versuchen, wesentliche Positionen der Hauptversammlung zu berücksichtigen und Spannungen zwischen den drei Hauptorganen der Gesellschaft zu vermeiden. Für die Zwe-

---

444 Unternehmen können sich an zahlreichen internationalen Projekten und Initiativen beteiligen und ihr Know-how einbringen, vgl. beispielsweise den UN Global Compact oder die UNEP Financial Initiative; vgl. auch UNEP Financial Initiative, UN Principles for Responsible Investment.

445 MüAnwaltsHB-AktR/*Binge/Thölke*, § 25 Rn. 23.

446 Empirische Untersuchung zu SRI-Pensionsfonds bei *Schuhmacher-Hummel*, Die Rolle von Pensionskassen im Bereich Socially Responsible Investments, 223 ff.

cke von SRI-Strategien kommt es bei der Nutzung der Aktionärsrechte darauf an, ethisch-sozial-ökologische Belange in die Entscheidungsprozesse einzubringen und die Beteiligten in damit zusammenhängenden Fragen zu überzeugen. *Engagement*-Strategien unterscheiden sich insoweit nicht von Investor-Strategien mit anderen Zielsetzungen und stehen auch nicht im Widerspruch zu diesen. Vielmehr werden institutionelle Investoren ihre wirtschaftlichen Vorstellungen, beispielsweise hinsichtlich der strategischen Ausrichtung des Unternehmens, mit den gleichen Mitteln verfolgen wie ihre ethisch-sozial-ökologischen Zielsetzungen. Es kommt also weniger darauf an, mit symbolischen Aktionen Aufmerksamkeit zu erregen, als vielmehr darauf, in konkreten Fragen den Fokus auf die ethischen, sozialen und ökologischen Belange zu erweitern und letztlich zu besser fundierten Entscheidungen zu kommen.

Dagegen sind symbolische Aktionen mit politischen Zielsetzungen, wie sie in Deutschland teilweise durch den Dachverband der kritischen Aktionärinnen und Aktionäre ausgeführt werden,[447] nicht mehr unter die Definition von *Engagement* zu fassen.[448] *Engagement* zielt auf die Verbesserung der ethisch-sozial-ökologischen Leistung eines Unternehmens ab, nicht aber auf die Abkehr von wirtschaftlichen Zielsetzungen hin zu politischen Zielsetzungen. Auch SRI-Strategien der dritten Fallgruppe, bei denen ethisch-sozial-ökologischen Zielsetzungen im Einzelfall Vorrang vor wirtschaftlichen Zielsetzungen eingeräumt werden kann, verlassen nicht die grundsätzlich wirtschaftliche Zielsetzung. Ein „Ökologischer Umbau der RWE-Satzung“, wie in der Hauptversammlung der RWE AG am 12. Dezember 1996 durch den Dachverband der Kritischen Aktionärinnen und Aktionäre beantragt, wäre davon beispielsweise nicht mehr gedeckt.[449] Bei Aktionen dieser Art handelt es sich vielmehr um die Nutzung der Aktionärsrechte als Instrument politischer Öffentlichkeitsarbeit. Sie fallen als politische Aktionen ohne wirtschaftliche Zielsetzung nicht in die Definition von Socially Responsible Investment. Bislang sind auch keine Formen des kollektiven Investments mit politischer Zielsetzung bekannt. Ihre rechtliche Einordnung wäre zwar interessant, liegt aber außerhalb der Forschungsfrage dieser Arbeit.[450]

Erst recht außerhalb der Definition von Socially Responsible Investment und außerhalb der Forschungsfrage dieser Arbeit liegen alle Formen des Missbrauchs der Aktionärsstellung, die auf der Ausnutzung von Blockademöglichkeiten durch Anfechtungsklagen und andere rechtliche Instrumente beruhen, um persönliche Vor-

---

447 Die gesellschaftspolitische Bedeutung und Legitimität soll hier nicht in Frage gestellt werden.
448 Zu den verschiedenen Aktionärsgruppen vgl. *Ek*, Praxisleitfaden Hauptversammlung, Rn. 8 ff.
449 Vgl. Antrag „Ökologischer Umbau der RWE-Satzung!“ in der Hauptversammlung der RWE AG am 12. Dezember 1996, www.kritischeaktionaere.de/Konzernkritik/RWE/RWEhv1996; abgedr. bei *Mertens*, AG 1997, 481.
450 Zur rechtlichen Bewertung vgl. jedoch *Mertens*, AG 1997, 481.

teile oder außerhalb des Sachzusammenhangs stehende sonstige Forderungen durchzusetzen.[451]

Dies bedeutet nicht, dass *Engagement*-Strategien sich nicht den Druck der Öffentlichkeit zunutze machen dürfen und auf „populistische“ Mittel verzichten müssen.[452] Vielmehr kann es unter Umständen Sinn machen, einen aussichtlosen (Gegen-)Antrag zu stellen, um die Leitungsorgane und die anderen Aktionäre für ein bestimmtes Thema zu sensibilisieren. Auch kann über externe Öffentlichkeitsarbeit, etwa die Thematisierung von Missständen im Unternehmen, der Druck auf die Unternehmensführung erhöht werden. Kontroversen in Hauptversammlungen großer Unternehmen haben regelmäßig ein Vorspiel in der Presse, auf das durch entsprechende Stellungnahmen der Protagonisten Einfluss genommen werden kann. Wie in allen Meinungsbildungsprozessen lassen sich die Wege und Methoden kaum theoretisch abschließend beurteilen.

Deshalb werden im Folgenden lediglich die rechtlichen Ansatzpunkte aufgezeigt, die das deutsche Aktienrecht bietet. Sie bilden den Rahmen für die rechtlichen Möglichkeiten und Grenzen der Anwendung von *Engagement*-Strategien.

B. Möglichkeiten und Grenzen für SRI-Strategien

Die für Socially Responsible Investment wesentlichen Aktionärsrechte lassen sich differenzieren nach Antragsrechten (§§ 122ff. AktG), Auskunftsrechten (§§ 129ff.), Stimmrechten (§§ 133ff. AktG) und Prüfungsrechten (§ 142 AktG).

I. Auskunftsrecht

Das Auskunftsrecht der Aktionäre steht im Zusammenhang mit den Mitwirkungsrechten und ist notwendige Voraussetzung für die sachgemäße Ausübung des Stimmrechts in der Hauptversammlung. Informationen über die Gesellschaft lassen sich zunächst dem veröffentlichten Jahresabschluss einschließlich Lagebericht, etwaigen Ad-hoc-Mitteilungen nach dem Wertpapierhandelsgesetz sowie rechtlich nicht verpflichtenden anderen Mitteilungen der Gesellschaft und externer Berichterstattung über die Gesellschaft entnehmen. Diese Informationsquellen werden ergänzt durch kollektive und individuelle Auskunftsrechte der Aktionäre.[453] Kollektive Auskunftsrechte sind in der Regel als Berichtspflichten des Vorstandes

---

451 Zur Abgrenzung vgl. auch *Thaeter/Guski*, AG 2007, 301 Fn. 3; die Rechtsprechung hat die Grenze des Missbrauchs von Aktionärsrechten in mehreren Entscheidungen konkretisiert, vgl. nur BHGZ 107, 296; BGH NJW 1990, 322; BGH AG 1991, 102; BGHZ 112, 9; BGH NJW 1992, 569 und 2821.

452 Ausgewogene Darstellung bei *Ringleb/Kremer/Lutter/v. Werder*, DCGK-Kommentar (2005), Rn. 230ff.

453 Zur funktionalen Einordnung der Informationsrechte *Groß*, AG 1997, 97.

oder Aufsichtsrates gegenüber der Hauptversammlung ausgestaltet.[454] Das Auskunftsrecht des Aktionärs gem. § 131 AktG ist dagegen individuell. Es muss sich auf Gegenstände der Tagesordnung der Hauptversammlung beziehen und dient folglich der sachgemäßen Beurteilung der Tagesordnungspunkte als Voraussetzung der sachverständigen Beschlussfassung. Es dient jedoch auch dem allgemeinen Rechenschaftsinteresse des Aktionärs und ist insoweit unabhängig davon, ob der Tagesordnungspunkt für eine Abstimmung von Bedeutung ist.[455]

1. Gegenstand des Auskunftsrechts

Gegenstände des Auskunftsrechts sind gem. § 131 Abs. 1 AktG alle Angelegenheiten der Gesellschaft, mithin alles, was sich auf die Gesellschaft und ihre Tätigkeit bezieht.[456] Dazu gehören auch Fragestellungen ethisch-sozial-ökologischer Art, beispielsweise im Zusammenhang mit Öko-Effizienz, Emissionen und sonstigen ökologischen Auswirkungen der Unternehmenstätigkeit, mit Arbeitsbedingungen in den Betrieben, sozialem und gesellschaftlichem *Engagement*, etc. Die „Angelegenheiten der Gesellschaft" sind weit auszulegen, sodass praktisch alle mit der Gesellschaft oder der Unternehmenstätigkeit zusammenhängenden Fragestellungen ethisch-sozial-ökologischer Art darunter fallen.

Das entscheidende Eingrenzungskriterium liegt in der Bedingung, dass die Auskunft zur sachgemäßen Beurteilung eines Gegenstandes der Tagesordnung erforderlich sein muss. Die Erforderlichkeit ist nach objektiven Maßstäben zu beurteilen; auf die (tatsächlichen) Motive des auskunftbegehrenden Aktionärs kommt es nicht an.[457] Insbesondere bei den Tagesordnungspunkten „Jahresabschluss", „Verwendung des Bilanzgewinns" und „Entlastung von Vorstand und Aufsichtsrat" sind die Auskunftsansprüche der Aktionäre sehr weitgehend.[458]

Im Zusammenhang mit ethisch-sozial-ökologischen Belangen kommt dem Tagesordnungspunkt „Vorlage des Jahresabschlusses und Lagebericht" besondere Bedeutung zu. Die Zielsetzung des Auskunftsrechts der Aktionäre gem. § 131 AktG und der Lageberichterstattung korrespondieren. Die Berichtsgegenstände des Lageberichts gehören zu den „Angelegenheiten der Gesellschaft" i.S.v. § 131 Abs. 1 Satz 1 AktG. Alle Sachverhalte, über die im Lagebericht gem. §§ 289, 315 HGB berichtet werden kann, unterliegen somit dem Auskunftsrecht der Aktionäre.[459]

Kapitalmarktrecht und Gesellschaftsrecht wirken insoweit aufeinander ein, als das Auskunftsrecht des Aktionärs nicht hinter den Berichtspflichten gegenüber Anle-

---

454 Vgl. §§ 90, 92 Abs. 1, 111 Abs. 2, 120 Abs. 3, 121 Abs. 3, 124 Abs. 1–3, 125 Abs. 1, 3, 4, 170, 171 Abs. 2, 175 Abs. 1–3, 176 Abs. 1 179a Abs. 2, 186 Abs. 4, 293a, 293f, 293g Abs. 1, 2, 319 Abs. 3, 320 Abs. 4, 337 Abs. 3.
455 Vgl. MüHB-GesR/*Semler*, § 37 Rn. 2.
456 *Hüffer*, § 131 Rn. 11; MüKo-AktG/*Kubis*, § 131 Rn. 33; MüHB-GesR/*Semler*, § 37 Rn. 6.
457 MüHB-GesR/*Semler*, § 37 Rn. 7.
458 *Ek*, Praxisleitfaden Hauptversammlung, Rn. 476.
459 Vgl. ADS (6. Aufl.), § 289 Rn. 28.

gern und Öffentlichkeit zurückbleiben kann.[460] Das Bilanzrecht verpflichtet große und börsennotierte Kapitalgesellschaften gem. §§ 289 Abs. 3, 315 Abs. 1 Satz 4 HGB ausdrücklich zur Berichterstattung über nichtfinanzielle Leistungsindikatoren, wie Umwelt- oder Arbeitnehmerbelange im Lagebericht. Der Umfang dieser Berichtspflicht wurde bereits dargestellt.[461] Alle ethischen, sozialen oder ökologischen Belange, über die im Lagebericht berichtet werden muss oder kann, sind Angelegenheiten der Gesellschaft. Gemäß § 175 Abs. 1 AktG muss unverzüglich nach dem Bericht des Aufsichtsrates zum Jahresabschluss und Lagebericht, § 171 AktG, eine ordentliche Hauptversammlung zur Entgegennahme des Jahresabschlusses und Lageberichts einberufen werden. Diese stellt den Jahresabschluss gem. § 173 Abs. 1 AktG auch fest, wenn dies in der Satzung vorgesehen ist oder der Aufsichtrat den Jahresabschluss nicht billigt. Jahresabschluss und Lagebericht sowie der Vorschlag für die Verwendung des Bilanzgewinns sind gem. § 176 Abs. 1 Satz 2 Fall 1 i.V.m. § 175 Abs. 2 AktG zu Beginn der Hauptversammlung durch den Vorstand zu erläutern.

Der Lagebericht ist folglich ein gesetzlich vorgeschriebener und durch den Vorstand zu erläuternder Bestandteil jeder ordentlichen Hauptversammlung und unterliegt damit dem Auskunftsrecht der Aktionäre gem. § 131 Abs. 1 Satz 1 AktG.

2. Erforderlichkeit der Auskunft

Das Auskunftsrecht der Aktionäre über ethische, soziale und ökologische Belange wird nur begrenzt durch das Kriterium der Erforderlichkeit für das Verständnis des Lageberichts und durch das Auskunftsverweigerungsrecht gem. § 131 Abs. 3 AktG. Erforderlich ist eine Auskunft, wenn sie nach einem objektiven Maßstab für die Urteilsfindung eines durchschnittlichen Aktionärs, der die Verhältnisse der Gesellschaft lediglich aufgrund der allgemein bekannt gegebenen Tatsachen kennt, ein wesentliches Element bildet.[462] Es besteht keine Einigkeit darüber, ob die Erforderlichkeit eng oder weit auszulegen ist.[463] Im Zusammenhang mit dem Jahresabschluss und dem Lagebericht wird von der herrschenden Meinung jedoch eine weite Auslegung vertreten.[464] Aufgrund der möglichen einschneidenden Folgen von Anfechtungsklagen gegen Hauptversammlungsbeschlüsse muss der Vorstand allerdings sehr vorsichtig abwägen, ob das mit der Verweigerung verbundene Risiko zu vertreten oder besser eine Auskunft trotz Bedenken gegen die Berechtigung des Aktionärs zu erteilen ist. Die weite Grenze des Schikaneverbots gem. § 226 BGB ist nur für extreme Fälle denkbar und wohl kaum praktikabel. Dem Vorstand kommt hinsichtlich der Erforderlichkeit kein Beurteilungsspiel-

---

460 Vgl. KG ZIP 1994, 1269; *Großfeld/Möhlenkamp*, ZIP 1994, 1425, 1426; *Eenroth/Wilken*, BB 1993, 1818, 1820.
461 Siehe oben Seite 127.
462 Nomos-AktR/*Heidel*, § 131 Rn. 34; ausführlich zur Erforderlichkeit BGHZ 119, 1, 14.
463 Vgl. Nachweise bei Nomos-AktR/*Heidel*, § 131 Rn. 35.
464 MüAnwaltsHB/*Bohnet*, § 27 Rn. 94; *Hüffer*, § 131 Rn. 12; Geßler/Hefermehl/*Eckhardt*, § 131 Rn. 36; *Ringleb/Kremer/Lutter/v. Werder*, DCGK-Kommentar (2005), Rn. 261.

raum zu, und eine Ablehnung der Erforderlichkeit unterliegt voller richterlicher Kontrolle.[465] Die Erforderlichkeit lässt sich deshalb nicht ohne weiteres verneinen. Dies gilt umso mehr für ethisch-sozial-ökologische Belange, deren Erörterung im Lagebericht großer oder börsennotierter Gesellschaften ausdrücklich vorgeschrieben ist.

3. Auskunftsverweigerungsrecht

Auch dem Auskunftsverweigerungsrecht gem. § 131 Abs. 3 Nr. 1–7 AktG sind enge Grenzen gesetzt.[466] Auskunftsbegehren ethisch-sozial-ökologischer Art, die sich auf Bilanzierungs- und Bewertungsmethoden beziehen, können nach Nr. 4 verweigert werden, wenn die angewendeten Methoden im Anhang ausreichend dargestellt wurden, um ein den tatsächlichen Verhältnissen entsprechendes Bild der Vermögens, Finanz- und Ertragslage der Gesellschaft im Sinne des § 264 Abs. 2 des Handelsgesetzbuchs zu vermitteln. Im Einzelfall kann auch Nr. 1 einschlägig sein, wenn die Erteilung der Auskunft geeignet ist, der Gesellschaft oder einem verbundenen Unternehmen einen nicht unerheblichen Nachteil zuzufügen. Dies ist beispielsweise denkbar, wenn sich Auskunftsverlangen auf die Öko-Effizienz der Produktion beziehen und nicht beantwortet werden können, ohne dadurch Rückschlüsse auf Betriebsgeheimnisse zuzulassen. Ein Nachteil i. S. d. § 131 Abs. 3 Nr. 1 AktG liegt dagegen nicht vor, wenn nach Unregelmäßigkeiten in der Tätigkeit der Verwaltung oder nach Rechtsverstößen gefragt wird. Die Auskunftsverweigerung darf kein Mittel des Vorstandes sein, eigenes pflichtwidriges Verhalten vor der Hauptversammlung zu verbergen und sich dadurch der Verantwortung zu entziehen.[467] Ähnlich ist die Situation, wenn sich ein Auskunftsbegehren auf mögliche Umweltrisiken bezieht, die zu Schadensersatzforderungen führen können. Bei der Entgegennahme oder Feststellung des Jahresabschlusses muss sich der Aktionär ein Bild darüber machen können, ob ausreichende Rückstellungen für etwaige Risiken gebildet wurden und auf welche Risiken sich bereits gebildete Rückstellungen beziehen.[468] Wenn ein Aktionär Tatsachen vorbringt, die geeignet sind, den hinreichenden Verdacht eines schwerwiegenden Missstandes zu begründen, kann die Verweigerung der Auskunft nicht allein mit durch die Offenlegung der Missstände drohenden Nachteilen begründet werden, es ist vielmehr eine Abwägung mit dem Aufklärungsinteresse der Hauptversammlung i. S. v. § 145 Abs. 6 AktG erforderlich.[469]

Die in der Praxis wohl relevanteste Grenze des Auskunftsrechts liegt in der gem. § 131 Abs. 2 Satz 2 AktG zulässigen Ermächtigung des Versammlungsleiters, das Frage- und Rederecht der Aktionäre zeitlich angemessen zu beschränken.

---

465 MüHB-GesR/*Semler*, § 37 Rn. 7.
466 Auführlich *Ek*, Praxisleitfaden Hauptversammlung, Rn. 493 ff.
467 BGHZ 86, 1.
468 Nomos-AktR/*Heidel*, § 131 Rn. 62.
469 MüKo-AktG/*Kubis*, § 131 Rn. 100; MüHB-GesR/*Semler*, § 37 Rn. 32.

Zur Durchsetzung eines Auskunftsanspruchs bei unzulässiger Auskunftsverweigerung steht dem Aktionär das Auskunftserzwingungsverfahren gem. § 132 AktG zur Verfügung.

4. Erweitertes Auskunftsrecht

Unabhängig von dem auf die Tagesordnung bezogenen Auskunftsrecht nach § 131 Abs. 1 AktG besteht gem. § 131 Abs. 4 AktG ein aus dem Gleichbehandlungsgrundsatz folgendes erweitertes Auskunftsrecht für diejenigen Auskünfte, die einem anderen Aktionär (in seiner Eigenschaft als Aktionär) außerhalb der Hauptversammlung erteilt worden sind.[470] Hinsichtlich ethisch-sozial-ökologischer Belange könnte diese Ausprägung des Gleichbehandlungsgrundsatzes relevant werden, wenn institutionelle Investoren im Rahmen ihrer *Engagement*-Strategie mit dem Vorstand Gespräche über die Bedeutung und Berücksichtigung dieser Belange führen und dadurch ein erweitertes Auskunftsrecht aller nicht beteiligten Aktionäre auslösen. Von größerer praktischer Bedeutung dieser Möglichkeit ist aufgrund der Vertraulichkeit solcher Gespräche allerdings nicht auszugehen.

Das reguläre Auskunftsrecht der Aktionäre gem. § 131 Abs. 1 Satz 1 AktG ermöglicht den Aktionären im Zusammenhang mit der Entgegennahme des Jahresabschlusses und Lageberichts durch die Hauptversammlung, über alle wesentlichen ethisch-sozial-ökologischen Belange im Zusammenhang mit der Gesellschaft Auskunft zu verlangen. Wird eine Auskunft unberechtigt verweigert, ist die Auskunftserzwingung im Verfahren gem. § 132 AktG möglich. Wenn auf diesen Wegen keine ausreichende Auskunft erlangt werden kann, kommt schließlich ein Antrag auf Sonderprüfung gem. §§ 119 Abs. 1 Nr. 7, 142ff. AktG in Betracht.[471]

II. Antragsrecht

Beim Antragsrecht der Aktionäre ist zu unterscheiden zwischen dem Recht, Anträge i.S.v. § 124 Abs. 4 Satz 2, § 126 AktG zu bereits bestehenden Gegenständen der Tagesordnung zu stellen, und dem Recht gem. § 122 Abs. 2 AktG, einen eigenen Antrag zum Gegenstand der Beschlussfassung in der Hauptversammlung zu machen. Die Abgrenzung kann im Einzelfall schwierig sein, wenn ein Antrag nach § 122 Abs. 2 gestellt wird, der auch einem bereits bestehenden Gegenstand der Tagesordnung zugeordnet werden kann. Im Zweifel ist der Antrag dann als Gegenantrag gem. § 126 AktG zu qualifizieren.[472]

---

470 Nicht erfasst sind dagegen Informationen, die Finanzanalysten und vergleichbaren Adressaten mitgeteilt worden sind. Der Anregung der Regierungskommission Corporate Governance, die an diese Adressaten weitergegebenen Informationen allen Aktionären zugänglich zu machen, wurde nicht gefolgt; vgl. *Baums*, Bericht der Regierungskommission Corporate Governance, Rn. 143.
471 Zum Prüfungsrecht unten, Seite 158.
472 Geßler/Hefermehl/*Eckhardt*, § 122 Rn. 11 f.

Daneben besteht gem. § 122 Abs. 1 AktG das Recht mit einer Minderheit von mindestens 5% des Grundkapitals, nicht nur einen Gegenstand auf die Tagesordnung der nächsten regulären Hauptversammlung zu setzen, sondern eine außerordentliche Hauptversammlung in dieser Sache einzuberufen. Da es bei der Berücksichtigung ethisch-sozial-ökologischer Belange um langfristige Strategien geht und Eilbedürftigkeit in diesem Zusammenhang unwahrscheinlich ist, kommt dem Recht zur Einberufung einer außerordentlichen Hauptversammlung für *Engagement*-Strategien keine besondere Bedeutung zu.[473]

1. Gegenantragsrecht

Jeder Aktionär ist berechtigt Anträge an die Hauptversammlung zu stellen, vgl. § 124 Abs. 4 Satz 2. Voraussetzung ist nur, dass der Antrag in der Hauptversammlung gestellt wird und durch die gem. § 124 AktG bekannt gemachte Tagesordnung gedeckt ist.[474] Umgekehrt sind Anträge gem. § 124 Abs. 4 Satz 1 AktG unzulässig, wenn sie sich nicht auf Gegenstände der Tagesordnung beziehen.

Besondere Publikationsanforderungen gelten für (Gegen-)anträge, die sich gegen einen Vorschlag des Vorstandes und Aufsichtsrates (Verwaltungsvorschlag) zu einem bestimmten Punkt der Tagesordnung richten. Sie müssen unter den Voraussetzungen des § 126 AktG einschließlich der Begründung und einer etwaigen Stellungnahme von Vorstand und Aufsichtsrat veröffentlicht werden. Gegenanträge können jedoch auch wie jeder andere Antrag zu einem Gegenstand der Tagesordnung spontan während der Hauptversammlung gestellt werden.

Ein Antrag ist als Gegenantrag bzw. als ein auf einen Gegenstand der Tagesordnung bezogener Antrag zu qualifizieren, wenn er inhaltlich dem Verwaltungsvorschlag widerspricht, diesen ergänzt oder diesen schlicht ablehnt.[475] Nicht zulässig sind dagegen inhaltlich abweichende Sachanträge, die einen wirtschaftlich anderen Themenbereich betreffen. Der Umfang des Auskunftsrechts nach § 131 Abs. 1 AktG wird durch Gegen- und Ergänzungsanträge nicht erweitert oder sonst berührt, da dieser anhand der Tagesordnung zu ermitteln ist und Anträge gem. §§ 124, 126 AktG die Tagesordnung nicht verändern.[476]

Im Rahmen von SRI-Strategien können Anträge bzw. Gegenanträge bedeutsam sein, wenn sie einen inhaltlich ergänzenden, ethisch-sozial-ökologischen Aspekt betreffen, der im Verwaltungsvorschlag nicht berücksichtigt wurde. Da Gegenanträge unter den Voraussetzungen von § 126 AktG den anderen Aktionären zugänglich gemacht werden müssen, ist es möglich, im Vorfeld der Hauptversammlung für Unterstützung des Antrags durch andere Aktionäre zu werben und den Vorstand von seinem Anliegen zu überzeugen. Das Aktiengesetz stellt dafür in § 127a

473 Die infrage stehenden institutionellen Investoren, namentlich Investment- und Pensionsfonds, erreichen in der Regel auch nicht die nötige Kapitalbeteiligung von mindestens 5%.

474 MüKo-AktG/*Volhard*, § 133 Rn. 13.

475 MüKo-AktG/*Kubis*, § 124 Rn. 71–74.

476 Vgl. *Franken/Heinsius* in: Förschle/Kaiser/Moxter, FS Budde, 213, 226.

AktG ein Aktionärsforum zur Verfügung, das der Verbesserung der Kommunikation und Koordination dienen soll.[477] Bei Investmentfonds, Pensionsfonds und Lebensversicherungsunternehmen steht allerdings die Koordination mit einzelnen einflussreichen Investoren und Großaktionären durch persönliche Gespräche im Vordergrund.

Denkbar sind natürlich auch bloße Protestanträge, etwa gegen die Entlastung des Vorstandes und des Aufsichtsrates, mit denen die Nichtberücksichtigung ethisch-sozial-ökologischer Belange kritisiert und der Unternehmensführung symbolisch das Vertrauen entzogen wird. Allerdings sind Protestanträge meist weder in der Sache förderlich noch für eine zukünftige fruchtbare Zusammenarbeit dienlich. Eine SRI-Strategie, die sich bloßer Protestanträge bedient, läuft zudem Gefahr, sich in dieselbe Ecke wie von der Unternehmensführung oftmals als Querulanten wahrgenommenen Kleinaktionäre zu stellen, die Protestanträge mit inhaltlich wenig elaborierten Inhalten stellen, um ihrer Verärgerung über Handlungen der Unternehmensleitung Luft zu machen.

Ein gutes Verhältnis mit der Unternehmensleitung wird Gegenanträge nach § 126 AktG in der Regel überflüssig machen. Dies gilt erst recht für Protestanträge, die – wenn überhaupt – nur als ultima ratio in Betracht kommen. Spontane Ergänzungsvorschläge in der Hauptversammlung sind aufgrund des knappen Zeitbudgets und der Bindung von Stimmrechtsvertretern an Abstimmungsanweisungen in der Regel nicht geeignet, inhaltliche Ergänzungen ethisch-sozial-ökologischer Art durchzusetzen.

2. Minderheitsantrag

Das Recht gem. § 122 Abs. 2 AktG, die Tagesordnung um bestimmte Gegenstände zur Beschlussfassung zu ergänzen, steht im Gegensatz zum (Gegen-)Antragsrecht nicht jedem Aktionär zu, sondern ist an erhöhte Voraussetzungen gebunden. Berechtigt sind nur Aktionäre, die allein oder zusammen mit anderen Aktionären die qualifizierte Minderheit von 5% des Grundkapitals oder einen anteiligen Betrag von 500T Euro erreichen.[478] Der gem. § 7 AktG festgelegte Mindestnennbetrag des Grundkapitals beträgt 50T Euro. Allerdings rangiert das Grundkapital börsennotierter Gesellschaften real im 8–10-stelligen Bereich. Bei den für Socially Responsible Investment relevanten börsennotierten Unternehmen ist regelmäßig nur letzterer Grenzbetrag entscheidend, der auch bei einer geringen prozentualen Beteiligung von Pension- oder Investmentfonds regelmäßig erreicht werden dürfte. Im Ergebnis verfügen folglich die SRI-Strategien anwendenden Akteure für fast alle in ihrem Portfolio enthaltenen deutschen Unternehmen über das Antragsrecht gem. § 122 Abs. 2 AktG.

---

477 Das Aktionärsforum ist über www.ebundesanzeiger.de erreichbar. Dies wird allerdings bislang nur von Kleinaktionären und Aktionärsvereinigungen genutzt, während sich institutionelle Investoren anderer Kommunikations- und Koordinationsmittel bedienen.
478 Der Kurswert der gehaltenen Aktien ist dagegen ohne Bedeutung.

Ein Minderheitsantrag muss gem. § 124 Abs. 1 Satz 2 AktG spätestens zehn Tage nach Einberufung der Hauptversammlung bekanntgemacht, also in angemessener Bearbeitungszeit vor dem zehnten Tag nach Einberufung an den Vorstand gerichtet werden.[479] Wenn es sich um eine Satzungsänderung oder einen Vertrag handelt, ist der Wortlaut bzw. Inhalt des Antrags zu veröffentlichen. Ansonsten genügt die Bekanntmachung des Beschlussgegenstandes ohne die damit verbundenen Erläuterungen oder Begründungen.

Da Minderheitsanträge, die im Rahmen von *Engagement*-Strategien gestellt werden, kaum Satzungsänderungen oder Verträge zum Gegenstand haben werden, steht es im Ermessen des Vorstandes, ob die Begründung des Antrags mit der Tagesordnung veröffentlicht wird. Komplexe Anträge bedürfen der inhaltlichen Vorbereitung, um eine sachliche Diskussion während der Hauptversammlung zu gewährleisten. Insofern ist es sinnvoll, ein konstruktives Verhältnis mit dem Vorstand zu wahren und diesen zur Bekanntmachung des Antrags einschließlich der für das Verständnis notwendigen Erläuterungen zu bewegen.

Der Antrag gem. § 122 Abs. 2 AktG kann sich nur auf solche Gegenstände beziehen, für die die Hauptversammlung eine aktienrechtliche Zuständigkeit besitzt.[480] Wie bereits ausgeführt, leitet der Vorstand die Gesellschaft gem. § 76 Abs. 1 AktG in eigener Verantwortung und unterliegt keiner Weisungsbefugnis der Hauptversammlung. Über Fragen der Geschäftsführung kann die Hauptversammlung gem. § 119 Abs. 2 nur auf Vorlage des Vorstandes entscheiden. Ein Minderheitsantrag, der Fragen der Geschäftsführung zum Gegenstand hat, ist deshalb unzulässig.[481] Ausgenommen sind nur solche Geschäftsführungsmaßnahmen, die aufgrund ihrer Bedeutung für die Gesellschaft einer ungeschriebenen Hauptversammlungszuständigkeit unterliegen.[482] Ein unmittelbarer Einfluss auf die Geschäftsführung ist durch Beschlussanträge nach § 122 Abs. 2 AktG nicht zu erreichen. Ethisch-sozial-ökologische Belange können jedoch innerhalb der gesetzlichen Zuständigkeitsbereiche der Hauptversammlung verfolgt werden.

Die Hauptversammlung hat gem. § 119 Abs. 1 Nr. 7 AktG die Möglichkeit, bestimmte Vorgänge der Geschäftsführung gem. § 142 AktG durch Sonderprüfer prüfen zu lassen. Insofern kann ein Minderheitsantrag auf einen Beschluss zur Bestellung von Sonderprüfern gem. § 142 Abs. 1 Satz 1 AktG gerichtet sein.[483]

Aus der Zuständigkeit der Hauptversammlung für die Entgegennahme des Jahresabschlusses und des Lageberichts gem. § 175 Abs. 1 AktG ergeben sich keine Besonderheiten, da dieser Gegenstand ohnehin Teil der Tagesordnung ist und Anträge als Gegenanträge gem. § 126 AktG zu qualifizieren wären. Gleiches gilt für alle weiteren

---

479 MüKo-AktG/*Kubis*, § 122 Rn. 28, 30.

480 *Hüffer*, § 122 Rn. 6; MüKo-AktG/*Kubis*, § 122 Rn. 25, 31; MüHB-GesR/*Semler*, § 35 Rn. 17; *Ek*, Praxisleitfaden Hauptversammlung, Rn. 722 ff.

481 GroßKom/*Barz*, § 122 Anm. 7.

482 MüKo-AktG/*Kubis*, § 122 Rn. 15, § 119 Rn. 31; vgl. auch Ziff. 2.2.1. DCGK; *Ringleb/Kremer/Lutter/v. Werder*, DCGK-Kommentar (2005), Rn. 238 ff., 244 ff.

483 Zum Prüfungsrecht unten Seite 158.

Zuständigkeiten der Hauptversammlung, die bereits von einem Gegenstand der Tagesordnung abgedeckt werden. Als Anwendungsbereich von Minderheitsanträgen verbleibt somit in der Regel nur die Stellung von Sonderprüfungs- und Satzungsänderungsanträgen, die auf der Tagesordnung der Hauptversammlung nicht vorgesehen sind.

Im Gegensatz zu Gegen- und Ergänzungsanträgen gem. §§ 124, 126 AktG erweitern Minderheitsanträge gem. § 122 Abs. 1 AktG die Tagesordnung und stellen somit einen Anknüpfungspunkt für Auskunftsansprüche dar.[484] Wird also nach § 122 Abs. 2 AktG ein Sonderprüfungsantrag oder Satzungsänderungsantrag gestellt, ist damit ein Auskunftsrecht aller Aktionäre gem. § 131 Abs. 1 AktG zu allen damit in Zusammenhang stehenden Fragen verbunden. Eine Diskussion und entsprechende Auskunftsrechte in der Hauptversammlung können auch durch einen in der Abstimmung letztlich chancenlosen Minderheitsantrag erreicht werden.[485]

Im Ergebnis ist die Bedeutung von Minderheitsanträgen nach § 122 Abs. 2 AktG für *Engagement*-Strategien begrenzt. Eine Beschlussvorlage kann nicht über die aktienrechtlichen Zuständigkeiten der Hauptversammlung hinausgehen.[486]Inhaltlich bedeutsame Anträge sind deshalb regelmäßig dadurch ausgeschlossen, dass es der Hauptversammlung an einer Kompetenz für Geschäftsführungsfragen fehlt, § 119 Abs. 2 AktG, oder dass der Inhalt einem bereits bestehenden Gegenstand der Tagesordnung als Ergänzungsantrag zuzuordnen ist. Ebenfalls unzulässig und somit unbeachtlich sind beschlusslose Vorlagen zu reinen Unterrichtungs- oder Erörterungszwecken.[487] Die Nutzung von Minderheitsanträgen als Anknüpfungspunkt für Auskunftsrechte ist dagegen möglich und rechtlich zulässig. Ob dies im Einzelfall sinnvoll ist, muss abgewogen werden, da diese Auskunftsstrategie als Provokation empfunden werden und sich negativ auf das Kommunikationsverhältnis insgesamt auswirken kann. Die Möglichkeit, bei der nächsten Hauptversammlung einen Sonderprüfungsantrag zu stellen und Auskünfte auf diesem Wege erzwingen zu können, kann gleichwohl eine positive Vorwirkung auf die Kooperationsbereitschaft des Vorstandes haben.

III. Stimmrecht

Das Stimmrecht ist zwar das wichtigste Recht eines Aktionärs, vermittelt jedoch für sich genommen keine direkten Einflussmöglichkeiten für die Verfolgung ethisch-sozial-ökologischer Belange. Wenn Anträge des Vorstandes und Aufsichtsrates oder auch Minderheits-, Ergänzungs- oder Gegenanträge nach §§ 122, 124, 126 AktG zur Abstimmung gestellt werden, wird das Stimmrecht relevant.

---

484 *Franken/Heinsius* in: FS Budde, 213, 228.
485 MüHB-GesR/*Semler*, § 37 Rn. 8; *Franken/Heinsius* in: FS Budde, 213, 230.
486 MüKo-AktG/*Kubis*, § 122 Rn. 31, 15; GroßKom-AktG-*Werner* § 122 Rn. 25, 27.
487 MüKo-AktG/*Kubis*, § 122 Rn. 31, 16.

Für den Erfolg von *Engagement*-Strategien wird jedoch in der Regel die Diskussion über die Bedeutung ethisch-sozial-ökologischer Belange für den Erfolg der Gesellschaft und die Überzeugung der Unternehmensleitung und der anderen Aktionäre wesentlich relevanter sein als die letztliche Abstimmung über konkrete Anträge. Im Einzelfall können allerdings durch Koordination mit einigen großen Aktionären auch knappe Stimmrechtsmehrheiten gegen die Verwaltung zustandekommen.[488]

IV. Sonderprüfungsrecht

Die gesetzlichen Zuständigkeitsbereiche der Hauptversammlung bieten gem. § 119 Abs. 1 Nr. 7 AktG die Möglichkeit, bestimmte Vorgänge der Geschäftsführung gem. § 142 AktG durch Sonderprüfer prüfen zu lassen. Dieser Weg kann beschritten werden, wenn über den Auskunftsanspruch gem. § 131 Abs. 1 AktG keine ausreichenden Informationen erlangt werden können.

Das Sonderprüfungsrecht gem. §§ 142ff. AktG ist jedoch vergangenheitsbezogen und soll den Aktionären die Möglichkeit geben, anhand bestimmter Sachverhalte mögliche Ersatzansprüche oder Abberufungsgründe zu substantiieren.[489] Wenn ein Sonderprüfungsantrag nicht aufgrund tatsächlicher Anhaltspunkte für schwerwiegende Pflichtverletzungen des Vorstands gestellt wird, sondern lediglich aus Protest gegen bestimmte Handlungen der Geschäftsführung, ist dieser in der Sache meist weder aussichtsreich noch förderlich. Ein solcher Affront gegenüber der Unternehmensleitung wäre vielmehr als Nutzung des Aktienrechts für politische Belange einzuordnen, die innerhalb der Grenzen des Rechtsmissbrauchs zulässig sein kann,[490] jedoch nicht unter die Definition von Socially Responsible Investment fällt.[491] Etwas anderes gilt nur, wenn tatsächlich Aufklärungsbedarf wegen mutmaßlicher schwerwiegender Pflichtverletzungen besteht, etwa im Zusammenhang mit der Aufklärung über die Ursachen einer schweren Umweltkatastrophe oder schwerer Arbeitsunfälle. Den Aktionären wird dann durch die Kompetenz einen Sonderprüfungsbeschluss herbeizuführen ermöglicht, in der Hauptversammlung entsprechende Auskunft und Aufklärung durch den Vorstand zu verlangen und, wenn diese nicht geleistet wird, einen unabhängigen Sonderprüfer mit umfangreichen Informationsrechten, § 145 AktG, zu bestellen.

Wie oben bereits ausgeführt, kann ein Sonderprüfungsantrag als Minderheitsantrag gem. § 122 Abs. 2 auch als bloßer Anknüpfungspunkt auf die Tagesordnung gebracht werden, um eine Erweiterung der Auskunftsrechte zu erreichen. Wie alle Maßnahmen, die durch den Vorstand als konfrontativ empfunden werden kön-

---

488 Vgl. Rio Tinto Union Shareholder Campaign, abgedr. in: Eurosif, Pension Programme SRI Toolkit, 27.

489 MüKo-AktG/*Schröer*, § 142 Rn. 14.

490 Zum Rechtsmissbrauch durch Sonderprüfungsanträge vgl. MüKo-AktG/*Schröer*, § 142 Rn. 95ff.

491 Zur Abgrenzung vgl. oben Seite 148.

nen, ist der Nutzen im Rahmen einer langfristigen *Engagement*-Strategie jedoch beschränkt.

Das Sonderprüfungsrecht ist dementsprechend für *Engagement*-Strategien nur in außergewöhnlichen Umständen relevant.

V. Allgemeine Grenzen

Die Ausübung von Aktionärsrechten sowie jede Art der Einflussnahme auf die Gesellschaft unterliegen allgemeinen Grenzen und werden namentlich bestimmt durch die Grenze des Rechtsmissbrauchs, durch gesellschaftsrechtliche Treuepflichten und durch spezielle Ausformungen dieser Grenzen, etwa dem Verbot der Erlangung gesellschaftsfremder Sondervorteile nach § 243 Abs. 2 AktG.

Engagement-Strategien sind darauf gerichtet, die Unternehmensleitung bzw. eine Mehrheit der Aktionäre von konkreten Handlungsstrategien oder Maßnahmen zu überzeugen, die zu einer besseren Berücksichtigung ethisch-sozial-ökologischer Belange führt. Dieser Kommunikations- und Koordinierungsprozess findet zwar statt im Rahmen der gesetzlich vorgegebenen Corporate Governance-Strukturen, wird jedoch im gleichen wenn nicht höheren Maße von informellen Mitteln dominiert. Wie bereits ausgeführt, ist die aggressiv-konfrontative Nutzung von Aktionärsrechten regelmäßig nicht zielführend. Die Gefahr, dass *Engagement*-Strategien allgemeine rechtliche Handlungsgrenzen überschreiten, ist deshalb gering.

1. Rechtsmissbrauch

Die Grenze des Rechtsmissbrauchs ist nicht gleichbedeutend, aber im Kontext mit dem Missbrauch gesellschaftsrechtlicher Treuepflichten zu sehen. In der rechtsmissbräuchlichen Nutzung von Aktionärsrechten liegt typischerweise auch eine Treuepflichtverletzung.[492] Eine rechtmissbräuchliche Nutzung liegt vor, wenn das aus der eigenen Rechtsposition genutzte Institut zweckentfremdet wird.[493] Die Privatautonomie des Rechtsausübenden verliert umso mehr an Legitimationskraft, je mehr dessen Intention sich vom gesetzlichen Zweck des Rechtsinstituts entfernt.[494] Dementsprechend könnte Rechtsmissbrauch vorliegen, wenn beispielsweise das Antragsrecht nach §§ 122 Abs. 2, 124 Abs. 4, 126 AktG, und die damit verbundene Veröffentlichungspflicht des Vorstandes als Vehikel für die Veröffentlichung von Forderungen genutzt werden, die keinen konkreten Bezug zum Unternehmen aufweisen. Der Antrag, dem Vorstand das Misstrauen auszusprechen, muss beispielsweise einen Bezug zur Arbeit des Vorstandes aufweisen und

492 *Thaeter/Guski*, AG 2007, 301, 302.
493 Im Aktienrecht wird typischerweise das Institut der Anfechtungsklage zweckentfremdet, vgl. OLG Stuttgart AG 2003, 456 mit einem Überblick zur Rechtsprechung.
494 Allgemein zu diesem Konflikt *Habersack*, Vertragsfreiheit und Drittinteressen.

kann nicht als bloßer Aufhänger für Kritik an sonstigen Verhältnissen dienen.[495] Neben den objektiven Umständen sind für die Feststellung des Rechtsmissbrauchs auch die subjektiven Interessen des Aktionärs entscheidend, die zur Feststellung des Rechtsmissbrauchs auf außerhalb des Gesetzeszwecks liegenden Motiven beruhen müssen.[496]

2. Gesellschaftsrechtliche Treuepflicht

Eine Treuepflichtverletzung setzt keine subjektiven Kriterien voraus, sondern beruht auf dem Gedanken, dass Maßnahmen einzelner Aktionäre nicht in unverhältnismäßiger Weise dem Gesellschaftszweck oder anderen Aktionärsinteressen zuwiderlaufen dürfen.[497] Dies setzt allerdings einen erheblichen Einfluss voraus, der bei den hier in Frage stehenden institutionellen Investoren mit stark gestreuten Portfolios allenfalls in Koordination mit anderen Aktionären erreichbar ist. Je größer der Einfluss auf die Gesellschaft ist, desto höher ist das Maß an Verantwortlichkeit.[498]

Sowohl der Tatbestand des Rechtsmissbrauchs als auch der Inhalt der Treuepflicht lassen sich nur anhand des Einzelfalls konkretisieren. Für Maßnahmen im Zusammenhang mit *Engagement*-Strategien gelten dabei die von der Rechtsprechung bereits entwickelten allgemeinen Grundsätze.

Denkbar wäre eine Privilegierung ethisch-sozial-ökologische Belange als „altruistische“ Ziele gegenüber sonstigen „egoistischen“ Zielen von Aktionären. Dies ist aber bereits deshalb abzulehnen, weil es nicht auf die egoistische oder altruistische Zielsetzung ankommt, sondern allein auf die Legitimität der Zielsetzung. Auch egoistische Zielsetzungen können durchaus legitim und zulässig sein.[499] Im Ergebnis sind Handlungen im Zusammenhang mit *Engagement*-Strategien wie auch jedes andere Aktionärsverhalten an allgemeinen Grundsätzen der gesellschaftsrechtlichen Treuepflicht zu messen.

3. Haftung bei vorsätzlicher Schädigung

Wenn im Rahmen einer *Engagement-Strategie* der Einfluss auf die Gesellschaft bzw. die Mitglieder des Vorstandes oder Aufsichtsrates vorsätzlich zum Schaden der Gesellschaft oder ihrer Aktionäre ausgeübt werden sollte, kann dies zur Haftung gem. § 117 Abs. 1 AktG führen. Ein Schaden kann bereits in einer nachhaltigen Minderung des Aktienkurses begründet sein. Bei SRI-Strategien der dritten Fallgruppe wäre es nicht grundsätzlich ausgeschlossen, eine Minderung des Aktien-

---

495 *Thaeter/Guski*, AG 2007, 301, 303.
496 Beispielhaft für das Sonderprüfungsrecht nach § 142 AktG MüKo-AktG/*Schröer*, § 142 Rn. 97.
497 Vgl. BGHZ 142, 167, 170.
498 *K. Schmidt*, Gesellschaftsrecht, § 28 I, 800.
499 *K. Schmidt*, Gesellschaftsrecht, § 28 I, 803; für das Sonderprüfungsrecht nach § 142 AktG vgl. MüKo-AktG/*Schröer*, § 142 Rn. 95 ff.

kurses in Kauf zu nehmen, um ethisch-sozial-ökologische Ziele durchzusetzen. Unternehmenspolitische Richtungsstreitigkeiten zwischen den Aktionären oder der Widerstand einzelner Aktionäre gegen bestimmte Maßnahmen sind allerdings auch bei negativen Auswirkungen auf den Aktienkurs nicht ohne weiteres als vorsätzliche Schädigung zu qualifizieren. Socially Responsible Investment ist per definitionem nicht auf eine Schädigung der Gesellschaft gerichtet, sondern auf ihren nachhaltigen wirtschaftlichen Erfolg. Ein Konflikt i. S. d. § 117 Abs. 1 AktG ist daher sehr unwahrscheinlich.

Hinzu kommt, dass SRI-Investmentfonds oder andere institutionelle Investoren, die SRI-Strategien verfolgen, aufgrund der gesetzlichen Vorgaben zur Streuung des anzulegenden Vermögens regelmäßig nur über eine geringe Kapitalbeteiligung verfügen, die eine Einflussnahme i. S. d. § 117 Abs. 1 AktG weder rechtlich noch faktisch zulässt. Der nach § 76 Abs. 1 AktG eigenverantwortliche Vorstand kann sich schädigender Einflussnahme widersetzen und würde sich ansonsten gem. § 117 Abs. 2 AktG auch mit haftbar machen. Die Haftung nach § 117 AktG ist für *Engagement*-Strategien aus diesen Gründen kaum von Bedeutung.

4. Verbot der Erlangung gesellschaftsfremder Sondervorteile

Das Verbot der Erlangung gesellschaftsfremder Sondervorteile, § 243 Abs. 2 AktG, gewährt den betroffenen Aktionären ein Anfechtungsrecht, wenn ein Aktionär mit der Ausübung des Stimmrechts für sich oder einen Dritten Sondervorteile zum Schaden der Gesellschaft oder der anderen Aktionäre zu erlangen suchte. Dies wäre theoretisch denkbar, wenn eine Abstimmung ethisch-sozial-ökologische Belange zum Gegenstand hat, die für den eine SRI-Strategie verfolgenden Investor einen (Sonder-)Vorteil begründen, während für die Gesellschaft bzw. die anderen Aktionäre ein Schaden entstehen könnte.

In der Praxis ist eine solche Stimmrechtsausübung allerdings kaum denkbar, da SRI-Investmentfonds, für die sich ein solcher Sondervorteil ergeben könnte, aufgrund der Kapitalstreuungsvorschriften regelmäßig nicht über ausreichende Stimmrechte verfügen. Im Übrigen hat § 243 Abs. 2 AktG neben dem allgemeinen Anfechtungsgrund nach § 243 Abs. 1 AktG kaum eigenständige Bedeutung, da die unzulässige Verfolgung von Sondervorteilen regelmäßig bereits als Ungleichbehandlung oder als Verstoß gegen die Treuepflicht im Sinne eines ungerechtfertigten Eingriffs in Mitgliedsrechte zur Anfechtbarkeit des Beschlusses führen würde.[500] Das Anfechtungsrecht nach § 243 Abs. 2 AktG hat daher für *Engagement*-Strategien keine praktische Relevanz.

500 MüKo/*Hüffer*, § 243 Rn. 73.

5. Vorsätzliche sittenwidrige Schädigung

Aus den genannten Gründen, namentlich aufgrund der fehlenden Zielsetzung und der fehlenden rechtlichen Möglichkeit, gesellschaftsschädigende Beschlüsse herbeizuführen, hat die rechtliche Grenze der vorsätzlichen, sittenwidrigen Schädigung gem. § 826 BGB für *Engagement*-Strategien keine Bedeutung.

Möglichkeiten, eine Gesellschaft außerhalb der Aktionärsstellung sittenwidrig, etwa durch öffentlichkeitswirksame Verleumdung, zu schädigen, haben weder einen Bezug zu *Engagement*-Strategien, noch zu den Zielen und Methoden von SRI-Strategien insgesamt.

VI. Zusammenfassung

Das deutsche Aktienrecht gewährt Aktionären eine Vielzahl von Möglichkeiten, ethisch-sozial-ökologisch fundierte Zielsetzungen, Strategien oder Bedenken zu artikulieren und gegenüber der Unternehmensleitung und anderen Aktionären einzubringen.

Für die Kontrollmöglichkeiten gegenüber der Geschäftsführung kommt dabei dem Auskunftsrecht in der Hauptversammlung, insbesondere bei der Entgegennahme des Lageberichts, besondere Bedeutung zu. Das Auskunftsrecht gem. § 131 Abs. 1 AktG kann dazu genutzt werden, auf ethisch-sozial-ökologische Fragestellungen und ihre wirtschaftliche Bedeutung aufmerksam zu machen.

Der unmittelbaren Einflussnahme auf die Geschäftsführung sind dagegen durch die mangelnde Kompetenz der Hauptversammlung für Fragen der Geschäftsführung, § 119 Abs. 2 AktG, enge Grenzen gesetzt. Aktionäre oder Aktionärsgruppen mit einem Anteil am Grundkapital von 500T Euro sind zwar berechtigt, die Tagesordnung um eigene Beschlussgegenstände zu ergänzen. Auf diesem Wege kann jedoch die aktienrechtliche Zuständigkeit der Hauptversammlung nicht erweitert werden. Anträge, die Fragen der Geschäftsführung zum Inhalt haben, sind nicht zulässig.

Zielsetzungen von *Engagement*-Strategien können sich auf die Bilanzierung, den Jahresbericht, die Satzung oder auf andere Gegenstände beziehen, die Ansatzpunkte für Mitwirkungsbefugnisse der Hauptversammlung bieten. Die größte Relevanz haben ethisch-sozial-ökologische Fragestellungen jedoch in der Geschäftsführung. Dem Ausschluss der Hauptversammlung von Geschäftsführungsfragen gem. § 119 Abs. 2 AktG kommt für *Engagement*-Strategien insofern eine Schlüsselfunktion zu. Da das Aktiengesetz der Hauptversammlung im Grundsatz gerade keine Einflussnahmemöglichkeiten auf die Geschäftsführung einräumt, sondern sich auf Kontrollbefugnisse beschränkt, muss sich auch eine *Engagement*-Strategie an dieser Kompetenzaufteilung orientieren.

Das Auskunft- und Antragsrecht kann genutzt werden, um im Vorfeld und während der Hauptversammlung ethisch-sozial-ökologische Themen mit Bedeutung für die Gesellschaft in die Diskussion einzubringen und bei Unternehmensleitung und anderen Aktionären Bewusstsein für diese Fragestellungen zu wecken, soweit ihre Bedeutung bisher übersehen oder nicht ausreichend gewichtet wurde. Der Diskussion wird sich dann entnehmen lassen, ob konsensfähige Positionen für einzelne Fragestellungen bestehen. Ein kluger Vorstand wird dabei auch Diskussionen, die die Geschäftsführung betreffen, nicht mit Hinweis auf die fehlende Zuständigkeit der Hauptversammlung im Keim ersticken, sondern vielmehr daran interessiert sein, ein Stimmungsbild zu gewinnen und positive Anregungen zu identifizieren.

Konfrontative Mittel, etwa die Einsetzung von Sonderprüfern gem. §§ 119 Abs. 1 Nr. 7, 142 AktG oder die Ersetzung von Aufsichtsratsmitgliedern gem. § 103 AktG sind nur von Bedeutung, sollte der unwahrscheinliche Fall eines Zerwürfnisses zwischen Vorstand und Hauptversammlung eintreten.

Die Diskussion ethisch-sozial-ökologischer Themen im Rahmen einer Hauptversammlung ist schon aus zeitlichen Gründen eingeschränkt. Auskunfts-, Antrags- und Rederechte erschöpfen sich insofern darin, Themen auf die Agenda zu bringen und ein Meinungsbild von Vorstand und Aktionären zu erheben. Mangels Möglichkeit, einen Antrag zu stellen und abzustimmen, der Handlungsanweisungen an den Vorstand enthält, wird auch die Bereitschaft anderer Aktionäre beschränkt sein, Geschäftsführungsthemen überhaupt zu diskutieren.

Beratungen über Geschäftsführungsfragen mit dem Vorstand und Aufsichtsrat sind jedoch auf informellem Wege möglich, wenn daran gegenseitiges Interesse besteht. Ein Interesse der Unternehmensleitung kann sich entweder aus dem generellen Ziel guter Beziehungen zu institutionellen Investoren (*Investor Relations*) oder aus einer besonderen Expertise des Investors für ethisch-sozial-ökologische Fragestellungen ergeben, die für die Unternehmensleitung nützlich ist. Die Bedeutung informeller *Engagement*-Strategien ist insofern maßgeblich von der Expertise des Investors abhängig. Einflussmöglichkeiten können sich aber auch schon dadurch ergeben, dass die Unternehmensleitung überhaupt mit Anfragen institutioneller Investoren zu ethisch-sozial-ökologischen Themenbereichen konfrontiert und für deren Bedeutung sensibilisiert wird. In dem Maße, in dem ethisch-sozial-ökologischen Faktoren auf dem Kapitalmarkt Bedeutung zugemessen wird, haben diese auch für börsennotierte Unternehmen Bedeutung. *Engagement*-Strategien haben dabei die Funktion, Investorinteressen ethisch-sozial-ökologischer Art zu artikulieren und zu vermitteln.

Während die rechtlichen Möglichkeiten des Aktiengesetzes auf die zeitlich eingeschränkte Hauptversammlung fokussiert sind, der vornehmlich eine Kontroll-, jedoch keine Geschäftsführungsfunktion zukommt, kann auf informellem Wege der zeitnahe und kontinuierliche Dialog gesucht werden. Es ist deshalb davon auszugehen, dass für *Engagement*-Strategien der informelle, unkomplizierte und im Übrigen auch vertrauliche Weg gegenüber der Ausübung von Aktionärsrechten bevorzugt wird.

Dritter Teil – Socially Responsible Investment im europäischen Gemeinschaftsrecht

Von Seiten der Europäischen Union wurde das Thema Socially Responsible Investment 2001 zum ersten Mal ausführlich im Grünbuch zu den europäischen Rahmenbedingungen für die soziale Verantwortung der Unternehmen erwähnt.[501] Im Rahmen der *Corporate-Social-Responsibility*-Debatte wurde erkannt, dass ethisch-sozial-ökologische Faktoren zunehmend Einfluss nehmen auf die Investitionsentscheidungen von Einzelpersonen und Organisationen in deren Rolle als Verbraucher und Investoren. Umgekehrt können insbesondere institutionelle Investoren das ethisch-sozial-ökologische Verhalten von Unternehmen positiv beeinflussen.

Das Grünbuch nennt auch bereits die Hauptprobleme, die der Weiterentwicklung des Marktes für SRI entgegenstehen, namentlich mangelnde Informationen über die konkrete Tätigkeit und Leistung von SRI-Fonds, das Fehlen von Standards für die Sozial- und Umweltberichterstattung von Unternehmen und uneinheitliche Bewertungsmethoden für die soziale und ökologische Leistung von Unternehmen.[502] Dem Grünbuch folgte eine Mitteilung der Europäischen Kommission mit einem Konzept zur Integration der sozialen Verantwortung der Unternehmen in alle Politikbereiche.[503]

Die Initiative ging zunächst von der Generaldirektion *Beschäftigung und Soziales* der europäischen Kommission aus, also nicht von der für die Investmentwirtschaft zuständigen Generaldirektion *Binnenmarkt und Dienstleistungen*.[504] Mittlerweile wird Socially Responsible Investment auch dort wahrgenommen, steht jedoch nicht als eigenständiges Thema auf der Agenda.[505] In der Hauptsache beschäftigen sich die Generaldirektion *Beschäftigung und Soziales* sowie die für die Berichterstattung von Unternehmen zuständige Generaldirektion *Unternehmen* mit SRI als Unterthema zur europäischen Position zur sozialen Verantwortung der Unternehmen (CSR). Daneben hat das Europäische Parlament in seinen bisherigen Entschließungen zur Unternehmensverantwortung nachdrücklich auf die Wichtigkeit von Socially Responsible Investment hingewiesen.[506] Die Kommission ist zwischenzeitlich der

---

501 Europäische Kommission, Green Paper – Promoting a European framework for Corporate Social Responsibility, KOM(2001) 366, 21; vgl. auch *Murray*, Corporate Social Responsibility in the EU, 19 ff.; *Davidsson*, Columbia Journal of European Law 2002, 529.

502 Zu Standards für die Berichterstattung vgl. *Clausen/Loew*, Mehr Glaubwürdigkeit durch Testate? Internationale Analyse des Nutzens von Testaten in der Umwelt- und Nachhaltigkeitsberichterstattung.

503 Mitteilung der Kommission betreffend die soziale Verantwortung der Unternehmen: ein Unternehmensbeitrag zur nachhaltigen Entwicklung, KOM(2002) 348; vgl. auch Europäische Kommission, Grünbuch Marktwirtschaftliche Instrumente für umweltpolitische und damit verbundene politische Ziele, KOM(2007) 140.

504 Fast alle Publikationen zur sozialen Verantwortung von Unternehmen wurden durch die Generaldirektion Beschäftigung und Soziales initiiert, vgl. Europäische Kommission, Mapping Instruments for Corporate Social Responsibility, http://ec.europa.eu/employment_social/soc-dial/csr.

505 Vgl. Europäische Kommission, DG Binnenmarkt und Dienstleistungen, Current Trends, in: Asset Management (MARKT/2005/25/G), 53.

506 Entschließung des Europäischen Parlaments zu dem Grünbuch der Europäischen Kommission über die Förderung der europäischen Rahmenbedingungen für die soziale Verantwortung der Unternehmen (CSR), P5_TA(2002)0278; Entschließung des Europäischen Parlaments zu der Mitteilung der Europäischen Kommission betreffend die soziale Verantwortung der Unternehmen: ein Unternehmensbeitrag zur nachhaltigen Entwicklung, P5_TA(2003)0200; Ausschuss für Beschäfti-

Aufforderung des Europäischen Parlaments nachgekommen und hat zunächst eine Empfehlung zur Berücksichtigung von Umweltaspekten in Jahresabschluss und Lagebericht veröffentlich.[507] Diese Empfehlung wurde 2003 durch die Erweiterung der Richtlinie 78/660/EWG mit der Verpflichtung zur Berichterstattung zu nichtfinanziellen Leistungsindikatoren rechtsverbindlich gemacht.[508]

Allerdings ist dies die bisher einzige europarechtliche Vorschrift, die unmittelbar die legislativen Rahmenbedingungen für CSR und SRI verbessert. Zwar bestehen darüber hinaus andere europarechtliche Vorschriften, die auch für Socially Responsible Investment relevant sind. Sie wurden jedoch ohne besondere Berücksichtigung der mit SRI verbundenen Fragestellungen entwickelt.

Daneben wendet die Kommission weitere, nicht unmittelbar verpflichtende Mittel an, um die Sozial- und Umweltberichterstattung durch Unternehmen zu verbessern. Dazu gehört der dauerhafte Konsultationsprozess mit dem Ziel der Erarbeitung einheitlicher freiwilliger Standards im Rahmen von Runder-Tisch-Gesprächen wie dem *European Multistakeholder Forum on CSR*,[509] seit 2006 umgewandelt in die *European Alliance for Corporate Social Responsibility*.[510] Im Umweltbereich besteht das EMAS-System (Eco Management and Audit Scheme), welches 2001 umfassend ausgebaut wurde.[511] Für freiwillig teilnehmende Unternehmen bestehen danach umfassende Berichts- und Organisationspflichten im Umweltbereich, deren Einhaltung zertifiziert wird. Leitlinien zur Durchführung der zugrundeliegenden Verordnung standardisieren die Kategorien von Umweltleistungskennzahlen.[512] Das starke Engagement im Umweltbereich hängt mit entsprechenden Kompetenzen der Europäischen Union im diesem Bereich zusammen.[513] Der soziale Bereich liegt dagegen mit wenigen Ausnahmen weiter in der alleinigen Kompetenz der Mitgliedstaaten. Umwelt- und Sozialrecht sind allerdings für Socially Responsible Investment nur sehr mittelbar relevant. Die mit SRI verbundenen Fragen stellen sich vornehmlich im Investmentrecht, Gesellschaftsrecht und Versicherungsrecht

---

gung und soziale Angelegenheiten, Bericht über die soziale Verantwortung von Unternehmen: eine neue Partnerschaft, 2006/2133(INI).

507 Empfehlung der Europäischen Kommission vom 30. Mai 2001 zur Berücksichtigung von Umweltaspekten in Jahresabschluss und Lagebericht von Unternehmen: Ausweis, Bewertung und Offenlegung (2001/453/EG).

508 Vgl. Richtlinie 2003/51/EG des Europäischen Parlaments und des Rates vom 18. Juni 2003.

509 Communication from the Commission concerning Corporate Social Responsibility: A business contribution for sustainable development, COM(2002) 347; European Multistakeholder Forum on CSR, Final Results & Recommendations 2004.

510 Vgl. ec.europa.eu/enterprise/csr/policy.htm; das Verständnis der Europäischen Kommission von CSR wird als „Modest CSR" beschrieben, vgl. *Parkinson*, Corporate Governance and the Regulation of Business Behaviour, in: *Macleaod*, Global Governance and the Quest for Justice, Vol. II – Corporate Governance, 4, 22.

511 Verordnung 761/2002/EG des Europäischen Parlaments und des Rates vom 19. März 2001 über die freiwillige Beteiligung von Organisationen an einem Gemeinschaftssystem für das Umweltmanagement und die Umweltbetriebsprüfung (EMAS).

512 Empfehlung der Europäischen Kommission vom 10. Juli 2003 über Leitlinien zur Durchführung der Verordnung 761/2001/EG (EMAS) in Bezug auf die Auswahl und Verwendung von Umweltleistungskennzahlen.

513 Vgl. Art. 3 lit. l), Art. 6, Titel XIX Art. 174–176 EGV.

und fallen damit vorbehaltlich der Bedeutung für die Verwirklichung des gemeinsamen Marktes und des Subsidiaritätsprinzips in die wirtschaftliche Kompetenz der Europäischen Union.

Die wirtschaftliche Bedeutung von Socially Responsible Investment ist erheblich. Das Investmentfondsgewerbe nimmt an Volumen und Bedeutung seit über zehn Jahren ständig zu und ist zum wichtigsten Akteur auf den europäischen Kapitalmärkten geworden.[514] Ende 2006 wurden mehr als 5,8 Billionen Euro durch europäische Investmentfonds (OGAW) verwaltet. Hinzu kommen Vermögen von ca. 2,4 Billionen Euro, die durch Pensionsfonds und ca. 6 Billionen Euro, die durch Lebensversicherer verwaltet werden.[515]

Die Zahlen zur Erfassung des Marktes für SRI variieren abhängig davon, welche Anforderungen an die konkrete Implementierung in den Investmentprozess gestellt werden. Dabei kann grundsätzlich danach unterschieden werden, ob durch differenzierte Selektionskriterien ein qualifiziertes Portfolio erstellt wird (primäre SRI Strategien), oder ob lediglich *Engagement-Strategien* angewendet werden, während das Portfolio nach rein finanziellen Kriterien aufgestellt wird (sekundäre SRI Strategien). Zu Beginn des Jahres 2006 wurden durch Investmentfonds und Pensionsfonds ca. 393 Mrd. Euro nach primären SRI Strategien verwaltet, weitere 1,4 Billionen nach sekundären SRI Strategien.[516] Die Wachstumsrate des von SRI-Fonds verwalteten Vermögens betrug gegenüber 2003 mehr als 70%.[517] Die Marktanteile variieren je nach Land erheblich und liegen zwischen 0,5% und 15%.[518] Hohe Marktanteile bestehen insbesondere in den Niederlanden und Großbritannien, wo die kapitalbasierte zweite Säule des Rentensystems besonders ausgeprägt ist und große Pensionsfonds SRI-Strategien eingeführt haben.

Da die umlagefinanzierten Rentenversicherungssysteme schon heute Zuschüsse aus Steuermitteln benötigen und aus demographischen Gründen zukünftig weiter unter Druck geraten werden, wird die Bedeutung privater Altersvorsorge durch Kapitalanlagen in Investmentfonds, Pensionsfonds und anderen Altersvorsorgekapitalanlagen stetig zunehmen. Schon heute machen Investmentfonds ca. 12,6% des Finanzvermögens der europäischen Haushalte aus.[519] In Großbritannien sind es durchschnittlich sogar über 50% des Gesamtvermögens der Haushalte.[520] Es ist

---

514 *Chalmers/Hadjiemmanuil/Monti/Tomkins*, European Union Law, 782 ff.
515 Europäische Kommission, Financial Integration Monitor 2007, SEC(2006) 1057, 2, 11, 17; Financial Integration Monitor 2007, SEC(2007) 1696, 34.
516 Zahlen aus: Eurosif, SRI Study 2006, 10.
517 Eurosif, SRI Study 2006, 16.
518 Vgl. Länderberichte in: Eurosif, SRI Study 2006; Eurosif, Socially Responsible Investment among European Institutional Investors.
519 Europäische Kommission, Weißbuch für den Ausbau des Binnenmarktrahmens für Investmentfonds, KOM(2006) 686, 2.
520 Vgl. National Statistics, Pensions and National Accounts, www.statistics.gov.uk/pension trends.

von einem andauernden Wachstum des Investmentgewerbes auszugehen.[521] Schon deshalb wird auch der Markt für Socially Responsible Investment weiter wachsen.[522] Hinzu kommt, dass Kapitalanlagen zur Altersvorsorge sehr langfristig angelegt werden und Anleger in der Regel daran interessiert sein werden, dass ihr lebenslang angespartes Kapital in einer Art und Weise verwaltet wird, die sich ökologisch und sozial tendenziell förderlich auf die Lebensumstände im späteren Rentenalter auswirkt.[523]

Die Überwindung der nationalen Grenzen im EU-Binnenmarkt für Investmentfonds nimmt stetig weiter zu und stellt ebenfalls einen Wachstumsfaktor dar. Über 70% des von der Fondsbranche verwalteten Kapitals wird von Organismen für gemeinsame Anlagen in Wertpapieren (OGAW) verwaltet, die europaweit grenzüberschreitend tätig sein dürfen.[524] Bisher sind zwar nur ca. 17% tatsächlich in mehr als zwei Ländern grenzüberschreitend tätig, die grenzüberschreitende Tätigkeit machte jedoch 2005 ca. 66% der Gesamtnettozugänge der Branche aus.[525] Dies macht deutlich, dass sich der Investmentmarkt zunehmend europäisiert. Im gleichen Maße werden sich auch die gesetzlichen Rahmenbedingungen der Investmentbranche – und damit auch des Marktes für Socially Responsible Investment – zukünftig weiter harmonisieren.

---

521 OECD, Financial Market Trends No. 90, 2006, 157; OECD, White paper on Governance of Collective Investment Schemes (CIS), Financial Market Trends No. 88, 2005, 137; Europäische Kommission, Financial Integration Monitor 2006, SEC(2006) 1057, 12.

522 Vgl. Deutsche Welle World, Socially Responsible Investment Growing in Germany Business, (Internetausgabe) v. 11. 2. 2007.

523 Vgl. Erwägungsgrund (31) der Richtlinie 2003/41/EG des Europäischen Parlaments und des Rates vom 3. Juni 2003 über die Tätigkeiten und die Beaufsichtigung von Einrichtungen der betrieblichen Altersversorgung.

524 Europäische Kommission, Grünbuch für den Ausbau des Binnenmarktrahmens für Investmentfonds, KOM(2005) 947, 2.

525 Europäische Kommission, Financial Integration Monitor 2006, SEC(2006) 1057.

Titel I – Kapitalanlagerecht

Im Kapitalanlagerecht wurde mit der OGAW-Richtlinie von 1985 über Organismen für gemeinsame Anlagen in Wertpapieren erstmals ein europarechtlicher Rahmen für Investmentfonds geschaffen.[526] Bis 2007 wurde diese Richtlinie durch sieben weitere Richtlinien erweitert.[527] Sie umfassen sowohl die Vereinheitlichung aufsichtsrechtlicher Regelungen als auch Regelungen zu Interessenwahrungspflichten und Wohlverhaltensregeln, Anlagegrundsätzen, Informationspflichten und Vertragsbedingungen. Vergleichbare Regelungen über Interessenwahrungspflichten, Anlagegrundsätze und Informationspflichten bestehen gemäß Richtlinie 2003/41/EG für die Tätigkeit und Beaufsichtigung von Einrichtungen der betrieblichen Altersvorsorge.[528]

Die europarechtlichen Rahmenbedingungen für Investmentfonds wurden 2005/2006 in einem umfassenden Konsultationsprozess überprüft und sollen weiter ausgebaut werden.[529] Dem Bereich Investmentfonds und private Finanzdienstleistungen wird im Weißbuch zur Finanzdienstleistungspolitik für die Jahre 2005–2010 der Europäischen Kommission eine Schlüsselrolle zugewiesen. Socially Responsible Investment wird zwar als neuer, schwer zu kategorisierender Anlagetyp eingeordnet,[530] in diesem Bereich wird jedoch grundsätzlich kein Reformbedarf gesehen.[531]

---

526 Richtlinie 85/611/EWG des Rates vom 20. Dezember 1985 zur Koordinierung der Rechts- und Verwaltungsvorschriften betreffend bestimmte Organismen für gemeinsame Anlagen in Wertpapieren (OGAW); für eine Übersicht über das Investmentrecht vgl. *Grabitz/Hilf*, Art. 56 EGV Rn. 154ff.

527 Richtlinie 88/220/EWG des Rates vom 22. März 1988; Richtlinie 95/26/EG des Europäischen Parlaments und des Rates vom 29. Juni 1995; Richtlinie 2000/64/EG des Europäischen Parlaments und des Rates vom 7. November 2000; Richtlinie 2001/107/EG des Europäischen Parlaments und des Rates vom 21. Januar 2002; Richtlinie 2001/108/EG des Europäischen Parlaments und des Rates vom 21. Januar 2002; Richtlinie 2004/39/EG des Europäischen Parlaments und des Rates vom 21. April 2004; Richtlinie 2005/1/EG des Europäischen Parlaments und des Rates vom 9. März 2005.

528 Richtlinie 2003/41/EG des Europäischen Parlaments und des Rates vom 3. Juni 2003 über die Tätigkeiten und die Beaufsichtigung von Einrichtungen der betrieblichen Altersversorgung.

529 Europäische Kommission, Grünbuch für den Ausbau des Binnenmarktrahmens für Investmentfonds, KOM(2005) 947, 2; zu den Ergebnissen der Konsultation siehe Europäische Kommission, Weißbuch zur Finanzdienstleistungspolitik für die Jahre 2005–2010; *Murray/Wanlin*, The EU's new financial services agenda.

530 Europäische Kommission DG Binnenmarkt und Dienstleistungen, Current Trends in Asset Management (MARKT/2005/25/G), 53.

531 Vgl. Europäische Kommission, Weißbuch für den Ausbau des Binnenmarktrahmens für Investmentfonds, KOM(2006) 686, 18.

Kapitel I – Investmentrichtlinie

Die Richtlinie 85/611/EWG des Rates zur Koordinierung der Rechts- und Verwaltungsvorschriften betreffend bestimmte Organismen für gemeinsame Anlagen in Wertpapieren (Investmentrichtlinie) wurde am 20. Dezember 1985 verabschiedet. Jeder der insgesamt 80 Artikel, der für Socially Responsible Investment relevant ist, ist mit entsprechenden Vorschriften des deutschen Investmentrechts vergleichbar, allerdings nicht immer deckungsgleich. Die Richtlinienvorschriften setzen den Rahmen, der durch SRI-relevante allgemeine und SRI-spezifische Vorschriften weiter ausgestaltet werden kann.

Die Investmentrichtlinie selbst enthält keine SRI-spezifischen Regelungen. Fraglich ist jedoch, inwieweit sie durch allgemeine Vorschriften bereits einen Rechtsrahmen für Socially Responsible Investment auf europäischer Ebene schafft.

A. Gegenüberstellung mit den deutschen Umsetzungsvorschriften

Umsetzungsvorschriften können grundsätzlich über Richtlinienvorschriften hinausgehen, dürfen aber nicht hinter diesen zurückbleiben. Die Regelungstiefe der Richtlinie kann demnach nur geringer sein als im nationalen Recht oder, bei einer Eins-zu-eins-Umsetzung, deckungsgleich.

Für SRI im deutschen Investmentrecht wurden die Zulässigkeitsvoraussetzungen bereits herausgearbeitet.[532] Hinsichtlich der Investmentrichtlinie stellt sich die Frage, ob ihr Regelungsgehalt alle SRI-relevanten Bereiche erfasst und inwieweit die durch das deutsche Investmentrecht aufgestellten Voraussetzungen auf die Auslegung der entsprechenden Richtlinievorschriften übertragbar sind.

I. Anwendungsbereich

Der Begriff Organismen für die gemeinsame Anlage in Wertpapieren (OGAW) ist gem. § 2 Abs. 1 InvG von der Legaldefinition des Investmentfonds umfasst. Darüber hinaus können zwar noch andere Publikums- oder Spezialsondervermögen bestehen, die nicht von der Richtlinie erfasst werden,[533] Richtlinie und Investmentgesetz sind aber insoweit deckungsgleich, als der Anwendungsbereich und Regelungsgehalt der Richtlinie durch das Investmentgesetz komplett ausgefüllt wird.

Grundsätzlich ist zwischen Verwaltungsgesellschaft und OGAW respektive Kapitalanlagegesellschaft und Investmentfonds zu unterscheiden.

---

532 Siehe oben Seite 63.

533 Beispielsweise geschlossene Immobilienfonds. Für weitere Ausnahmen vom Anwendungsbereich vgl. Art. 2 der Investmentrichtlinie.

Nach deutschen Investmentgesetz, § 2 Abs. 1, 2 InvG, ist ein Investmentfonds ein Publikums-Sondervermögen, das von einer Kapitalanlagegesellschaft verwaltet wird. Adressat der gesetzlichen Bestimmungen ist mangels Rechtspersönlichkeit nicht das Sondervermögen, sondern die verwaltende Kapitalanlagegesellschaft als juristische Person. Im Fall der Investment(aktien)gesellschaft, deren Gesellschaftsvermögen das Investmentvermögen darstellt, fällt diese Unterscheidung weg. Eine Investmentgesellschaft ist ein Organismus für gemeinsame Anlagen in Wertpapieren in Form einer Gesellschaft. Sie verfügt daher über Rechtspersönlichkeit und benötigt keine zusätzliche Verwaltungsgesellschaft. Im deutschen Recht sind die Vorschriften für Kapitalanlagegesellschaften gem. § 99 InvG für Investment(aktien)gesellschaften entsprechend anwendbar.

Zwar unterscheidet auch die Investmentrichtlinie zwischen Verwaltungsgesellschaft und OGAW. Da der Begriff OGAW jedoch auch die Investmentgesellschaft beinhaltet, differenziert die Richtlinie nicht immer zwischen beiden Ebenen. Ihre Vorschriften sind teilweise an Verwaltungsgesellschaften, teilweise auch direkt an OGAW adressiert.[534] Vor dem Hintergrund, dass sich die Richtlinie insgesamt an die umsetzenden Mitgliedstaaten wendet, sind bei OGAW-bezogenen Richtlinienvorschriften stets auch Verwaltungsgesellschaften als Normadressat zu sehen.

II. Gegenüberstellung gemeinschaftsrechtlicher und deutscher Vorschriften

Die rechtssystematischen Anknüpfungspunkte für SRI im Investmentrecht und die entsprechenden Normen wurden anhand des deutschen Rechts bereit dargestellt.[535] Alle von der Richtlinie erfassten Regelungsbereiche sind notwendigerweise auch durch das deutsche Investmentgesetz respektive seiner Nachbargesetze erfasst. Teilweise wurden Richtlinienvorschriften wörtlich übernommen. Zwar kann auch bei wörtlicher Übernahme die Bedeutung einer Norm durch den gesetzlichen Kontext und die Auslegung ähnlicher Begriffe in nahe stehenden Gesetzen verändert sein. Bei Rechtsvorschriften, die auf Europarecht beruhen, ist jedoch stets die zugrundeliegende Richtlinie zur Auslegung heranzuziehen. Unabhängig davon, ob die Übernahme wörtlich oder sinngemäß erfolgt, laufen deshalb die sich entsprechenden Vorschriften auch inhaltlich parallel.

Die Regelungen der Richtlinie zur Vermeidung von Interessenkonflikten, Art. 5f Abs. 1 lit. b), zur Auslagerung, Art. 5g, zu den allgemeinen Wohlverhaltensregeln, Art. 5h, zu Wertpapier-Indexvermögen, Art. 22a, und zur Rechnungslegung, Art. 28 Abs. 5 und 6 sowie Schema B sind inhaltlich deckungsgleich. Die zum deutschen Investmentgesetz erarbeiteten Zulässigkeitsvoraussetzungen für Socially Responsible Investment lassen sich inhaltlich auf die Richtlinienvorschriften über-

---

534 Vgl. beispielsweise Art. 21 Abs. 2 Investmentrichtlinie: „Unter keinen Umständen darf ein OGAW von [...] seinen im Prospekt genannten Anlagezielen abweichen".
535 Siehe oben Seite 43.

tragen. Insbesondere sind die Ausführungen zu den Wohlverhaltensregeln beziehungsweise allgemeinen Verhaltens- und Organisationspflichten übertragbar.[536] Das von der Verwaltungsgesellschaft zugrundezulegende Interesse des OGAW bzw. der Anleger wird durch die Natur des Investmentvertrages, die Vertragsbedingungen und die Anlagegrundsätze bestimmt und lässt Raum für SRI-Strategien einschließlich solcher der dritten Fallgruppe, die auch eine Einschränkung der Rendite-Risiko-Maximierung zulassen. SRI-Strategien aller drei Fallgruppen sind mit den Wohlverhaltensregeln dem Grunde nach vereinbar.

Auch die Richtlinienvorschriften zu den Prospektangaben sind in den Vorschriften des Investmentgesetzes – größtenteils wörtlich – übernommen. Abgesehen von über die Richtlinie hinausgehenden Regelungen und Konkretisierungen, beispielsweise für die Prospektangaben bei Dachfonds, sind die Ausführungen zum Investmentgesetz auf die Richtlinie anwendbar.

Die Richtlinie erfasst allerdings nicht alle SRI-relevanten Regelungsbereiche. Die Verwendung von Vertragsbedingungen, die Pflichten bei der Ausübung von Stimmrechten und der Bezeichnungsschutz werden vorausgesetzt, jedoch nicht inhaltlich berührt.[537] Damit bleiben einige für SRI wesentliche Bereiche der nationalen Gesetzgebung vorbehalten.

In einem Fall bleibt das Investmentgesetz hinter den Richtlinienanforderungen zurück. Gemäß Art. 25 Abs. 1 der Richtlinie darf eine Verwaltungsgesellschaft für einen Investmentfonds keine Aktien in einer Größenordnung erwerben, die durch die damit verbundenen Stimmrechte einen nennenswerten Einfluss auf die Geschäftsführung zulassen würde. Der in Art. 25 Abs. 1 der Richtlinie als Generalklausel formulierten Regel entspricht das Investmentgesetz gem. § 64 Abs. 2 nur durch eine starre emittentenbezogene Anlagegrenze von 10% der Aktien beziehungsweise Stimmrechte.[538] Die Generalklausel wurde dagegen nicht in das Investmentgesetz übernommen.[539]

B. Regelungsgehalt und Bedeutung für SRI

Die Gegenüberstellung mit dem deutschen Investmentrecht zeigt, dass der größte Teil der für Socially Responsible Investment relevanten Vorschriften des Investmentgesetzes auf die Investmentrichtlinie zurückzuführen ist. Im Folgenden stellt sich die Frage, ob und inwieweit die Investmentrichtlinie alle rechtssystematischen Anknüpfungspunkte für SRI erfasst. Dabei lässt sich differenzieren zwischen einerseits Regelungen, die sich auf die Fondsverwaltung, also den Investmentprozess und die Ausübung von Stimm- oder anderen Beteiligungsrechten

---

536 Zum deutschen Investmentrecht siehe oben Seite 79.
537 *Chalmers/Hadjiemmanuil/Monti/Tomkins*, European Union Law, 794.
538 Vor der KAGG Novelle 1986 sah § 8a Abs. 4 Satz 2 KAGG a.F. eine Grenze von 5% vor, vgl. Pürsten/Stolzenburg, ZfK 1987, 188, 191.
539 Zur Umsetzung vgl. Reg.E. Investmentmodernisierungsgesetz, BT-Drucks. 15/1553, 97.

beziehen und andererseits Transparenzregelungen, die Informationspflichten oder vertragliche Mindestanforderungen beinhalten.

I. Investmentprozess

Die Investmentrichtlinie regelt einheitlich die Wohlverhaltensregeln, den Grundsatz der Risikostreuung und die Grundsätze zur Vermeidung von Interessenkonflikten. Gleiches gilt für die Voraussetzungen der Auslagerung von Tätigkeiten der Verwaltungsgesellschaft. Darüber hinaus bestehen weitere Anlageregeln, beispielsweise für den Einsatz von Techniken und Instrumenten, die jedoch keine Besonderheiten für Socially Responsible Investment aufweisen. Die Richtlinie stellt dagegen keine Voraussetzungen auf für den Einsatz von Sachverständigenausschüssen zur Bewertung von Wertpapieren. Diese richten sich folglich nur nach den Generalklauseln zur Interessenwahrungspflicht und zur Vermeidung von Interessenkonflikten.

Im Ergebnis sind alle Regelungen in Bezug auf den Investmentprozess, bei denen sich Besonderheiten für Socially Responsible Investment ergeben können, zumindest durch Grundsätze und Generalklauseln erfasst. Wie bereits bei der Gegenüberstellung mit den Regelungen des deutschen Investmentrechts ausgeführt, sind SRI-Strategien aller drei Fallgruppen mit den Investmentregelungen der Richtlinie dem Grunde nach vereinbar und insoweit zulässig.

II. Transparenzanforderungen

Auch die Transparenzanforderungen sind großenteils in der Richtlinie geregelt. Die für Socially Responsible Investment wesentlichsten Regelungsbereiche sind die Vertragsbedingungen und der Verkaufsprospekt, da sie die Definition der Anlageziele und Grundsätze beinhalten müssen. Die Vertragsbedingungen werden von der Richtlinie vorausgesetzt, sind jedoch nicht Regelungsgegenstand. Allerdings sind die Anforderungen an die Vertragsbedingungen mit den Anforderungen an den Verkaufsprospekt hinsichtlich der für SRI relevanten Fragestellungen, insbesondere der Definition der Anlagegrundsätze, vergleichbar. Die Vertragsbedingungen können nicht inhaltlich von den Prospektabgaben abweichen. Die Prospektanforderungen der Richtlinie schlagen insoweit auf die Vertragsbedingungen durch. Mittelbar werden durch die Richtlinie somit auch Anforderungen an die Vertragsbedingungen aufgestellt. Zu den Transparenzanforderungen gehört auch die Rechnungslegung, die durch die Richtlinie ebenfalls erfasst wird.

III. Ausübung von Stimmrechten

Für Socially Responsible Investment problematisch sind dagegen die Richtlinienvorschriften zur Ausübung von Stimmrechten. Zwar geht die Richtlinie nicht weiter darauf ein, ob Verwaltungsgesellschaften das mit den Wertpapieren des Investmentfonds verbundene Stimmrecht ausüben können beziehungsweise sollen und inwieweit der Anleger darüber zu informieren ist. Sie beschränkt jedoch gem. Art. 25 Abs. 1 den Erwerb von Stimmrechten. Danach darf eine Verwaltungsgesellschaft für einen von ihr verwalteten Investmentfonds keine Aktien in einer Anzahl erwerben, die ermöglichen würde, durch die damit verbundenen Stimmrechte einen nennenswerten Einfluss auf die Geschäftsführung des Emittenten auszuüben. Diese Vorschrift beruht auf der Einschätzung, dass die Verwalter von Investmentfonds als Treuhänder fremder Vermögen mit ihren Investitionen keinen Einfluss auf die Unternehmenskontrolle ausüben sondern sich mit einer passiven Investorenrolle begnügen sollen.[540] Maßgeblicher Einfluss wird als Widerspruch zur Investmentidee betrachtet.[541]

Die Regelung konkretisiert einerseits Art. 13 der Richtlinie, wonach Investmentgesellschaften keine anderen Tätigkeiten als das Investmentgeschäft ausführen, demnach also nicht zu umfassend in die Geschäfte anderer Unternehmen involviert sein dürfen. Andererseits soll sie Interessenkonflikten vorbeugen, die durch die Einflussnahme von Kapitalanlagegesellschaften auf die Geschäftsführung von Unternehmen entstehen können. Dahinter steht die Annahme, dass es ohnehin ausreichend ist, wenn Kapitalanlagegesellschaften ihr Portfolio passiv beziehungsweise reaktiv durch Umschichtung verwalten, ohne ein Interesse an der Art und Weise der Geschäftsführung einzelner Unternehmen zu haben. Anstatt wie eine Beteiligungsgesellschaft durch die Ausübung von Stimm- und anderen Beteiligungsrechten eine längerfristige positive Entwicklung des Unternehmens anzustreben, in das investiert wurde, kann bei Unzufriedenheit mit der Geschäftsführung beziehungsweise der Entwicklung des Aktienkurses schlicht das Sondervermögen umgeschichtet und in ein alternatives Wertpapier investiert werden.

Die Einflussnahme auf die Geschäftsführung von im Investmentportfolio enthaltenen Unternehmen ist jedoch gerade die Zielsetzung von *Engagement*-Strategien. Dem könnte Art. 25 Abs. 1 der Richtlinie entgegenstehen. Problematisch könnte auch sein, dass die Beteiligung der Aktionäre von Gesellschaften an Entscheidungen eine wesentliche Voraussetzung für eine wirksame Corporate Governance bildet. Aus diesem Grund hat die EU-Kommission auch die grenzüberschreitende Ausübung von Aktionärsrechten durch die Aktionärsrechterichtlinie gestärkt.[542] Dies wirft die Frage auf, ob die Regelung des Art. 25 Abs. 1 Investmentrichtlinie zielführend ist, oder ob nicht Interessenkonflikten durch Transparenzvorschriften zur Ausübung von Stimmrechten besser vorgebeugt werden kann. Im Gegensatz zum US-amerikanischen Recht müssen die Verwaltungsgesellschaften von In-

540 Vgl. Section 13 g Securities Exchange Act 1934 im US-amerikanischen Recht.

541 *Baur*, Investmentgesetze, § 8 a Rn. 26.

542 Richtlinie 2007/36/EG des Europäischen Parlaments und des Rates vom 11. Juli 2007 über die Ausübung bestimmter Rechte von Aktionären in börsennotierten Gesellschaften (Aktionärsrechterichtlinie).

vestmentfonds bislang ihr Abstimmungsverhalten weder offenlegen noch gesondert Rechenschaft darüber ablegen.[543]

Die Frage, ob *Engagement*-Strategien durch die emittentenbezogene Anlagegrenze des Art. 25 Abs. 1 der Richtlinie erschwert werden, ist allerdings abhängig von der Auslegung dieser Vorschrift. Die Europäische Kommission hat die Umsetzung der Richtlinie durch eine starre Grenze von 10% der Stimmrechte, wie sie beispielsweise mit § 64 Abs. 2 InvG besteht, nicht beanstandet. Danach wird zwar eine beherrschende Stellung ausgeschlossen, nicht aber eine qualifizierte Minderheitsbeteiligung. Ein Anteil von bis zu 10% der Stimmrechte erscheint für *Engagement*-Strategien völlig ausreichend. Dies gilt auch für Corporate Governance Erwägungen. Bei weiter Auslegung bewirkt demnach Art. 25 Abs. 1 der Richtlinie keine Beschränkungen für Socially Responsible Investment.

IV. Indexfonds

Investmentfonds, die einen Wertpapierindex nachbilden, werden gemäß Artikel 22a der Richtlinie privilegiert, indem die Anlagegrenze für Wertpapiere desselben Emittenten auf 20% erhöht wird. Voraussetzung dafür ist allerdings die Anerkennung des nachgebildeten Wertpapierindexes. Die Voraussetzungen für die Anerkennung von Aktienindizes durch die Aufsichtsbehörde werden durch eine Durchführungs-Richtlinie konkretisiert.[544] Die drei Voraussetzungen der Anerkennung, hinreichende Diversifizierung, adäquate Bezugsgrundlage sowie angemessene Veröffentlichung, werden darin näher ausgeführt. Fraglich ist, ob SRI-Indizes diese Voraussetzungen erfüllen beziehungsweise erfüllen können.

1. Hinreichende Diversifizierung

Die Richtlinie verweist in Art. 12 Abs. 2 wieder zurück auf Art. 22a der Investmentrichtlinie, ohne dass dieser weiter konkretisiert wird. Eine Definition von „hinreichend diversifiziert" wird insofern nicht gegeben.

Die Ausführungen zur entsprechenden Vorschrift des deutschen Investmentgesetzes, § 63 InvG, sind sinngemäß übertragbar auf die Richtlinienvorschrift.[545]

543 Zum US-amerikanischen Recht vgl. Regel 30b1-4 (Report of Proxy Voting Record) i. V. m. § 38 Investment Company Act 1940. Überblick auf www.sec.gov/rules/final/33-8188.htm; vgl. auch *Newberg*, Vermont Law Review 2005, 253.
544 Richtlinie 2007/16/EG der Europäischen Kommission vom 19. März 2007 zur Durchführung der Richtlinie 85/611/EWG des Rates zur Koordinierung der Rechts- und Verwaltungsvorschriften betreffend bestimmte Organismen für gemeinsame Anlagen in Wertpapieren (OGAW) im Hinblick auf die Erläuterung gewisser Definitionen.
545 Zu § 63 InvG siehe oben Seite 83.

2. Adäquate Bezugsgrundlage

Nach Art. 12 Abs. 3 der Durchführungs-Richtlinie stellt ein Index eine adäquate Bezugsgrundlage für den Markt dar, auf den er sich bezieht, wenn der Anbieter dieses Indizes eine anerkannte Methodik anwendet, die in aller Regel nicht zum Ausschluss eines größeren Emittenten vom Markt, auf den sich der Index bezieht, führt.

Entscheidend ist in diesem Zusammenhang die Definition des Marktes, auf den sich der Index bezieht (*Benchmark*). Ein Index, der beispielsweise die mittelständischen Unternehmen einer geographischen Region abbilden will, schließt notwendigerweise große Emittenten aus. Dies ist jedoch unschädlich, da sich der Index von vornherein auf einen Markt bezieht, der große Unternehmen nicht enthält. Bei SRI-Indizes stellt sich die Frage, wie der Markt zu definieren ist, auf den sie sich beziehen. Gängige Kriterien für die Eingrenzung des Bezugsmarktes sind Region, Unternehmensgröße beziehungsweise Marktkapitalisierung und Branche. Bezüglich dieser Kriterien ergeben sich für SRI-Indizes keine Besonderheiten. Allerdings kommt zu diesen konventionellen Kriterien ein Bündel ethisch-sozial-ökologischer Kriterien hinzu, mit deren Hilfe weitergehend zwischen den Unternehmen differenziert wird. Dadurch wird ein „Markt für sozialverantwortlich handelnde Unternehmen" als Bezugsmarkt geschaffen. Im Gegensatz zu konventionellen Größen- und Branchenkriterien lassen sich sozialverantwortlich handelnde Unternehmen allerdings nicht mit hinreichender Allgemeingültigkeit bestimmen. Es kann deshalb nicht darauf ankommen, ob der Bezugsmarkt Unternehmen abbildet, die tatsächlich sozial verantwortungsvoll handeln, sondern lediglich darauf, ob diese mittels der verwendeten ethisch-sozial-ökologischen Kriterien bestimmbar sind.

Mithin kommt es, wie auch gem. Art. 12 Nr. 3 der Richtlinie gefordert, darauf an, ob eine anerkannte Methodik verwendet wird. So wie die Validität der Ergebnisse eines wissenschaftlichen Experiments voraussetzt, dass dieses bei Wiederholung unter vergleichbaren Bedingungen auch zu vergleichbaren Ergebnissen führt, muss auch die Methodik der Indexerstellung gewährleisten, dass ihre mehrfache Anwendung unter vergleichbaren Bedingungen zu vergleichbaren Ergebnissen führt. Die verwendeten ethisch-sozial-ökologischen Kriterien müssen folglich so eng gefasst sein, dass der Beurteilungsspielraum des Analysten auf annähernd Null reduziert ist.

3. Angemessene Veröffentlichung

Ein Index wird gem. Art. 12 Abs. 4 der Richtlinie angemessen veröffentlicht, wenn der Index als solcher öffentlich zugänglich ist und der Indexanbieter von dem indexnachbildenden OGAW unabhängig ist. In welchem Zusammenhang die Unabhängigkeit des Anbieters mit der Veröffentlichung stehen soll, ist unklar. Bei der Frage der angemessenen Veröffentlichung bestehen jedenfalls keine Besonderheiten für SRI-Indizes gegenüber konventionellen Indizes.

V. Zusammenfassung

Die Investmentrichtlinie enthält Vorschriften zu allen für Socially Responsible Investment relevanten Regelungsbereichen mit Ausnahme der Ausübung von Stimmrechten. Dadurch ist SRI, auch wenn bisher keine SRI-spezifischen Regelungen bestehen, auf europäischer Ebene bereits in umfassende Rechtsvorschriften eingebettet. Die Zulässigkeit von SRI in allen drei Fallgruppen wird durch die Investmentrichtlinie nicht eingeschränkt. Alle SRI-Strategien sind dem Grunde nach unter Einhaltung der entsprechenden Zulässigkeitsvoraussetzungen möglich. Die Zulässigkeitsvoraussetzungen können aufgrund des Grundsatzes der gegenseitigen Anerkennung, Art. 1 Abs. 6 der Richtlinie, durch das Recht der Mitgliedstaaten zwar konkretisiert, aber – jedenfalls für Investmentfonds mit Sitz in anderen Mitgliedstaaten – nicht enger gefasst werden. Insofern ist Socially Responsible Investment in allen Mitgliedstaaten zulässig.

Für einen wesentlichen SRI-Ansatz, die Einflussnahme auf die Geschäftsführung von im Portfolio enthaltenen Unternehmen mittels *Engagement*-Strategien, fehlen bisher jegliche Modalitäts- und Transparenzregeln. Da die Ausübung von Stimmrechten durch Investmentfonds auch abseits etwaiger SRI-Strategien wesentliche Bedeutung für die Corporate Governance von Unternehmen hat, sind hier weitere Entwicklungen zu erwarten.

Inwieweit die bisherigen Regelungen im europäischen Investmentrecht ausreichend sind, wird im Vierten Teil näher behandelt. Eine Ausweitung des Regelungsgehalts der Investmentrichtlinie ist vor dem Hintergrund der gerade abgeschlossenen Konsultation zum Grünbuch zur Finanzdienstleistungspolitik (2005–2010) zunächst nicht zu erwarten.[546] Im Rahmen des Lamfalussy-Prozesses könnten allerdings von den zuständigen Ausschüssen auf nachgeordneter Ebene konkretisierende Regelungen ausgearbeitet werden.[547]

Kapitel II – Pensionsfonds- und Lebensversicherungsrichtlinie

Der Bereich der Altersvorsorge ist durch zwei maßgebliche Richtlinien geregelt, die Richtlinie 2003/41/EG des Europäischen Parlaments und des Rates vom 3. Juni 2003 über die Tätigkeiten und die Beaufsichtigung von Einrichtungen zur betrieblichen Altersversorgung (Pensionsfondsrichtlinie) und die Richtlinie 2002/83/EG des Europäischen Parlaments und des Rates vom 5. November 2002 über Lebensversicherungen (Lebensversicherungsrichtlinie). Diese stellen den ersten Schritt zur Schaffung eines europäischen Binnenmarktes für die betriebliche und private

546 Europäische Kommission, Grünbuch für den Ausbau des Binnenmarktrahmens für Investmentfonds, KOM(2005) 947, 2; zu den Ergebnissen der Konsultation siehe Europäische Kommission, Weißbuch zur Finanzdienstleistungspolitik für die Jahre 2005–2010.

547 Europäischer Wertpapierausschuss, KOM (2001) 1493; Ausschuss der europäischen Wertpapieraufsichtsbehörden, KOM (2001) 1501.

Altersvorsorge dar. Im Rahmen des Lamfalussy-Prozesses sind zwei Ausschüsse für diese Richtlinien zuständig, der Ausschuss der Europäischen Aufsichtsbehörden für das Versicherungswesen und die betriebliche Altersversorgung sowie der Europäische Ausschuss für das Versicherungswesen und die betriebliche Altersversorgung.[548]

Wie bereits ausgeführt, lassen sich drei Altersversorgungssysteme bzw. drei Säulen der Altersvorsorge unterscheiden: Das staatliche System der sozialen Sicherheit (z.B. gesetzliche Rentenversicherung), die betriebliche Altersvorsorge (Pensionsfonds und Pensionskassen) und die private Altersvorsorge (z.B. Lebensversicherung). Etwa ein Viertel der Unionsbürger sind Versorgungsanwärter der hier in Frage stehenden Systeme der betrieblichen Altersvorsorge.[549] Von Pensionsfonds und -kassen werden Kapitalrücklagen in Höhe von ca. 2,4 Billionen Euro verwaltet. Sie sind in ihrer finanziellen Bedeutung deshalb vergleichbar mit Investmentfonds bzw. Organismen für gemeinsame Anlagen in Wertpapieren. Auch ihre Struktur, die Verwaltung der Einlagen einer Vielzahl von Anlegern durch kollektive Anlage in Wertpapieren, ist vergleichbar. Sie unterscheiden sich allerdings durch die Beschränkung des Anlegerkreises auf Arbeitnehmer bestimmter Unternehmen oder Berufstätige bestimmter Berufsgruppen, durch das Anlageziel der langfristigen Altersvorsorge sowie durch ihre rechtliche und unter Umständen steuerliche Einbettung in das jeweilige nationale System der Altersvorsorge. Dem Grunde nach sind jedoch dieselben Fragestellungen relevant wie bei Investmentfonds: Welche Zulässigkeitsvoraussetzungen bei der Integration ethisch-sozial-ökologischer Faktoren in den Investmentprozess beachtet werden müssen und welche Transparenzanforderungen beziehungsweise Informationspflichten gegenüber den Anlegern bestehen.

A. Pensionsfondsrichtlinie

I. Anwendungsbereich

Der Anwendungsbereich der Richtlinie ist beschränkt auf Einrichtungen der Altersvorsorge, das heißt auf Pensionsfonds, Pensionskassen oder andere Einrichtungen, die auf der Grundlage einer Vereinbarung zwischen Arbeitnehmern und Arbeitgebern eines Trägerunternehmens oder einer Vereinbarung zwischen Selbständigen einer Träger-Berufsvereinigung Altersversorgungsleistungen erbringen und dabei nach dem Kapitaldeckungsverfahren, unabhängig und rechtlich selb-

---

548 Beschluss 2004/6/EG der Europäischen Kommission vom 5. November 2003 zur Einsetzung des Ausschusses der Europäischen Aufsichtsbehörden für das Versicherungswesen und die betriebliche Altersversorgung; Beschluss 2004/9/EG der Europäischen Kommission vom 5. November 2003 zur Einsetzung des Europäischen Ausschusses für das Versicherungswesen und die betriebliche Altersversorgung.

549 Vgl. Europäische Kommission, DG Markt, Untersuchung über die Altersvorsorgesysteme in den Mitgliedstaaten der Europäischen Union; siehe auch Europäische Kommission, Rebuilding Pensions.

ständig handeln, vgl. Art. 6 lit. a) der Richtlinie. Dazu gehören in Deutschland auch die Unterstützungskassen. Die ebenfalls zur Durchführung der betrieblichen Altersvorsorge in Deutschland zugelassenen Direktversicherungen in Form der Lebensversicherung sind dagegen vom Anwendungsbereich ausgeschlossen. Sie werden erfasst von der Richtlinie 2002/83/EG des Europäischen Parlaments und des Rates vom 5. November 2002 über Lebensversicherungen.

Ebenfalls nicht erfasst werden Unternehmen, die für Leistungen an ihre Arbeitnehmer Pensionsrückstellungen bilden sowie Unternehmen und andere Einrichtungen, die nach dem Umlageverfahren arbeiten.

II. Regelungsgehalt und Bedeutung für SRI

Die Pensionsfondsrichtlinie enthält Regelungen zur Anlagepolitik, zu den Anlagevorschriften, zu den Auskunftspflichten gegenüber den Versorgungsempfängern und Leistungsanwärtern und zum Inhalt von Jahresabschluss und Lagebericht, umfasst also sowohl den Investmentprozess als auch Transparenzanforderungen.

1. Investmentprozess

Die wesentlichen den Investmentprozess betreffenden Regelungen, die für Socially Responsible Investment relevant sind, enthält Art. 18 der Richtlinie. Dessen Absatz 1 lit. a) ist mit den Wohlverhaltensregeln nach Art. 5f der Investmentrichtlinie vergleichbar. Die verwalteten Vermögenswerte sind zum größtmöglichen Nutzen der Versorgungsanwärter und Leistungsempfänger zu verwalten. Insbesondere im Fall möglicher Interessenkonflikte sind einzig und allein die Interessen der Versorgungsanwärter und Leistungsempfänger maßgeblich.

Der Nutzen für die Versorgungsanwärter und Leistungsempfänger und ihre Interessen bestimmen sich aus der Natur des Vertrages und den Vertragsbedingungen. Insoweit können auch ethisch-sozial-ökologische Faktoren vertraglich einbezogen werden. Das gesetzliche Leitbild wird allerdings durch lit. b) derselben Vorschrift vorgegeben. Die Vermögenswerte sind so anzulegen, dass Sicherheit, Qualität, Liquidität und Rentabilität des Portfolios gewährleistet werden. Zwar ist die Bedeutung von „Qualität" des Portfolios unklar, doch kann darunter jedenfalls nicht ohne weiteres die ethisch-sozial-ökologische Qualität der enthaltenen Wertpapiere subsumiert werden. Es bestehen keinerlei Anhaltspunkte dafür, dass Socially Responsible Investment einen Anlagegrundsatz im Sinne von Art. 18 Abs. 1 lit. b) darstellt.

SRI-Strategien der ersten und zweiten Fallgruppe, die sich weder negativ auf die Rentabilität beziehungsweise Renditeerwartung noch erhöhend auf das rechnerische Risiko auswirken, sind mit diesen Anlagegrundsätzen vereinbar. Fraglich ist dagegen, ob Anlagegrundsätze der dritten Fallgruppe zulässig wären, die potentielle negative Auswirkungen auf die Rendite-Risiko-Relation zugunsten bestimmter wertebasierter Grundsätze zulassen.

Anders als in den deutschen Anlageregeln nach § 115 Abs. 1 Versicherungsaufsichtsgesetz („... möglichst große Sicherheit und Rentabilität ...") lässt sich aus der Formulierung der Richtlinie („... so anzulegen, dass die Sicherheit, Qualität, Liquidität und Rentabilität des Portfolios insgesamt gewährleistet ist ...") kein absoluter Vorrang von Sicherheit und Rentabilität ableiten. Die Vorschrift könnte so zu lesen sein, dass Sicherheit, Rentabilität und Liquidität lediglich im Ergebnis zu gewährleisten sind. SRI-Strategien, die sich zulasten von Sicherheit oder Rentabilität auswirken können, wären danach nur dann unzulässig, wenn sie die Sicherheit oder die Rentabilität der Vermögenswerte zu gefährden geeignet wären.

Bei dieser Lesart wäre allerdings zu bestimmen, ab wann Sicherheit oder Rentabilität „an sich" gefährdet bzw. nicht mehr gewährleistet sind. In beiden Fällen handelt es sich um relative Begriffe. Sie können gesetzlich nicht exakt bestimmt, sondern lediglich als Zielvorgaben definiert werden. Dies gilt umso mehr, als sich diese Begriffe vorliegend auf volatile Finanzmärkte beziehen. Es besteht jederzeit die Gefahr, dass (bestimmte) Vermögensanlagen im Wert sinken. Andere, praktisch sichere Vermögensgegenstände, etwa Staatsanleihen, sind dagegen allein nicht geeignet die erforderliche Rendite zu erzielen. Vor diesem Hintergrund ist Sicherheit nicht ein erreichbarer Zustand, sondern eine im Verhältnis zu den Ertragsmöglichkeiten jederzeit neu zu bestimmende Größe. Die Zielvorgaben des Art. 18 Abs. 1 lit. b) der Richtlinie sind deshalb so zu lesen, dass die Vermögenswerte möglichst sicher und ertragreich anzulegen sind und so liquide sein müssen, dass die Auszahlungsverpflichtungen bedient werden können.

Durch SRI-Strategien der dritten Fallgruppe würden jedoch die in Art. 18 Abs. 1 lit. b) der Richtlinie vorgegebenen Grundsätze der Sicherheit und Rentabilität eingeschränkt.

Denkbar wäre, dass jede Einschränkung des Rentabilitätsgrundsatzes mit Sinn und Zweck der Richtlinienvorschrift grundsätzlich unvereinbar und damit unzulässig ist. Diese Auslegung berücksichtigt allerdings nicht, dass der betrieblichen Altersvorsorge je nach Ausgestaltung des jeweiligen nationalen Systems der Altersvorsorge unterschiedlich ausgeprägte Funktionen zukommen können. Im Gegensatz zu Investmentfonds, bei denen nur das Rechtsverhältnis zu ihren Anlegern relevant ist, stehen Pensionsfonds je nach Ausgestaltung einerseits in einem Rechtsverhältnis zu einem oder mehreren Betrieben, andererseits kommt ihnen eine Funktion im staatlichen System der Altersvorsorge zu. Sie stehen in einer Wechselbeziehung mit dem jeweiligen staatlichen System der sozialen Sicherheit in der ersten Säule, namentlich der gesetzliche Rentenversicherung.[550] Der Staat beziehungsweise die soziale Gemeinschaft hat ein Interesse daran, dass die Versorgung im Rahmen der betrieblichen Altersvorsorge optimal funktioniert, damit ausgeschlossen werden kann, dass die Versorgung aufgrund unzureichender Absi-

550 In Staaten, in denen eine gesetzliche Rentenversicherung nicht besteht, wird die Grundsicherung i. d. R. durch andere soziale Leistungen aufgefangen.

cherung am Ende der Gemeinschaft zur Last fällt, die die Versorgungslücke durch allgemeine Sozialleistungen füllen muss.

Je nach Ausgestaltung kann die betriebliche Altersvorsorge die gesetzliche Rentenversicherung beziehungsweise die erste Säule der Altersvorsorge ganz oder teilweise ersetzen oder lediglich ergänzen. Wird die erste Säule durch die betriebliche Altersvorsorge lediglich ergänzt, besteht also die Beitragspflicht und Grundabsicherung durch die gesetzlichen Altersvorsorge fort, können beide Systeme nicht in Konflikt geraten. In diesem Fall ist der Gestaltungsspielraum für Pensionsfonds und -kassen ähnlich groß wie für Investmentfonds, die ebenfalls der ergänzenden Altersvorsorge dienen können, deren Anteile jedoch jederzeit in liquide Mittel umtauschbar sind. Dies kann allerdings wiederum anders zu beurteilen sein, wenn entweder die gesetzliche Grundversorgung so gering ausgestaltet ist, dass sie die Ergänzung im Rahmen der betrieblichen Altersvorsorge notwendig voraussetzt, oder wenn die betriebliche Altersvorsorge durch staatliche Mittel direkt oder mittelbar gefördert wird. Dann besteht ein staatliches Interesse an der bestmöglichen Altersversorgung und somit an der Maximierung der Rentabilität der verwalteten Kapitalrücklage. Gleiches gilt, wenn das staatliche System der ersten Säule verlassen und vollständig durch die betriebliche Altersvorsorge ersetzt werden kann.[551] Im Rahmen nationaler Altersvorsorgesysteme kann deshalb eine Einschränkung des Grundsatzes der Rentabilitätsmaximierung unzulässig sein.[552] Darüber hinaus kann die betriebliche Altersvorsorge so ausgestaltet sein, dass der Arbeitgeber subsidiär für die Versorgungsleistung haftet, falls die Kapitalerträge nicht ausreichend sind.[553] In diesem Fall hat der Arbeitgeber ein Interesse daran, dass dieses Haftungsrisiko minimiert, die Rentabilität des Vorsorgekapitals folglich maximiert wird. SRI-Strategien, die sich potentiell negativ auf die Rentabilität auswirken, bedürfen dann der Zustimmung des haftenden Arbeitgebers.

Auch könnte die Richtlinie so auszulegen sein, dass aufgrund der potentiellen Wechselwirkungen mit Altersvorsorgesystemen der ersten Säule sowie der etwaigen Haftung des Arbeitgebers eine Einschränkung des Grundsatzes der Rentabilitätsmaximierung unzulässig ist.

Es ist allerdings nicht anzunehmen, dass die Richtlinie die Vielfalt der jeweiligen nationalen Systeme der Altersvorsorge einschränken will. Vielmehr sind nach dem Subsidiaritätsprinzip die Mitgliedstaaten uneingeschränkt für die Organisation ihrer Altersversorgungssysteme und die Entscheidung der Rolle zuständig, die den einzelnen drei Säulen der Altersversorgung zukommt.[554] Durch die Richtlinie soll lediglich die Integration der zweiten Säule der Alterssicherungssysteme in den

---

551 Dies ist beispielsweise möglich in Großbritannien, wo das State Pension System verlassen werden kann, wenn ein entsprechendes *Occupational Pension Scheme* oder *Personal Pension Scheme* abgeschlossen wird.
552 Vgl. beispielsweise die Grenzen der Zulässigkeit von SRI bei Pensionsfonds nach deutschen Recht, oben Seite 119.
553 So beispielsweise im deutschen System, vgl. § 1 Abs. 1 Satz 3 Betriebsrentengesetz.
554 Vgl. Bewegungsgrund Nr. 9 der Pensionsfondsrichtlinie.

Binnenmarkt für Finanzdienstleistungen erreicht werden. Dies schließt auch den gemeinsamen „Grundsatz der Vorsicht“ ein, der neben effektiver staatlicher Aufsicht und Sicherungsrücklagen auch durch Einschränkungen der zulässigen Anlagen, mithin durch entsprechende gemeinsame Anlagevorschriften erreicht werden kann.[555] Dementsprechend dürfen SRI-Strategien der dritten Fallgruppe diese Anlagevorschriften, etwas die Vorschriften zur Risikostreuung oder zur Anlage in Fremdwährungen, nicht verletzen. Daraus folgt jedoch nicht die grundsätzliche Unzulässigkeit von SRI-Anlagestrategien der dritten Fallgruppe, die beispielsweise den Ausschluss lukrativer Wertpapiere oder den mit Kosten verbundenen Austausch von Wertpapieren aufgrund bestimmter wertebasierter Grundsätze zulassen. Zwar sind Pensionsfonds und -kassen gemäß der Richtlinie zur Vorsicht verpflichtet beziehungsweise von den Mitgliedstaaten durch entsprechende Umsetzung der Richtlinienvorschriften zu verpflichten, doch eine Verpflichtung zur unbedingten Renditeorientierung lässt sich der Richtlinie nicht entnehmen. Es wird folglich durch die jeweilige nationale Gesetzgebung bestimmt, inwieweit Pensionsfonds und -kassen SRI-Strategien der dritten Fallgruppe anwenden können. Die Richtlinie lässt dies grundsätzlich zu.

2. Transparenzregelungen

Die in der Pensionsfondsrichtlinie enthaltenen Transparenzanforderungen beziehen sich auf Jahresabschluss und Lagebericht, auf die Grundsätze der Anlagepolitik und auf die Auskunftspflichten gegenüber den Versorgungsanwärtern und Leistungsempfängern.

a) Jahresabschluss und Lagebericht

Jahresabschluss und Lagebericht müssen ein umfassendes Bild von den Aktiva, Passiva und der finanziellen Lage vermitteln, vgl. Art. 10 der Richtlinie. Sie müssen gem. Art. 13 lit. c) an die Aufsichtsbehörden übermittel werden und dienen primär der behördlichen Kontrolle, sind jedoch auch den Versorgungsanwärtern und Leistungsberechtigten auf Anfrage zur Verfügung zu stellen, vgl. Art. 11 Abs. 2 lit. a) Pensionsfondsrichtlinie. Auf SRI-Strategien muss nur dann eingegangen werden, wenn sie sich auf den Jahresabschluss und Lagebericht auswirken. In diesem Fall sind die Ausführungen zum deutschen Investmentrecht sinngemäß übertragbar. Die Richtlinienvorschrift fordert von den Mitgliedstaaten allerdings nur, dass die nach innerstaatlichem Recht in Jahresabschluss und Lagebericht enthaltenen Informationen schlüssig, umfassend und sachgerecht sind. Insofern bleibt die Ausgestaltung weitgehend dem nationalen Recht überlassen.

---

555 Vgl. Bewegungsgrund Nr. 6 der Pensionsfondsrichtlinie.

b) Grundsätze der Anlagepolitik

Die Erklärung über die Grundsätze der Anlagepolitik muss gem. Art. 12 der Richtlinie mindestens auf die Risikobewertungsverfahren, das Risikomanagement und auf die Strategie zur Risikomischung im Hinblick auf Art und Dauer der Altersversorgungsverbindlichkeiten eingehen. Soweit ethisch-sozial-ökologische Faktoren in die Risikobewertung mit einbezogen werden, ist darauf folglich einzugehen. Die Richtlinienvorschrift fordert nicht explizit, dass auf die Art und Auswahl des Portfolios eingegangen werden muss. Anlagegrundsätze umfassen jedoch nach ihrem Sinn und Zweck alle Angaben über die Anlagepolitik und Anlageziele. Da durch SRI-Strategien der zweiten und dritten Fallgruppe ein zusätzliches Anlageziel definiert wird, beispielsweise die Anlage in Wertpapieren, die nach bestimmten ethisch-sozial-ökologischen Kriterien bewertet wurden, muss dieses Ziel in den Anlagegrundsätzen genannt werden.

c) Auskunftspflichten

Die Pensionsfondsrichtlinie fordert in Art. 11, mit Ausnahme des Leistungsfalles, keine automatisierten Auskunftspflichten. Sie sieht vielmehr vor, dass Pensionsfonds und -kassen nur auf Anfrage der Versorgungsanwärter und Leistungsberechtigten zu bestimmten Informationen verpflichtet sind. Aufgrund des Anfragevorbehaltes unterscheidet die Richtlinie auch nicht zwischen vorvertraglichen und nachvertraglichen sowie zwischen einmaligen und regelmäßigen Informationen. Auf Anfrage müssen unter anderem die Grundsätze über die Anlagepolitik, Jahresabschluss und Lagebericht sowie gegebenenfalls Informationen über das Anlagenportfolio übermittelt werden.

B. Lebensversicherungsrichtlinie

Die Lebensversicherungsrichtlinie 2002/83/EG konsolidiert die bis dahin im Versicherungsbereich bereits bestehenden Richtlinien.[556]

I. Anwendungsbereich

Der Anwendungsbereich erfasst gem. Art. 2 und 3 der Richtlinie nicht nur die namensgebende Lebensversicherung, sondern auch die (private) Rentenversicherung,

---

556 Erste Richtlinie des Rates 79/267/EWG vom 5. März 1979 zur Koordinierung der Rechts- und Verwaltungsvorschriften über die Aufnahme und Ausübung der Direktversicherung (Lebensversicherung); Zweite Richtlinie 90/619/EWG des Rates vom 8. November 1990 zur Koordinierung der Rechts- und Verwaltungsvorschriften für die Direktversicherung (Lebensversicherung) und zur Erleichterung der tatsächlichen Ausübung des freien Dienstleistungsverkehrs sowie zur Änderung der Richtlinie 79/267/EWG; Dritte Richtlinie 92/96/EWG des Rates vom 10. November 1992 zur Koordinierung der Rechts- und Verwaltungsvorschriften für die Direktversicherung (Lebensversicherung) sowie zur Änderung der Richtlinien 79/267/EWG und 90/619/EWG (Dritte Richtlinie Lebensversicherung).

die Verwaltung von Pensionsfonds sowie verbundene Zusatzversicherungen (Unfallversicherung, Berufsunfähigkeitsversicherung). Damit werden wesentliche Möglichkeiten der privaten und betrieblichen Altersvorsorge erfasst. Nicht erfasst werden dagegen die staatliche Rentenversicherung, direkte Pensionszusagen des Arbeitgebers und in Art. 3 der Richtlinie definierten nationalen Sonderformen.[557]

II. Regelungsgehalt und Bedeutung für SRI

Die Lebensversicherungsrichtlinie enthält Mindestharmonisierungs-Vorschriften für die Grundsätze und Methoden der Finanzaufsicht, die Zulässigkeit der Vermögensanlagen, die Anforderungen an die Solvabilität, versicherungstechnische Rückstellungen und Rückdeckungen sowie für die Insolvenzabsicherung und für das Versicherungsvertragsrecht.

Für die Frage der Zulässigkeit und der Voraussetzungen von Socially Responsible Investment haben einerseits die Anlageregeln Bedeutung, andererseits die Informationspflichten und Anforderungen an die Vertragsbedingungen.

1. Anlageregeln

Im 2. Kapitel der Richtlinie werden Regeln für die Bildung und Anlage der versicherungstechnischen Rückstellungen aufgestellt. Darin werden die zulässigen Vermögenswerte und die Anlagegrenzen für bestimmte Anlagekategorien bestimmt. Diese sollen gem. Art. 22 sicherstellen, dass die Sicherheit, der Ertrag und die Realisierbarkeit der Anlagen gewährleistet sind und die Unternehmen für eine geeignete Mischung und Streuung ihrer Anlagen sorgen.[558]

SRI-Strategien der ersten und zweiten Fallgruppe, die sich nicht zulasten von Sicherheit und Rentabilität der Anlagen auswirken können, stehen mit diesen Grundsätzen nicht im Konflikt und sind ohne weiteres zulässig. Fraglich ist allerdings, ob auch SRI-Strategien der dritten Fallgruppe, die ethisch-sozial-ökologische Belange gleichrangig oder sogar vorrangig berücksichtigen, mit den in Art. 22 der Richtlinie genannten Grundsätzen vereinbar sind.

Zur Klärung dieser Frage ist zunächst eine Differenzierung nach Art und Ziel der von der Richtlinie erfassten Verträge nötig. Ein Pensionsfonds muss sicherstellen, dass die garantierten Versorgungszusagen langfristig bedient werden können. Gleiches gilt für Lebens- und Rentenversicherungen, wenn sie mit einer Versicherungsgarantie für die Erhaltung des Kapitals oder einer Minimalverzinsung verbunden sind. Fondsbasierte Lebensversicherungen ohne Kapitalgarantie können dagegen in den Vertragsbedingungen vorsehen, dass die Sicherheit zugunsten der

557 Für das deutsche System der Altersvorsorge werden beispielsweise Unterstützungskassen und kleine Versicherungsvereine auf Gegenseitigkeit nicht erfasst.
558 Art. 22 entspricht Art. 20 der vorangegangenen Richtlinie 92/96/EWG.

Rentabilität – oder anderer Anlageziele – erheblich eingeschränkt wird. Dementsprechend unterliegen nach Art. 25 Abs. 4 der Richtlinie fondsbasierte und indexbasierte Lebensversicherungen nur dann den Anforderungen von Art. 22, wenn für das Anlageergebnis eine Garantie abgegeben wird. Bei Verträgen, die an Investmentfonds oder Aktienindizes gebunden sind sowie keine Kapitalgarantie vorsehen und deshalb Art. 22 nicht unterliegen, bestehen demnach auch keine Bedenken gegenüber SRI-Strategien der dritten Fallgruppe.

Die Anwendung von SRI-Strategien bei anderen Verträgen könnte dagegen mit Art. 22 der Richtlinie unvereinbar sein. Der Wortlaut der Norm entspricht Art. 18 Abs. 1 lit. b) der Pensionsfondsrichtlinie und ist grundsätzlich interpretationsoffen.[559] Nach Sinn und Zweck der Richtlinie sollen die Vermögenswerte möglichst sicher und ertragreich angelegt werden. Dies könnte dagegen sprechen, die Sicherheit oder Rentabilität der Vermögenswerte zugunsten anderer vertraglicher Ziele einzuschränken. Allerdings ist anzunehmen, dass der Richtliniengeber die Vertragsautonomie der Parteien nicht weiter einschränken will, als dies zur Verwirklichung des Binnenmarktes erforderlich ist.

Bei Kapitalanlagen ohne Kapitalgarantie wird dem Schutz der Vertragspartner durch entsprechende Informationspflichten über die Verwendung der eingezahlten Beträge und damit verbundene Risiken genüge getan. Für die Funktionsfähigkeit des Binnenmarktes ist kein Grund ersichtlich, die Vertragsfreiheit darüber hinaus so einzuschränken, dass SRI-Strategien der dritten Fallgruppe zwischen den Vertragsparteien nicht wirksam vereinbart werden können. Vielmehr kann es den Mitgliedstaaten überlassen bleiben, für bestimmte Finanzprodukte, beispielsweise staatlich geförderte Versicherungen zur Altersvorsorge, strengere Anlageregeln aufzustellen. Grenzen werden durch den in Art. 20, 23 der Richtlinie verankerten Grundsatz der Vorsicht gesetzt, der keinesfalls verletzt werden darf und gem. Art. 10 Abs. 1 Satz 3 durch die jeweils zuständigen nationalen Aufsichtsbehörden überwacht wird. Soweit der Grundsatz der Vorsicht, die Anlagegrenzen und die weiteren Regelungen der Richtlinie eingehalten werden, ist die Anwendung von SRI-Strategien aller Fallgruppen mit der Lebensversicherungsrichtlinie vereinbar.

2. Informationspflichten

Die Regelungen zum Vertragsrecht im 4. Kapitel der Lebensversicherungsrichtlinie enthalten in Art. 36 Informationspflichten gegenüber den Anlegern.[560] Die vor Vertragsschluss und regelmäßig während der Vertragslaufzeit mitzuteilenden Angaben sind in Anhang III lit. A und B näher aufgeführt.

---

559 Vgl. oben Seite 179 f.

560 Art. 36 entspricht Art. 31 der vorausgegangenen Richtlinie 92/96/EWG und wurde unverändert übernommen.

Eine spezielle Informationspflicht über das Ob und Wie der Berücksichtigung ethischer, sozialer und ökologischer Belange besteht nicht. Allerdings sind gemäß Anlage III A Nr. 6 und III B Nr. 2 der Richtlinie die Einzelheiten der Vertragsbedingungen sowie etwaige Änderungen der Vertragsbedingungen mitzuteilen. Da die Anwendung von SRI-Strategien eine entsprechende Vereinbarung in den Vertragsbedingungen voraussetzt, besteht nach Anlage III A Nr. 6 die Pflicht, über diese Einzelheiten der Vertragsbedingungen zu informieren. Nicht erfasst sind nur solche Strategien der ersten Fallgruppe, die keiner Vereinbarung in den Vertragsbedingungen bedürfen, da es sich lediglich um die Verfeinerung konventioneller Methoden handelt, wie beispielsweise die Einbeziehung ethisch-sozial-ökologischer Faktoren in die Risikoanalyse und die finanzielle Bewertung von Unternehmen. Zu berücksichtigen ist dabei, dass die Vertragsbedingungen dem gem. Art. 32 der Richtlinie anzuwendenden nationalen Recht unterliegen und die verpflichtenden Angaben in den verschiedenen Mitgliedstaaten variieren können.

Bei fondsgebundenen Policen sind gemäß Anlage III A Nr. 11 der Richtlinie die Fonds anzugeben, an die die Leistungen gekoppelt sind. Diese sollen in Rechnungseinheiten, also mit ihren jeweiligen Anteilen angegeben werden. Dieser Informationspflicht lässt sich nicht entnehmen, dass auch die Anlageziele und -grundsätze beschrieben werden müssen. Demnach sind keine besonderen Angaben notwendig, wenn der Police SRI-Investmentfonds zugrundeliegen.

Bei den in Anlage III lit. A und B aufgeführten Pflichtangaben handelt es sich lediglich um Mindestangaben, die von den Mitgliedstaaten erweitert werden können. Allerdings sind Informationspflichten gem. Art. 36 Abs. 3 der Richtlinie nur insoweit zulässig, als sie für das tatsächliche Verständnis der wesentlichen Bestandteile der Versicherungspolice durch den Versicherungsnehmer notwendig sind.

3. Exkurs: Gemeinschaftsrechtskonformität der Informationspflichten nach VAG und AltZertG

Bei den speziellen SRI-Informationspflichten gem. § 115 Abs. 4, Anhang D Abschnitt III Nr. 2 lit. b) lit. cc) des deutschen Versicherungsaufsichtsgesetzes und § 7 Abs. 1 Nr. 5 Fall 2, Abs. 4 HS. 2 Altersvorsorgeverträge-Zertifizierungsgesetz handelt es sich um eine Erweiterung der Angaben für den Versicherungsnehmer im Sinne von Art. 36 der Richtlinie. Die Informationspflicht nach VAG erfasst Pensionsfonds und Lebensversicherungen, die Leistungen der betrieblichen Altersvorsorge erbringen. Durch das AltZertG werden private Rentenversicherungsverträge erfasst, die bestimmten Bedingungen entsprechen.[561] Lebens- und Rentenversicherungen sowie die Verwaltung von Pensionsfonds werden gem. Art. 2 Nr. 1 lit. a) und b), Nr. 2 lit. c) von der Lebensversicherungsrichtlinie erfasst. Die entsprechenden deutschen Regelungen betreffen nicht Versicherungen, die gem. Art. 2 Nr. 4

---

561 Zu den in § 1 AltZertG aufgeführten Bedingungen der „Riester-Rente“ vgl. oben Seite 112ff.

der Richtlinie unter ein gesetzliches System der sozialen Sicherheit fallen und oder aus anderen Gründen nicht von der Richtlinie erfasst werden. Die Voraussetzungen gem. Art. 36 Abs. 4 der Richtlinie müssen deshalb für alle genannten Verträge der Altersvorsorge eingehalten werden.

Die nach VAG und AltZertG bestehende Pflicht, die Versicherungsnehmer bzw. Versorgungsberechtigten vor Vertragsschluss sowie jährlich darüber zu informieren, ob und wie ethische, soziale und ökologische Belange bei der Verwendung der eingezahlten Beiträge berücksichtigt werden, ist nur dann gemeinschaftsrechtskonform, wenn diese Informationen gem. Art. 36 der Richtlinie für das tatsächliche Verständnis der wesentlichen Bestandteile der Versicherungspolice durch den Versicherungsnehmer notwendig sind. Dies setzt voraus, dass es sich bei der Berücksichtigung ethisch-sozial-ökologischer Belange um einen wesentlichen Bestandteil des Vertrages handelt oder ein (anderer) wesentlicher Bestandteil des Vertrages ohne diese Information nicht verstanden werden kann.

Wenn die Vertragsbedingungen die Anwendung von SRI-Strategien vorsehen, sind beide Voraussetzungen erfüllt. Die Art und Weise, wie die eingezahlten Beträge angelegt werden, ist ein wesentlicher Bestandteil des Vertrages und kann nicht vollständig verstanden werden, wenn Informationen über die Berücksichtigung ethisch-sozial-ökologischer Belange vorenthalten werden. Darüber hinaus ist eine SRI-Anlagestrategie auch für sich genommen als wesentlicher Bestandteil des Vertrages zu qualifizieren. Die Voraussetzungen von Art. 36 Abs. 4 sind insoweit erfüllt.

Fraglich ist jedoch, ob dies auch bejaht werden kann, wenn die Vertragsbedingungen die Berücksichtigung ethisch-sozial-ökologischer Belange nicht vorsehen. Bei der Nichtanwendung von SRI-Strategien handelt es sich nicht um einen wesentlichen Bestandteil des Vertrages. Es könnte allerdings für das Verständnis der Anlagegrundsätze, die einen wesentlichen Bestandteil des Vertrages ausmachen, notwendig sein, darauf hinzuweisen, dass ethische, soziale und ökologische Belange nicht berücksichtigt werden. Für die Information vor bzw. bei Vertragsschluss lässt sich die Notwendigkeit der Information damit begründen, dass es sich um ein wesentliches Differenzierungskriterium zwischen ansonsten sehr ähnlichen Produkten der Altersvorsorge handelt, sodass der Hinweis auf die Nichtanwendung für das tatsächliche Verständnis und die richtige Einordnung des Vertrages notwendig ist. Sonst wäre es möglich, dass der Versicherungsnehmer bzw. Versorgungsberechtigte sich vertraglich bindet, ohne diesen Aspekt zu berücksichtigen.

Nach Vertragsschluss handelt es sich dagegen nur noch um einen deklaratorischen Hinweis auf eine den Vertragspartnern grundsätzlich bekannte Eigenschaft des Vertrages. Zwar ist denkbar, dass dieser Hinweis den Versicherungsnehmer bzw. Versorgungsberechtigten erneut über diesen Aspekt und womöglich über einen Vertragswechsel nachdenken lässt. Es handelt sich aber nicht um eine Verständnisfrage im Sinne von Art. 36 Abs. 4 der Richtlinie.

Die gem. § 115 Abs. 4, Anhang D Abschnitt III Nr. 2 lit. b) lit. cc) VAG und § 7 Abs. 1 Nr. 5 Fall 2, Abs. 4 HS. 2 AltZertG bestehende Pflicht, den Versicherungsnehmer bzw. Versorgungsberechtigten auch über die Nichtberücksichtigung ethisch-sozial-ökologischer Belange zu informieren, entspricht deshalb nur insoweit Art. 36 Abs. 4 der Richtlinie, als es sich um eine vorvertragliche Pflicht handelt. Die laufende jährliche Verpflichtung nach Vertragsschluss entspricht dagegen nicht den Voraussetzungen gem. Art. 36 Abs. 4 der Richtlinie. Die betreffenden Informationspflichten nach VAG und AltZertG sind demnach nur eingeschränkt gemeinschaftsrechtskonform.

C. Zusammenfassung

Die beiden Richtlinien 2003/41/EG (Pensionsfondsrichtlinie) und 2002/83/EG (Lebensversicherungsrichtlinie) erfassen die wichtigsten Bereiche der privaten und betrieblichen Altersvorsorge, insbesondere Pensionsfonds und private Rentenversicherungen. Sie enthalten Zulässigkeitsvoraussetzungen und Transparenzanforderungen, die auch die Integration ethisch-sozial-ökologischer Faktoren in den Investmentprozess erfassen.

Im Vergleich zur Investmentrichtlinie sind diese Regelungen weniger differenziert und beschränken sich auf Anlagegrenzen und allgemeine Zielvorgaben. Socially Responsible Investment ist mit diesen Voraussetzungen grundsätzlich vereinbar. Dies gilt auch für SRI-Strategien der dritten Fallgruppe, die ethische, soziale und ökologische Belange neben der Optimierung der Rendite-Risiko-Relation gleichermaßen oder vorrangig berücksichtigen. Je nach Ausgestaltung der Rechtsordnung der Mitgliedstaaten können allerdings, insbesondere im Bereich der Altersvorsorge, bestimmte SRI-Strategien unzulässig sein.

Titel II – Gesellschaftsrecht

Im Gesellschaftsrecht wurde bereits durch die erste gesellschaftsrechtliche Richtlinie von 1968 die Verpflichtung für Unternehmen bestimmter Rechtsformen begründet, eine Jahresbilanz und eine Gewinn- und Verlustrechnung vorzulegen.[562] Mit der Vierten gesellschaftsrechtlichen Richtlinie von 1978 folgten detaillierte Vorgaben für den Inhalt der Bilanz und des Lageberichts.[563] Fünf Jahre später folgten mit der Siebten gesellschaftsrechtlichen Richtlinie entsprechende Vorgaben für den konsolidierten Jahresabschluss von Konzernen.[564] Diese Richtlinien wurde bis 2007 durch insgesamt zwölf weitere Richtlinien inhaltlich erweitert,[565] darunter die Richtlinie 2003/51/EG, mit der die Verpflichtung zur Berichterstattung über nichtfinanzielle Leistungsindikatoren im Lagebericht von bestimmten Gesellschaft eingeführt wurde.[566] Sie gilt sowohl für den Lagebericht einzelner Gesellschaften als auch für den konsolidierten Konzernabschluss. Nichtfinanzielle Faktoren müssen berücksichtigt werden, soweit sie für das Verständnis des Geschäftsverlaufs von Bedeutung sind. Beide Richtlinien verpflichten die Mitgliedstaaten zum Erlass entsprechender Regelungen und lassen Ausnahmeregelungen für kleine und mittlere Unternehmen bzw. Konzerne zu.

Daneben wird die kürzlich verabschiedete Richtlinie 2007/36/EG des Europäischen Parlaments und des Rates vom 11. Juli 2007 über die Ausübung bestimmter Rechte von Aktionären in börsennotierten Gesellschaften (Aktionärsrechterichtlinie) das Aktienrecht in Teilbereichen harmonisieren und die grenzüberschreitende

---

562 Art. 2 Abs. 1 lit. f) Erste Richtlinie 68/151/EWG des Rates vom 9. März 1968 zur Koordinierung der Schutzbestimmungen, die in den Mitgliedstaaten den Gesellschaften im Sinne des Artikels 58 Absatz 2 des Vertrages im Interesse der Gesellschafter sowie Dritter vorgeschrieben sind, um diese Bestimmungen gleichwertig zu gestalten.

563 Vierte Richtlinie 78/660/EWG des Rates vom 25. Juli 1978 aufgrund von Artikel 54 Absatz 3 lit. g) des Vertrages über den Jahresabschluss von Gesellschaften bestimmter Rechtsformen.

564 Siebte Richtlinie 83/349/EWG des Rates vom 13. Juni 1983 aufgrund von Artikel 54 Absatz 3 lit. g) des Vertrages über den konsolidierten Abschluss.

565 Richtlinie des Rates 84/569/EWG vom 27. November 1984; Elfte Richtlinie des Rates 89/666/EWG vom 21. Dezember 1989; Richtlinie des Rates 90/604/EWG vom 8. November 1990; Richtlinie des Rates 90/605/EWG vom 8. November 1990; Richtlinie 94/8/EG des Rates vom 21. März 1994; Richtlinie 1999/60/EG des Rates vom 17. Juni 1999; Richtlinie 2001/65/EG des Europäischen Parlaments und des Rates vom 27. September 2001; Richtlinie 2003/38/EG des Rates vom 13. Mai 2003; Richtlinie 2003/51/EG des Europäischen Parlaments und des Rates vom 18. Juni 2003; Richtlinie 2006/43/EG des Europäischen Parlaments und des Rates vom 17. Mai 2006; Richtlinie 2006/46/EG des Europäischen Parlaments und des Rates vom 14. Juni 2006.

566 Richtlinie 2003/51/EG des Europäischen Parlaments und des Rates vom 18. Juni 2003 zur Änderung der Richtlinien 78/660/EWG, 83/349/EWG, 86/635/EWG und 91/674/EWG über den Jahresabschluss und den konsolidierten Abschluss von Gesellschaften bestimmter Rechtsformen, von Banken und anderen Finanzinstituten sowie von Versicherungsunternehmen.

Ausübung von Aktionärsrechten erleichtern.[567] Sie ist bis zum 3. August 2009 umzusetzen. In der Richtlinie sind Modalitäten für die Ausübung der Stimm-, Auskunfts- und anderen Beteiligungsrechte über nationale Grenzen hinweg geregelt. Sie hat Bedeutung für die Möglichkeit als Aktionär Einfluss auf die Unternehmensführung zu nehmen und somit für *Engagement*-Strategien.

Kapitel I – Bilanzrichtlinien

Im Bereich der Rechnungslegung bestehen vier Richtlinien, die verschiedene Unternehmens- und Konzerntypen erfassen:[568] Die Vierte Richtlinie (Bilanzrichtlinie) 78/660/EWG des Rates vom 25. Juli 1978 aufgrund von Artikel 54 Absatz 3 lit. g) des Vertrages über den Jahresabschluss von Gesellschaften bestimmter Rechtsformen regelt die Rechnungslegung für kapitalgesellschaftlich verfasste Einzelunternehmen. Muttergesellschaften von Konzernen werden erfasst durch die Siebte Richtlinie (Konzernbilanzrichtlinie) 83/349/EWG des Rates vom 13. Juni 1983 aufgrund von Artikel 54 Absatz 3 lit. g) des Vertrages über den konsolidierten Abschluss. Daneben bestehen die Richtlinie 86/635/EWG des Rates vom 8. Dezember 1986 über den Jahresabschluss und den konsolidierten Abschluss von Banken und anderen Finanzinstituten sowie die Richtlinie 91/674/EWG des Rates über den Jahresabschluss und den konsolidierten Abschluss von Versicherungsunternehmen. Wie schon die Titel der letzteren beiden Richtlinien zeigen, beziehen sich beide grundsätzlich auf die Bilanzrichtlinie 78/660/EWG und die Konzernbilanzrichtlinie 83/349/EWG. Sie regeln die Anwendbarkeit und Abweichungen von der Vierten und Siebten gesellschaftsrechtlichen Richtlinie, um sie an die branchenspezifischen Bedürfnisse von Banken und Finanzinstituten sowie Versicherungsunternehmen anzupassen, die bis zur Verabschiedung dieser Richtlinie vom Anwendungsbereich der Bilanz- und Konzernabschlussrichtlinie ausgeschlossen waren.

A. Europäisches Bilanzrecht

Diese Richtlinien konstituieren zusammen mit der Abschlussprüferrichtlinie[569] und der IAS/IFRS-Verordnung über die Anwendung internationaler Rechnungslegungsstandards[570] das europäische Bilanzrecht.[571] Im Vordergrund steht dabei die

567 Zur Begründung der Richtlinie vgl. den Richtlinienentwurf KOM(2005) 685.
568 Übersicht bei *Grundmann*, Europäisches Gesellschaftsrecht, Rn. 491; *Habersack*, Europäisches Gesellschaftsrecht, 272.
569 Achte Richtlinie 84/253/EWG des Rates vom 10. April 1984 aufgrund von Artikel 54 Absatz 3 lit. g) des Vertrages über die Zulassung der mit der Pflichtprüfung der Rechnungslegungsunterlagen beauftragten Personen.
570 Verordnung 2003/1725 der Europäischen Kommission vom 29. September 2003 betreffend die Übernahme bestimmter internationaler Rechnungslegungsstandards in Übereinstimmung mit der Verordnung (EG) Nr. 1606/2002 des Europäischen Parlaments und des Rates.
571 Vgl. auch *Villiers*, European Integration and Globalisation – The Experience of Financial Reporting Regulation, in: MacLeod (Hrsg.) Global Governance and the Quest for Justice, 73.

Informationsfunktion für Gläubiger, Anleger und sonstige an Informationen interessierte Dritte,[572] während Fragen der Kapitalerhaltung und der Besteuerung grundsätzlich nationalen Regelungen unterliegen.[573] Der Informationsfunktion immanent ist die Warnfunktion und Überwachungsfunktion im Rahmen der Corporate Governance.[574]

I. Bisherige Entwicklung

Die Offenlegungspflicht für nichtfinanzielle Leistungsindikatoren einschließlich Informationen über Arbeitnehmer- und Umweltbelange, die für die Geschäftstätigkeit von Bedeutung sind, ist wortgleich in den beiden grundlegenden Richtlinien zum Jahresabschluss geregelt. Ihrer Einführung durch die Richtlinie 2003/51/EG des Europäischen Parlaments und des Rates vom 18. Juni 2003 zur Änderung der Richtlinien 78/660/EWG, 83/349/EWG, 86/635/EWG und 91/674/EWG über den Jahresabschluss und den konsolidierten Abschluss von Gesellschaften bestimmter Rechtsformen, von Banken und anderen Finanzinstituten sowie von Versicherungsunternehmen ging eine längere Entwicklung voraus.

Bereits 1992 hat die Kommission in ihrem fünften Umweltaktionsprogramm auch eine Gemeinschaftsinitiative im Bereich der Rechnungslegung vorgesehen, die sich vor allem mit der Frage befassen sollte, wie Unternehmen über die finanziellen Aspekte des Umweltschutzes berichten sollten. Dazu gehören beispielsweise Rückstellungen für Umweltrisiken und die Abschreibung von Aufwendungen für den Umweltschutz. Die Bedeutung der Rechnungslegung für den Umweltschutz fand daraufhin auch Eingang in Resolution des Rates über ein Aktionsprogramm

572 Der Koordinierung der einzelstaatlichen Vorschriften über die Gliederung und den Inhalt des Jahresabschlusses und des Lageberichts sowie über die Bewertungsmethoden und die Offenlegung dieser Unterlagen, insbesondere bei der Aktiengesellschaft und der Gesellschaft mit beschränkter Haftung, kommt im Hinblick auf den Schutz der Gesellschafter sowie Dritter besondere Bedeutung zu (Erwägungsgrund (1) der Bilanzrichtlinie 78/660/EWG). Zu den „Dritten" i. S. d. Bilanzrichtlinie zählt nach EuGH (Slg. 1997, 6843 = ZIP 1997, 2155) jede an Informationen interessierte Person. Vgl. Besprechung bei *Crezelius*, ZGR 1999, 252; *Schön* JZ 1998, 195; zum Informationsinteresse der Allgemeinheit Staub/Canaris/*Hommelhoff*, § 289 Rn. 53; zum Europäischen Informationsmodell und seinen grundlegenden Systemgedanken vgl. *Grundmann* in: Riesenhuber (Hrsg), Europäische Methodenlehre, 173 f., 183; *Grundmann*, ZHR 163 (1999), 635; *Grohmann*, Informationsmodell im Europäischen Gesellschaftsrecht, 56 ff.

573 Staub/Canaris/*Hommelhoff*, § 289 Rn. 27; zum Kapitalschutz vgl. die zweite gesellschaftsrechtliche Richtlinie 77/91/EWG des Rates vom 13. Dezember 1976 zur Koordinierung der Schutzbestimmungen, die in den Mitgliedstaaten den Gesellschaften im Sinne des Artikels 58 Absatz 2 des Vertrages im Interesse der Gesellschafter sowie Dritter für die Gründung der Aktiengesellschaft sowie für die Erhaltung und Änderung ihres Kapitals vorgeschrieben sind, um diese Bestimmungen gleichwertig zu gestalten, geändert durch die Richtlinie 2006/68/EG des Europäischen Parlaments und des Rates vom 6. September 2006 zur Änderung der Richtlinie 77/91/EWG des Rates in Bezug auf Gründung von Aktiengesellschaften und die Erhaltung und Änderung ihres Kapitals.

574 MüKo-AktG/*Steuber*, § 289 Rn. 18.

für Umweltschutz und nachhaltige Entwicklung;[575] sie wurde auch in der Wissenschaft zunehmend diskutiert.[576]

Erste konkrete Regeln zur Berücksichtigung von Umweltaspekten in der Rechnungslegung wurden 1994 in einer Arbeitsunterlage des beratenden Forums für Fragen der Rechnungslegung erarbeitet.[577] Sie liegen einer entsprechenden Mitteilung der Kommission zu Auslegungsfragen im Hinblick auf bestimmte Artikel der Vierten und der Siebten Richtlinie des Rates auf dem Gebiet der Rechnungslegung vom Januar 1998 zugrunde.[578] Das Fehlen verbindlicher Regeln führte allerdings dazu, dass umweltbezogene Angaben schwer vergleichbar und dadurch nur eingeschränkt aussagekräftig und nutzbar waren. Die Kommission ist deshalb bestrebt, die Harmonisierung der Rechnungslegung im internationalen Kontext in Zusammenarbeit mit dem *International Accounting Standards Board* (IASB) zu erreichen.[579] Eine weitere Mitteilung der Kommission von 2001 über Ausweis, Bewertung und Offenlegung von Umweltaspekten in Jahresabschluss und Lagebericht stützt sich dementsprechend auf verschiedene International Accounting Standards (IAS), die für Umweltfragen von Bedeutung sind.[580]

Daneben bestehen sowohl für ökologische als auch für soziale nichtfinanzielle Leistungsindikatoren zahlreiche Standardisierungen internationaler Initiativen.[581] Den umfassendsten Standard hat bisher die Global Reporting Initiative erarbei-

---

575 Resolution (93/C 138/01) of the Council and the Representatives of the Governments of the Member States, meeting within the Council of 1 February 1993 on a Community programme of policy and action in relation to the environment and sustainable development.

576 Vgl. *Bach*, Umweltrisiken im handelsrechtlichen Jahresabschluss; *Förschle* in: Förschle/Kaiser/Moxter, FS Budde, 181; United Nations Conference on Trade and Development (UNCTAD), Guidance Manual – Acounting and Financial Reporting for Environmental Costs and Liabilities, 39ff.; UNCTAD, Transparency and Disclosure Requirements for Corporate Governance: Report by the Ad Hoc Consultative Group of Experts on Corporate Governance Disclosures, 13; UNCTAD, Intergovernmental Working Group of Experts on International Standards of Accounting and Reporting, Guidance on Corporate Responsibility Indicators in Annual Reports.

577 Berücksichtung von Umweltfragen in der Rechnungslegung, Dok. XV/600/94. Das Beratende Forum für Rechnungslegung ist ein Gremium, das die Europäische Kommission 1990 eingesetzt hat. Es setzt sich aus Vertretern der nationalen Normungseinrichtungen und der europäischen Verbände zusammen, in denen die wichtigsten Anwender und Ersteller von Abschlüssen organisiert sind.

578 Mitteilung 98/C 16/04 der Europäischen Kommission zu Auslegungsfragen im Hinblick auf bestimmte Artikel der Vierten und der Siebten Richtlinie des Rates auf dem Gebiet der Rechnungslegung.

579 Bis 2000: International Accounting Standards Committee (IASC).

580 Empfehlung der Europäischen Kommission vom 30. Mai 2001 zur Berücksichtung von Umweltaspekten in Jahresabschluss und Lagebericht von Unternehmen: Ausweis, Bewertung und Offenlegung. Zugrundegelegt werden insbesondere IAS 36 – Wertminderung von Vermögenswerten, IAS 37 – Rückstellungen für Eventualschulden und Eventualforderungen sowie IAS 38 – Immaterielle Vermögenswerte.

581 Vgl. UNEP Financial Initiative, Reporting Guidelines for Company Reporting on Greenhouse Gas Emissions (1999); Council on Economic Priorities Accreditation Agency (CEEPA), Social Accountability Standard 8000 (SA 8000); UN International Standards on Accounting and Reporting (UN-ISAR 1999); UNEP Financial Initiative, UN Principles for Responsible Investment.

tet.[582] Die Anwendung dieser Standards ist freiwillig, sie können allerdings über vertragliche Vereinbarungen Rechtsverbindlichkeit erlangen.

Für die Umweltberichterstattung hat die Kommission detaillierte Vorgaben im Rahmen des 1993 eingeführten EMAS-Systems (Environmental Management Audit Scheme) erarbeitet.[583] Da es sich dabei um ein freiwilliges System handelt, das nicht im unmittelbaren Zusammenhang mit den gesellschaftsrechtlichen Richtlinien steht, wird es im Folgenden gesondert behandelt.

II. Rechnungslegung und Finanzberichterstattung

Die obigen Mitteilungen der Kommission zu Jahresabschluss und Jahresbericht gehen über Empfehlungen zur konkreten Rechnungslegung hinaus und stellen Leitlinien für eine umfassende Finanzberichterstattung auf, die auch Offenlegungsregeln für den (Konzern-)Lagebericht enthält. Zu den ethischen, sozialen und ökologischen Faktoren zählen sowohl finanzielle als auch nichtfinanzielle Leistungsindikatoren. Rückstellungen für potentielle Umweltrisiken sind beispielsweise ein finanzieller Faktor, der in der Bilanz gesondert ausgewiesen werden muss.[584] Dagegen gehören quantitative Öko-Effizienz-Indikatoren, die Aufschluss über Leistung und etwaige Fortschritte des Unternehmens im Umweltbereich geben, zu den nichtfinanziellen Faktoren, die im Lagebericht erläutert werden sollen.

1. Rechnungslegung

Die Art und Weise der Berücksichtung (finanzieller) ethisch-sozial-ökologischer Faktoren in der Rechnungslegung kann durch entsprechende europäische beziehungsweise von der Kommission anerkannte und als rechtsverbindlich erklärte internationale Rechnungslegungsstandards festgelegt werden.[585] Für die Einführung umwelt- oder sozialspezifischer Rechnungslegungsvorgaben auf Richtlinienebene, beispielsweise bei den Vorschriften zu den einzelnen Posten der Bilanz, besteht keine Notwendigkeit, da bei der Berücksichtigung dieser Faktoren lediglich allgemeine Regeln der Rechnungslegung auf finanzielle Vorgänge im sozialen und ökologischen Bereich angewendet werden. Es reicht vielmehr aus, die Anwen-

---

582 Global Reporting Initiative, www.globalreporting.org/ReportingFramework.

583 Verordnung 93/1836 des Rates vom 29. Juni 1993 über die freiwillige Beteiligung gewerblicher Unternehmen an einem Gemeinschaftssystem für das Umweltmanagement und die Umweltbetriebsprüfung.

584 Vgl. beispielsweise International Accounting Standard (IAS) Nr. 16 Abs. 19.

585 International Financial Reporting Standards (IFRS). Diese Standards können durch ein entsprechendes Anerkennungsverfahren in verbindliches europäisches Recht umgesetzt werden (*Endorsement-* oder Komitologieverfahren, vgl. Komitologiebeschluss 1999/468/EG vom 28. Juni 1999). Die Anerkennung eines IFRS setzt die Annahme des Standards durch das Accounting Regulatory Committee (ARC) voraus, das aus Vertretern der Mitgliedstaaten unter Vorsitz der Europäischen Kommission besteht; kritisch dazu: *Kirchner/Schmidt*, BFuP 2006, 387; *Kirchner*, BFuP 2007, 554.

dung der bereits bestehenden allgemeinen Rechnungslegungsvorschriften durch entsprechende Standards zu konkretisieren.

Der International Accounting Standard 38 regelt beispielsweise die Bilanzierung immaterieller Vermögenswerte, legt Regeln zur Ermittlung der Buchwerte solcher Vermögenswerte fest und fordert bestimmte Angaben in Bezug auf diese Vermögenswerte. Ein immaterieller Vermögenswert ist danach ein identifizierbarer, nicht monetärer Vermögenswert ohne physische Substanz, also eine Ressource, die aufgrund von Ereignissen der Vergangenheit (z.B. Erwerb oder Selbsterstellung) in der Verfügungsmacht des Unternehmens steht und von der erwartet wird, dass dem Unternehmen aus ihr künftiger wirtschaftlicher Nutzen (Zufluss von Zahlungsmitteln oder anderen Vermögenswerten) zufließt. Beispiele möglicher immaterieller Vermögenswerte umfassen unter anderem Kunden- und Lieferantenbeziehungen oder Emissionsrechte. Diese sind nach IAS 38 zu bilanzieren, wenn es wahrscheinlich ist, dass dem Unternehmen der künftige wirtschaftliche Nutzen aus dem Vermögenswert zufließen wird und die Anschaffungs- oder Herstellungskosten des Vermögenswerts verlässlich bewertet werden können. Ethisch-sozial-ökologische Faktoren können insofern unter IAS 38 als immaterielle Vermögenswerte in die Bilanz einfließen.

Solche finanziellen Auswirkungen ethisch-sozial-ökologischer Faktoren können in vielfältigen weiteren Zusammenhängen, zum Beispiel bei Rückstellungen für Risiken oder Abschreibungen von sozialen und ökologischen Investitionen zu bilanzieren sein. Die bisher anerkannten und in Form einer Verordnung in europäisches Recht umgesetzten IAS und IFRS enthalten dementsprechend bereits vielfältige Vorgaben zur Rechnungslegung im Umwelt- und Sozialbereich.[586] Als Beispiel sei IAS 16 Abs. 11 genannt:

Sachanlagen können aus Gründen der Sicherheit oder des Umweltschutzes erworben werden. Der Erwerb solcher Gegenstände steigert zwar nicht direkt den künftigen wirtschaftlichen Nutzen einer bereits vorhandenen Sachanlage, er kann aber notwendig sein, um den künftigen wirtschaftlichen Nutzen aus den anderen Vermögenswerten des Unternehmens überhaupt erst zu gewinnen. Solche Sachanlagen sind als Vermögenswerte anzusetzen, da sie es einem Unternehmen ermöglichen, künftigen wirtschaftlichen Nutzen aus den in Beziehung stehenden Vermögenswerten zusätzlich zu dem Nutzen zu ziehen, der ohne den Erwerb möglich gewesen wäre. So kann beispielsweise ein Chemieunternehmen bestimmte neue chemische Bearbeitungsverfahren einrichten, um die Umweltschutzvorschriften für die Herstellung und Lagerung gefährlicher chemischer Stoffe zu erfüllen. Damit verbundene Betriebsverbesserungen werden als Vermögenswert angesetzt, da das Unternehmen ohne sie keine Chemikalien herstellen und verkaufen kann. Der aus solchen Vermögenswerten und verbundenen Vermögenswerten entstehende Buchwert wird jedoch auf Wertminderung gemäß IAS 36 Wertminderung von Vermögenswerten überprüft.

Weitere Regelungen finden sich in IAS 16 Abs. 19, 21 (Rückstellungen für künftige Umweltschäden), IAS 19 (Leistungen an Arbeitnehmer), IAS 26 (betriebliche Altersvorsorge).

---

586 Vgl. Verordnung 2003/1725 der Europäischen Kommission vom 29. September 2003 betreffend die Übernahme bestimmter internationaler Rechnungslegungsstandards in Übereinstimmung mit der Verordnung (EG) Nr. 1606/2002 des Europäischen Parlaments und des Rates.

2. Erweiterte Finanzberichterstattung

Für die erweiterte Finanzberichterstattung, insbesondere bezüglich Offenlegungsregeln für den Lagebericht, wurden dagegen bisher keine rechtsverbindlichen Standards entwickelt.[587] Die IAS/IFRS kennen noch kein dem Konzernlagebericht entsprechendes Publizitätsinstrument. Im zur Zeit noch gültigen IAS-Rahmenkonzept ist vielmehr geregelt, dass Jahresabschlüsse keine Berichte der Mitglieder des Geschäftsführungs- und/oder Aufsichtsorgans, Analysen des Managements oder ähnliche Bestandteile enthalten dürfen, die Teil eines Geschäftsberichts sein können.[588] Zwar kann nach IAS 1.8-10 der Jahresabschluss durch zusätzliche Angaben wie Umweltberichte oder Wertschöpfungsrechnungen ergänzt werden und es wird empfohlen, außerhalb des Abschlusses einen *financial review by management* zu erstellen, der eine Beschreibung und Erläuterung der Grundzüge der Vermögens-, Finanz- und Ertragslage des Unternehmens und seiner wesentlichen Unsicherheiten enthält; der *financial review by management* und andere Zusatzberichte sind jedoch im Gegensatz zum Konzernlagebericht kein zwingender Bestandteil der Rechnungslegung und unterliegen weder der Prüfungspflicht des Abschlussprüfers noch den entsprechenden Berichterstattungspflichten für Prüfungsbericht und Bestätigungsvermerk.

Dies hängt damit zusammen, dass sich das mit der Kommission zusammenarbeitende International Accounting Standard Board bisher auf Standards der Rechnungslegung beschränkt hat, denen klare, durch das Rechnungswesen des Unternehmens erfasste Zahlen zugrundeliegen (z.B. Bilanz, Gewinn- und Verlustrechnung). Berichte der Unternehmensleitung, Umweltbericht und andere Berichte, die nicht zu den Bestandteilen des Jahresabschlusses zählen, sind ausdrücklich vom Geltungsbereich der IAS/IFRS ausgeschlossen.[589]

Die umfassende Finanzberichterstattung unter Einbeziehung von Öko-Effizienz-Indikatoren und anderer nichtfinanzieller Faktoren stellt gegenüber den bisher geltenden Standards wesentlich weitergehende Anforderungen.[590] Die Erfassung nichtfinanzieller sozialer und ökologischer Faktoren durch das betriebliche Berichtswesen ist eine relativ neue Entwicklung. Es handelt sich nicht nur um Finanzzahlen, sondern um eine Vielzahl verschiedenartiger, oftmals schwierig zu erfassender Informationen über den Betrieb. Um diese Informationen begrifflich klar, korrekt und aussagekräftig aufzubereiten, muss die Art der Informationen,

---

587 Die Entwicklung freiwilliger Standards ist dagegen schon weit fortgeschritten, vgl. die Standards der Global Reporting Initiative, www.globalreporting.org/ReportingFramework. Für eine Übersicht vgl. KPMG, International Survey of Corporate Responsibilty Reporting 2005, 17ff.; UNCTAD, Disclosure of the impact of corporations on society: Current trends and issues, 6.

588 IAS Framework 1989 (confirmed by IASB 2001), F.7.

589 IAS 1.9-10: Reports that are presented outside of the financial statements – including financial reviews by management, environmental reports, and value added statements – are outside the scope of IFRSs.

590 Zur Differenzierung zwischen „*financial accounting*" und „*business reporting*" vgl. Staub/Canaris/*Hommelhoff*, § 289 Rn. 28.

der Detaillierungsgrad der Erfassung und die inhaltliche Verarbeitung auf den Verwendungszweck hin optimiert werden. Der Lagebericht dient vor allem dazu, Information für Kapitalanlageentscheidungen bereitzustellen und zur Information beziehungsweise zum Schutz der Gläubiger des Unternehmens.[591] Die hier diskutierte Art der Information beschränkt sich bei der vorliegenden Fragestellung auf nichtfinanzielle Leistungsindikatoren sozialer oder ökologischer Art, die für die Geschäftstätigkeit von Bedeutung sind. Um eine gewisse Kontinuität und Vergleichbarkeit zu ermöglichen müssen – neben vielen anderen Spezifizierungen – aussagekräftige Einzelfaktoren identifiziert, klare Begrifflichkeiten definiert, Erfassungsmethoden standardisiert werden. Wie bereits im ersten Teil der Arbeit dargestellt, steht diese Entwicklung noch am Anfang, ist aber von großer Dynamik gekennzeichnet.

Während sich die gesetzliche Verpflichtung zur Einbeziehung finanzieller sozialer und ökologischer Faktoren in die Rechnungslegung bereits aus der Anwendung der bisherigen allgemeinen Rechnungslegungsvorschriften ergibt, musste eine entsprechende Rechtspflicht für die Aufnahme nichtfinanzieller Faktoren in den Lagebericht neu geschaffen werden. Die Einführung der rechtlichen Verpflichtung zur Aufnahme von Umwelt- und Arbeitnehmerbelangen sowie anderen nichtfinanziellen Leistungsindikatoren in den Lagebericht erfolgte dementsprechend durch die Richtlinie 2003/51/EG des Europäischen Parlaments und des Rates vom 18. Juni 2003. Diese musste von den Mitgliedstaaten zum 1. Januar 2005 umgesetzt werden.

Zurzeit erarbeiten das IASB und dessen US-amerikanisches Pendant, das *Financial Accounting Standards Board* (FASB),[592] an gemeinsamen konzeptionellen Rahmenbedingungen für die Finanzberichterstattung.[593] Das FASB hat bereits 1978 ein Konzept für die Finanzberichterstattung veröffentlicht, in dem die Aufnahme sozialer und ökologischer Faktoren in den Lagebericht thematisiert wird:

> *[...] Information communicated by means of financial reporting other than financial statements may take various forms and relate to various matters. Corporate annual reports, prospectuses, and annual reports filed with the Securities and Exchange Commission are common examples of reports that include financial statements, other financial information, and nonfinancial information. News releases, management's forecasts or other descriptions of its plans or expectations, and descriptions of an enterprise's social or environmental impact are examples of reports giving financial information other than financial statements or giving only nonfinancial information.*[594]

Mit den gemeinsamen Rahmenbedingungen will das IASB seine bisherige Beschränkung auf Standards für die Rechnungslegung aufgeben und den Rahmen

---

591 Zu den Adressaten gehören darüber hinaus Arbeitnehmer, staatliche Behörden und die Öffentlichkeit als solche.
592 Das Financial Reporting Standards Board entwickelt den US-GAAP-Standard.
593 IASB, FASB, Discussion Paper – Joint Conceptual Framework for Financial Reporting: The Objective of Financial Reporting and Qualitative Characteristics of Decision-useful Financial Reporting Information, 2006.
594 FASB, Concepts Statement No. 1 – Objectives of Financial Reporting by Business Enterprises, 9 (para. 7).

für eine umfassende Finanzberichterstattung entwickeln. Auf Grundlage dieses Rahmens sollen dann Standards zur erweiterten Finanzberichterstattung entwickelt werden, die über das bisherige Anerkennungsverfahren in europäisches Recht umgesetzt werden können. Im Mittelpunkt steht dabei der *Management Commentary* (MC) als mögliches Äquivalent zum europäischen Lagebericht.[595] In Betracht kommt die Integration eines *Management Commentary* in IAS 1.9 als eigenständiger IFRS oder als eigenständiger neuer MC Standard.[596] Da es sich um einen international abgestimmten Standard handelt, in vielen Regionen der Welt die Lageberichterstattung jedoch rechtlich im Börsenrecht anstatt im Recht der Rechnungslegung verortet oder gänzlich unbekannt ist, werden die Anforderungen voraussichtlich hinter denen der europäischen Richtlinien zurückbleiben.

B. Regelungsgehalt und Bedeutung für SRI

I. Anwendungsbereich

Die Vierte Richtlinie über den Jahresabschluss von Gesellschaften bestimmter Rechtsformen bezieht sich auf alle Kapitalgesellschaften und Mischformen, die durch Beteiligung einer Kapitalgesellschaft an einer Gesellschaft entstehen, die nicht über unbegrenzt haftende natürlich Personen als Gesellschafter verfügen. Artikel 1 der Richtlinie zählt die betroffenen Gesellschaftsformen namentlich auf. In der Bundesrepublik Deutschland sind beispielsweise die Aktiengesellschaft, Kommanditgesellschaft auf Aktien und die Gesellschaft mit beschränkter Haftung sowie die GmbH und Co KG und die aus Kapitalgesellschaften bestehende offene Handelsgesellschaft betroffen. Allerdings lässt Art. 46 Abs. 4 i.V.m. Art. 27 der Richtlinie zu, dass die Mitgliedstaaten solche Unternehmen, die die in Art. 27 bestimmten Größenkriterien nicht überschreiten, vom Anwendungsbereich des Art. 46 Abs. 1 lit. b), also der Aufnahme nichtfinanzieller Leistungsindikatoren in den Lagebericht ausnehmen.[597]

Die Siebte Richtlinie über den konsolidierten Abschluss ist gem. Art. 1 grundsätzlich anwendbar auf alle Unternehmen (Mutterunternehmen), die durch die Mehrheit der Stimmrechte an einem anderen Unternehmen, durch einen Beherrschungsvertrag, durch eine Vereinbarung mit anderen Aktionären oder auf sonstige Weise einen beherrschenden Einfluss auf ein anderes Unternehmen (Tochterunternehmen) haben. Wiederum enthält die Richtlinie keine Einschränkungen aufgrund der Unternehmensgröße, erlaubt aber Ausnahmeregelungen für

---

595 IASB, Discussion Paper Management Commentary 2005.
596 Vgl. DRS Committee, IASB Diskussionspapier Management Commentary, Q4.
597 Fast alle Mitgliedstaaten einschließlich Deutschlands haben von dieser Ausnahme Gebrauch gemacht. Norwegen dagegen hat beispielsweise auch kleine und mittlere Unternehmen mit einbezogen.

Beteiligungsgesellschaften, Art. 5, und kleinere Unternehmen, Art. 6 der Richtlinie.

Von beiden Richtlinien sind auch bei Ausschöpfung der Ausnahmeregelungen jedenfalls solche Unternehmen betroffen, die nicht unterhalb der Größendefinition von Art. 27 der Vierten Richtlinie liegen. Die Größenkriterien orientieren sich an der Bilanzsumme (14,6 Mio. Euro), dem Nettoumsatzerlös (29,2 Mio. Euro) und der durchschnittlichen Mitarbeiterzahl (250), wobei solche Unternehmen in die Ausnahmeregelung fallen, die am Bilanzstichtag mindestens zwei Merkmale nicht überschreiten. Kein Merkmal ist dagegen die Börsennotierung eines Unternehmens, sodass es theoretisch denkbar ist, dass öffentlich an einem geregelten Markt in der Europäischen Union gehandelte Unternehmen unter die Ausnahmeregelung fallen.[598]

Allerdings gelten für börsennotierte Unternehmen gem. Art. 4 der Verordnung 1606/2002/EG über die Anwendung internationaler Rechnungslegungsgrundsätze die von der Kommission anerkannten Rechnungslegungsstandards des IASB.[599] Wenn IASB-Standards (IFRS) für die Aufnahme nichtfinanzieller Leistungsindikatoren im Lagebericht erarbeitet und von der EU-Kommission anerkannt werden, gelten diese folglich unmittelbar für alle börsennotierten Unternehmen.

II. Nichtfinanzielle Leistungsindikatoren

Durch die neuen Vorschriften zum Inhalt des Lageberichts gem. Art. 46 Abs. 1 lit. b) der Vierten Richtlinie und Art. 36 Abs. 1 der Siebten Richtlinie wird eine generelle Rechtspflicht zur Aufnahme von nichtfinanziellen Leistungsindikatoren eingeführt. Diese beschränkt sich keineswegs auf soziale und ökologische Indikatoren, auch wenn der beispielhaft genannte Bezug auf Umwelt- und Arbeitnehmerbelange dies andeutet. Aufzunehmen sind vielmehr alle nichtfinanziellen Faktoren, die für die Geschäftstätigkeit von Bedeutung und für das Verständnis des Geschäftsverlaufs, des Geschäftsergebnisses oder der Lage der Gesellschaft erforderlich sind.[600]

Zu den nichtfinanziellen Leistungsindikatoren gehören vor allem historische Informationen, beispielsweise über Ressourcen des Unternehmens, Mitarbeiterzahl, Ausbildungsstand, Innovationen, Produkte, Einfluss des Unternehmens auf Umwelt und Gesellschaft. Diese können wertmäßig bezifferbar sein, in nichtmonetären Einheiten gemessen werden oder gar nicht messbar sein und sich auf

---

598 Die Mitgliedstaaten können die Ausnahmeregelung der Richtlinie allerdings enger gestalten und börsennotierte Unternehmen nicht ausnehmen, vgl. beispielsweise §§ 267 Abs. 3, 293 Abs. 5 HGB.

599 Verordnung 1606/2002/EG des Europäischen Parlaments und des Rates vom 19. Juli 2002 betreffend die Anwendung internationaler Rechnungslegungsgrundsätze.

600 Vgl. auch die Gesetzesbegründung zum deutschen Umsetzungsgesetz, Entwurf eines Gesetzes zur Einführung internationaler Rechnungslegungsstandards und zur Sicherung der Qualität der Abschlussprüfung (Bilanzrechtsreformgesetz – BilReG), BT-Drucks. 15/3419, 31.

die Beschreibung von Strategien oder Managementsystemen beschränken. Darüber hinaus gehören dazu Zukunftseinschätzungen wie geplante Investitionen oder Zukunftsstrategien.[601]

Die nichtfinanziellen Angaben zu Umweltfragen umfassen nach Empfehlung der Kommission die allgemeine Umweltstrategie des Unternehmens sowie bisherige und zukünftige Umweltschutzmaßnahmen, umweltbezogene Unternehmensdaten einschließlich quantitativer Öko-Effizienz-Indikatoren, bisherige und zukünftige Fortschritte und Leistungen in Schlüsselbereichen des Umweltschutzes einschließlich quantifizierbarer Angaben und Zielvorgaben (z.B. bei Emissionen und Ressourcenverbrauch), den Stand der Umsetzung von Umweltschutzmaßnahmen, die sich aus Änderungen zukünftiger – bereits erlassener oder zu erwartender – Rechtsvorschriften ergeben, und, soweit ein eigenständiger Umweltbericht veröffentlicht wird, den Hinweis auf diesen Bericht.[602] Zur Konkretisierung dieser Anforderungen kann auch auf die Leitlinien der Kommission für die EMAS-Umwelterklärung zurückgegriffen werden.[603]

Zu sozialen nichtfinanziellen Faktoren ist noch keine Empfehlung der Kommission veröffentlicht worden. Für die Zwecke der Sozialberichterstattung kann typischerweise unterschieden werden zwischen Arbeitnehmerbelangen, Beachtung der Menschenrechte, Verhältnis zur sozialen Gemeinschaft und Produktverantwortung. Zu den Arbeitnehmerbelangen gehören statistische Informationen über Arbeitnehmer und Arbeitsverträge (z.B. Geschlecht, Alter, Art der Arbeitsverträge, Teilzeitarbeit, Tarifabschlüsse mit Gewerkschaften, Nichtdiskriminierungsfaktoren wie Gehaltsvergleich zwischen Männern und Frauen, Geschlechtszusammensetzung der leitenden Organe, Arbeitnehmer mit Behinderungen, etc.), Informationen über Gesundheits-, Renten- und andere Sozialleistungen für Arbeitnehmer (Zahl von Betriebsunfällen, Arbeitsschutz, Berufskrankheiten, Beteiligung an betrieblicher Altersvorsorge, zusätzliche Gesundheitsleistungen, Vorsorgeprogramme, Unterstützung von Familien, Betriebskindergärten, etc.) und Mitarbeiteraus-

601 Für eine Beschreibung möglicher nichtfinanzieller Informationen vgl. FASB, Concepts Statement No. 1 – Objectives of Financial Reporting by Business Enterprises, 8ff. (para. 5–23); Kolk, vba journaal 2005, 34; Geisler/Schrader, Auswertung wissenschaftlicher Anforderungen an die Nachhaltigkeitsbewertung von Unternehmen.

602 Vgl. Empfehlung 2001/453/EG der Europäischen Kommission vom 30. Mai 2001 zur Berücksichtigung von Umweltaspekten in Jahresabschluss und Jahresbericht von Unternehmen: Ausweis, Bewertung und Offenlegung, Teil 4 (Offenlegung); Mitteilung 98/C 16/04 der Europäischen Kommission zu Auslegungsfragen im Hinblick auf bestimmte Artikel der Vierten und der Siebten Richtlinie des Rates auf dem Gebiet der Rechnungslegung.

603 Empfehlung der Europäischen Kommission vom 10. Juli 2003 über Leitlinien zur Durchführung der Verordnung (EG) Nr. 761/2001 des Europäischen Parlaments und des Rates über die freiwillige Beteiligung von Organisationen an einem Gemeinschaftssystem für das Umweltmanagement und die Umweltbetriebsprüfung (EMAS) in Bezug auf die Auswahl und Verwendung von Umweltleistungskennzahlen. Zum EMAS-System siehe unten Seite 205.

bildung (Anzahl von Auszubildenden, Zahl der jährlichen Fortbildungsstunden für Mitarbeiter, Karriereförderung, etc.).[604]

Wie auch hinsichtlich der Rechnungslegungsvorschriften können Detailregelungen über die Art der Informationen und ihre Darstellung nicht in die Richtlinie aufgenommen werden. Vielmehr bleibt die konkrete Auslegung der Vorschrift zunächst nationalen und internationalen Standardisierungsorganisationen sowie wirtschaftswissenschaftlichen und juristischen Lehre und Praxis überlassen.

III. Verbindliche europäische Standards der Finanzberichterstattung

Verbindliche europäische Standards für die Finanzberichterstattung über nichtfinanzielle Leistungsindikatoren lassen sich durch die Anerkennung entsprechender IFRS des International Accounting Standards Board erreichen. Solche IFRS wurden bisher nicht erarbeitet, werden aber von den oben dargestellten neuen IASB/FASB-Rahmenbedingungen für die Finanzberichterstattung erfasst und sind zukünftig zu erwarten.

1. Einbeziehung in die Verordnung 1606/2002/EG

Allerdings ist fraglich, ob die zugrundeliegende Verordnung 1606/2002/EG über die Anwendung internationaler Rechnungslegungsgrundsätze, die das Anerkennungsverfahren definiert, neben der Rechnungslegung auch die erweiterte Finanzberichterstattung umfasst. Ursprünglich sollte nur die Rechnungslegung vereinheitlicht werden, eine erweiterte Offenlegung beziehungsweise Finanzberichterstattung war dagegen weder von den bis dato veröffentlichten IAS-Standards und dem Rahmenkonzept des IASB[605] umfasst noch von der Kommission vorgesehen.[606] Dementsprechend ist auch die Verordnung mit „Rechnungslegungsstandards“ und nicht mit „Finanzberichterstattung“ betitelt. Allerdings ist der ursprüngliche gesetzgeberische Planungshorizont nur von bedingter Bedeutung, wenn sich die tatsächlichen Rahmenbedingungen ändern. Entscheidende Voraussetzungen sind vielmehr, dass die erweiterte Finanzberichterstattung Ge-

---

604 Differenzierte soziale Faktoren wurden durch die Global Reporting Initiative erarbeitet, vgl. RG Leitfaden zur Nachhaltigkeitsberichterstattung (G3-Leitlinien), www.globalreporting.org/ReportingFramework/G3Online.

605 IASB, Rahmenkonzept für die Aufstellung und Darstellung von Abschlüssen 1989 (ursprünglich durch das IASC verabschiedet, 2001 durch das IASB bestätigt).

606 IAS 1.9 und 1.10, vgl. Anhang der Verordnung 2003/1725 der Europäischen Kommission vom 29. September 2003 betreffend die Übernahme bestimmter internationaler Rechnungslegungsstandards in Übereinstimmung mit der Verordnung (EG) Nr. 1606/2002 des Europäischen Parlaments und des Rates. Vgl. auch Kommentare der Europäischen Kommission vom November 2003 zu bestimmten Artikeln der Verordnung (EG) Nr. 1606/2002 des Europäischen Parlaments und des Rates vom 19. Juli 2002 betreffend die Anwendung internationaler Rechnungslegungsstandards und zur Vierten Richtlinie 78/660/EWG des Rates vom 25. Juli 1978 sowie zur Siebten Richtlinie 83/349/EWG des Rates vom 13. Juni 1983 über Rechnungslegung, 13 f.

genstand der Verordnung ist, dass sie den Anerkennungsvoraussetzungen genügt und dass ihre Anerkennung im Einklang mit der Zielsetzung der Verordnung steht.

Gegenstand der Verordnung ist gem. Art. 1 die Übernahme und Anwendung internationaler Rechnungslegungsstandards. Der Begriff internationale Rechnungslegungsstandards wird gem. Art. 2 der Verordnung definiert als die *International Accounting Standards* (IAS), die *International Financial Reporting Standards* (IFRS) und damit verbundene Auslegungen (SIC/IFRIC-Interpretationen),[607] spätere Änderungen dieser Standards und damit verbundene Auslegungen sowie künftige Standards und damit verbundene Auslegungen, die vom International Accounting Standards Board herausgegeben oder angenommen wurden. Danach bezieht sich die Verordnung auch auf künftige IAS und IFRS des International Accounting Standards Board. Das Board hat am 1. April 2001, bereits in Vorbereitung auf die Kooperation mit der Europäischen Union und zeitlich vor der zugrundeliegenden Verordnung 1606/2002/EG die IAS Rechnungslegungsstandards im Hinblick auf künftige internationale Rechnungslegungsstandards in *International Financial Reporting Standards* (IFRS) umbenannt.[608] Diese Umbenennung von Rechnungslegungs-Standards in Finanzberichterstattungs-Standards trägt bereits der zu erwartenden Entwicklung hin zu einer umfassenderen Finanzberichterstattung Rechnung und hat mittelbar Eingang in die Verordnung gefunden. Der Wortlaut der Verordnung enthält hinsichtlich zukünftiger Standards keine Einschränkungen. Insoweit ist auch die erweiterte Finanzberichterstattung von der Verordnung umfasst, obwohl diese nur mit Rechnungslegung übertitelt ist.

2. Anerkennungsvoraussetzungen nach Verordnung 1606/2002/EG

Die Anerkennung von Standards zur erweiterten Finanzberichterstattung muss darüber hinaus den Anerkennungsvoraussetzungen von Art. 3 Abs. 2 der Verordnung genügen. Danach setzt die Anerkennung voraus, dass der Jahresabschluss ein den tatsächlichen Verhältnissen entsprechendes Bild der Vermögens-, Finanz- und Ertragslage vermittelt und dass die Standards den Kriterien der Verständlichkeit, Erheblichkeit, Verlässlichkeit und Vergleichbarkeit genügen, die Finanzinformationen erfüllen müssen, um wirtschaftliche Entscheidungen und die Bewertung der Leistung einer Unternehmensleitung zu ermöglichen. Diese Voraussetzungen werden durch die erweiterte Finanzberichterstattung erfüllt.

---

607 Die IAS/IFRS-Standards unterliegen insofern zwei Interpretationsinstanzen: Einerseits dem SIC/IFRIC Gremium (*International Financial Reporting Interpretations Committee*) und andererseit dem Europäischen Gerichtshof; vgl. dazu *Kirchner*, Zur Interpretation von internationalen Rechnungslegungsstandards: das Problem ‚hybrider Rechtsfortbildung', in: Schneider/Rückle/Küpper/Wagner, FS Siegel, 201.

608 Gleichzeitig wurde auch der Name geändert von „International Accounting Standards Committee" in „International Accounting Standards Board" und das IASB hat sich eine neue Struktur gegeben. Das neue Board setzt sich aus 14 Vertretern verschiedener nationaler Rechnungslegungsorgane zusammen (davon fünf aus Europa: zwei aus dem UK und je einer aus Frankreich, Deutschland und der Schweiz).

Schließlich muss die Anerkennung von Standards der Finanzberichterstattung auch im Einklang mit der Zielsetzung der Verordnung stehen. Die Verordnung dient gemäß Erwägungsgrund (5) der Konvergenz der in Europa auf die Aufstellung von Abschlüssen angewendeten Normen mit internationalen Rechnungslegungsstandards. Die europäischen Standards sollten weltweit für grenzübergreifende Geschäfte und für die Zulassung an allen Börsen der Welt genutzt werden können.

Von besonderer Bedeutung sind dabei der transatlantische Handel und die US-amerikanischen Börsen. Aus diesem Grund haben vor Verabschiedung der Verordnung bereits viele multinationale Unternehmen ihren Jahresabschluss neben dem national geforderten Standard auch nach dem US-GAAP-Standard erstellt.[609] Vor dem Hintergrund der neuen europäischen Standards haben das IASB und sein US-amerikanisches Pendant FASB zur gegenseitigen Harmonisierung ihrer Standards der Rechnungslegung und Finanzberichtserstattung beschlossen, die Konvergenz ihrer Standards bis 2008 anzustreben.[610] Diese Entwicklung ist wichtig, um die Anerkennung der europäischen Standards durch die US-amerikanische *Securities and Exchange Commission* (SEC) bei einer Notierung europäischer Unternehmen an US-amerikanischen Wertpapiermärkten zu erreichen und zukünftig kostenintensive doppelte Jahresabschlüsse für europäische Unternehmen zu vermeiden.[611]

Wie bereits ausgeführt, arbeitet das amerikanische FASB bereits seit 1978 nach einem Konzept der umfassenden Finanzberichterstattung und die von IASB und FASB erarbeiteten gemeinsamen konzeptionellen Rahmenbedingungen für die Finanzberichterstattung werden ebenfalls über die Rechnungslegung hinausgehen und sich auf die erweitere Finanzberichterstattung beziehen.[612] Die Konvergenz beider Systeme setzt notwendig voraus, dass europäische Standards nicht nur zur Rechnungslegung, sondern zu umfassenden Finanzberichterstattung vereinbart werden. Demnach kann auch das Ziel der Verordnung nur erreicht werden, wenn sie auch die erweiterte Finanzberichterstattung umfasst.

Nach Gegenstand, Voraussetzungen und Zielsetzung der Verordnung zur Anwendung internationaler Rechnungslegungsstandards werden auch durch das International Accounting Standards Board erarbeitete Standards der erweiterten Finanzberichterstattung erfasst und können als europäische Standards anerkannt werden.

---

609 Im Jahr 2000 ca. 300 Unternehmen, vgl. Europäische Kommission, Pressemitteilung vom 13. 1. 2001, „Rechnungslegung: Die IAS-Verordnung – Häufig gestellte Fragen.

610 Vgl. Mitteilung von IASB/FASB vom 29. Oktober 2002; IASB/FASB, Memorandum of Understanding (2006).

611 Die Securities and Exchange Commission hat im April 2007 mitgeteilt, dass sie ihr Regelwerk anpassen wird, um die Wahlfreiheit zwischen US-GAAP und IFRS zu ermöglichen, Pressemitteilung 2007-72 vom 24. April 2007, www.sec.gov/news/press/2007/2007-72.htm.

612 IASB, FASB, Discussion Paper – Joint Conceptual Framework for Financial Reporting: The Objective of Financial Reporting and Qualitative Characteristics of Decision-useful Financial Reporting Information, 2006.

IV. Corporate Governance Statement

Durch die Änderungsrichtlinie 2006/46/EG wird der Lagebericht zukünftig um eine Erklärung zur Unternehmensführung (Corporate Governance Statement) ergänzt.[613] Die Richtlinie ist durch die Mitgliedstaaten bis zum 5. September 2008 umzusetzen.

Börsennotierte Gesellschaften müssen danach in einem besonderen Abschnitt des Lageberichts darüber berichten, ob die Gesellschaft einem Unternehmensführungskodex unterliegt oder einen solchen freiwillig anwendet und welche Unternehmensführungspraktiken über die Anforderungen des nationalen Rechts hinaus angewendet werden. Abweichungen von diesen Kodizes müssen erklärt und begründet werden.

Darüber hinaus definiert die Richtlinie einige Mindestberichtspflichten, die unabhängig davon bestehen, ob sie in einem nationalen oder privaten Kodex enthalten sind.[614] Zu den Mindestangaben gem. Art. 46a Abs. 1 lit. c), d) der geänderten Vierten Richtlinie, auf den zukünftig auch der neue Art. 36a der Siebten Richtlinie verweist, gehört eine Beschreibung der Aktionärsrechte und der Möglichkeiten ihrer Ausübung. Diese Rechte sind wesentlich für die Möglichkeiten institutioneller Investoren, *Engagement*-Strategien zu verfolgen. Zwar kommt es letztlich nicht auf die Erklärung über die Unternehmensführung an, sondern auf die tatsächlichen Frage- und Antragsrechte, die für SRI-Strategien genutzt werden können. Die Regelungen nationaler oder börsen- oder privatrechtlicher Kodizes können jedoch über die gesetzlichen Anforderungen hinausgehen, die von der Unternehmensführung – um Abweichungen vom Kodex zu vermeiden – in der Praxis auch umgesetzt werden. Die Verpflichtung zu einem Corporate Governance Statement ist somit von zumindest mittelbarer Bedeutung für Socially Responsible Investment.

V. Exkurs: EMAS-Umweltberichterstattung

Das Gemeinschaftssystem für das Umweltmanagement und die Umweltbetriebsprüfung (EMAS) wurde bereits 1993 als freiwilliges System eingeführt, um die Umweltleistung von Unternehmen zu verbessern.[615] Die am EMAS-System teil-

---

613 Richtlinie 2006/46/EG des Europäischen Parlaments und des Rates vom 14. Juni 2006 zur Änderung der Richtlinien des Rates 78/660/EWG über den Jahresabschluss von Gesellschaften bestimmter Rechtsformen, 83/349/EWG über den konsolidierten Abschluss, 86/635/EWG über den Jahresabschluss und den konsolidierten Abschluss von Banken und anderen Finanzinstituten und 91/674/EWG über den Jahresabschluss und den konsolidierten Abschluss von Versicherungsunternehmen.

614 Vgl. *Lentfer/Weber*, DB 2006, 2357, 2359.

615 Verordnung (EG) Nr. 761/2001 des Europäischen Parlaments und des Rates vom 19. März 2001 über die freiwillige Beteiligung von Organisationen an einem Gemeinschaftssystem für das Umweltmanagement und die Umweltbetriebsprüfung (EMAS II); vormals Verordnung (EWG) Nr. 1836/93 des Rates vom 29. Juni 1993 über die freiwillige Beteiligung gewerblicher Unternehnehmenden Unternehmen und sonstigen Organisationen müssen eine Umwelterklärung veröffentlichen, in der ihre direkten und indirekten Auswirkungen auf die Umwelt, ihre Umweltleistung und ihre Umweltziele dargestellt werden.[616] Sie müssen die Anforderungen erfüllen, die in Abschnitt 4 der Europäischen Industrienorm ISO 14001:2004 festgelegt sind. ISO 14001 ist eine Normenfamilie, die zahlreiche Normen zu verschiedenen Bereichen des Umweltmanagements, einschließlich Ökobilanzen, Umweltkennzahlen und zur Umweltleistungsbewertung enthält. Ihre Anwendung wird zudem durch Leitlinien der Kommission konkretisiert.[617] Die Umwelterklärung wird in der Regel als alleinstehender Bericht veröffentlicht, kann aber auch in den Lagebericht des Unternehmens integriert werden. Sie ist jährlich zu erstellen und wird von unabhängigen, staatlicher Aufsicht unterliegenden Umweltgutachtern auf ihre Richtigkeit hin überprüft (Öko-Audit).

Wird durch einen Umweltgutachter die Einhaltung der ISO-14001-Anforderungen, die Einhaltung der unternehmenseigenen Umweltpolitik, die Einhaltung der gesetzlichen Umweltbestimmungen und die Richtigkeit der Umwelterklärung festgestellt, kann sich das Unternehmen in das EMAS-Register eintragen lassen und ist zur Führung des EMAS-Zertifikats berechtigt. EMAS-Unternehmen werden von Mitgliedstaaten oder der Europäischen Union teilweise indirekte finanzielle Anreize geboten. Nach der EU-Vergaberichtlinie 2004/18/EG werden beispielsweise EMAS-Unternehmen bei öffentlichen Aufträgen bevorzugt.[618]

Es handelt sich hierbei trotz der inhaltlichen Nähe grundsätzlich nicht um Finanzberichterstattung im Sinne der Richtlinien zum Jahresabschluss und konsolidierten Konzernabschluss, sondern um ein eigenständiges, dem Umweltschutz dienendes System. EMAS-Informationen sind gemäß Anhang I Teil B Abschnitt 3 von ISO 14001 an öffentliche Kreise gerichtet, die das Unternehmen im Rahmen seines Umweltmanagementsystems als interessierte öffentliche Kreise ermittelt hat. Zu diesen Kreisen gehören auch Investoren, beispielsweise SRI-Investmentfonds, die eine *Engagement*-Strategie verfolgen und den Dialog mit der Unternehmensführung suchen. Da es sich um standardisierte und geprüfte Informationen handelt, können sie für alle Investoren wertvoll sein und im Rahmen des Risikomanagements sowie insbesondere von SRI-Investmentfonds bei der Auswahl von Wertpapieren berücksichtigt werden.

---

men an einem Gemeinschaftssystem für das Umweltmanagement und die Umweltbetriebsprüfung (EMAS I).

616 Vgl. *Kahlenborn/Clausen/Loew*, EMAS – Von der Umwelterklärung zum Nachhaltigkeitsbericht.

617 Empfehlung der Europäischen Kommission vom 10. Juli 2003 über Leitlinien zur Durchführung der Verordnung (EG) Nr. 761/2001 des Europäischen Parlaments und des Rates über die freiwillige Beteiligung von Organisationen an einem Gemeinschaftssystem für das Umweltmanagement und die Umweltbetriebsprüfung (EMAS) in Bezug auf die Auswahl und Verwendung von Umweltleistungskennzahlen.

618 Richtlinie 2004/18/EG des Europäischen Parlaments und des Rates vom 31. März 2004 über die Koordinierung der Verfahren zur Vergabe öffentlicher Bauaufträge, Lieferaufträge und Dienstleistungsaufträge.

VI. Zusammenfassung

Die Vierte Richtlinie 78/660/EWG und die Siebte Richtlinie 83/349/EWG des Rates über den Jahresabschluss von Gesellschaften bestimmter Rechtsformen respektive den konsolidierten Abschluss enthalten seit ihrer Ergänzung durch Richtlinie 2003/51/EG eine Rechtspflicht zur Aufnahme von nichtfinanziellen Leistungsindikatoren einschließlich Informationen in Bezug auf Umwelt- und Arbeitnehmerbelange in den Lagebericht, der zusammen mit der Bilanz, dem Anhang zur Bilanz und der Gewinn- und Verlustrechnung den Jahresabschluss darstellt. Die Richtlinien enthalten keine Definition nichtfinanzieller Leistungsindikatoren. Für den Umweltbereich bestehen Empfehlungen der Kommission.[619] Sowohl für ökologische als auch für soziale Leistungsindikatoren nichtfinanzieller Art bestehen daneben zahlreiche Standardisierungsvorschläge internationaler Initiativen.[620] Diese Empfehlungen und Standards haben jedoch keine Rechtsverbindlichkeit.

Zur Erarbeitung rechtsverbindlicher Standards für nichtfinanzielle Leistungsindikatoren im Lagebericht kann grundsätzlich auf das Anerkennungssystem der Europäischen Union für IAS/IFRS-Berichterstattungsstandards des International Accounting Standards Boards zurückgegriffen werden. Zwar bestehen bisher noch keine diesbezüglichen IAS/IFRS, doch das IASB ist im Begriff, sein Rahmenkonzept für die Aufstellung und Darstellung von Abschlüssen in Zusammenarbeit mit seinem US-amerikanischen Pendant FRSB auf eine erweiterte Finanzberichterstattung auszudehnen, von der auch nichtfinanzielle Leistungsindikatoren einschließlich sozialer und ökologischer Indikatoren umfasst werden. Die Erarbeitung entsprechender Standards durch das IASB und ihre Anerkennung durch das von Verordnung 2002/1606/EG vorgesehene Verfahren sind deshalb zu erwarten.

Kapitel II – Aktionärsrechterichtlinie

Im Bereich des Gesellschaftsrechts sind bereits zahlreiche europäische Regelungen erlassen worden, die im Bereich der Offenlegungspflichten,[621] der Kapitalerhal-

619 Empfehlung der Europäischen Kommission vom 30. Mai 2001 zur Berücksichtigung von Umweltaspekten in Jahresabschluss und Lagebericht von Unternehmen: Ausweis, Bewertung und Offenlegung.

620 Vgl. UNEP Financial Initiative, Reporting Guidelines for Company Reporting on Greenhouse Gas Emissions (1999); Council on Economic Priorities Accreditation Agency (CEEPA), Social Accountability Standard 8000 (SA 8000); UN International Standards on Accounting and Reporting (UN-ISAR 1999); UNEP Financial Initiative, UN Principles for Responsible Investment.

621 Erste Richtlinie 68/151/EWG des Rates vom 9. März 1968 zur Koordinierung der Schutzbestimmungen, die in den Mitgliedstaaten den Gesellschaften im Sinne des Artikels 58 Absatz 2 des Vertrages im Interesse der Gesellschafter sowie Dritter vorgeschrieben sind, um diese Bestimmungen gleichwertig zu gestalten; Elfte Richtlinie 89/666/EWG des Rates vom 21. Dezember 1989 über die Offenlegung von Zweigniederlassungen, die in einem Mitgliedstaat von Gesellschaften bestimmter Rechtsformen errichtet wurden, die dem Recht eines anderen Staates unterliegen.

tung,[622] der Umwandlung,[623] des Jahresabschlusses,[624] der Ein-Mann-GmbH[625] und der Übernahmeregelungen[626] die europäischen Rechtsordnungen harmonisiert sowie europäische Gesellschaftsformen[627] geschaffen haben. Sie waren auf die Erweiterung des Handlungsspielraums europäischer Unternehmen auf dem Binnenmarkt und auf den Schutz der Marktteilnehmer gerichtet. Viele dieser Richtlinien sind im Anwendungsbereich auf die Aktiengesellschaft beschränkt, da gerade der einer Gesellschaft anonym und massenhaft gegenübertretende Aktionär eines europaweiten Mindestsockels an Absicherung bedarf.[628] Der europarechtliche Bestand zum Aktionärsstimmrecht war bisher jedoch gering.[629]

Die Richtlinie 2007/36/EG des Europäischen Parlaments und des Rates vom 11. Juli 2007 über die Ausübung bestimmter Rechte von Aktionären in börsennotierten Gesellschaften (Aktionärsrechterichtlinie) adressiert erstmalig die Position

---

622 Zweite Richtlinie 77/91/EWG des Rates vom 13. Dezember 1976 zur Koordinierung der Schutzbestimmungen, die in den Mitgliedstaaten den Gesellschaften im Sinne des Artikels 58 Absatz 2 des Vertrages im Interesse der Gesellschafter sowie Dritter für die Gründung der Aktiengesellschaft sowie für die Erhaltung und Änderung ihres Kapitals vorgeschrieben sind, um diese Bestimmungen gleichwertig zu gestalten.

623 Dritte Richtlinie 78/855/EWG des Rates vom 9. Oktober 1978 gemäß Artikel 54 Absatz 3 lit. g) des Vertrages betreffend die Verschmelzung von Aktiengesellschaften; Sechste Richtlinie 82/891/EWG des Rates vom 17. Dezember 1982 gemäß Artikel 54 Absatz 3 lit. g) des Vertrags betreffend die Spaltung von Aktiengesellschaften; Richtlinie 2005/56/EG des Europäischen Parlaments und des Rates vom 26. Oktober 2005 über die Verschmelzung von Kapitalgesellschaften aus verschiedenen Mitgliedstaaten; Richtlinie 90/434/EWG des Rates vom 23. Juli 1990 über das gemeinsame Steuersystem für Fusionen, Spaltungen, die Einbringung von Unternehmensanteilen und den Austausch von Anteilen, die Gesellschaften verschiedener Mitgliedstaaten betreffen.

624 Vierte Richtlinie 78/660/EWG des Rates vom 25. Juli 1978 aufgrund von Artikel 54 Absatz 3 lit. g) des Vertrages über den Jahresabschluss von Gesellschaften bestimmter Rechtsformen; Siebte Richtlinie 83/349/EWG des Rates vom 13. Juni 1983 aufgrund von Artikel 54 Absatz 3 lit. g) des Vertrags über den konsolidierten Abschluss; Richtlinie 2006/43/EG des Europäischen Parlaments und des Rates vom 17. Mai 2006 über Abschlussprüfungen von Jahresabschlüssen und konsolidierten Abschlüssen, zur Änderung der Richtlinien 78/660/EWG und 83/349/EWG des Rates und zur Aufhebung der Richtlinie 84/253/EWG des Rates.

625 Zwölfte Richtlinie 89/667/EWG des Rates vom 21. Dezember 1989 auf dem Gebiet des Gesellschaftsrechts betreffend Gesellschaften mit beschränkter Haftung mit einem einzigen Gesellschafter.

626 Richtlinie 2004/25/EG des Europäischen Parlaments und des Rates vom 21. April 2004 betreffend Übernahmeangebote.

627 Verordnung 85/2137/EWG des Rates vom 25. Juli 1985 über die Schaffung einer Europäischen Wirtschaftlichen Interessenvereinigung (EWIV); Verordnung 2001/2157/EG des Rates vom 8. Oktober 2001 über das Statut der Europäischen Gesellschaft (SE); Richtlinie 2001/86/EG des Rates vom 8. Oktober 2001 zur Ergänzung des Statuts der Europäischen Gesellschaft hinsichtlich der Beteiligung der Arbeitnehmer.

628 *Grundmann* in: Riesenhuber (Hrsg), Europäische Methodenlehre, 178.

629 Der Vorschlag einer Fünften Richtlinie (Struktur-RL) vom 9. 10. 1972 ist mit ihrem zweiten Anlauf vom 19. 8. 1983 an der Mitbestimmungsproblematik gescheitert. Die Übernahme-Richtlinie 2004/25/EG betrifft den Gehalt des Stimmrechts (Art. 10: Publikationspflicht für Übernahmehindernisse durch Stimmrechtsgestaltung, z.B. Golden Share), während es bei der Aktionärsrechterichtlinie um die Ausübung des Stimmrechts geht. Die SE-Verordnung hat eine geringe Regelungsdichte, insbesondere fehlen Regelungen bezüglich Veröffentlichung, Tagesordnung, Fristen, etc., vgl. *Grundmann*, Europäisches Gesellschaftsrecht, Rn. 432. Daneben gewährleistet Art. 17 der Transparenz-RL 2004/109/EG ein Mindestmaß an Informationen, die für die Hauptversammlung zur Verfügung zu stellen sind.

der Aktionäre für die Funktionsfähigkeit des Binnenmarktes.[630] Sie ist Teil des Aktionsplans zur Modernisierung des Gesellschaftsrechts und zur Verbesserung der Corporate Governance in der Europäischen Union, der der gesellschaftsinternen Organisationsstruktur einen wesentlichen Stellenwert für die Entwicklung des Binnenmarktes zuweist.[631] In diesem Sinne wird sie die „Europäischen Verfassungsrechte für Aktionäre“[632] erweitern.

Die Aktionärsrechterichtlinie schafft Minimalstandards für die grenzüberschreitende Ausübung von Aktionärsrechten und beseitigt bestehende Hindernisse in den nationalen Rechtsordnungen.[633] Sie muss bis zum 3. August 2009 umgesetzt werden.

Die Richtlinie hat damit Einfluss auf die Möglichkeiten von SRI-Fonds, Pensionsfonds und anderen institutionellen Investoren, ihre ethisch-sozial-ökologischen Zielsetzungen durch *Engagement*-Strategien grenzüberschreitend zu verfolgen. Je besser und effektiver Aktionärsrechte grenzüberschreitend ausgeübt werden können, desto besser lassen sich auch *Engagement*-Strategien grenzüberschreitend koordinieren.

A. Anwendungsbereich

Die Aktionärsrechterichtlinie ist gem. Art. 1 auf alle Aktiengesellschaften mit Sitz in der Europäischen Union anwendbar, deren Aktien an einem geregelten Markt in einem der Mitgliedstaaten zum Handelt zugelassen, also börsennotiert sind. Erfasst wird auch die Europäische Aktiengesellschaft (SE).[634] Da sich die Richtlinie auf das Stimmrecht und damit verbundene Rechte bezieht, stellt sie nur Anforderungen für Stimmrechtsaktien auf. Das auf stimmrechtslose Aktien anwendbare Recht bleibt weiter ausschließlich national geregelt.

Die Mitgliedstaaten können Investmentfonds (OGAW)[635] vom Anwendungsbereich der Richtlinie ausnehmen.[636] Eine solche Ausnahme würde einen Invest-

---

630 Vgl. *Grundmann/Winkler*, ZIP 2006, 1421; *Schmidt*, BB 2006, 1641; *Wand/Tillmann*, AG 2006, 443; *Noack*, NZG 2006, 321; ders. NZG 2004, 297; *Ratschow*, DStR 2007, 1402.

631 Mitteilung der Europäischen Kommission an den Rat und das Europäische Parlament – Modernisierung des Gesellschaftsrechts und Verbesserung der Corporate Governance in der Europäischen Union – Aktionsplan, KOM(2003) 284.

632 Zu den „Europäischen Verfassungsrechten für Aktionäre“ vgl. *Grundmann* in: Riesenhuber (Hrsg), Europäische Methodenlehre, 179.

633 Siehe Vorschlag der Europäische Kommission, KOM(2005) 685. Hindernisse sind insbesondere: Sperrung von Aktien vor einer Hauptversammlung, schwieriger und verzögerter Zugang zu Informationen, die für die Hauptversammlung von Bedeutung sind, komplizierte Anforderungen bei der Ausübung des Stimmrechts im Ausland und bei der Stimmrechtsvertretung; vgl. auch *Winter*, Cross-border voting, in: *Hopt/Wymeersch*, Capital Markets and Company Law, 387.

634 Die SE wird gem. Art. 10 des Statuts über die Europäische Gesellschaft (SE), Verordnung 2001/2157/EG, als Aktiengesellschaft behandelt, die nach dem Recht des Mitgliedstaats gegründet wurde, in dem die SE ihren Sitz hat.

635 OGAW sind in Art. 1 Abs. 2 der OGAW-Richtlinie 86/611/EG definiert.

636 Für Deutschland ist diese Ausnahme irrelevant, da Investmentfonds und Kapitalanlagegesellschaften keine Aktien emittieren und die Investmentaktiengesellschaft nicht unter die Definition gem. Art. 1 Abs. 2 der OGAW-Richtlinie fällt.

mentfonds allerdings nicht hindern, umgekehrt in seiner Eigenschaft als Aktionär anderer Unternehmen in dieser Richtlinie definierte Rechte in Anspruch zu nehmen.

Erfasst werden somit alle börsennotierten Gesellschaften mit Sitz in der Europäischen Union.

B. Regelungsgehalt und Bedeutung für SRI

Die Richtlinie 2007/36/EG definiert einen Mindeststandard für alle mit der Hauptversammlung zusammenhängenden Zugangs-, Informations- und Beteiligungsrechte der Aktionäre. Dabei steht es den umsetzenden Mitgliedstaaten nach Art. 3 der Richtlinie frei, für Aktionäre noch günstigere Regelungen beizubehalten oder einzuführen.

I. Informationsrechte vor der Hauptversammlung

Die Einberufung der Hauptversammlung muss gem. Art. 5 Abs. 1 der Richtlinie spätestens am 21. Tag vor der Versammlung erfolgen.[637] Wird das Quorum nicht erreicht, gilt eine Zehn-Tage-Mindestfrist für die unmittelbare erneute Einberufung. Die Einberufung darf nicht auf das national übliche oder vorgeschriebene Medium beschränkt sein, sondern muss gem. Art. 5 Abs. 2 solche Medien umfassen, von denen angenommen werden kann, dass sie die Information in der Öffentlichkeit des gesamten Gemeinschaftsgebietes verbreiten.[638] Etwas anderes gilt, wenn ausschließlich Namensaktien ausgegeben wurden und die Einberufung unmittelbar an die Adressen aus dem Aktionärsregister gesendet werden kann.

Die Einberufung muss neben Ort, Zeit und Tagesordnung umfangreiche weitere Informationen enthalten, die die frühestmögliche Vorbereitung der Wahrnehmung der Aktionärsrechte ermöglichen sollen.[639] Dazu gehört insbesondere eine Beschreibung der Verfahren und Fristen, die die Teilnahme der Aktionäre an der Hauptversammlung und die Wahrung ihrer in der Richtlinie definierten Rechte

---

637 Diese Frist kann durch (satzungsändernden) Beschluss einer 2/3-Mehrheit der Hauptversammlung auf 14 Tage reduziert werden, wenn die Möglichkeit der elektronischen Stimmabgabe besteht. Diese Anforderungen werden allerdings noch weiter dadurch eingeschränkt, dass sich dieser Beschluss nur auf außerordentliche Hauptversammlungen beziehen darf und jährlich in jeder regulären Jahreshauptversammlung wiederholt werden muss, vgl. Art. 5 Abs. 1 Unterabsatz 2 der Richtlinie. Praktische Relevanz ist nicht zu erwarten.

638 Diese Verbreitungsanforderung steht aufgrund ihrer unkonkreten Formulierung in der Kritik, vgl. *Fischer zu Cramburg*, NZG 2007, 224.

639 Nach deutschem Recht muss die Bekanntmachung der Einberufung gem. § 123 Abs. 1 AktG zwar 30 Tage vor der Hauptversammlung erfolgen, jedoch noch keine weiterführenden Hinweise auf das Verfahren, Vertretungsmöglichkeiten, etc. enthalten. Der Hinweis auf die Vertretungsmöglichkeiten kann gem. § 125 Abs. 1 AktG auch noch bis zu zwölf Tage nach Einberufung erfolgen. Da sich die 30-Tage-Frist so auf nur 18 bzw. 19 Tage reduziert, besteht Umsetzungsbedarf.

sicherstellen sollen. Letztlich muss die Einberufung also eine Zusammenfassung nach der Art „Ihre Rechte als Aktionär" enthalten. Alternativ kann diese auch auf der Internetseite der Gesellschaft veröffentlicht werden. In diesem Fall müssen in der Einberufung nur die Fristen genannt werden, verbunden mit dem Hinweis auf die Abrufbarkeit der sonstigen Informationen via Internet.

Die Informationspflicht erinnert mit ihrer Pflicht zur Belehrung über gesetzliche Rechte an eine Verbraucherinformation, die für das in gesellschaftsrechtlichen Verhältnissen zu erwartende Professionalitätsniveau ungewöhnlich ist. Es ist allerdings für alle Beteiligten vorteilhaft, wenn das Einberufungsverfahren übersichtlich gestaltet wird. Dies gilt insbesondere vor dem Hintergrund, dass auch bei professionell aufgestellten Aktionären die Kenntnis aller EU-27-Gesellschaftsrechtsordnungen einschließlich ihrer Änderungen eine Herausforderung darstellt.

Zur Beschreibung des Verfahrens gehört jeweils auch der Hinweis auf zu benutzende Formulare beziehungsweise elektronische Übermittlungswege. Dies ist von großer praktischer Bedeutung bei einer etwaigen Vorab-Ausübung des Stimmrechts per Brief (Art. 12) und bei der Berufung eines Stimmrechtsvertreters (Art. 10).

Die 21-Tage-Frist gilt überdies auch für die Bereitstellung sämtlicher Hauptversammlungsunterlagen auf der Internetseite der Gesellschaft, vgl. Art. 5 Abs. 4 der Richtlinie. Über die Art der Bereitstellung und die Zulässigkeit von Zugangsbeschränkungen sagt die Richtlinie weiter nichts. Es ist allerdings davon auszugehen, dass Zugangshindernisse nicht faktisch die Frist verkürzen dürfen. Ein Passwortschutz wäre deshalb nur bei Namensaktien praktikabel, wenn die Einberufung inklusive Sicherheitsdaten rechtzeitig an alle Aktionäre aus dem Aktionärsregister gesendet werden kann. Bei Publikumsgesellschaften mit Inhaberaktien ist dagegen die unbeschränkte Veröffentlichung erforderlich.

Die so zur Verfügung zu stellenden Daten umfassen die ungekürzten Beschlussvorlagen und eine Aufschlüsselung der Gesamtzahl der Aktien und Stimmrechte nach Aktiengattungen. Es verbleiben den Aktionären somit mindestens drei Wochen, um sich auf die Hauptversammlung vorzubereiten, etwaige Änderungs- oder Ergänzungsanträge einzubringen und seine Interessen und sein Abstimmungsverhalten mit anderen Aktionären abzustimmen.

Ergänzungen der Tagesordnung sind gem. Art. 6 Abs. 4 der Richtlinie in gleicher Weise zu veröffentlichen wie die Einberufung. Die Abstimmung per Brief oder die Bestellung eines Vertreters muss auch danach noch praktisch möglich sein. Die Veröffentlichung muss deshalb vor dem Nachweisstichtag für den Nachweis der Aktionärseigenschaft (bei Inhaberaktien) erfolgen. Um diesen Ablauf zu ermöglichen ist für die Ergänzung der Tagesordnung durch die Mitgliedstaaten ein einheitlicher Stichtag (Frist) zu bestimmen, vgl. Art. 6 Abs. 3 der Richtlinie.

II. Einheitliches Stichtagsprinzip

Artikel 7 der Richtlinie untersagt Hinterlegungs- oder Übertragungserfordernisse sowie Veräußerungsverbote als Voraussetzung für den Nachweis der Aktionärseigenschaft und somit für die Teilnahme an der Hauptversammlung.[640] Stattdessen ist der Nachweis der Art und Anzahl der gehaltenen Aktien lediglich für einen einheitlichen Nachweisstichtag zu erbringen.[641] Die Nachweismodalitäten sind nicht genauer spezifiziert, dürfen jedoch nicht über die für die Feststellung der Anteile und der Identität des Aktionärs erforderlichen Anforderungen hinausgehen. Danach wäre beispielsweise der Nachweis mittels einer Bestätigung der verwahrenden Bank ausreichend.

Die Richtlinie beseitigt so ein in vielen Mitgliedstaaten historisch gewachsenes, aber sachlich nicht gerechtfertigtes und in den Auswirkungen sehr wesentliches praktisches Hindernis für die grenzüberschreitende Wahrnehmung von Aktionärsrechten.

III. Ergänzung der Tagesordnung und Einbringung von Beschlussvorlagen

Die Gesellschaftsrechtsordnungen der Mitgliedstaaten müssen gem. Art. 6 Abs. 1 der Richtlinie für Aktionäre das Recht vorsehen, die Tagesordnung der Hauptversammlung zu ergänzen und eigene Beschlussvorlagen einzubringen.[642] Dieses Recht kann auf die Jahreshauptversammlung beschränkt werden, wenn die Möglichkeit besteht, eine außerordentliche Hauptversammlung einberufen zu lassen.

Damit wird das für *Engagement*-Strategien wesentliche Recht, eigene Anträge einbringen zu können, europaweit garantiert. Allerdings gibt Art. 6 Abs. 2 der Richtlinie den Mitgliedstaaten auch die Möglichkeit, dieses Recht durch ein Mindestbeteiligungserfordernis von bis zu 5% des Aktienkapitals (Grundkapital) stark einzuschränken. Die Einschränkbarkeit dient dem Schutz vor Missbrauch durch Kleinaktionäre und war während des Gesetzgebungsverfahrens stark umstritten.[643]

---

640 Nach französischem Recht müssen beispielsweise alle Wertpapierkonten auf den Namen des Eigentümers lauten. Bis 2004 wurden Intermediäre lediglich toleriert, in diesem Fall können jedoch weder Intermediär noch Aktionär das Stimmrecht ausüben, vgl. Art. L. 228-1 Abs. 2 Code de Commerce. Durch Verordnung (*Decret N° 2004-604*) vom 24 Juni 2004 wurde dieser Zustand für Aktionäre geändert, die ihren Wohnsitz nicht in Frankreich haben und für Intermediäre, die Aktien dieser Aktionäre verwahren.

641 In Deutschland wurde das Stichtagsprinzip bereits durch das UMAG vom 22. 9. 2005 eingeführt, vgl. § 123 Abs. 3 AktG. Die Präsenz auf den Hauptversammlungen der DAX-30 Unternehmen ist von ca. 45% des Grundkapitals im Jahr 2005 um mehr als 10% auf ca. 56% im Jahr 2007 gestiegen. Diese Entwicklung dürfte zumindest teilweise auf das UMAG zurückzuführen sein.

642 Rechtsvergleich bei *Baums/Wymeersch*, Shareholder Voting Rights, 123.

643 Vgl. Europäische Kommission, Synthesis of the Comments on the Second Consultation Document – Fostering an Appropriate Regime for Shareholder Rights (2005), 15; abrufbar unter ec.europa.eu/internal_market.

Der im Richtlinienvorschlag ursprünglich vorgesehene alternative Schwellenwert von 10 Mio. Euro in Aktien (Marktwert) konnte sich nicht durchsetzen.[644]

Investmentfonds, Pensionsfonds und andere institutionelle Anleger, die ihr Kapital nach dem Grundsatz der Risikomischung anlegen, streuen ihr Kapital so stark, dass eine Tranche von 5% des Aktienkapitals eines börsennotierten Unternehmens nur sehr selten erreicht werden dürfte. In Mitgliedstaaten, die die Beschränkung mit dem maximalen Wert von 5% umsetzen, werden Ergänzungen der Tagesordnung und eigene Beschlussvorlagen deshalb nur im Zusammenwirken mit anderen institutionellen Investoren möglich sein.

Nicht ausdrücklich in der Richtlinie genannt wird die Beschränkung dieses Rechts auf die Reichweite der Kompetenzen der Hauptversammlung, die sich aus den nationalen Gesellschaftsrechtsordnungen ergibt. Beschlussvorlagen dürfen sich selbstverständlich nur auf solche Bereiche beziehen, in denen die Hauptversammlung Beschlusskompetenz hat. Nach deutschem Aktienrecht sind beispielsweise Beschlussvorlagen, die die Geschäftsführung betreffen, nicht zulässig.[645] Die Richtlinie bewirkt insoweit keine Erweiterung der Aktionärsrechte.

IV. Fragerecht

Das Fragerecht der Aktionäre wird in Art. 9 der Richtlinie nur rudimentär ausgestaltet. Die Vorschrift beschränkt sich darauf, festzustellen, dass ein Fragerecht beschränkt auf die Punkte der Tagesordnung besteht und dass diese Fragen durch die Gesellschaft beantwortet werden müssen, soweit dem keine von den Mitgliedstaaten näher definierbaren Gründe der Vertraulichkeit, des Geschäftsinteresses oder organisatorischer Art entgegenstehen. Umsetzungsbedarf besteht folglich nur dann, wenn nationale Rechtsordnungen die Beantwortung von Fragen in das freie Ermessen der Unternehmensleitung stellen. Die Verweigerungsbefugnis ist auf die in der Richtlinie genannten Gründe zu beschränken. Diese müssen auch gerichtlich – vor dem Hintergrund der Auslegungsbefugnis des EuGH – überprüfbar sein. Allerdings kann aus der Richtlinie nur abgeleitet werden, dass ein Grund bestehen, nicht aber, dass der Grund bei der Verweigerung der Antwort genannt oder näher ausgeführt werden muss.

Ursprünglich hatte die Kommission vorgeschlagen, dass Fragen auch in Abwesenheit vorab schriftlich gestellt werden können und auch die Antwort schriftlich veröffentlicht werden muss. Damit wäre das Fragerecht nicht mehr durch das Anwesenheitserfordernis bei der Hauptversammlung beschränkt gewesen, sondern hätte einen grenzüberschreitenden Charakter erhalten. Die jetzige Ausgestaltung bestätigt dagegen den Grundsatz der Präsenzhauptversammlung, der eine grenzüberschreitende Ausübung der Aktionärsrechte erschwert. Dies ist vor dem Hin-

644 Vgl. Vorschlag der Europäischen Kommission, KOM(2005) 685.
645 Vgl. § 119 Abs. 2 AktG. Ausführlich oben Seite 147.

tergrund zu bewerten, dass nur eine Präsenzhauptversammlung mit ihren zeitlich-organisatorischen Grenzen als beherrschbar empfunden wird, während einer zeitlich-örtlichen Ausdehnung, die die Vorverlagerung des Fragerechts bedeutet hätte, mit Angst vor Missbrauch begegnet wird.[646]

Für *Engagement*-Strategien bedeutet dies, dass nicht nur die Anwesenheit eines Stimmrechtsvertreters erforderlich ist, sondern dass dieser oder ein weiterer Vertreter auch entsprechend vorbereitet die Fragen, Sachpositionen und Argumente persönlich vortragen und die Diskussion protokollieren muss. Je besser allerdings eine Hauptversammlung vorab auf anderen Kommunikationswegen vorbereitet wurde, desto weniger Gewicht kommt der persönlichen Anwesenheit eines Vertreters zu. Der Schutz vor einem Missbrauch von Aktionärsrechten auf der Hauptversammlung führt zur Abdrängung ihrer Funktionen auf informelle, intransparente und besser zu kontrollierende Kommunikationskanäle. Die Ausgestaltung des Fragerechts nach Art. 9 der Richtlinie ist dafür exemplarisch. Diesen Gegebenheiten müssen sich, je nach nationaler Ausgestaltung, auch *Engagement*-Strategien anpassen.

V. Stimmrechtsvertretung

Als Stimmrechtsvertreter kann gem. Art. 10 Abs. 1 der Richtlinie jede natürliche oder juristische Person bestellt werden. Der Vertreter hat in der Hauptversammlung neben dem Stimmrecht dieselben Rechte auf Wortmeldung und Fragestellung wie der vertretene Aktionär.[647] Die Ausübung aller Aktionärsrechte auf der Hauptversammlung kann dementsprechend auf eine andere natürliche oder juristische Person, mithin auch auf spezialisierte Unternehmen zur Stimmrechtsvertretung übertragen werden.[648]

---

646 Dies gilt insbesondere auch für die deutsche Position im Gesetzgebungsverfahren, vgl. *Fischer zu Cramburg*, NZG 2007, 224.

647 Nach deutschem Aktienrecht ist die Vertretung bei der Ausübung weiterer Mitgliedschaftsrechte neben dem Stimmrecht (insb. Auskunftsrecht) nicht explizit geregelt, vgl. § 134 Abs. 3 AktG. Von der herrschenden Meinung (vgl. MüKo-AktG/*Volhard*, § 134 Rn. 56) wird zwar aus der Stimmrechtsübertragung bzw. Bevollmächtigung das Recht des Vertreters abgeleitet, alle Rechtshandlungen vorzunehmen, zu denen der selbst anwesende Aktionär selbst berechtigt wäre. Jedenfalls bei beschlusslosen Tagesordnungspunkten ist dies jedoch umstritten (dagegen: KK-AktG(1985)/*Zöllner*, § 131 Rn. 8; dafür: MüKo-AktG/*Kubis*, § 131 Rn. 12).

648 Proxy Voting Services werden vor allem von Unternehmen aus den USA und Großbritannien angeboten, deren Rechtssysteme der Hauptversammlung einen höheren Einfluss auf die Geschäftsführung einräumen. Sie sind auch in Deutschland vertreten und tätig. Im Jahr 2005 mussten beispielsweise MAN und Hochtief unter Druck des weltweit größten Proxy-Anbieters ISS (Institutional Shareholder Services, heute Teil von RiskMetrics) noch vor der Hauptversammlung nachträgliche Änderungen von Beschlussvorschlägen vornehmen, um eine Mehrheit während der Hauptversammlung sicherzustellen; Rechtsvergleich zwischen Deutschland und Großbritannien bei *Schmidt*, NZG 2006, 487; zwischen Großbritannien und USA bei *Hairong*, Comparing SRI strategies in the context of the US & the UK.

Die Mitgliedstaaten können diesen Grundsatz nur geringfügig einschränken. Die Zahl der Stimmrechtsvertreter kann begrenzt werden, wobei gem. Art. 10 Abs. 5 i.V.m. Art. 13 der Richtlinie jeder Intermediär (z.B. eine Depotbank) in der Lage sein muss, seine Klienten mit einem eigenen Vertreter auszustatten und bei unterschiedlichen Weisungen seiner Klienten jeweils unterschiedlich abzustimmen.[649] Außerdem sind Regeln zulässig, um etwaige Interessenkonflikte aufzudecken und zu vermeiden. Zulässig ist dabei auch die Beschränkung auf weisungsgebundene Vertreter. Macht ein Mitgliedstaat von letzterer Regelung Gebrauch, wären Intermediäre wie beispielsweise Depotbanken nicht in der Lage, sich die Stimmrechte der von ihnen verwalteten Aktien weisungslos übertragen zu lassen.

Die Bestellung des Vertreters muss gem. Art. 11 Abs. 1 der Richtlinie auf elektronischem Wege möglich sein.[650] Postlaufzeiten und ähnliche Hindernisse fallen dadurch weg. Zusammenfassend ermöglicht die Richtlinie somit die schnelle und unkomplizierte Bestellung von Stimmrechtsvertretern für die grenzüberschreitende Ausübung von Aktionärsrechten.

VI. Teilnahmemöglichkeiten ohne Präsenz

Eine rein virtuelle Hauptversammlung wird durch die Richtlinie nicht eingeführt. Allerdings müssen die Rechtsordnungen der Mitgliedstaaten gem. Art. 8 die Teilnahme an Hauptversammlungen auf elektronischem Wege grundsätzlich zulassen.[651] Dazu zählen sowohl die digitale Übertragung der Hauptversammlung und die elektronische Ausübung des Stimmrechts als auch die Möglichkeit der Zweiweg-Direktverbindung (Videokonferenz), die auch eine Ausübung von Rede- und Fragerechten zulassen würde.

Es bleibt allerdings den Gesellschaften überlassen, ob sie sich umfassend elektronischer Mittel bedienen möchten. Elektronisch erfolgen müssen in jedem Fall die Bereitstellung der Hauptversammlungsunterlagen auf der Internetseite der Gesellschaft gem. Art. 5 Abs. 4, die Bestellung eines Stimmrechtsvertreters gem. Art. 11 und die Veröffentlichung der Abstimmungsergebnisse auf der Internetseite gem. Art. 14 Abs. 2 der Richtlinie.

---

649 Im Fall eines Vertreters mehrerer Aktionäre mit jeweils gegenläufigen Weisungen ist ein Splitting der Stimmrechte möglich, während es kaum möglich sein dürfte, das Rede- und Fragerecht jeweils anteilig gegenläufig auszuüben. Letztlich kann sich ein solcher Vertreter nur auf das Stimmrecht beschränken.

650 In Deutschland wurde die elektronische Vollmachtserteilung und organisierte Stimmrechtsvertretung bereits durch das NaStraG vom 18. 1. 2001 ermöglicht. In Großbritannien ermöglicht die Electronic Communications Order 2000 die elektronische Einberufung der Hauptversammlung und die Erteilung von Stimmrechtsvollmachten per E-Mail.

651 In Frankreich ist nach den Nouvelles Régulations Economiques die elektronische Briefwahl und Abstimmung in Echtzeit bereits zulässig. In Italien ermöglicht Art. 2374 Codice Civile die rein virtuelle Hauptversammlung.

VII. Zusammenfassung

Die Aktionärsrechterichtlinie hat wesentliche Bedeutung für Socially Responsible Investment, weil sie erstmals einen europäischen Rechtsrahmen für die Informations- und Beteiligungsrechte der Aktionäre im Zusammenhang mit der Hauptversammlung vorgibt. Sie beseitigt durch die Einführung des Stichtagsprinzips und einheitlicher Mindestfristen für die Einberufung zwei bislang bedeutsame praktische Hindernisse für die Rechtsausübung. Schon insoweit werden die Bedingungen für grenzüberschreitende *Engagement*-Strategien deutlich verbessert.

SRI-Investmentfonds und Pensionsfonds sowie andere institutionelle Anleger, die *Engagement*-Strategien anwenden, können aufgrund ihres stark gestreuten Portfolios in der Regel nicht auf allen Hauptversammlungen durch eigene Vertreter präsent sein. Sie sind darauf angewiesen, ihre Rechte durch Stimmrechtsvertreter ausüben zu lassen oder ein spezialisiertes Unternehmen mit der gesamten *Engagement*-Strategie zu beauftragen. Vor allem das Recht, natürliche oder juristische Personen als in der Hauptversammlung mit allen Stimm- und Beteiligungsrechten ausgestattete Vertreter zu bestellen ist deshalb bedeutsam.

Die Vorbereitung entsprechender *Engagement*-Strategien wird durch den internetbasierten und damit einfachen und schnellen Zugang zu den Hauptversammlungsunterlagen, namentlich den ungekürzten Beschlussvorlagen, erleichtert. Es verbleiben ab Einberufung der Hauptversammlung und Zugang zu den Unterlagen mindestens drei Wochen, um die Tagesordnung und die Beschlussvorlagen zu analysieren, das Abstimmungsverhalten mit dem Management und mit anderen institutionellen Anlegern abzustimmen und etwaige Änderungen zu erreichen oder als eigene Anträge einzubringen.

Daneben werden auch Mindeststandards für einzelne Rechte vor und während der Hauptversammlung eingeführt. Hinsichtlich der Frage-, Antrags- und Stimmrechte geht die Richtlinie kaum über den status quo der meisten Mitgliedstaaten hinaus. Der Schwellenwert für die Änderung der Tagesordnung und die Einbringung eigener Beschlussvorlagen liegt mit bis zu 5% des Aktienkapitals noch hoch. SRI-Investmentfonds, Pensionsfonds und andere institutionelle Anleger, die ihr Kapital nach dem Grundsatz der Risikomischung gestreut anlegen, werden diese Tranche des Aktienkapitals in der Regel nicht erreichen. Sie sind insoweit auf das Zusammenwirken mit anderen Investoren angewiesen.

Die schwache Ausgestaltung des Fragerechts ohne Veröffentlichungspflicht für Fragen und Antworten und mit viel Spielraum für Antwortverweigerungsrechte nimmt dem Fragerecht die Schärfe, die es neben informellen Kommunikationswegen zur Erlangung ethisch-sozial-ökologisch relevanter Informationen haben könnte. Zwar kann das Fragerecht vor dem Hintergrund des Grundsatzes der Gleichbehandlung der Aktionäre, Art. 4 der Richtlinie, nicht an einen Mindestanteil des Aktienkapitals geknüpft werden und wäre bei starker Ausgestaltung einem hohen Missbrauchspotential ausgesetzt, eine Veröffentlichungspflicht für Fragen und Antworten würde jedoch die Transparenz deutlich erhöhen.

Im Ergebnis wird die Umsetzung der Aktionärsrechterichtlinie die Verfolgung ethisch-sozial-ökologische Ziele mittels *Engagement*-Strategien in vielen Mitgliedstaaten wesentlich vereinfachen. Von besonderer Bedeutung sind dabei die Regelungen zum Stichtagsprinzip, zur fristgerechten Bereitstellung der Hauptversammlungsunterlagen und zur Stimmrechtsvertretung.

Nicht geregelt sind dagegen die Kompetenzen der Aktionäre beziehungsweise der Hauptversammlung als solcher. Dazu gehören beispielsweise (Sonder-)Prüfungsrechte, die Bestätigung des Jahresabschlusses und Mitspracherechte in der Geschäftsführung. Diese für die Stellung der Aktionäre im Corporate-Governance-Gefüge letztlich bedeutsamste Fragestellung bleibt durch die Richtlinie unberührt. Die Aktionärsrechte, namentlich Frage und Antragsrechte, können in ihrem Umfang nicht über die Hauptversammlungskompetenz hinausgehen. Insofern bleibt der Kernbereich der Machtverteilung zwischen Unternehmensleitung und Hauptversammlung weiterhin bestimmt durch die jeweilige nationale Gesellschaftsrechtsordnung.

Vierter Teil – Schlussfolgerungen

Titel I – Zusammenfassung

Kapitel I – Zusammenfassung der Untersuchungsergebnisse

Socially Responsible Investment bietet die Möglichkeit für jeden Einzelnen, mit seinem privaten Kapital in Form von Investment- oder Altersvorsorgeanlagen auf die Wirtschaftsentwicklung Einfluss zu nehmen. Dabei geht es um nichts weniger als die Übernahme der persönlichen Verantwortlichkeit für die Folgen seiner Kapitalanlageentscheidung. Während die rechtlichen Rahmenbedingungen bislang zu einer Art negativer Filterfunktion von Intermediären führen, indem sie die Verantwortlichkeit auf rein finanzielle Handlungsfolgen reduzieren, erweitert Socially Responsible Investment diese Verantwortlichkeit um die mit der Kapitalverwaltung notwendig verbundenen ethischen, sozialen und ökologischen Handlungsfolgen. Intermediären kommt so die Funktion positiver Verantwortungsmittler zu, über die jeder Anleger auf einfachem Wege die Steuerungswirkung seines Kapitals nutzen und seine Verantwortlichkeit dafür wahrnehmen kann.

Die Untersuchung der Rahmenbedingungen für Socially Responsible Investment hat gezeigt, dass sich dieses wirtschaftliche Phänomen unter die bestehenden rechtlichen Regelungen fassen lässt, auch wenn diese nicht optimal ausgestaltet sind. Dies gilt sowohl für den Bereich des Kapitalanlagerechts als auch für den des Gesellschaftsrechts.

Der Fokus respektive die Fragestellung wechseln dabei. Einerseits geht es um die rechtlichen Voraussetzungen, nach denen Socially Responsible Investment *zulässig* ist. Andererseits geht es um rechtliche Voraussetzungen, die Socially Responsible Investment *ermöglichen* beziehungsweise *erleichtern*.

Im Kapitalanlagerecht, welches das vertrags- und aufsichtsrechtlich geregelte Rechtsverhältnis zwischen Anlegern und Intermediären betrifft, stehen die Zulässigkeitsvoraussetzungen im Mittelpunkt. Es wurde gezeigt, welche Regelungen auf deutscher und europäischer Ebene beachtet werden müssen und wie sie im Einzelnen auszulegen sind. Dabei bestimmen investmentrechtliche Vorschriften die vertraglichen Gestaltungsmöglichkeiten und Verwaltungspflichten zwischen Anlegern und SRI-Investmentfonds beziehungsweise Kapitalanlagegesellschaften. Für Pensionsfonds und Anbieter von Altersvorsorgeverträgen regeln Vorschriften aus dem Versicherungsrecht und Altersvorsorgerecht die vor- und nachvertraglichen Berichtspflichten über ethisch-sozial-ökologische Belange.

Im gesellschaftsrechtlichen Rechtsverhältnis zwischen Intermediären und Unternehmen geht es vornehmlich darum, wie sich die rechtlichen Rahmenbedingen auf die Informations- und Einflussnahmemöglichkeiten von Intermediären gegenüber Unternehmen auswirken. Es wurde auf deutscher und europäischer Regelungsebene untersucht, welche Informationen im Lagebericht offengelegt werden müssen und welche Möglichkeiten Intermediäre als institutionelle Aktionäre nutzen können, um über den Lagebericht hinaus Informationen über Unternehmen zu erlangen und auf dieser Grundlage die Interessen ihrer Anleger gegenüber diesen Unternehmen zu vertreten. Die hier in Frage stehenden gesetzlichen Rahmenbedingungen schaffen zunächst Transparenz über ethisch-sozial-ökologische Faktoren der Geschäftstätigkeit und ermöglichen so die Differenzierung von Unternehmen nach diesen Kriterien. Für die Möglichkeit ethisch-sozial-ökologische Anlegerinteressen gegenüber Unternehmen durchzusetzen, ist darüber hinaus die aktienrechtliche Ausgestaltung der Corporate Governance entscheidend. Es wurde gezeigt, wie Vorschriften der Finanzberichterstattung (Bilanzrecht) Art und Umfang der (ethisch-sozial-ökologischen) Informationen bestimmen, die Intermediären über alle aktiennotierten Gesellschaften zur Verfügung stehen.[652] Vorschriften des Aktienrechts regeln die Corporate Governance aktiennotierter Gesellschaften und die aktienrechtlichen Einflussmöglichkeiten von Intermediären zur Verfolgung ethisch-sozial-ökologischer Ziele.

Diese gesellschaftsrechtlichen Vorschriften schaffen zusammen mit den kapitalanlagerechtlichen Zulässigkeitsvorschriften die rechtlichen Rahmenbedingungen, innerhalb derer sich Socially Responsible Investment entwickeln kann.

Kapitel II – Europäische Entwicklungsperspektive

Socially Responsible Investment ist ein wirtschaftliches Phänomen, dessen weitere Entwicklung im gesamtgesellschaftlichen Interesse liegt und dessen rechtliche Rahmenbedingungen in einer Art und Weise gestaltet sein sollten, die eine weitere Entwicklung fördert. Da das nationalstaatliche Recht angesichts globaler Finanzmärkte und des Zusammenwachsens des europäischen Binnenmarktes für Finanzdienstleistungen und Kapital nur begrenzten Einfluss auf die Entwicklung von Socially Responsible Investment hat,[653] bietet sich für die rechtspolitische Perspektive das Gemeinschaftsrecht an.

In Europa tätige Investmentfonds, Pensionsfonds, Versicherungsunternehmen und ähnliche institutionelle Anleger, die große Kapitalmengen für Dritte verwalten, unterliegen zwar bisher primär nationaler Gesetzgebung. Diese ist jedoch bereits jetzt in starkem Maße durch gemeinschaftsrechtliche Harmonisierungsrichtlinien geprägt und in einem weiteren Vereinheitlichungsprozess begriffen.

---

652 Daneben können umweltrechtliche, börsenrechtliche oder sonstige weitere Vorschriften bestehen, die durch die Verpflichtung zur Offenlegung von Kennzahlen und Angaben ethisch-sozial-ökologischer Art die Transparenz aktiennotierter Unternehmen erhöhen.
653 Vgl. nur *Kirchner*, Bedingungen interstaatlicher Institutionalisierung von wirtschaftlichen Prozessen, in: Korff u. a., Wirtschaftsethik, Bd. 2, 376 ff.

Während zunächst vor allem die Gründungsvoraussetzungen sowie die Marktzulassung und -aufsicht harmonisiert wurden, hat die Erweiterung der OGAW-Richtlinie im Jahr 2001 auch das Rechtsverhältnis zwischen Anlegern und Fonds stärker vereinheitlicht und die Anlagevorschriften weiter ausgestaltet. Die für Socially Responsible Investment wesentlichen Investmentvorschriften im deutschen Recht gehen deshalb bereits jetzt größtenteils auf Gemeinschaftsrecht zurück.

Auch im Bereich von Pensionsfonds, betrieblicher Altersvorsorge sowie Lebens- und Rentenversicherungen besteht ein Kanon europäischer Richtlinien. Zwar ist die Regelungsdichte mit Bedeutung für Socially Responsible Investment ungleich geringer als im Investmentrecht, es ist jedoch auch in diesem Bereich eine vertiefte Harmonisierung zu erwarten.[654]

Bei den relevanten Vorschriften im Gesellschaftsrecht ist die Harmonisierung bereits weit fortgeschritten. Die Vorschriften zum Jahresabschluss sind bereits harmonisiert, die Ausübung von Aktionärsrechten wurde erleichtert und auch für Aktionärsrechte als solche ist durch den Wettbewerb zwischen den nationalen Gesellschaftsrechten eine weitere Angleichung zu erwarten.[655]

Der größte Teil der für Socially Responsible Investment relevanten grundlegenden Vorschriften ist insofern bereits gemeinschaftsrechtlich harmonisiert. Allerdings bestehen bisher keine gemeinschaftsrechtlichen Vorschriften, die darüber hinausgehende SRI-spezifische Fragestellungen regeln. Dies liegt einerseits an der eingeschränkten Regelungstiefe der bisherigen Rechtsakte, andererseits an dem noch nicht lange zurückreichenden Bedeutungszuwachs von SRI.

654 Vgl. Richtlinie 2005/1/EG, die den Grundsatz der Regulierung und Überwachung auf Banken, Versicherungen und Investmentfonds (OGAW) ausweitet; vgl. auch Beschluss 2004/9/EG der Europäischen Kommission vom 5. November 2003 zur Einsetzung des Europäischen Ausschusses für das Versicherungswesen und die betriebliche Altersversorgung.

655 Zum Konzept des Wettbewerbs der Regelungsideen vgl. *Grundmann*, Das Thema Systembildung im Europäischen Privatrecht – Gesellschafts-, Arbeits-, und Schuldvertragsrecht, in: Grundmann, Systembildung und Systemlücken in Kerngebieten des Europäischen Privatrechts, 9, 13.

Titel II – Regelungsansätze und rechtspolitische Erwägungen

Aus rechtspolitischer Perspektive ist ein gemeinsamer europäischer Binnenmarkt für Socially Responsible Investment erstrebenswert, der auf einem einheitlichen regulativen (Mindest-)Rahmen für Socially Responsible Investment basiert. Dafür bietet es sich an, zunächst die bestehenden nationalen Regelungen zu untersuchen, die SRI-spezifische Fragestellungen rechtlich gestalten. Sie können im Zuge einer Harmonisierung gemeinschaftsrechtlich aufeinander abgestimmt werden und bieten darüber hinaus einen Fundus für möglicherweise auch auf Gemeinschaftsebene zu verwirklichende Regelungsansätze.[656]

Es stellt sich somit die Frage, welche Regelungsansätze in den Rechtsordnungen der Mitgliedstaaten bereits bestehen und ob diese auch auf Ebene des Gemeinschaftsrechts ökonomisch und rechtlich sinnvoll und umsetzbar wären.

Kapitel I – Kursorischer Rechtsvergleich

Als Grundlage für weiterführende rechtspolitische und gesetzgeberische Überlegungen folgt an dieser Stelle ein kursorischer Rechtsvergleich der Länder Großbritannien, Frankreich, Italien, Österreich, Norwegen und Schweden im Hinblick auf SRI-spezifische Regelungen im Kapitalanlage- und Altersvorsorgerecht sowie im Gesellschaftsrecht.

A. Großbritannien

I. Kapitalanlagerecht

Die britische Betriebsrentenverordnung (*Occupational Pension Schemes (Investment) Regulations 1996*) zum Pensionsfondsgesetz (*Pension Act 1995*) wurde 1999 mit Wirkung zum 3. Juli 2000 um eine Vorschrift, Section 11A, erweitert.[657] Die neue Sec-

656 Zum Regelungsrahmen für Rechtsangleichungs- und Rechtsvereinheitlichungsprozesse in der Europäischen Gemeinschaft vgl. *Kirchner* in: Grundmann, Systembildung und Systemlücken in Kerngebieten des Europäischen Privatrechts, 99, 105.

657 Die Einführung erfolgte durch das Änderungsgesetz *The Occupational Pension Schemes (Investment, and Assignment, Forfeiture, Bankruptcy etc.) Amendment Regulations 1999*; vgl. auch Darstellung bei *Loew*, Internationale Entwicklung der Regulierungen zur Förderung ökologischethischer Finanzdienstleistungen, 21; Brighty, UK pension funds and SRI: an analysis of drivers and obstacles.

tion 11A „Zusätzlicher Inhalt der Angaben zu den Anlagegrundsätzen“ ist mit der – in Deutschland allerdings erst 2001 eingeführten – Regelung des § 115 Abs. 4 VAG vergleichbar:

*„11A. **Additional content of statement of investment principles***
The matters prescribed for the purposes of section 35(3)(f) of the 1995 Act (other matters on which trustees must state their policy in their statement of investment principles) are –
(a) the extent (if at all) to which social, environmental or ethical considerations are taken into account in the selection, retention and realisation of investments; and
(b) their policy (if any) in relation to the exercise of the rights (including voting rights) attaching to investments.”

Nach dieser Regelung müssen betriebliche Pensionsfonds beschreiben, in welchem Ausmaß sie ethisch-sozial-ökologische Belange bei der Auswahl und Verwaltung des Portfolios berücksichtigen. Neben ethisch-sozial-ökologischen Anlagegrundsätzen erfasst die Regelung ausdrücklich auch die Ausübung von Beteiligungsrechten, insbesondere Stimmrechten, die aus Wertpapieren des Portfolios resultieren.

Die Vorschrift ergänzte zunächst Section 35 des Pensionsfondsgesetzes (*Pension Act 1995*) und war somit bindend für alle Pensionsfonds, die Betriebsrenten verwalten. In der Folge wurde sie auch übernommen in die Verordnung für Gemeinderenten (*The Local Government Pension Scheme (Management and Investment of Funds) Regulations 1998*). Mit Verabschiedung eines neuen Pensionsfondsgesetzes (*Pension Act 2004*) wurden die Anforderungen für Betriebsrentenfonds durch Section 247 Abs. 4 lit. b) des Gesetzes in Form von Berufspflichten ausgedehnt auf alle Verwalter von Pensionsfonds.[658]

II. Bilanzrecht und Gesellschaftsrecht

1. Lagebericht

Die gemeinschaftsrechtlichen Vorgaben zum Inhalt des Lageberichts gem. Art. 46 Abs. 1 lit. b) der Bilanzrichtlinie 78/660/EG und Art. 36 Abs. 1 der Bilanzrichtlinie 83/349/EWG,[659] wurden am 8. November 2006 umgesetzt in Section 417 Abs. 6 lit. b) des neuen Unternehmensgesetzes (*Companies Act 2006*). Danach muss der Lagebericht (*Directors' report: business review*) einer börsennotierten Gesellschaft eine Analyse der Leistungsindikatoren einschließlich Informationen in Bezug auf Umwelt- und Arbeitnehmerbelange enthalten.[660]

---

658 Für Investmentfonds (*Mutual Funds, Unit Trusts*) bestehen dagegen keine SRI-spezifischen Regelungen.
659 Eingefügt durch Art. 1 Abs. 14, Art. 2 Abs. 10 der Richtlinie 2003/51/EG.
660 Section 417 Abs. 6: The review must, to the extent necessary for an understanding of the development, performance or position of the company's business, include– (a) analysis using financial key performance indicators, and (b) where appropriate, analysis using other key performance indicators, including information relating to environmental matters and employee matters.

Das neue Gesetz geht jedoch noch über die gemeinschaftsrechtlichen Vorgaben hinaus und sieht in Section 417 Abs. 5 lit. b) vor, dass der Lagebericht Informationen über Umweltfragen, einschließlich der Auswirkungen des Unternehmens auf die Umwelt, sowie über Arbeitnehmerbelange und soziale Gemeinschaftsbelange enthält.[661] Auch diese Informationspflicht besteht nur, soweit diese Informationen für das Verständnis der Entwicklung, Leistung oder Lage der Gesellschaft von Bedeutung sind. Es muss sich jedoch nicht um Leistungsindikatoren handeln, vielmehr werden jegliche Informationen erfasst. Überdies verlangt die Vorschrift ausdrücklich eine Stellungnahme zu den Auswirkungen der Unternehmenstätigkeit auf die Umwelt, mithin also einen Umweltbericht als Teil des Lageberichts. Dazu hat das britische Umweltministerium entsprechende Richtlinien (*Environmental Reporting Guidelines – Key Performance Indicators*) mit 22 Schlüsselindikatoren veröffentlicht.[662]

2. Wohlverhaltenspflichten

Die obigen Regelungen werden flankiert durch eine Erweiterung der Wohlverhaltenspflichten für die Geschäftsführung des Unternehmens (*General duties of a director of a company*) nach Sections 171ff. Unternehmensgesetz. In Section 172 Unternehmensgesetz, die die Verpflichtung enthält, den Erfolg der Gesellschaft zu fördern, werden als zu berücksichtigende Faktoren für den „Erfolg der Gesellschaft“ die folgenden Belange als nicht abschließende Aufzählung genannt:[663]

a) die möglichen langfristigen Folgen jeder Entscheidung,
b) die Interessen der Arbeitnehmer der Gesellschaft,
c) das Bedürfnis, die Geschäftsbeziehungen zu Zulieferern, Kunden und anderen zu pflegen,

---

661 Section 417 Abs. 5: In the case of a quoted company the business review must, to the extent necessary for an understanding of the development, performance or position of the company's business, include– (b) information about– (i) environmental matters (including the impact of the company's business on the environment), (ii) the company's employees, and (iii) social and community issues.

662 Key Performance Indicators, Reporting Guidelines for UK Business, abrufbar unter: www.defra.gov.uk/environment/business/reporting.

663 Section 172 [Duty to promote the success of the company]: (1) A director of a company must act in the way he considers, in good faith, would be most likely to promote the success of the company for the benefit of its members as a whole, and in doing so have regard (amongst other matters) to– (a) the likely consequences of any decision in the long term, (b) the interests of the company's employees, (c) the need to foster the company's business relationships with suppliers, customers and others, (d) the impact of the company's operations on the community and the environment, (e) the desirability of the company maintaining a reputation for high standards of business conduct, and (f) the need to act fairly as between members of the company. (2) Where or to the extent that the purposes of the company consist of or include purposes other than the benefit of its members, subsection (1) has effect as if the reference to promoting the success of the company for the benefit of its members were to achieving those purposes. (3) The duty imposed by this section has effect subject to any enactment or rule of law requiring directors, in certain circumstances, to consider or act in the interests of creditors of the company.

d) die Auswirkungen der Geschäftstätigkeit der Gesellschaft auf die Gemeinschaft und die Umwelt,
e) das Streben nach Reputation der Gesellschaft für hohe Standards im Geschäftsgebaren, und
f) die Notwendigkeit, zwischen den Mitgliedern der Gesellschaft (Gesellschaftern, Aktionären) Billigkeit walten zu lassen.

Die ausdrückliche Erwähnung dieser Belange in den Wohlverhaltenspflichten des *Directors* unterstreicht ihre Bedeutung auch für den Lagebericht (*Directors's report*) gemäß Section 417 Unternehmensgesetz.

B. Frankreich

I. Kapitalanlagerecht

1. Betriebliche Arbeitnehmersparplan-Fonds

In Frankreich müssen alle Unternehmen, in denen ein Betriebsrat besteht, gem. Art. L.3332-1 Arbeitsgesetzbuch (*Code de travail*) betriebliche Arbeitnehmersparpläne (*plan d'épargne d'entreprise*) aufstellen.[664] Sie sind als Arbeitnehmersparplan-Fonds (*Fonds communs de placement d'entreprise*) von einem oder mehreren Unternehmen organisiert, in die neben dem Arbeitnehmeranteil auch ein Arbeitgeberanteil eingezahlt wird.[665] Anders als bei den in Deutschland bestehenden betrieblichen Unterstützungskassen dient der Arbeitnehmersparplan nicht der Altersvorsorge, sondern Arbeitnehmer erwerben bereits nach fünf Jahren Leistungsansprüche.

Die Verwaltung der betrieblichen Arbeitnehmersparplan-Fonds ist in Art. L.214-39 Finanzgesetz (*Code monétaire et financier*) geregelt. Danach muss der aus Arbeitgeber- und Arbeitnehmervertretern bestehende Aufsichtsrat des Fonds (*conseil de surveillance*) in seinem jährlichen Bericht angeben, ob und inwieweit ethisch-sozial-ökologische Faktoren bei der Auswahl der Vermögensgegenstände und bei der Ausübung der damit verbundenen Beteiligungsrechte berücksichtigt wurden.[666]

---

664 Art. L.3332-1 Code de travail: Le plan d'épargne d'entreprise est un système d'épargne collectif ouvrant aux salariés de l'entreprise la faculté de participer, avec l'aide de celle-ci, à la constitution d'un portefeuille de valeurs mobilières.

665 Vgl. Art. L.3332-15 ff. Code de travail; *Gavanou/Valin/Ricol*, Gouvernance sociale et fonds de pension; Observatoire sur la Responsabilité Sociétale des Entreprises (ORSE), La certification des informations sociales et environnementales.

666 Eingeführt durch Art. 21, Loi N° 2001-152 du 19 février 2001 sur la généralisation de l'épargne salariale.

2. Reservefonds für Renten

Der staatliche Reservefonds für Renten (*Fonds de réserve sur les retraites, FRR*)[667] nach Art. L.135-6 Sozialversicherungsgesetz (*Code de la sécurité sociale*) wird durch einen Aufsichtsrat (*conseil de surveillance*) geleitet, in den Mitglieder des Parlamentes, der Berufs- und Arbeitgeberverbände, der Gewerkschaften sowie weitere staatliche Repräsentanten entsendet werden.[668] Dieser legt die Anlagepolitik fest, auf deren Grundlage ein Direktorium den Reservefonds verwaltet. Gemäß Art. L.135-8 Sozialversicherungsgesetz muss das Direktorium gegenüber dem Aufsichtsrat regelmäßig darüber berichten, inwieweit bei der Anlagepolitik ethisch-sozial-ökologische Belange berücksichtigt worden sind.

II. Bilanzrecht und Gesellschaftsrecht

1. Lagebericht

Die Vorgaben der EU-Richtlinie 2003/51/EG zu den Angaben über nichtfinanzielle Leistungsindikatoren im Lagebericht und Konzernlagebericht wurden in Art. L.225-100 und Art. L.225-100-2 Handelsgesetzbuch (*Code de Commerce*) umgesetzt.

2. Geschäftsbericht

Im Mai 2001 wurde durch Art. 116 des Reformgesetzes 2001-420 über neue wirtschaftliche Regelungen (*Loi N° 2001-420 du 15 mai 2001 relative aux nouvelles régulations économiques*) im Handelsgesetzbuch (*Code de Commerce*) ein neuer Art. L.225-102-1 eingefügt.[669] Dieser sieht vor, dass der Geschäftsbericht gegenüber der Hauptver-

---

667 Art. L.135-6 Code de la sécurité sociale: Il est créé un établissement public de l'Etat à caractère administratif, dénommé „Fonds de réserve pour les retraites“, placé sous la tutelle de l'Etat. Ce fonds a pour mission principale de gérer les sommes qui lui sont affectées afin de constituer des réserves destinées à contribuer à la pérennité des régimes de retraite.

668 Art. L.135-8 Code de la sécurité sociale: Le fonds est doté d'un conseil de surveillance et d'un directoire. Un décret en Conseil d'Etat fixe la composition du conseil de surveillance, constitué de membres du Parlement, de représentants des assurés sociaux désignés par les organisations syndicales interprofessionnelles représentatives au plan national, de représentants des employeurs et travailleurs indépendants désignés par les organisations professionnelles d'employeurs et de travailleurs indépendants représentatives, de représentants de l'Etat et de personnalités qualifiées.

669 Loi N° 2001-420 du 15 mai 2001 relative aux nouvelles régulations économiques, Article 116: I – Après l'article L. 225-102 du Code de commerce, il est inséré un article L. 225-102-1 ainsi rédigé : «Art. L. 225-102-1 – Le rapport visé à l'article L. 225-102 rend compte de la rémunération totale et des avantages de toute nature versés, durant l'exercice, à chaque mandataire social. «Il indique également le montant des rémunérations et des avantages de toute nature que chacun de ces mandataires a reçu durant l'exercice de la part des sociétés contrôlées au sein de l'article L. 233-16. «Il comprend également la liste de l'ensemble des mandats et fonctions exercés dans toute société par chacun de ces mandataires durant l'exercice. «Il comprend également des informations, dont la sammlung, Artikel L.225-102 Handelsgesetzbuch, Informationen darüber enthalten muss, wie die (Aktien-)Gesellschaft soziale Faktoren und Umweltfaktoren ihrer Geschäftstätigkeit berücksichtigt.[670]

Diese Informationspflichten werden durch die Verordnung 2002-221 vom 20. Februar 2002 des *Conseil d'Etat* genauer ausgeführt.[671] Sie erweitert die Verordnung 67-236 vom 23. März 1967 über Handelsgesellschaften (*Décret* N° *67-236 du 23 mars 1967 sur les sociétés commerciales*) um die Art. 148-2 und 148-3 und enthalten eine umfassende Liste, nach der unter anderem auf folgende Belange eingegangen werden muss:

Art. 148-2
- Arbeitnehmerbelange (Verhältnis zwischen befristeten und unbefristeten Verträgen, Zeitarbeiter, Anzahl der Überstunden, Nachwuchssituation, geplante Entlassungen, Sozialplanmaßnahmen, Organisation von Teilzeitarbeit, Arbeitsausfälle, Gehälter und Gehaltsentwicklung, Wohlfahrtskosten, Gleichheit zwischen den Geschlechtern, Tarifverträge, Arbeits- und Gesundheitsbedingungen, Weiterbildung, Beschäftigung und Integration Behinderter, Bedeutung von Subunternehmerverträgen);
- Einfluss des Unternehmens auf den örtlichen Arbeitsmarkt und die regionale Entwicklung, einschließlich der Beziehungen zu Bildungseinrichtungen, Vereinigungen für die Integration, für den Umweltschutz sowie für den Verbraucherschutz und Beziehungen zur örtlichen Bevölkerung;
- Bedeutung von Zulieferern und die Art und Weise, wie die Gesellschaft die Einhaltung der ILO-Arbeitsstandards bei ihren Zulieferern und in den Zuliefererbetrieben fördert;
- Einfluss der im Ausland liegenden Betriebe der Gesellschaft auf die dortige regionale Entwicklung und die lokale Bevölkerung.

Art. 148-3
- Verbrauch von Wasser, Ressourcen, Energie; Maßnahmen zur Energieeffizienz, Gebrauch erneuerbarer Energien; Bodennutzung, Emissionen von Umweltgiften, die durch den Minister für Umwelt und Industrie aufgelistet werden,[672] in Luft, Wasser und Boden; Geräusch- und Geruchsemissionen, Müllproduktion;
- Maßnahmen zur Verringerung der Schädigung des biologischen Gleichgewichts, natürlicher Ökosysteme und geschützter Tiere und Pflanzen;
- Vorgehensweise zur Evaluation und Zertifizierung der Umweltleistung;
- Maßnahmen, um die Einhaltung der gesetzlichen Umweltbestimmungen, soweit nötig, abzusichern;

---

liste est fixée par décret en Conseil d'Etat, sur la manière dont la société prend en compte les conséquences sociales et environnementales de son activité.

670 Vgl. *Malecki*, Recueil Dalloz 2003, 818; Trèbulle, Semaine Juridique 2006, 309; ders., Droit des sociétés, 2004, 10.

671 Décret N° 2002-221 du 20 février 2002 pris pour l'application de l'article L. 225-102-1 du code de commerce et modifiant le décret N° 67-236 du 23 mars 1967 sur les sociétés commerciales.

672 Siehe Arrêté du 30 avril 2002 définissant les informations relatives aux rejets du rapport mentionné à l'article L. 225-102-1 du code de commerce.

- Ausgaben für den Umweltschutz;
- Existenz einer internen Abteilung mit der Zuständigkeit für Umweltmanagement, Information und Weiterbildung der Arbeitnehmer in Umweltfragen, Umweltrisikomanagement und Organisationsstrukturen gegen Unfälle, die Umweltemissionen außerhalb des Betriebs zur Folge haben können;
- Gesamtsumme der Rückstellungen und Besicherungen für Umweltrisiken, soweit durch diese Informationen keine Beeinflussung eines laufenden Rechtsstreits zu erwarten ist;
- Gesamtsumme von Schadensersatzleistungen, die im Geschäftsjahr aufgrund einer gerichtlichen Entscheidung über Umweltfragen und zur Kompensation für Umweltschäden gezahlt wurden;
- Ziele der Gesellschaft für ihre im Ausland liegenden Betriebe hinsichtlich der oben genannten Punkte.

Zusätzlich zu diesen Informationspflichten nach Verordnung 2002-221 vom 20. Februar 2002 wurden durch das Gesetz 2003-699 vom 30 Juli 2003 (*Loi n° 2003-699 du 30 juillet 2003*) weitere Informationspflichten für solche Unternehmen eingeführt, die eine technische Anlage im Sinne von Art. L.515-8 Abs. 5 Umweltgesetz (*Code de l'environnement*) unterhalten.[673] Für diese Unternehmen muss der Geschäftsbericht nach Art. L.225-102 Handelsgesetzbuch zusätzlich folgende Informationen umfassen:

- Präventionsstrategien gegen Risiken eines technischen Unfalls;
- Bericht über die Fähigkeit der Gesellschaft, ihrer zivilrechtlichen Verantwortlichkeit gegenüber Gütern und Personen im Rahmen des Betriebs der technischen Anlage nachzukommen;
- Rückstellungen der Gesellschaft zur Absicherung der Opferentschädigung im Falle eines technischen Unfalls.

Der Geschäftsbericht nach Art. L.225-102 Handelsgesetzbuch muss gem. Art. L.2323-8 Arbeitsgesetzbuch (*Code de travail*) dem Betriebsrat vor der Präsentation auf der Hauptversammlung vorgelegt werden.[674] Er kann durch Anmerkungen zur wirtschaftlichen und sozialen Situation der Gesellschaft ergänzt werden,

---

673 Art. L.515-8 Abs. 1 und 5 Code de l'environnement: (1) Lorsqu'une demande d'autorisation concerne une installation classée à implanter sur un site nouveau et susceptible de créer, par danger d'explosion ou d'émanation de produits nocifs, des risques très importants pour la santé ou la sécurité des populations voisines et pour l'environnement, des servitudes d'utilité publique peuvent être instituées concernant l'utilisation du sol ainsi que l'exécution de travaux soumis au permis de construire. (5) Un décret en Conseil d'Etat, pris après avis du Conseil supérieur des installations classées, fixe la liste des catégories, et éventuellement les seuils de capacité, des installations dans le voisinage desquelles ces servitudes peuvent être instituées.

674 Art. L.2323-8 Code de travail: Dans les sociétés commerciales, l'employeur communique au comité d'entreprise, avant leur présentation à l'assemblée générale des actionnaires ou à l'assemblée des associés, l'ensemble des documents transmis annuellement à ces assemblées ainsi que le rapport des commissaires aux comptes. Le comité peut formuler toutes observations sur la situation économique et sociale de l'entreprise. Ces observations sont transmises à l'assemblée des actionnaires ou des associés, en même temps que le rapport du conseil d'administration, du directoire ou des gérants.

die der Hauptversammlungen zusammen mit dem Geschäftsbericht übermittelt werden müssen.

3. Sozialbilanz

Das Arbeitsgesetzbuch regelt gem. Art. L.2323-68 ff. außerdem die Aufstellung einer jährlichen Sozialbilanz (*bilan social*) für Unternehmen mit mehr als 300 Arbeitnehmern. Diese muss gem. Art. L.2323-68 Arbeitsgesetzbuch i. V. m. Art. L.225-108 Handelsgesetzbuch auch den Aktionären zur Verfügung gestellt werden. Sie enthält dauerhaft vergleichbare Zahlen zur sozialen Situation des Unternehmens. Dazu gehören gem. Art. 2323-70 Arbeitsgesetzbuch Informationen über Löhne und Gehälter, Gesundheits- und Arbeitsschutzbedingungen, Ausbildungsstand und Lebensumstände der Arbeitnehmer und ihrer Familien.[675]

C. Italien

In Italien sind nach der Verordnung 252/2005 über private Pensionsfonds (*Decreto Legislativo 5 dicembre 2005, n. 252 – Disciplina delle forme pensionistiche complementari*) alle privaten Pensionsfonds verpflichtet, die Berücksichtigung ethisch-sozial-ökologischer Belange offenzulegen. Nach Art. 6 Abs. 13 lit. c) und Art. 19 Abs. 2 lit. h) der Verordnung müssen diese Pensionsfonds ihre Mitglieder jährlich darüber informieren, ob und wie sie bei der Verwaltung des Fonds sowie bei der Ausübung der Beteiligungsrechte der im Portfolio enthaltenen Wertpapiere ethisch-sozial-ökologische Belange berücksichtigt haben.[676]

D. Österreich

Nach § 25 a des österreichischen Pensionskassengesetzes hat seit 2005 jede Pensionskasse für die jeweilige Veranlagungs- und Risikogemeinschaft eine schriftliche Erklärung über die Grundsätze der Veranlagungspolitik aufzustellen.[677] Diese Erklärung muss gem. § 25 a Abs. 1 Nr. 5 Pensionskassengesetz die Auswahl der Ver-

---

675 Article L.2323-70 Code de travail: Le bilan social récapitule en un document unique les principales données chiffrées permettant d'apprécier la situation de l'entreprise dans le domaine social, d'enregistrer les réalisations effectuées et de mesurer les changements intervenus au cours de l'année écoulée et des deux années précédentes. Le bilan social comporte des informations sur l'emploi, les rémunérations et charges accessoires, les conditions de santé et de sécurité, les autres conditions de travail, la formation, les relations professionnelles ainsi que sur les conditions de vie des salariés et de leurs familles dans la mesure où ces conditions dépendent de l'entreprise.

676 Auszug aus Art. 6 Abs. 13 lit. c), Art. 19 Abs. 2 lit. h) der Verordnung 252/2005: Le forme pensionistiche complementari sono tenute ad esporre nel rendiconto annuale e, sinteticamente, nelle comunicazioni periodiche agli iscritti, se ed in quale misura nella gestione delle risorse e nelle linee seguite nell'esercizio dei diritti derivanti dalla titolarità dei valori in portafoglio si siano presi in considerazione aspetti sociali, etici ed ambientali.

677 Vgl. österreichisches BGBl. v. 15. Februar 2005 (Nr. 8), 11.

mögenswerte nach ethischen, ökologischen und/oder sozialen Kriterien umfassen.[678]

Die gemeinschaftsrechtlichen Vorgaben zum Inhalt des Lageberichts nach Richtlinie 2003/51/EG wurden umgesetzt in § 243 Abs. 5, § 267 Abs. 2 Satz 2 Unternehmensgesetzbuch.

E. Norwegen und Schweden

I. Staatlicher Pensionsfonds – Norwegen

In Norwegen wurde durch das Parlament 1990 ein staatlicher Petroleum-Fonds gegründet.[679] Das Ministerium für Finanzen setzte am 30. November 2001 eine Rechtskommission ein, die die Vereinbarkeit der Verwaltung des Fonds mit den völkerrechtlichen Verpflichtungen Norwegens überprüfen sollte. Auf Grundlage des Kommissionsberichts wurden durch § 9 der Verordnung über die Verwaltung des staatlichen Petroleum-Fonds vom 19. November 2004 bestimmt, dass die Verwaltung aufgrund ethischer Richtlinien erfolgen und ein Ethikrat die Vereinbarkeit des Portfolios mit diesen Richtlinien überprüfen soll. Die Rechtsgrundlage wurde anlässlich der Restrukturierung und Umbenennung des Petroleum-Fonds in „Staatlicher Pensionsfonds – Global" (*Statens pensjonsfond – Utland*) mit Gesetz Nr. 123 vom 21. Dezember 2005 (*forskrift for forvaltning av Statens pensjonsfond – Utland av 22. desember 2005*) und Verordnung des Ministeriums für Finanzen Nr. 1725 vom 22. Dezember 2005 neu gefasst.[680] Die Verordnung des Ministeriums für Finanzen wird jährlich mit Verabschiedung des Haushaltes durch das Parlament bestätigt.

Nach § 2 der ethischen Richtlinien vom 22. Dezember 2005 (*De etiske retningslinjene*) sollen bei der Verwaltung des Fonds durch Ausübung der Beteiligungsrechte, durch negative Auswahlkriterien und durch den Ausschluss von Wertpapieren die Einhaltung der ethischen Kriterien des Fonds sichergestellt werden. Dazu zählen:[681]

---

678 § 25a Pensionskassengesetz – Erklärung über die Grundsätze der Veranlagungspolitik: (1) Die Pensionskasse hat für jede Veranlagungs- und Risikogemeinschaft eine schriftliche Erklärung über die Grundsätze der Veranlagungspolitik aufzustellen. Diese Erklärung hat jedenfalls – 1.-5. [...] ; 6. die allfällige Auswahl der Vermögenswerte nach ethischen, ökologischen und/oder sozialen Kriterien zu umfassen. (2) Die Erklärung über die Grundsätze der Veranlagungspolitik ist unverzüglich nach einer wesentlichen Änderung der Veranlagungspolitik zu aktualisieren, mindestens aber alle drei Jahre zu überprüfen. (3) Die Erklärung über die Grundsätze der Veranlagungspolitik sowie jede Änderung ist der FMA unverzüglich zur Kenntnis zu bringen. (4) Die Erklärung über die Grundsätze der Veranlagungspolitik ist für die jeweilige Veranlagungs- und Risikogemeinschaft auf Verlangen den beitragleistenden Arbeitgebern, den Anwartschafts- und Leistungsberechtigten und den zuständigen Betriebsräten unverzüglich zu übermitteln.

679 Gesetz Nr. 36 vom 22. Juni 1990.

680 Rechtsgrundlagen abrufbar unter www.regjeringen.no/en/dep/fin.

681 Det etiske grunnlaget for fondet skal fremmes gjennom følgende tre virkemidler: Eierskapsutøvelse for å fremme langsiktig finansiell avkastning basert på FNs Global Compact og

- für die Ausübung von Stimm- und Beteiligungsrechten die Kriterien des UN Global Compact und der OECD-Leitsätze für internationale Unternehmen;
- als negative Auswahlkriterien die Produktion von Waffen, deren bestimmungsgemäßer Gebrauch fundamentale humanitäre Grundsätze verletzt;
- als Ausschlusskriterien die schwere oder systematische Verletzung von Menschenrechten durch Mord, Folter, Freiheitsberaubung, Zwangsarbeit, schwere Formen von Kinderarbeit und andere Ausbeutung von Kindern sowie schwere Verletzungen individueller Rechte in Krisen- und Kriegsgebieten, schwere Umweltschädigung, schwerwiegende Korruption und besonders schwere Verletzungen fundamentaler ethischer Normen.

Der Ethikrat besteht aus fünf Mitgliedern und kann auf eigene Initiative oder auf Anfrage des Ministeriums für Finanzen tätig werden.[682]

II. Staatliche Pensionsfonds – Schweden

In Schweden fließen die Beiträge zur staatlichen Rentenversicherung in einen der sechs staatlichen schwedischen Pensionsfonds (*Globalt Ansvar*), AP-1 bis AP-4 und AP-6 sowie AP-7.[683] Diese sind nach Kapitel 4 (*Medelsförvaltningen*) § 1 Pensionsgesetze 2000:192 (*Lag (2000:192) om allmänna pensionsfonder – AP-fonder*) dazu verpflichtet, die höchstmögliche Rendite für die einkommensbasierte Rente zu erwirtschaften.[684] Nach Kapitel 4 § 2 Pensionsgesetz sind sie verpflichtet, einen jährlichen Operationsplan aufzustellen, der Richtlinien enthalten muss für die Investmentstrategie, die Ausübung von Stimmrechten und das Risikomanagement.[685] Am 12. 4. 2000 verabschiedete das schwedische Parlament einen Vorschlag des Finanzministeriums vom 13. 1. 2000 (*Proposition 1999/2000:46 AP-fonden i det reformerade pensionssystemet*), nach dem die staatlichen Pensionsfonds bei der Aufstellung ih-

OECDs retningslinjer for eierskapsutøvelse og for multinasjonale selskaper; Negativ filtrering fra investeringsuniverset av selskaper som selv eller gjennom enheter de kontrollerer produserer våpen som ved normal anvendelse bryter med grunnleggende humanitære prinsipper; Uttrekk av selskaper fra investeringsuniverset der det anses å være en uakseptabel risiko for å medvirke til: Grove eller systematiske krenkelser av menneskerettighetene som for eksempel drap, tortur, frihetsberøvelse, tvangsarbeid, de verste former for barnearbeid og annen utbytting av barn, Alvorlige krenkelser av individers rettigheter i krig eller konfliktsituasjoner, Alvorlig miljøskade, Grov korrupsjon, Andre særlig grove brudd på grunnleggende etiske normer.

682 Siehe www.etikkradet.no.

683 Der Rentensatz liegt bei 18,5% (einkommensbasiert). Ein Anteil von 16% fließt wählbar in einen der Fonds AP-1 bis AP-4 und AP-6; die restlichen 2,5% werden als individualisierte Anteile („Premium Rente“) ebenfalls von einem staatlichen Pensionsfonds (AP-7) verwaltet, der allerdings nicht frei wählbar ist und der Pensionsbehörde untersteht. Für niedrige Einkommen wird die Rente darüber hinaus steuerfinanziert.

684 Kap. 4 § 1 Abs. 1 Pensionsgesetz – Mål för placeringsverksamheten: Första-Fjärde AP-fonderna skall förvalta fondmedlen på sådant sätt att de blir till största möjliga nytta för försäkringen för inkomstgrundad ålderspension.

685 Kap. 4 § 2 Abs. 1 Pensionsgesetz – Verksamhetsplan: Var och en av Första-Fjärde AP-fonderna skall årligen fastställa en verksamhetsplan. Denna skall innehålla riktlinjer för placeringsverksamheten och för utövande av rösträtt i enskilda företag samt en riskhanteringsplan.

res Operationsplans ethische und ökologische Belange berücksichtigen sollen, ohne dabei das Gesamtziel einer hohen Kapitalrendite zu beeinträchtigen.[686] Insbesondere sollen dabei die OECD-Prinzipien für internationale Unternehmen und die ILO-Standards Berücksichtigung finden. Seitdem haben alle staatlichen Pensionsfonds Richtlinien für die Berücksichtigung ethischer und ökologischer Belange verabschiedet.[687] Die Fonds AP-1 bis AP-4 haben einen gemeinsamen Ethikrat gegründet, der den parlamentarischen Beschluss in ethische Richtlinien für die beteiligten AP-Fonds umsetzt.

F. Zusammenfassung der Regelungsansätze

Die untersuchten nationalen Vorschriften zu Socially Responsible Investment lassen sich zu vier Regelungsansätzen zusammenfassen, davon zwei aus dem kapitalanlagerechtlichen Bereich und zwei aus dem Bilanz- und Gesellschaftsrecht.

I. Ethisch-sozial-ökologische Richtlinien für staatliche Pensionsfonds

In Frankreich, Norwegen und Schweden bestehen ethisch-sozial-ökologische Richtlinien für staatliche Pensionsfonds beziehungsweise Reservefonds.[688] Während nach der französischen Regelung lediglich eine Berichtspflicht über die Anwendung, aber keine Verpflichtung zur Berücksichtigung bestimmter ethisch-sozial-ökologischer Belange besteht, werden nach der norwegischen Regelung konkrete Richtlinien durch das Parlament verabschiedet und durch einen Ethikrat angewendet. Auch dem schwedischen Ansatz liegt ein konkretisierender Beschluss

---

686 Proposition 1999/2000:46 (2000/01/13) AP-fonden i det reformerade pensionssystemet: Förvaltningen skall ta sin utgångspunkt i fondens åtagandesida. Målet skall vara att långsiktigt maximera avkastningen. Riskspridningen skall vara god och den totala risknivån låg. Näringspolitiska eller andra ekonomisk-politiska uppgifter skall inte finnas. Hänsyn till miljö och etik skall tas i placeringsverksamheten utan att avkall görs på det övergripande målet om hög avkastning. Varje fond skall årligen fastställa en verksamhetsplan som skall inkludera en placeringspolicy, en ägarpolicy och en riskhanteringsplan. [...] AP-fonden skall inte ha näringspolitiska eller ekonomisk-politiska mål. Rollen som förvaltare av statliga pensionsmedel ställer krav på att fonderna uppbär allmänhetens förtroende. Hänsyn till miljö och etik skall tas i placeringsverksamheten utan att avkall görs på det övergripande målet om hög avkastning. Femte fondstyrelsen har i sitt remissvar efterlyst en precisering och konkretisering när det gäller hur miljö- och etikhänsyn skall tas i förvaltningen och hur tungt dessa hänsyn skall väga. LO har särskilt pekat på ILO:s och OECD:s riktlinjer på området. Regeringen anser emellertid i likhet med Statskontoret att ansvaret att mejsla ut fondernas profil på detta område bör åvila de enskilda fondstyrelserna. Regeringen har möjlighet att i samband med de årliga utvärderingarna precisera sin syn om det skulle vara påkallat. Det som nu sagts bör avse även nuvarande sjunde fondstyrelsen. Vgl. auch Beslut Protokoll 1999/2000:96 (2000/04/12); abrufbar über www.riksdagen.se.

687 Abrufbar unter www.ap1.se, www.ap2.se, etc.; vgl. auch Säve-Söderbergh, Who is willing to let ethics guide his economic decision-making? Evidence from individual investments in ethical funds.

688 Frankreich, Art. L135-8 Sozialversicherungsgesetz; Norwegen, Verordnung des Ministeriums für Finanzen Nr. 1725 vom 22. Dezember 2005; Schweden, Proposition 1999/2000:46.

des Parlaments zugrunde, die konkrete Umsetzung bleibt jedoch den einzelnen staatlichen Pensionsfonds überlassen.

II. Transparenzpflichten für Pensionsfonds

In Großbritannien, Deutschland, Frankreich, Italien und Österreich, also der Mehrheit der untersuchten Länder, bestehen Transparenzpflichten für Pensionsfonds.[689] Diese unterscheiden sich einerseits im Anwendungsbereich, der auf einzelne Formen betrieblicher Pensionsfonds beschränkt oder auf alle betrieblichen wie privaten Pensionsfonds ausgedehnt werden kann. Anderseits variieren die zu berichtenden Angaben, die entweder nur die Portfolioselektion oder darüber hinaus die Ausübung von Beteiligungsrechten betreffen können.

III. Erweiterte Lageberichterstattung

Im Bereich der Lageberichterstattung ist die Berücksichtigung nichtfinanzieller Leistungsindikatoren, die sozialer oder ökologischer Art sein können, für börsennotierte sowie große Gesellschaften bereits einheitlich vorgeschrieben.[690] In Großbritannien wurde die Lageberichterstattung über die gemeinschaftsrechtlichen Vorgaben hinaus durch einen verpflichtenden Umweltbericht als Teil des Lageberichts ausgeweitet.[691] Eine Ausweitung ist auch möglich auf weitere Aspekte ethisch-sozial-ökologischer Art. In Frankreich und Großbritannien werden beispielsweise soziale Belange der Gesellschaft und der lokalen Gemeinschaft von der Berichtspflicht umfasst.[692]

In Frankreich wird außerdem zusätzlich zum Lagebericht die Berichterstattung über ethisch-sozial-ökologische Belange im Rahmen eines Geschäftsberichts des Managements gegenüber der Hauptversammlung vorgeschrieben.[693]

IV. Ethisch-sozial-ökologische Ziele als gesetzliche Unternehmensinteressen

In Großbritannien haben ethisch-sozial-ökologische Belange in die Wohlverhaltensregeln für die Geschäftsführung Eingang gefunden.[694] Die Berücksichtigung

---

689 Vgl. Großbritannien, Section 11A Betriebsrentenverordnung; Deutschland, § 115 Abs. 4 Versicherungsaufsichtsgesetz, § 7 Abs. 1 Nr. 4, Abs. 5 AltZertG; Frankreich, Art. L.214-39 Finanzgesetz; Italien, Verordnung 252/2005; Österreich, § 25 a Abs. 1 Nr. 5 Pensionskassengesetz.
690 Eingeführt durch Art. 1 Abs. 14, Art. 2 Abs. 10 der Richtlinie 2003/51/EG.
691 Großbritannien, Section 417 Abs. 6 lit. (b) Unternehmensgesetz.
692 Vgl. Großbritannien, Section 417 Abs. 5 lit. (b) Unternehmensgesetz; Frankreich, Art. L.225-102-1 Handelsgesetzbuch und Verordnung 67-236.
693 Vgl. Frankreich, Art. L.225-102-1 Handelsgesetzbuch, Verordnung 67-236 (Geschäftsbericht); Art. L.2323-68 ff. Arbeitsgesetzbuch (Sozialbilanz).
694 Section 172 Unternehmensgesetz (*General duties of a director of a company*).

gesetzlich definierter ethisch-sozial-ökologische Unternehmensinteressen ist somit notwendig, um der kaufmännischen Sorgfaltpflicht zu genügen.

Kapitel II – Rechtspolitische Erwägungen

Neben den im kursorischen Rechtsvergleich identifizierten Regelungen sind vielfältige weitere Regelungsansätze denkbar.[695] Der typischen Harmonisierungsdynamik des Gemeinschaftsrechts folgend,[696] werden hier jedoch nur Regelungsansätze behandelt, die sich auf mitgliedstaatliche Vorschriften zurückführen lassen. Dabei ist wiederum zu unterscheiden: Einerseits nach Regelungen aus dem Bereich des *Kapitalanlagerechts* im Rechtsverhältnis zwischen Anlegern und Intermediären und andererseits nach Regelungen aus dem Bereich des *Gesellschaftsrechts* im Rechtsverhältnis zwischen Intermediären und Unternehmen.

A. Europäisches Kapitalanlagerecht

Die Marktbedingungen für Socially Responsible Investment auf dem gemeinsamen europäischen Binnenmarkt sind zunächst abhängig von den Marktbedingungen der konventionellen Produkte, an die Socially Responsible Investment anknüpft. Dies sind Investmentfonds, betriebliche Pensionsfonds, private Pensionsfonds sowie andere Formen der privaten Rentenversicherung oder Lebensversicherungen. Auf Gemeinschaftsebene bestehen im Bereich der Finanzdienstleistungen mit der Investmentrichtlinie,[697] der Pensionsfondsrichtlinie[698] und der Lebensversicherungsrichtlinie[699] bereits eigenständige regulative Rahmen.

Der den verschiedenen Finanzdienstleistungen jeweils unterliegende gemeinschaftsrechtliche Rahmen adressiert Socially Responsible Investment nicht unmittelbar.[700] Mithin bestehen *de lege lata* im europäischen Kapitalanlagerecht keine SRI-spezifischen Regelungen. Fraglich ist einerseits, welchen Einfluss die bestehenden, mittelbar einschlägigen gemeinschaftsrechtlichen Vorschriften auf die Marktentwicklung haben, und darüber hinaus, ob sie ausreichen, um eine optimale Verwirklichung des Binnenmarktes für Socially Responsible Investment zu ermöglichen.

---

695 Vgl. Aufzählung bei *Gorge/Edgerton/Berry*, Mainstreaming SRI: A role for government?, 2; *Richardson*, North Carolina Journal of International Law and Commercial Regulation 2002, 247.
696 Vgl. *Sáinz de Vicuña*, EBLR 2001, 223.
697 Investmentrichtlinie 85/611/EWG des Rates zur Koordinierung der Rechts- und Verwaltungsvorschriften betreffend bestimmte Organismen für gemeinsame Anlagen in Wertpapieren (OGAW).
698 Richtlinie 2003/41/EG des Europäischen Parlaments und des Rates vom 3. Juni 2003 über die Tätigkeiten und die Beaufsichtigung von Einrichtungen zur betrieblichen Altersversorgung.
699 Richtlinie 2002/83/EG des Europäischen Parlaments und des Rates vom 5. November 2002 über Lebensversicherungen.
700 Vgl. die Darstellung im europarechtlichen dritten Teil dieser Arbeit.

I. Regelungen *de lege lata*

Die oben genannten europäischen Richtlinien stellen für den Bereich der Investmentfonds, der betrieblichen Pensionsfonds und der Lebensversicherung regulative Rahmen auf, die mit Socially Responsible Investment vereinbar sind. Dieses Ergebnis gilt für alle drei Fallgruppen von Socially Responsible Investment.[701] SRI-spezifische Regelungen bestehen nicht, allerdings können sich aus den allgemeinen Richtlinienregelungen, je nach konkreter Ausgestaltung in den nationalen Rechtsordnungen und der Art und Weise der Berücksichtigung ethisch-sozial-ökologischer Belange, Verpflichtungen für SRI-Anbieter ergeben.

II. Regelungen *de lege ferenda*

1. Ethisch-sozial-ökologische Richtlinien für staatliche Fonds

Mit Blick auf die im kursorischen Rechtsvergleich untersuchten Regelungen in Norwegen, Schweden und Frankreich ist zunächst festzustellen, dass eine Regulierung staatlicher Pensionsfonds oder anderer staatlicher Fonds außerhalb der Kompetenz des europäischen Gesetzgebers liegt. Gemäß dem Subsidiaritätsprinzip sind die Mitgliedstaaten vielmehr uneingeschränkt für die Organisation ihrer Altersversorgungssysteme und die Entscheidung über die Rolle zuständig, die die einzelnen drei Säulen der Altersversorgung in den jeweiligen Mitgliedstaaten zu spielen haben.[702] Der Regelungsansatz, die Anlagepolitik staatlicher Fonds an ethisch-sozial-ökologischen Richtlinien auszurichten, die unter Beteiligung des Parlaments, mithin also auf dem Wege demokratischer Willensbildung bestimmt werden, ist zum jetzigen Zeitpunkt nur auf nationaler Ebene umsetzbar.

Gleichwohl könnte die Europäische Kommission eine Empfehlung erarbeiten, die in Abstimmung mit den Mitgliedstaaten und Europäischen Organen entsprechende Richtlinien aufstellt. Diese hätte mangels Rechtsverbindlichkeit zwar keine unmittelbare aber doch eine faktische Wirkung und wäre überdies ein Ausgangspunkt für weitere zukünftige Regelungen, die angesichts der zu erwartenden Steigerung der demokratischen Legitimität der europäischen Institutionen sowie der Erweiterung der Kompetenzen der Europäischen Union zukünftig durchaus denkbar sind.

2. Transparenzpflichten für Pensionsfonds und Altersvorsorgeverträge

In Deutschland, Großbritannien, Frankreich, Italien, Österreich und weiteren europäischen Ländern existieren bereits Vorschriften, nach denen Pensionsfonds oder andere Anbieter von Altersvorsorgeverträgen gegenüber den Anlegern bezie-

---

701 Zu den Einzelheiten vgl. den Dritten Teil – Socially Responsible Investment im europäischen Recht.
702 Vgl. Erwägungsgrund (9) der Pensionsfondsrichtlinie 2003/41/EG.

hungsweise Leistungsempfängern und Versorgungsberechtigten die Einbeziehung ethisch-sozial-ökologischer Faktoren in ihre Anlagepolitik offenlegen müssen.[703] Die Information der Versorgungsanwärter und der Leistungsempfänger fällt auch in den Regelungsbereich der Pensionsfondsrichtlinie[704] und der Lebensversicherungsrichtlinie.[705] Diese Richtlinien könnten durch eine Regelung nach dem Vorbild der genannten nationalen Vorschriften ergänzt werden.

Eine neue Regelung wäre allerdings nur sinnvoll, wenn sie die Vereinheitlichung des gemeinsamen Binnenmarktes für SRI-Pensionsfonds und andere SRI-Altersvorsorgeverträge fördert. Der Katalog von Transparenzpflichten, beispielsweise in Anhang A und B der Pensionsfondsrichtlinie, ist bereits lang, und zusätzliche Pflichten würden den Verwaltungsaufwand noch erhöhen.[706] Die Einführung zusätzlicher Transparenzpflichten für SRI-Anbieter könnte insofern eine Belastung bedeuten. Dies gilt insbesondere für die vorvertraglichen und jährlichen Berichtspflichten, die nach den bestehenden Regelungen bislang nicht bestehen.[707]

Eine Ungleichbehandlung zwischen konventionellen Anbietern und SRI-Anbietern lässt sich vermeiden, wenn eine vorvertragliche sowie jährliche Berichtspflicht für alle Anbieter eingeführt wird, unabhängig davon, ob ethisch-sozial-ökologische Belange bereits in der Anlagepolitik berücksichtigt werden oder nicht. In diesem Fall kommt der Transparenzregelung neben der Informationsfunktion eine Differenzierungsfunktion zu. Sie stellt nicht nur die Information der Leistungsempfänger und Versorgungsberechtigten über die Tätigkeit ihres Anbieters sicher, sondern bewirkt die Differenzierbarkeit zwischen verschiedenen Anbietern durch ein verpflichtend offenzulegendes Kriterium – die Berücksichtigung ethisch-sozial-ökologischer Belange in der Anlagepolitik.

Eine so ausgestaltete Transparenzpflicht für die von der Pensionsfonds- und Lebensversicherungsrichtlinie erfassten Anbieter würde erstens die Auswahlmöglichkeiten der Leistungsempfänger und Versorgungsberechtigten um einen wesentlichen Aspekt erweitern und zweitens ein Kriterium einführen, das den Markt für SRI-Produkte abgrenzbar und erfassbar macht. Der letztere Aspekt ist für die Schaffung beziehungsweise Förderung eines Binnenmarktes für Socially Responsible Investment in diesem Bereich von Bedeutung, da der (Binnen-)Markt die Bestimmbarkeit des Gutes und seine Abgrenzbarkeit gegenüber anderen Gütern voraussetzt. Diese Abgrenzbarkeit wird erhöht, wenn die Informationspflicht über die Berücksichtigung oder Nichtberücksichtigung ethisch-sozial-ökologischer Be-

---

703 Zu anderen europäischen Ländern vgl. Eurosif, European Legal Briefing: A current view of SRI and CSR issues relating to recent European laws; vgl. auch die CSR-Matrix der Europäischen Kommission, ec.europa.eu/employment_social/emplweb/csr-matrix.
704 Vgl. Erwägungsgründe (22) bis (24) der Pensionsfondsrichtlinie 2003/41/EG.
705 Art. 36 sowie Anhang III lit. A und B der Lebensversicherungsrichtlinie 2002/83/EG.
706 Vgl. *Rehberg*, der staatliche Umgang mit Information – Das europäische Informationsmodell im Lichte von Behavioral Economics, 4 ff.
707 Nach Art. 12 der Pensionsfondsrichtlinie muss allerdings eine Erklärung über die Grundsätze der Anlagepolitik abgegeben werden, die auf die Berücksichtigung ethisch-sozial-ökologische Belange eingehen muss, soweit diese Teil der Anlagepolitik sind.

lange für alle Anbieter Geltung hat. Überdies wird auch die Differenzierbarkeit innerhalb des Marktes für SRI-Produkte erhöht, wenn die Transparenzpflicht sowohl Informationen zur Art und Weise der Berücksichtigung ethisch-sozialökologischer Belange bei der Portfolioselektion (Anlagegrundsätze) als auch zur Ausübung von Stimmrechten (Investorstrategie) verlangt.[708]

Für die Einführung einer entsprechenden Transparenzpflicht auf Gemeinschaftsebene sprechen folglich sowohl die besseren Auswahlmöglichkeiten des einzelnen Leistungsempfängers und Versorgungsberechtigten als auch die Förderung der Marktentwicklung von Socially Responsible Investment im Bereich der Kapitalanlagen zur Altersvorsorge.

3. Transparenzrichtlinien für Pensionsfonds und Altersvorsorgeverträge

Bei Einführung einer Transparenzpflicht für Pensionsfonds und Altersvorsorgeverträge stellt sich die Anschlussfrage, ob auch der konkrete Umfang dieser Verpflichtung auf Gemeinschaftsebene näher ausgestaltet werden kann. Ein Beispiel für eine solche Ausgestaltung sind die von dem europäischen Verband *Eurosif* erarbeiteten *Transparenzrichtlinien*.[709] Eine umfassende Ausgestaltung auf europäischer Ebene sollte nach dem Subsidiaritätsprinzip auf der untersten möglichen Regelungsebene erfolgen. Es erscheint sinnvoll zunächst abzuwarten, ob im Zuge der weiteren Marktentwicklung private Regelsetzung zu ausreichenden Standards führt. Die Europäische Kommission kann auf diese Entwicklung im Rahmen von Runder-Tisch-Gesprächen mit der Investmentwirtschaft, Verbänden und Nichtregierungsorganisationen Einfluss nehmen.

Sollte dies nicht der Fall sein, kann im Rahmen des Lamfalussy-Prozesses[710] die Erarbeitung entsprechender Standards durch die zuständigen Ausschüsse, den Ausschuss der Europäischen Aufsichtsbehörden für das Versicherungswesen und die betriebliche Altersversorgung sowie den europäischen Ausschuss für das Versicherungswesen und die betriebliche Altersversorgung angestrebt werden.[711]

4. Transparenzpflichten für Investmentfonds

Für Investmentfonds finden sich im Gegensatz zu Pensionsfonds und Altersvorsorgeverträgen bislang keine Transparenzpflichten für die Berücksichtigung

708 Vgl. die britische Regelung in Section 11A Betriebsrentenverordnung (*Occupational Pension Schemes (Investment) Regulations* 1996).

709 European Social Investment Forum, Transparenz-Leitlinien für Publikumsfonds, www.eurosif.org.

710 Siehe oben Fn. 547.

711 Beschluss 2004/6/EG der Europäischen Kommission vom 5. November 2003 zur Einsetzung des Ausschusses der Europäischen Aufsichtsbehörden für das Versicherungswesen und die betriebliche Altersversorgung; Beschluss 2004/9/EG der Europäischen Kommission vom 5. November 2003 zur Einsetzung des Europäischen Ausschusses für das Versicherungswesen und die betriebliche Altersversorgung.

oder Nichtberücksichtigung ethisch-sozial-ökologischer Belange in den nationalen Rechtsordnungen. Dabei ist zu berücksichtigen, dass Investmentfonds hinsichtlich ihrer Anlagepolitik und der Gestaltung der Vertragsbedingungen weniger durch zwingende Rechtsvorschriften eingeengt sind. Sie sind nicht in ein soziales staatliches System wie das Drei-Säulen-Modell der Altersvorsorge einbezogen, erfüllen also keine Funktion, die sich unmittelbar auf die soziale Situation der Mitgliedstaaten auswirkt.

Die Investmentrichtlinie enthält gleichwohl ähnliche Regelungen wie die Pensionsfondsrichtlinie. Investmentfonds beziehungsweise ihre Verwaltungsgesellschaften sind gem. Art. 28 Investmentrichtlinie verpflichtet, Verkaufsprospekte und Jahresberichte zu erstellen, die alle für die Anleger wesentlichen Informationen enthalten müssen. Darin ist – je nach Fallgruppe – auch auf die etwaige Berücksichtung ethisch-sozial-ökologischer Belange einzugehen. Investmentfonds sind also, je nach konkreter Ausgestaltung in den nationalen Rechtsordnungen, bereits nach geltendem Recht verpflichtet, ihre Anlagegrundsätze hinsichtlich ethisch-sozial-ökologischer Belange offenzulegen.

Eine Transparenzverpflichtung nach dem Vorbild der Regelung für Pensionsfonds würde die bestehenden Transparenzverpflichtung für SRI-Investmentfonds zwar nicht wesentlich erhöhen aber ihre Bedeutung bekräftigen. Für konventionelle Investmentfonds würde eine neue Verpflichtung geschaffen, über die Nichtberücksichtigung ethisch-sozial-ökologischer Belange zu informieren.

Dies führt einerseits zu Bedenken, weil zusätzliche Informationspflichten stets zusätzliche Kosten nach sie ziehen; anderseits bewirkt ein solches auch negativ zu benennendes Kriterium – wie bereits unter (2.) ausgeführt – eine bessere Abgrenzbarkeit zwischen konventionellen Investmentfonds und SRI-Fonds.

Dagegen kann zwar angeführt werden, dass ein Markt für SRI-Fonds beziehungsweise „Nachhaltigkeitsfonds" bereit jetzt, ohne eine spezielle Transparenzpflicht, erkennbar ist.[712] Dies gilt allerdings nicht für alle Mitgliedstaaten. Vielmehr ist erkennbar, dass sich ein abgrenzbarer Markt für SRI-Investmentfonds insbesondere in den Ländern entwickelt hat, in denen durch Transparenzregelungen im Altersvorsorgebereich entsprechende gesetzgeberische Impulse gesetzt wurden.[713]

Eine verpflichtende Transparenzregelung, die vergleichbar mit den in Deutschland und Großbritannien geltenden Regelungen für Pensionsfonds alle Marktteilnehmer zur Auseinandersetzung mit ethisch-sozial-ökologische Anlageformen zwingt, hätte eine positive Impulswirkung für den gesamten europäischen Binnenmarkt für Finanzprodukte.

---

712 Vlg. Financial Times Finanzmagazin Beilage, Der Markt für nachhaltige Investments, Heft 8/2007; Handelsblatt, Nachhaltigkeitsindizes – Messlatten für Anlagen mit Moral, v. 10. 11. 2006, 32; vgl. auch die Übersicht über den deutschsprachigen Markt unter www.nachhaltiges-investment.de.

713 Namentlich die im kursorischen Rechtsvergleich untersuchten europäischen Länder.

Aus diesen Überlegungen erscheint es wahrscheinlich, dass die positiven Effekte den negativen Kosteneffekt durch zusätzliche Transparenzpflichten überwiegen. Eine gemeinschaftsrechtliche Regelung wäre zu befürworten, wenn diese Einschätzung durch eine entsprechende Folgenabschätzung bestätigt wird.

B. Europäisches Gesellschaftsrecht

I. Regelungen *de lege lata*

1. Bilanzrecht

Das europäische Bilanzrecht enthält mit der Verpflichtung zur Offenlegung nichtfinanzieller Leistungsindikatoren im Lagebericht und Konzernlagebericht gem. Art. 46 Abs. 1 lit. b) der Vierten gesellschaftsrechtlichen Richtlinie und Art. 36 Abs. 1 der Siebten gesellschaftsrechtlichen Richtlinie bereits einen richtungweisenden Regelungsansatz. Die nichtfinanziellen Leistungsindikatoren beschränken sich nicht auf soziale und ökologische Indikatoren. Wie der beispielhaft genannte Bezug auf Umwelt- und Arbeitnehmerbelange andeutet, sind ethisch-sozial-ökologische Leistungsindikatoren jedoch besonders relevant für das Verständnis des Geschäftsverlaufs, des Geschäftsergebnisses und der Lage der Gesellschaft.

Dieser Erkenntnis folgen auch die Arbeiten des International Accounting Standards Board (IASB) und seines US-amerikanischen Pendants, Financial Accounting Standards Board (FASB), an ihren gemeinsamen konzeptionellen Rahmenbedingungen für die Finanzberichterstattung.[714] Die Rechnungslegungsstrategie der Europäischen Kommission sieht vor, nur grundlegende Regelungen durch Richtlinien festzusetzen und konkretisierende Standards der Finanzberichterstattung auf internationaler Ebene im Rahmen des IASB erarbeiten zu lassen und sie anschließend durch Verordnung in Gemeinschaftsrecht zu übernehmen.[715] Auch die Konkretisierung der im Lagebericht anzugebenden nichtfinanziellen Leistungsindikatoren wird diesem System folgen.

2. Aktienrecht

Von den vielfältigen europäischen Richtlinien, die das Aktienrecht betreffen, ist für Socially Responsible Investment die jüngst verabschiedete Aktionärsrechterichtlinie 2007/36/EG von Bedeutung. Sie gewährleistet einen Mindeststandard an

---

714 IASB, FASB, Discussion Paper – Joint Conceptual Framework for Financial Reporting: The Objective of Financial Reporting and Qualitative Characteristics of Decision-useful Financial Reporting Information, 2006.

715 Mitteilung der Kommission an den Rat und das Europäische Parlament – Rechnungslegungsstrategie der EU: Künftiges Vorgehen (KOM/2000/0359); Verordnung 1606/2002/EG des Europäischen Parlaments und des Rates vom 19. Juli 2002 betreffend die Anwendung internationaler Rechnungslegungsgrundsätze.

Beteiligungsrechten für Aktionäre und ihre Ausübung und erleichtert somit *Engagement*-Strategien gegenüber Unternehmen mit Sitz in einem Mitgliedstaat.

II. Regelungen *de lege ferenda*

1. Umweltbericht und Sozialbericht als Teil des Lageberichts

Die in Großbritannien und Frankreich bestehenden Regelungen zum Lagebericht und Geschäftsbericht erweitern die gemeinschaftsrechtlich vorgeschriebenen Berichtspflichten insbesondere um Angaben zu den Auswirkungen des Unternehmens auf die Umwelt und die soziale Gemeinschaft. Diese Regelungen legen es nahe, einen Umwelt- und Klimabericht sowie einen Sozialbericht in die europäischen Vorschriften zum Lagebericht aufzunehmen. Der für die Erstellung notwendige Verwaltungsaufwand ist wirtschaftlich vertretbar, da der mit der Datenerhebung verbundene Erkenntnisgewinn zur Verbesserung der Wettbewerbsfähigkeit der Unternehmen beiträgt.

Die Integration eines Umweltberichts und Sozialberichts in den Lagebericht wäre vereinbar mit dem Konzept der europäischen Kommission, in den Bilanzrichtlinien lediglich die grundlegenden Regelungen vorzugeben. Fraglich ist, ob auch das IASB diese Bereiche in sein eigenes Rahmenkonzept miteinbeziehen und entsprechende Standards entwickeln wird. Sein US-amerikanisches Pendant hat über diese Aspekte bereits 1978 nachgedacht.[716] Angesicht der Bedenken und Abstimmungsprozesse des IASB, die bereits die Entwicklung von reinen Rechnungslegungsstandards hin zur Integration nichtfinanzieller Leistungsindikatoren verursacht, sind konkretisierende Standards auf internationaler Ebene erst mittelfristig zu erwarten.[717]

Dies wiederum spricht allerdings nicht gegen die Erweiterung der Richtlinienvorschriften zum Lagebericht. Die Verpflichtung, einen Umwelt- und Sozialbericht als Teil des Lageberichts zu erstellen, ist auch ohne konkretisierende Standards umsetzbar. Mittelfristig kann die Aufgabe, durch gemeinsame Standards die Kon-

---

716 FASB, Concepts Statement No. 1 – Objectives of Financial Reporting by Business Enterprises, 9 (para. 7): [...] descriptions of an enterprise's social or environmental impact are examples of reports giving financial information other than financial statements or giving only nonfinancial information.

717 IASB Conceptual Framework, Objective of Financial Reporting and Qualitative Characteristics – Comment Letter (20. 2. 2007), 7 (para. 20): Some respondents questioned whether an objective that is primarily focused on assessing an entity's ability to generate net cash inflows can provide an adequate basis for other types of reporting, especially reporting of nonfinancial information. Some questioned whether the Boards had the expertise and/or the authority to prescribe an objective for financial reporting other than financial statements. Those respondents noted that, in many jurisdictions, there were other bodies charged with responsibility for regulating the many types of reports included in paragraph OB 16. Finally, some respondents noted that the Boards have not yet dealt effectively with certain issues within the scope of financial statements, and that expanding the scope of the Boards' responsibility to include other types of financial reporting is inappropriate.

vergenz dieser Berichte sicherzustellen, auch durch andere Akteure wahrgenommen und vorerst der weiteren Entwicklung anheimgestellt werden.

Die Verortung des Umwelt- und Sozialberichts im Bilanzrecht, mit besonderer Adressierung an Aktionäre und potentielle Investoren, ist gegenüber einer Verortung im Umwelt-, Sozial- oder Arbeitsrecht vorzugswürdig. Sie nutzt den ordnungspolitischen Ansatz, für staatliche Regelungsaufgaben auf Selbststeuerungsmechanismen des Marktes zurückzugreifen.[718] Durch die Adressierung an den Finanzmarkt müssen die Umwelt- und Sozialinformationen so aufbereitet werden, dass sie der Beurteilung durch Finanzanalysten von institutionellen Investoren und ethisch-sozial-ökologischen Ratingagenturen standhalten. Dies gilt umso mehr, wenn mitgliedstaatliches Aktienrecht die Vorstellung und Erörterung des Lageberichts in der Hauptversammlung vorsieht. Der Anspruch an die Qualität des Inhalts ist gegenüber verbraucherorientierten Berichten wesentlich höher, da die fachkundige Beurteilung des Lageberichts die Bewertung des Unternehmens durch den Finanzmarkt beeinflusst.

Unternehmen haben somit ein eigenes Interesse daran, einen soliden Lagebericht einschließlich Umwelt- und Sozialbericht vorzulegen. Gleichzeitig wird so die Informationsgrundlage für Socially Responsible Investment Strategien verbreitert.

2. Ethisch-sozial-ökologische Unternehmensinteressen

Denkbar wäre auch eine gemeinschaftsrechtliche Definition des Unternehmensinteresses, wie sie aus der Ratio der britischen Vorschrift zu den Wohlverhaltenspflichten des Geschäftsführers folgt.[719] Die Interessen der Arbeitnehmer, der Umwelt und der sozialen Gemeinschaft würden so gesetzlich zu Interessen des Unternehmens erklärt, die die Unternehmensleitung bei ihren Entscheidungen berücksichtigen muss.[720] Eine solche gemeinschaftsrechtliche Definition des Unternehmensinteresses stände nicht im Konflikt mit einer, unter Umständen in der nationalen Rechtsordnung eines Mitgliedsstaates vorgegebenen, ausschließlichen *Shareholder-Value*-Orientierung, da ethisch-sozial-ökologischen Faktoren stets auch eine wirtschaftliche Dimension zukommt.[721]

Darüber hinaus hätte die in einer solchen Regelung enthaltene gemeinschaftsrechtliche Wertung mittelbare Ausstrahlungswirkung auf weitere Rechtsbereiche, die für Socially Responsible Investment von Bedeutung sind. Sie könnte zur Auslegung jeder gemeinschaftsrechtlichen oder nationalen Regelung herangezogen

---

718 Vorliegend würde nicht, wie beim Emissionshandel, ein vollständig neuer Markt einschließlich der damit verbundenen Institutionen und Transaktionskosten geschaffen, sondern lediglich ein bestehendes Informationsinstrument erweitert.

719 Vgl. Section 172 des britischen Unternehmensgesetzes (*Companies Act 2006*).

720 Die Gemeinschaftskompetenz könnte aus Art. 94, 95 EG-Vertrag i. V. m. den Zielsetzungen gem. Art. 3 lit. h) und Art. 6 EG-Vertrag (nachhaltige Entwicklung) abgeleitet werden.

721 Vgl. oben Seite 33 (Wirtschafts- und Wertedimension); zum *Shareholder-Value*-Konzept und CSR vgl. *Ireland*, MLR 2005, 49.

werden, die das Unternehmensinteresse oder die Lage der Gesellschaft zum Gegenstand hat. Dazu gehören insbesondere auch die für Socially Responsible Investment relevanten Regelungen des Bilanz- und Aktienrechts.

Aus ebendiesen Gründen ist allerdings auch zu bedenken, dass mit einer gemeinschaftsrechtlichen Definition des Unternehmensinteresses erheblich in die jeweiligen mitgliedstaatlichen Gesellschaftsrechtsordnungen eingegriffen würde. Eine solche Regelung hätte nicht nur Bedeutung für Socially Responsible Investment sonder für die Nachhaltigkeit der europäischen Wirtschaftsentwicklung insgesamt. Es erscheint lohnenswert, die vielfältigen möglichen positiven wie potentiell negativen Auswirkungen durch eine Rechtsfolgenuntersuchung abzuschätzen. Dabei ist durchaus wahrscheinlich, dass das Ergebnis positiv ausfallen wird.

Ausblick

Socially Responsible Investment gewinnt mehr und mehr an Bedeutung. Es ist kein Instrument oder System, das auf dem Reißbrett des Gesetzgebers entstanden ist, sondern entspringt einem marktwirtschaftlichen Prozess. Die gesetzlichen Rahmenbedingungen haben bislang Raum für diese Entwicklung geboten. Gleichwohl hat die Untersuchung gezeigt, dass die Möglichkeiten und Grenzen von Socially Responsible Investment maßgeblich von Rechtsvorschriften bestimmt werden, bei deren Entstehung die mit Socially Responsible Investment verbundenen Fragestellungen noch weitgehend unbekannt waren.

Die starke Marktentwicklung von Socially Responsible Investment fällt zusammen mit dem Durchbruch in der Klimaschutzdebatte durch den Vierten UN-Klimaschutzbericht und die Weltklimakonferenz in Bali 2007. Es setzt sich in Politik und Wirtschaft zunehmend die An- und Einsicht durch, dass der für die Weltwirtschaft die nächsten Jahrzehnte bestimmende Wachstumsfaktor aller Voraussicht nach die *Green Economy* sein wird.

Socially Responsible Investment ist gleichzeitig Instrument und Folge der Anpassung des Kapitalmarktes an die Anforderungen einer *Green Economy*. Als Instrument treibt Socially Responsible Investment eine Entwicklung an, die gerade erst an Momentum gewinnt. Infolge dieser Entwicklung werden auch konventionelle Intermediäre zunehmend gezwungen sein, die wirtschaftliche Bedeutung ethischer, sozial und ökologischer Faktoren in ihren Investmentstrategien zu berücksichtigen. Am Ende dieser Entwicklung könnte eine neue Balance von *Shareholder Value* und *nachhaltiger Entwicklung* stehen.

Der Kapitalmarkt ist ein feinfühliger Indikator und bedeutender Einflussfaktor für wirtschaftliche Entwicklungen. Der an einer nachhaltigen Wirtschaftsentwicklung interessierte Gesetzgeber ist gefordert, der sich in Socially Responsible Investment manifestierenden Dynamik optimale Rahmenbedingungen zu schaffen. Insbesondere auf Gemeinschaftsebene besteht die Möglichkeit, bei der Gestaltung des gemeinsamen Marktes für Kapital und Finanzdienstleistungen, namentlich im Kapitalanlage- und Bilanzrecht, bessere Rahmenbedingungen für Socially Responsible Investment zu entwickeln.

Literaturverzeichnis

Fachbücher, Kommentare, Monographien, Festschriften, Dissertationen

Adler, Hans (Begr.); Düring, Walther; Schmaltz, Kurt	Adler/Düring/Schmaltz (ADS), Rechnungslegung und Prüfung der Unternehmen, 2. Teilband, 6. Aufl., Stuttgart 1995 Adler/Düring/Schmaltz (ADS International), Rechnungslegung nach Internationalen Standards, Stuttgart, Losebl. Stand: 12/2006
Assmann, Heinz-Dieter; Schneider, Uwe; u.a. (Hersg.)	Wertpapierhandelsgesetz Kommentar, 5. Aufl., Köln 2009
Assmann, Heinz-Dieter; Schütze, Rolf	Handbuch des Kapitalanlagerechts, 3. Aufl., München 2007
Bach, Alexander	Umweltrisiken im handelsrechtlichen Jahresabschluss und in der Steuerbilanz, Schriften zur Bilanz- und Steuerlehre (Bd. 25) Stuttgart 1996.
Baetge, Jörg; Kirsch, Hans-Jürgen; Thiele, Stefan	Bilanzen, 9. Aufl., Düsseldorf 2007
Baumbach, Adolf (Begr.); Hefermehl, Wolfgang; Köhler, Helmut; Bornkamm, Joachim	Wettbewerbsrecht, 25. Aufl., München 2007
Baumbach, Adolf; Hueck, Alfred (Hrsg.)	GmbH-Gesetz, 18. Aufl., München 2006
Baums, Theodor (Hrsg.)	Bericht der Regierungskommission Corporate Governance vom 10. 7. 2001, 1. Aufl., Köln 2001
Baums, Theodor; Wymeersch, Eddy (Hrsg.)	Shareholder Voting Rights and Practices in Europe and the United States, 1. Aufl., Den Haag, Lonston, Boston 1999
Baur, Jürgen	Investmentgesetze Kommentar, 2. Aufl., Berlin, New York 1997
Beckmann, Klaus; Scholtz, Rolf-Detlev; Flachmann, Klaus	Investment – Handbuch für das gesamte Investmentwesen, Köln, Losebl. Stand: 07/2007
Beckmann, Roland; Beckmann-Matusche, Annemarie (Hrsg.)	Versicherungsrechtshandbuch, 2. Aufl., München 2009
Beschorner, Thomas; Brink, Alexander; Schumann, Olaf (Hrsg.)	Unternehmensethik – Forschungsperspektiven zur Verhältnisbestimmung von Unternehmen und Gesellschaft. Ethik und Ökonomie, Band 4, 1. Aufl., Marburg 2009
Blomeyer, Wolfgang; Otto, Klaus; Rolfs, Christian	Betriebsrentengesetz. Gesetz zur Verbesserung der betrieblichen Altersvorsorge, 4. Aufl., München 2006
Bödecker, Carsten (Hrsg.)	Handbuch Investmentrecht, 1. Aufl., Bad Soden/Taunus 2007
Bohl, Werner; Riese; Joachim; Schlüter, Jörg	Beck'sches IFRS-Handbuch, 2. Aufl., München, Wien, Bern 2006

Boos, Karl-Heinz; Fischer Reinfrid; Schulte-Mattler, Hermann	Kreditwesengesetz Kommentar, 2. Aufl., München 2004
Breuer, Wolfgang; Gürtler, Marc; Schuhmacher, Frank	Portfoliomanagement: theoretische Grundlagen und praktische Anwendungen, 1. Aufl., Wiesbaden 1999
Brinkhaus, Josef (Hrsg.); Baltzer, Corinna	Gesetz über Kapitalanlagegesellschaften, Auslandinvestment-Gesetz, 1. Aufl., München 2003
Brighty, Richard	UK pension funds and SRI: an analysis of drivers and obstacles, Nottingham 2004 (Diss. Nottingham 2004)
Budde, Wolfgang Dieter (Begr.); Ellrott, Helmut (Hrsg.)	Beck'scher Bilanz-Kommentar 6. Aufl., München 2006
Bundesanstalt für Finanzdienstleistungsaufsicht	Kommentierung Altersvorsorgeverträge-Zertifizierungsgesetz, Stand: 15. 9. 2006
Chalmers, Damian; Hadjimmanuil, Christos; Monti, Giorgio; Tomkins, Adam	European Union Law – Text and Materials, 1. Aufl., Cambridge 2005
Dörner, Dietrich; Menold, Dieter; Pfitzer, Norbert; Oser, Peter	Reform des Aktienrechts, der Rechnungslegung und der Prüfung, 2. Aufl., Stuttgart 2003
Ebenroth, Karl-Heinz; Boujong, Carsten; Joost, Detlev	Handelsgesetzbuch, 1. Aufl., München 2001
Ek, Ralf	Praxisleitfaden für die Hauptversammlung, 1. Aufl., München 2005
Empt, Martin	Corporate Social Responsibility, Das Ermessen des Managements zur Berücksichtigung von Nichtaktionärsinteressen im US-amerikanischen und deutschen Aktienrecht, Berlin 2004 (Diss. Göttingen 2003)
Ewert, Jonas	Wettbewerbsrechtliche Beurteilung von Umweltwerbung ohne Produktqualitätsbezug nach deutschem Recht und europäischem Gemeinschaftsrecht, 1. Aufl., Berlin 1999 (Diss. Frankfurt 1997)
Fahr, Ulrich; Kaulbach, Detlef; Bähr, Gunne	Versicherungsaufsichtsgesetz, 4. Aufl., München 2007
Fischer, Jörg; Baetge, Thomas; Paskert, Dierk	Der Lagebericht: Aufstellung, Prüfung und Offenlegung, 1. Aufl., Stuttgart 1989
Förschle, Gerhart; Kaiser, Klaus; Moxter, Adolf (Hrsg.)	Rechenschaftslegung im Wandel – Festschrift für Wolfgang Dieter Budde, München 1995
Förster, Wolfgang; Hertrampf, Urte	Das Recht der Investmentfonds – Europarechtlicher Rahmen und nationale Gesetzgebung, 3. Aufl., Neuwied 2001
Gadow, Wilhelm (Begr.); Barz, Carl Hans; Hopt, Klaus (Hrsg.), Assmann, Heinz-Dieter (Bearb.)	Aktiengesetz Großkommentar, 3. Aufl., Berlin, New York 1973 (Stand: 1992)
Gavanou, Jean-François; Valin, Gérard; Ricol, René (Hrsg.)	Gouvernance sociale et fonds de pension, 1. Aufl., Paris 2004
Geßler, Ernst; Hefermehl, Wolfgang; Eckardt, Ulrich; Kropff, Bruno	Aktiengesetz, 2. Aufl., München 1974

Grabitz, Eberhard (Begr.); Hilf, Meinhard (Hrsg.)	Das Recht der Europäischen Union, (Bd. II EUV/EGV), München, Losebl. Stand: 10/2006
Grohmann, Uwe	Das Informationsmodell im Europäischen Gesellschaftsrecht, Schriften zum Europäischen und Internationalen Privat-, Bank-, und Wirtschaftsrecht (Bd. 17), Berlin 2006 (Diss. Berlin 2006)
Grundmann, Stefan	Der Treuhandvertrag, 1. Aufl., München 1997
ders.	Europäisches Gesellschaftsrecht : eine systematische Darstellung unter Einbeziehung des europäischen Kapitalmarktrechts, Schriftenreihe IUS COMMUNITATIS (Bd. 1), 1. Aufl., Heidelberg 2004
Grundmann, Stefan (Hrsg.)	Systembildung und Systemlücken in Kerngebieten des Europäischen Privatrechts, 1. Aufl., Tübingen 2000
Grundmann, Stefan; Hofmann, Christian; Möslein, Florian	Finanzkrise und Wirtschaftsordnung, Schriften zum europäischen und internationalen Privat-, Bank- und Wirtschaftsrecht, Bd. 32, Berlin 2009
Habersack, Mathias	Vertragsfreiheit und Drittinteressen, 1. Aufl., Berlin 1991 (Diss. Heidelberg 1991)
ders.	Europäisches Gesellschaftsrecht, 3. Aufl., München 2006
Habersack, Mathias; Mülbert, Peter; Schlitt, Michael	Unternehmensfinanzierung am Kapitalmarkt, 1. Aufl., Köln 2005
Hairong, Yan	Comparing SRI strategies in the context of the US & the UK, Nottingham 2004 (Diss. Nottingham 2004).
Hayn, Sven; Waldersee, Georg Graf	IFRS/US-GAAP/HGB im Vergleich, Synoptische Darstellung für den Einzel- und Konzernabschluss, 5. Aufl., Stuttgart 2004
Heermann, Peter; Hirsch, Günter	Münchener Kommentar zum Lauterkeitsrecht, 1. Aufl., München 2006
Heidel, Thomas (Hrsg.)	Aktienrecht und Kapitalmarktrecht, 2. Aufl., Baden-Baden 2007
Hoffmann-Becking, Michael	Münchener Handbuch des Gesellschaftsrechts, 3. Aufl., München 2007
Hommelhoff, Peter; Hopt, Klaus; v.Werder, Axel	Handbuch Corporate Governance – Leitung und Überwachung börsennotierter Unternehmen in der Rechts- und Wirtschaftspraxis, 1. Aufl., Köln und Stuttgart 2003
Hopt, Klaus; Wymeersch, Eddy	Capital Markets and Company Law, 1. Aufl., Oxford 2002
Hopt, Klaus; Wymeersch, Eddy; Kanda, Hideki; Baum, Harald (Hrsg.)	Corporate Governance in Context, 1. Aufl., Oxford 2005
Hüffer, Uwe	Aktiengesetz, 8. Aufl., München 2008
Korff, Wilhelm; u. a. (Hrsg.)	Handbuch der Wirtschaftsethik, Bd. 2 Ethik wirtschaftlicher Ordnungen, 1. Aufl., Gütersloh 1999
Kropff, Bruno; Semler, Johannes	Münchener Kommentar zum Aktiengesetz, 2. Aufl. (vormals Geßler/Hefermehl/Eckhardt/Kropff), München 2004
Kümpel, Siegfried	Bank- und Kapitalmarktrecht, 3. Aufl., Köln 2004
Mächtel, Thomas	Erfolgsfaktoren ökologisch ausgerichteter Anlagefonds im deutschsprachigen Raum, 1. Aufl., Bamberg 1996 (Diss. St. Gallen 1996)
Marthaler, Daniel; Stern, Elisabeth; Brenner, Martin	Grünes Geld für unsere Zukunft, 1. Aufl., Muri 1997
McLeod, Sorcha (Hrsg.)	Global Governance and the Quest for Justice (Bd. 2 – Corporate Governance), 1. Aufl., Oxford Portland 2006

Merkt, Hanno; Göthel, Stephan	US-amerikanisches Gesellschaftsrecht, 2. Aufl., Frankfurt 2006
Palandt, Otto (Hrsg.); Bassenge, Peter (Bearb.)	Bürgerliches Gesetzbuch, 68. Aufl., München 2009
Pinner, Wolfgang	Ethische Investments, 1. Aufl., Wiesbaden 2003
Posner, Richard Allen	Economic Analysis of Law, 6. Aufl., New York 2003
Prölss, Erich; Kollhosser, Helmut	Versicherungsaufsichtsgesetz, 12. Aufl., München 2005
Rebmann, Kurt; Säcker, Franz Jürgen (Hrsg.)	Münchener Kommentar zum Bürgerlichen Gesetzbuch, 4. Aufl., München 2001
Riesenhuber, Karl; u. a. (Hrsg.)	Europäische Methodenlehre – Grundfragen der Methoden des Europäischen Privatrechts, Schriften zum Europäischen und Internationalen Privat-, Bank-, und Wirtschaftsrecht (Bd. 2), Berlin 2006
Ringleb, Henrik-Michael; Kremer, Thomas; Lutter, Markus; v.Werder, Axel	Kommentar zum Deutschen Corporate Governance Kodex, 3. Aufl., München 2008
Roggatz, Claus	Informationspflichten von Investmentgesellschaften: Analyse der gesetzlichen Publizitätsvorschriften zur Verbesserung der investmentrechtlichen Transparenz und des Anlegerschutzes, Frankfurt, Berlin, Bern, Brüssel 2003 (Diss., Hamburg 2003)
Schäfer, Frank	Anlegerschutz und die Sorgfalt eines ordentlichen Kaufmanns bei der Anlage der Sondervermögen durch Kapitalanlagegesellschaften, Studien zum Bank- und Börsenrecht (Bd. 17), Baden Baden 1987 (Diss. Göttingen 1986)
Schneider, Dieter; Rückle, Dieter; Küpper, Hans-Ulrich; Wagner, Franz (Hrsg.)	Kritisches zu Rechnungslegung und Unternehmensbesteuerung – Festschrift für Theodor Siegel, Berlin 2005
Scherer, Andreas; Hütter, Gerhard; Maßmann, Lothar (Hrsg.)	Ethik für den Kapitalmarkt? Orientierungen zwischen Regulierung und Laisser-faire 1. Aufl, München, Mering 2003
Schimansky, Herbert; Bunte, Hermann-Josef; Lwowski, Hans-Jürgen (Hrsg.)	Bankrechtshandbuch, 3. Aufl., München 2007
Schlegelberger, Franz; Hefermehl, Wolfgang	Handelsgesetzbuch, 4. Aufl., Berlin, Frankfurt 1964
Schmidt, Karsten	Gesellschaftsrecht, 4. Aufl, Köln, Berlin, Bonn, München 2002
Schmidt, Karsten (Hrsg.)	Münchener Kommentar zum Handelsgesetzbuch (Bd. 4), 2. Aufl., München 2008
Schubert, Werner (Hrsg.)	Hundert Jahre modernes Aktienrecht, Zeitschrift für Unternehmens- und Gesellschaftsrecht, Sonderheft 4, Berlin, New York 1985
Schuhmacher-Hummel, Ingeborg	Die Rolle von Pensionskassen im Bereich Socially Responsible Investments – Einflussfaktoren eines aktiven Aktionärstums, Diss. St. Gallen 2005
Schulze, Rainer (Hrsg.)	Auslegung europäischen Privatrechts und angeglichenen Rechts, 1. Aufl., Baden-Baden 1999
Schüppen, Matthias; Schaub, Bernhard	Münchener Anwalts-Handbuch Aktienrecht, 1. Aufl., München 2005
Schwarz, Günter	Europäisches Gesellschaftsrecht, 1. Aufl., Baden-Baden 2000

Schwintowski, Hans-Peter; Schäfer, Frank	Bankrecht, 2. Aufl., Köln, Berlin, Bonn, München 2004
Spremann, Klaus	Portfoliomanagement, 2. Aufl., München, Wien 2003
Staub, Hermann (Begr.); Canaris, Claus-Wilhelm (Hrsg.)	Bankvertragsrecht in Handelsgesetzbuch Großkommentar (Bd. 3, 3. Teil-Bd.), 3. Aufl., Berlin 1981
Staub, Hermann (Begr.); Canaris, Claus-Wilhelm; Schilling, Wolfgang; Ulmer, Peter (Hrsg.)	Handelsgesetzbuch Großkommentar (Bd. 3, 1. Teil-Bd.), 4. Aufl., Berlin 2002
Winnefeld, Robert	Bilanz-Handbuch: Handels- und Steuerbilanz, rechtsformspezifisches Bilanzrecht, bilanzielle Sonderfragen, Sonderbilanzen, IAS/US-GAAP, 4. Aufl., München 2006
Winter, Gerd (Hrsg.)	Multilevel Governance of Global Environmental Change, 1. Aufl., Cambridge 2006
Zöllner, Wolfgang; Noack, Ulrich (Hrsg.)	Kölner Kommentar zum Aktiengesetz, 1. Aufl., Köln Berlin München 1985, 2. Aufl., Köln Berlin München 1996

Aufsätze

Abram, Nils	Ansprüche von Anlegern wegen Verstoßes gegen § 161 AktG oder den Deutschen Corporate Governance Kodex – ein Literaturbericht, ZBB 2003, 41
Arbeitskreis Externe Unternehmensrechnung	Externe Corporate Governance Berichterstattung, DB 2006, 1069 Grundsätze für das Value Reporting, DB 2003, 2337
Arlow, Peter; Gannon, Martin,	Social Responsiveness, Corporate Structure, and Economic Performance, The Academy of Management Review 1982, 235
Bachmann, Gregor	Verwaltungsvollmacht und „Aktionärsdemokratie“: Selbstregulative Ansätze für die Hauptversammlung, AG 2001, 635
Baetge, Jörg; Prigge, Cord	Anforderungen an verpflichtende, empfohlene und freiwillige Angaben des Konzernlageberichts, DB 2006, 401
Baetge, Jörg; Schulze, Dennis	Möglichkeiten der Objektivierung der Lageberichterstattung über „Risiken künftiger Entwicklung“, DB 1998, 937
Bälz, Kilian	Islamische Aktienfonds in Deutschland, BKR 2002, 447
Bassen, Alexander	Einflussnahme institutioneller Anleger auf Corporate Governance und Unternehmensführung – Ergebnisse einer empirischen Untersuchung, ZBB 2005, 430
Baums, Theodor; Fraune, Christian	Institutionelle Anleger und Publikumsgesellschaft: Eine empirische Untersuchung, AG 1995, 97
Beiersdorf, Kati; Buchheim, Regine	IASB-Diskussionspapier Management Commentary – Export des deutschen Lageberichts als Managementbericht?, BB 2006, 96
Bello, Zakri	Socially Responsible Investment and Portfolio Diversification, Journal of Financial Research 2005, 41
Bloom, Paul; Ginsberg, Jill	Choosing the Right Green Marketing Strategy, SMR (MIT Sloan Management Review) 2004, 79
Buchheim, Regine; Knorr, Liesel	Der Lagebericht nach DRS 15 und internationale Entwicklungen, WPg 2006, 413
Coing, Helmut	Europäisierung der Rechtswissenschaft, NJW 1990, 938
Crezelius, Georg	Jahresabschlusspublizität bei deutscher Kapitalgesellschaft, ZGR 1999, 252

Dannheisig, Hans-Jürgen	Die Bedeutung nachhaltiger Investments für die deutsche Pensionsindustrie, ZKredW 2003, 411
Davidsson, Pall	Legal enforcement of corporate social responsibility within the EU, Columbia Journal of European Law 2002, 529
Dürr, Wolfram	„Ethische Investmentfonds" in Deutschland?, ZIP 1991, 286
ders.	Gedanken zur Bezeichnung von Investmentfonds und deren Anlagegrundsätzen, WM 1989, 933
Ebenroth, Carsten; Wilken, Oliver	Zum Auskunftsrecht des Aktionärs im Konzern, BB 1993, 1818
Eidenmüller, Horst	Kapitalgesellschaftsrecht im Spiegel der ökonomischen Theorie, JZ 2001, 1041.
Ellerkmann, Leistikow	Neuerungen nach dem Investmentgesetz, BB 2003, 2693
Faylor, John	Irreführung und Beweislast bei umweltbezogener Werbung, WRP 1990, 725
Fischer zu Cramburg, Ralf	EU verabschiedet Aktionärsrechterichtlinie: Kaum Anpassungsbedarf für deutsches Recht, NZG 2007, 224
Fock, Till	Kollektive Vermögensverwaltung zwischen Investmentrecht und Kreditwesengesetz, ZBB 2004, 365
Geltman, Elizabeth	Environmental activism and the ethical investor, Journal of Corporation Law 1997, 465
Groß, Wolfgang	Informations- und Auskunftsrecht des Aktionärs, AG 1997, 97
Großfeld, Bernhard; Möhlenkamp, Andreas	Zum Auskunftsrecht des Aktionärs, ZIP 1994, 1425,
Grumann, Marc-Olaf	Prospektbegriff, -pflicht und -verantwortlichkeit im Rahmen der allgemeinen bürgerlich-rechtlichen Prospekthaftung im engeren Sinne, BKR 2002, 310
Grundmann, Stefan	Europäisches Handelsrecht – vom Handelsrecht des laissez faire im Kodex des 19. Jahrhunderts zum Handelsrecht der sozialen Verantwortung, ZHR 163 (1999), 635
ders.	Richtlinienkonforme Auslegung im Bereich des Privatrechts – insbesondere: der Kanon der nationalen Auslegungsmethoden als Grenze, ZEuP 1996, 399
ders.	Einwirkungen von EG-Richtlinien des Privat- und Wirtschaftsrechts auf nationales Recht – Deckungsgleichheit zumindest im Mindestniveau, JuS 2002, 768
Grundmann, Stefan; Winkler, Nina	Das Aktionärsstimmrecht in Europa und der Kommissionsvorschlag zur Stimmrechtsausübung in börsennotierten Gesellschaften, ZIP 2006, 1421
Grünewälder, Otto	Shareholder-Value-Konzept/International Accounting Standards: Auswirkungen auf die deutsche Unternehmenskultur, AG 1996, 447
Günther, Thomas; Beyer, Dirk	Value Based Reporting – Entwicklungspotentiale der externen Unternehmensberichterstattung, BB 2001, 1623
Haferstock, Bernd; Rößler, Norbert	„Prudent Man Principle" – Anforderungen an das Vermögensmanagement von Pensionsfonds, DB 1999, 2273
Hanloser, Stefan	Proxy-Voting, Remote-Voting und Online-HV; § 134 III 3 AktG nach dem NaStraG, NZG 2001, 355
Hennig-Thurau, Thorsten; Hansen, Ursula; Bornemann, Daniel	Marktchancen sozial-ökologischer Geldanlagen bei privaten Investoren: Eine verhaltenswissenschaftliche Analyse, Zeitschrift für Angewandte Umweltforschung (ZAU), 2001, 198
Hetherington, John	Corporate social responsibility, stockholders, and the law, Journal of contemporary business 1973, 45

Hockerts, Kai; Moir, Lance	Communicating Corporate Responsibility to Investors: The Changing Role of the Investor Relations Function Hockerts, Journal of Business Ethics 2004, 85
Hüther, Mario; Spindler, Gerald	Das Internet als Medium der Aktionärsbeteiligung in den USA, RIW 2000, 329
Hüther, Mario	Namensaktien, Internet und die Zukunft der Stimmrechtsvertretung, AG 2001, 68
Ireland, Paddy	Shareholder Primacy and the Distribution of Wealth, Modern Law Review (MLR) 2005, 49
Kirchner, Christian	Kommentar zum Beitrag: Das Spannungsverhältnis zwischen Dynamik und Stabilität bei der Rechnungslegungsregulierung: Fehlentwicklungen in der EU, BFuP 2007, 554
ders.	Regulierung durch Unternehmensführungskodizes (Codes of Corporate Governance), zfbf-Sonderheft 2002, 93
Kirchner, Christian; Schmidt, Matthias	Hybride Regelsetzung im Recht der Unternehmensrechnungslegung – Fehlentwicklungen im europäischen Gemeinschaftsrecht, BFuP 2006, 387
Kocher, Eva	Unternehmerische Selbstverpflichtungen zur sozialen Verantwortung – Erfahrungen mit sozialen Verhaltenskodizes in der transnationalen Produktion, RdA 2004, 27
Kolk, Ans	Sustainability reporting, vba journaal (University of Amsterdam Business School) 2005, 34
Köndgen, Johannes; Schmies, Christian	Die Neuordnung des deutschen Investmentrechts, WM Sonderbeilage 1/2004
Kuntze, Wolfgang	„Ethische" Investmentfonds, WM 1991, 929
Lang, Norbert	Doppelnormen im Recht der Finanzdienstleistungen, ZBB 2004, 289
Lee, Ian	Corporate law, profit maximization, and the responsible shareholder, Stanford Journal of Law, Business and Finance 2005, 31
Lentfer, Thies; Weber, Stefan	Das Corporate Governance Statement als neues Publizitätsinstrument, DB 2006, 2357
Lutter, Marcus	Die Auslegung angeglichenen Rechts, JZ 1992, 593
Malecki, Catherine	Informations sociales et environnementales: de nouvelles responsabilités pour les sociétés cotées?, Recueil Dalloz 2003, 818
Mertens, Hans-Joachim	Das Minderheitsrecht nach § 122 Abs. 2 AktG uns seine Grenzen, AG 1997, 481
Meyer, Falk; Claes, Christina	Die ökologisch-ethische Berichtspflicht für Altersvorsorgeprodukte – eine Herausforderung für Finanzdienstleister, ZVerWiss 2003, 249
Monsma, David; Buckley, John	Non-financial corporate performance: The material edges of social and environmental disclosure, University of Baltimore Journal of Environmental Law Review 2004, 151
Muthreich, Gabriele; Demoulin, Charles	Investment Trusts and Corporate Governance: what does the market expect?, ZKredW 2004, 420
Newberg, Joshua	Corporate codes of ethics, mandatory disclosure, and the market for ethical conduct, Vermont Law Review 2005, 253
Noack, Ulrich	Der Vorschlag für eine Richtlinie über Rechte von Aktionären börsennotierter Gesellschaften, NZG 2006, 321
ders.	Neue Entwicklungen im Aktienrecht und moderne Informationstechnologie 2003 2005, NZG 2004, 297
Paulus, Joachim	Umweltwerbung – Nationale Maßstäbe und europäische Regelungen, WRP 1990, 739
Preußner, Joachim	Deutscher Corporate Governance Kodex und Risikomanagement, NZG 2004, 303

Pürsten, Wilfried; Stolzenburg, Heinz-Dietrich	Aufsichtsaspekte zur kleinen KAGG Novelle, ZfK 1987, 188
Ratschow, Eckart	Die Aktionärsrecht-Richtlinie – neue Regeln für börsennotierte Gesellschaften, DStR 2007, 1402
Rehberg, Markus	Der staatliche Umgang mit Information – Das europäische Informationsmodell im Lichte von Behavioral Economics, German Working Papers in Law and Economics, 2007, Artikel 12
Richardson, Benjamin	Enlisting institutional investors in environmental regulation: some comparative and theoretical perspectives, North Carolina Journal of International Law and Commercial Regulation 2002, 247
Romano, Roberta	Less is more: Making institutional investor activism a valuable mechanism of corporate governance, Yale Journal of Regulation, 2001, 174
Russo, Michael; Fouts, Paul	A Resource-Based Perspective on Corporate Environmental Performance and Profitability, Academy of Management Journal, 1997, 534
Sáinz de Vicuña, Antonio	The Legal Integration of Financial Markets of the Euro Area, European Business Law Review (EBLR) 2001, 223
Schäfer, Henry	Portfolioselektion und Anlagepolitik mittels Ethik-Filtern – ein Überblick zum Stand der empirischen Kapitalmarktforschung, Kredit und Kapital 2002, 101
ders.	Triple Bottom Line Investing – Ethik, Rendite und Risiko in der Kapitalanlage, ZKredW 2001, 740
ders.	Wie nachhaltig ist die Geldanlage in Deutschland?, ZKredW 2005, 558
Schmidt, Jessica	Die geplante Richtlinie über Aktionärsrechte und ihre Bedeutung für das deutsche Aktienrecht, BB 2006, 1641
dies.	Stimmrechtsvertretung und Stimmrechtsausübung „in absentia" in Deutschland und Großbritannien, NZG 2006, 487
Schoenheit, Ingo	Nachhaltiges Investment als Kommunikationsaufgabe, UmweltWirschaftsForum 2004, 93
Schön, Wolfgang	Anmerkung zu EuGH, C-97/96 Daihatsu, zur Angleichungskompetenz der Gemeinschaft, JZ 1998, 195
Strawser, Joyce; Gelb, David,	Corporate Social Responsibility and Financial Disclosures: An Alternative Explanation for Increased Disclosure, Journal of Business Ethics 2001, 1–13
Thaeter, Ralf; Guski, Roman	Shareholder Activism: Gesellschaftsrechtliche Schranken aktiven Aktionärsverhaltens, AG 2007, 301
Trèbulle, François Guy	La comptabilisation de l'environnement, Droit des sociétés, 2004, 10
ders.	Entreprise et développement durable, Semaine Juridique 2006, 309
Waddock, Sandra; Graves, Samuel	The Corporate Social Performance–Financial Performance Link, Strategic Management Journal 1997, 303
Wand, Peter; Tillmann, Tobias	EU-Richtlinienvorschlag zur Erleichterung der Ausübung von Aktionärsrechten, AG 2006, 443
Wimsheim, Klaus	Neuerungen im (Konzern-)Lagebericht durch das Bilanzrechtsreformgesetz (BilReG) – Anforderungen und ihre praktische Umsetzung, DStR 2005, 438
Wolf, Klaus	Neuerungen im (Konzern-)Lagebericht durch das Bilanzrechtsreformgesetz (BilReG) – Anforderungen und ihre praktische Umsetzung, DStR 2005, 438
ders.	Anmerkungen zur Risikoberichterstattung vor dem Hintergrund der aktuellen Entwicklungen im Value Reporting DStR 2003, 1089

Studien, Berichte und Arbeitspapiere

Ang, Andrew	The Norwegian Government Pension Fund: The Divestiture of Wal-Mart Stores Inc., Columbia Case Study, New York 2008
Barberis, Nicholas; Shleifer, Andrei	Style Investing, Harvard Institute of Economic Research Discussion Paper No. 1908, Cambridge 2002
Bassen, Alexander; Hölz, Hanns-Michael; Schlange, Joachim	The Influence of Corporate Responsibility on the Cost of Capital, Hamburg 2006
Bauer, Rob; Koedijk, Kees; Otten, Rogér	International Evidence on Ethical Mutual Fund Performance and Investment Style, Maastricht 2002
Beck, Roland; Fidora, Michael	The Impact of Sovereign Wealth Funds on Global Financial Markets, European Central Bank Paper no 91, Frankfurt 2008
Booz & Co; Robeco	A Paradigm Shift – From Niche to Mainstream, Booz&Co/Robeco White Paper, Rotterdamm 2008
Bowen, Alun; Brown, Nick; Lagan, Attracta; u. a.	Beyond Numbers – How Leading Organizations Link Values With Value to Gain Competitive Advantage, KPMG White Paper 2002
Bundesministerium für Umwelt, Naturschutz und Reaktorsicherheit (BMU)	Mehr Wert: Ökologische Geldanlagen, 1. Aufl., Berlin 2003
Bundesverband Investment und Asset Management (BVI)	Wohlverhaltensregeln 2006, Frankfurt 2006
Butz, Christoph	Performance nachhaltiger Anlagen – Wertschöpfung durch Faktorzerlegung, Banque Pictet Arbeitspapier, Genf 2003
Cespa,Giovanni; Cestone, Giacinta,	Stakeholder Activism, Managerial Entrenchment, and the Congruence of Interests between Shareholders and Stakeholders, Working Paper Institut d'Analisi Economica, Universitat Pompeu Fabra 2002
Clausen, Jens; Loew, Thomas	Mehr Glaubwürdigkeit durch Testate? Internationale Analyse des Nutzens von Testaten in der Umwelt- und Nachhaltigkeitsberichterstattung, Berlin Hannover 2005
Deloitte	Langfristig mehr Wert – Nichtfinanzielle Leistungsindikatoren mit Nachhaltigkeitsbezug auf dem Weg in die Geschäftsberichte deutscher Unternehmen, Düsseldorf 2006
ders.	Nachhaltig mehr Wert – Der Informationsbedarf von Investoren und Analysten nach branchenspezifischen „Sustainable Development Key Performance Indicators" (SD-KPIs) in Lageberichten deutscher Unternehmen, Düsseldorf 2007
Deutscher Bundestag	Schlussbericht der Enquete-Kommission Globalisierung der Weltwirtschaft – Herausforderungen und Antworten, BT-Drucks. 14/9200
Deutsches Rechnungslegungs Standards Committee	IASB Diskussionapapier Management Commentary, Öffentliche Diskussion, München 2005
Dexia Asset Management	SRI – Nachhaltige und sozial verantwortliche Geldanlagen, Luxemburg 2006
Dlugolecki, Andrew; Lafeld, Sascha	Climate Change & the Financial Sector: An Agenda for Action, Allianz/WWF Studie, London 2005
Duncan, Austin; Rosinski, Niki; Sauer, Amanda; leDuc, Collin	Changing Drivers: The Impact of Climate Change on Competitiveness and Value Creation in the Automotive Industry, Zürich 2005

Ethical Investment Research Services (EIRIS)	Valuing ESG issues – a survey of investors, London 2007
European Social Investment Forum (Eurosif)	European Legal Briefing: A current view of SRI and CSR issues relating to recent European laws, Paris 2007
ders.	Active share ownership in Europe, Paris 2006
ders.	Pension Programme – Socially Responsible Investment, 1. Aufl., Paris 2004
ders.	Socially Responsible Investment among European Institutional Investors, 1. Aufl., Paris, 2003
ders.	European SRI Study 2006, Paris 2006
ders.	SRI Transparenzleitlinien für Publikumsfonds, 1. Aufl., Paris 2004
ders.	Active Share Ownership in Europe, 1. Aufl., Paris 2006
ders.	Primer for Responsible Investment Management of Endowments, Paris 2006
ders.	Socially Responsible Investment among European Institutional Investors, Paris 2003
EuroStat	European Business – Facts and Figures, Luxemburg 2006
Financial Accounting Standards Board	Statement of Financial Accounting Conceps No. 1 – Objectives of Financial Reporting by Business Enterpreises, Norwalk 1978
ders.	Concepts Statement No. 1 – Objectives of Financial Reporting by Business Enterprises, Norwalk 1978
Garz, Hendrik; Kudszus, Volker; Volk, Claudia	Insurance and Sustainability – Playing with Fire, WestLB Equity Markets, London 2004
Garz, Hendrik; Kudszus, Volker; Gilles, Martin	From Economics to Sustainomics: SRI – Investment style with a future, WestLB Equity Markets, London 2002
dies.	Lust auf mehr? SRI: Performance mit gutem Gewissen, WestLB Equity Markets, London 2002
Geisler, Sonia; Schrader, Ulf	Auswertung wissenschaftlicher Anforderungen an die Nachhaltigkeitsbewertung von Unternehmen, muk-Forschungsbericht, Hannover 2002
Global Reporting Initiative	Sustainability Reporting Guidlines, Amsterdam 2002
Goetz, Friederike; Czymmek, Frank	Der Beitrag des Öko-Rating für die unternehmerischen Stakeholder, Arbeitsberichte zum Umweltmanagement Nr. 12, Köln 2002
Gorge, Alana; Edgerton, Nick; Berry, Tom	Mainstreaming Socially Responsible Investment (SRI): A role for government?, Institute for Sustainable Futures 2005
Guenster, Nadja; Derwall, Jeroen; Bauer, Rob; Koedijk, Kees	The Economic Value of Corporate Eco-Efficiency, Rotterdam 2005
dies.	The Eco-Efficiency Premium Puzzle, Rotterdam 2004
Hamid, Nizam; Sandfort, Yvonne	Portfolio, Index & Futures Research – Are SRI indices responsible?, Deutsche Bank AG European Equity Research, London 2002
Hummels, Harry; Willeboordse, Joppe; Timmer, Diederik	Corporate Shareholder Engagement, Investitgating corporate governance and sustainability in relation between Dutsch corportations and their investors, Studie, Universiteit Nyenrode, 2004
Intergovernmental Panel on Climate Change	Fourth Assessment Report, Climate Change, Genf 2007
International Accounting Standards Board (IASB)	A Roadmap for Convergence between IFRSs and US GAAP–2006–2008, Memorandum of Understanding between the FASB and the IASB (27 February 2006), London 2006
ders.	Discussion Paper – Management Commentary (MC), London 2005
ders.	Discussion Papier, Preliminary Views on an improved Conceptual

	Framework for Financial Reporting: The Objective of Financial Reporting and Qualitative Characteristics of Decision-useful Financial Reporting Information, London 2006
International Accounting Standards Board (IASB)/Financial Accounting Standards Board (FASB)	Discussion Paper: Joint Conceptual Framework for Financial Reporting – The Objective of Financial Reporting and Qualitative Characteristics of Decision-useful Financial Reporting Information, London 2006
JustPensions	Socially Responsible Investment and International Development – A Guide for Trustees and Fund Managers, London 2001
ders.	Responsible Investment Trustee-Toolkit, London 2005
Kahlenborn, Walter; Fritzsche, Kerstin	Forum Nachhaltige Geldanlagen, Statusbericht Nachhaltiger Anlagenmarkt 2008 – Deutschland, Österreich und die Schweiz, Berlin 2008
Kahlenborn, Walter; Clausen, Jens; Loew, Thomas	EMAS – Von der Umwelterklärung zum Nachhaltigkeitsbericht, BMU Broschüre, Berlin 2007
dies.	Lagebericht zur Lageberichterstattung, Studie des Umweltbundesamtes, Dessau 2007
Kahlenborn, Walter; Klumb, Jan; Interwies, Eduard	Neue Impulse durch ökologische Geldanlagen, Institut für Internationale und Europäische Umweltpolitik, Berlin 2001
Kempf, Alexander; Osthoff, Peer	The Effect of Socially Responsible Investing on Portfolio Performance, Centre for Financial Research, Köln 2007
Klumb, Jan; Bothe, David; Kahlenborn, Walter; Seifert, Katrin	Auswirkungen der UNEP-Erklärung der Finanzinstitute zu Umwelt und nachhaltiger Entwicklung, Berlin 2005
KPMG	International Survey of Corporate Responsibilty Reporting 2005, Amsterdam 2005
Loew, Thomas	Internationale Entwicklung der Regulierungen zur Förderung ökologischethischer Finanzdienstleistungen, Diskussionspapier des Instituts für ökologische Wirtschaftsforschung 56/02, Berlin 2002
Mansley, Mark; Owen, David; Kahlenborn, Walter; Kraemer, Andreas	The role of financial institutions in achieving sustainable development, Report to the European Kommission, 1997
Mayo, Ed; Doane, Deborah	An ethical door policy How to avoid the erosion of ethics in Socially Responsible Investment, New Economics Foundation Working Paper, London 2002
Mill, Greig	The effect of a switch to socially responsible investment on portfolio performance: an empirical study, Leisester 2005
Murray, Alasdair	Corporate Social Responsibility in the EU, Centre for European Reform Working Paper, London 2003
Murray, Alasdair; Wanlin, Aurore	The EU's new financial services agenda, Centre for European Reform Working Paper, London 2006
Observatoire sur la Responsabilité Sociétale des Entreprises (ORSE)	A Guide to Sustainability Analysis Organisations, Paris 2003
	La certification des informations sociales et environnementales, Paris 2004
Organisation for Economic Cooperations and Development (OECD)	White paper on Governance of Collective Investment schemes (CIS), OECD Financial Market Trends No. 88, 2005, 137
	Financial Market Trends No. 90, 2006, 157
ders.	OECD-Leitsätze für multinationale Unternehmen, 2. Fassung, Paris 2000

Plinke, Eckhard	Aktienperformance und Nachhaltigkeit, ZEW-Studie, Mannheim 2002
Pozen, Robert; Sesia, Aldo	Norway sells Wal-Mart, Harvard Case Study No. 308019, Boston 2007
Reiche, Danyel	Staatsfonds als neues Instrument der Klimaschutzpolitik?, Wuppertal Paper Nr. 173, Wuppertal 2008
Sachverständigenrat zur Begutachtung der gesamtwirtschaftlichen Entwicklung	Jahresgutachten 2005
Säve-Söderbergh, Jenny	Who is willing to let ethics guide his economic decision-making? Evidence from individual investments in ethical funds, Swedish Institute for Social Research Working Paper 7/2005, Stockholm 2005
Schäfer, Henrey; Preller, Elisabeth	Sozial-ökologische Ratings am Kapitalmarkt : Transparenzstudie zur Beschreibung konkurrierender Konzepte zur Nachhaltigkeitsmessung auf deutschsprachigen Finanzmärkten, 1. Aufl., Düsseldorf 2003
Schäfer, Henry; Lindenmeyer, Philip	Unternehmenserfolge erzielen und verantworten – Ein finanzmarktgesteuertes Beurteilungs- und Steuerungsmodell von CSR, Studie der Bertelsmannstiftung, Gütersloh 2005
Schoenheit, Ingo	Informationsflüsse zwischen Unternehmen, Fondsgesellschaften und Research-Agenturen, imug-Forschungsbericht, Hannover 2003
ders.	imug-Branchenstudie 2004 – Private Finanzplanung und nachhaltiges Investment, Hannover 2004
ders.	Der Markt für sozial-ökologische Geldanlagen, Hannover 2001
Schrader, Ulf; Hansen, Ursula (Hrsg.)	Nachhaltiger Konsum – Forschung und Praxis im Dialog, Marketing und Verbraucherarbeit Bd. 10, 1. Aufl., Frankfurt, New York 2001
Schröder, Michael	SRI in Germany, Switzerland and USA – An Analysis of Investment Funds and Indices, Zentrum für Europäische Wirtschaftsforschung, Discussion Paper 03-10, Mannheim 2003
SiRi Company	Green, Social and Ethical Funds in Europe 2005, Mailand 2005
Sternberger-Frey, Barbara; Neuneyer, Dustin	Marktübersicht: nachhaltiges Investment, Anbieter und Produkte, Germanwatch Broschüre, Bonn Berlin 2003
Sturm, Andreas; Badde, Michael	Socially Responsible Investment by Pension Funds – A State-of-the-Knowledge Report, ILO-Forschungsbericht, Basel 2001
Ulrich, Peter, Jäger, Urs; Waxenberger, Bernhard	Prinzipiengeleitetes Investment I – Kritische Analyse der gegenwärtigen Praxis bei „ethisch-ökologischen“ Geldanlagen, Berichte des Instituts für Wirtschaftsethik (Bd. 83), St. Gallen 1998
dies.	Prinzipiengeleitetes Investment II – Gestaltungsorientierte Leitideen einer wirtschaftsethisch fundierten Unternehmensbewertung, Berichte des Instituts für Wirtschaftsethik (Bd. 84), St. Gallen 1999
United Nations Commission on Trade and Development (UNCTAD)	Guidance Manual – Acounting and Financial Reporting for Environmental Costs and Liabilities, Genf 2002
ders.	Disclosure of the impact of corporations on society: Current trends and issues, Genf 2003
ders.	A Manuel for the Preparers and Users of Eco-efficiency Indicators, Genf 2004
ders.	Transparency and Disclosure Requirements for Corporate Governance, Report by the Ad Hoc Consultative Group of Experts on Corporate Governance Disclosures, Genf 2002
ders.	Guidance on Corporate responsibility Indicators in Annual Reports, Intergovernmental Working Group of Experts on International Standards of Accounting and Reporting, Genf 2005

ders.	Disclosure of the impact of corporations on society – Current trends and issues, Intergovernmental Working Group of Experts on International Standards of Accounting and Reporting, Genf 2003
United Nations Ecological Programme (UNEP), Financial Initiative	A legal framework for the integration of environmental, social and governance issues into institutional investment, Genf 2005 UN Principles for Responsible Investment
ders.	Adaptation and Vulnerability to Climate Change: The Role of the Finance Sector, Genf 2001
ders.	Reporting Guidelines for Company Reporting on Greenhouse Gas Emissions, Genf 1999
ders.	The Materiality of Social, Environmental and Corporate Governance Issues to Equity Pricing, Genf 2004
ders.	Adaptation and Vulnerability to Climate Change: The Role of the Finance Sector, Genf 2006
ders.	UNEP-Erklärungen der Finanzinstitute und der Versicherungswirtschaft zur Umwelt und zur nachhaltigen Entwicklung vom Mai 1997, Genf 1997
ders.	Climate Change & The Financial Services Industry – A Blueprint for Action, Genf 2002
ders.	Who Cares Wins – Recommendations by the financial industry to better integrate environmental, social and governance issues in analysis, asset management and securities brokerage, Genf 2005
ders.	Show Me The Money: Linking Environmental, Social and Governance Issues to Company Value, Genf 2006
ders.	How leading public pension funds are meeting the challenge, 2007 Report, Genf 2007
von Flotow, Paschen; Häßler, Rudolf; Schmidt, Johannes	Umwelt- und Nachhaltigkeitstransparenz für Finanzmärkte Stand und Perspektiven, Institut für Ökologie und Unternehmensführung Arbeitspapier Bd. 37, Oestrich-Winkel 2004
von Rosen, Rüdiger (Hrsg.)	Ethisch orientierte Aktienanlage – Nische oder Wachstumsmarkt?, Studien des Deutschen Aktieninstituts, Heft 18, Frankfurt 2002
ders.	Nachhaltigkeit und Shareholder Value aus Sicht börsennotierter Unternehmen, Studien des Deutschen Aktieninstituts, Heft 22, Frankfurt 2003
von Schumann, Andreas; Suhr, Katja	Zukunftsfaktor Nachhaltiges Wirtschaften: Ergebnisse einer Studie zur Umsetzung nachhaltigen Wirtschaftens in international tätigen deutschen Unternehmen, Frankfurt 2006
Weistroffer, Christian	Klimawandel bewältigen – Die Rolle der Finanzmärkte, Deutsche Bank Research Paper (Nr. 397 – Aktuelle Themen), Frankfurt 2007
White, Andrew; Klernan, Matthew	Corporate Environmental Governance – A study into the influence of Environmental Governance and Financial Performance, Innovest Report, Bristol 2004
Ziegler, Andreas; Renning, Klaus; Schröder, Michael	Der Einfluss ökologischer und sozialer Nachhaltigkeit auf den Shareholder Value von europäischen Aktiengesellschaften, Zentrum für Europäische Wirtschaftsforschung, Mannheim 2002

Dokumente der Europäischen Kommission

Kommission der Europäischen Gemeinschaften

Berücksichtigung von Umweltfragen in der Rechnungslegung, Dok. XV/600/94

Communication from the Commission concerning Corporate Social Responsibility: A business contribution for sustainable development, [COM(2002) 347]

Current Trends in Asset Management, DG Binnenmarkt und Dienstleistungen, Brüssel 2005 [MARKT/2005/25/G]

DG Binnenmarkt und Dienstleistungen, Current Trends, in: Asset Management [MARKT/2005/25/G]

Empfehlung der Europäischen Kommission vom 30. Mai 2001 zur Berücksichtigung von Umweltaspekten in Jahresabschluss und Lagebericht von Unternehmen: Ausweis, Bewertung und Offenlegung (2001/453/EG)

Empfehlung der Kommission über Leitlinien zur Durchführung der Verordnung 2001/761/EG (EMAS) in Bezug auf die Auswahl und Vewendung von Umweltleistungskennzahlen, Brüssel 2003 [K(2003) 2253]

Empfehlung der Kommission zur Berücksichtigung von Umweltaspekten in Jahresabschluss und Lagebericht von Unternehmen: Ausweis, Bewertung und Offenlegung, Brüssel 2001 [K(2001) 1495]

Financial Integration Monitor 2006, [SEC(2006) 1057]

Financial Integration Monitor, Brüssel 2006 [SEC(2006) 1057]

Green Paper, Promoting a European framework for Corporate Social Responsibility, KOM(2001) 366

Grünbuch Ausbau des Europäischen Rahmens für Investmentfonds, Brüssel 2005 [KOM(2005) 314]

Grünbuch für den Ausbau des Binnenmarktrahmens für Investmentfonds, [KOM(2005) 947]

Grünbuch Marktwirtschaftliche Instrumente für umweltpolitische und damit verbundene politische Ziele, [KOM(2007) 140]

Mapping Instruments for Corporate Social Responsibility, DG Beschäftigung und Soziales, Brüssel 2003

Mitteilung der Europäischen Kommission zu Auslegungsfragen im Hinblick auf bestimmte Artikel der Vierten und der Siebten Richtlinie des Rates auf dem Gebiet der Rechnungslegung [98/C 16/04]

Mitteilung der Europäischen Kommission zur Begrenzung des globalen Klimawandels, [KOM(2007) 2]

Mitteilung der Europäischen Kommission, Modernisierung des Gesellschaftsrechts und Verbesserung der Corporate Governance in der Europäischen Union – Aktionsplan, [KOM(2003) 284]

Mitteilung der Europäischen Kommission, Rechnungslegungsstrategie der EU: Künftiges Vorgehen, [KOM(2000) 359]

Mitteilung der Kommission betreffend die soziale Verantwortung der Unternehmen: ein Unternehmensbeitrag zur nachhaltigen Entwicklung, Brüssel 2002 [KOM(2002) 348]

Rebuilding Pensions – Sicherheit, Wirtschaftlichkeit, Finanzierbarkeit, Brüssel 1999

Synthesis of the Comments on the Second Consultation Document of the Internal Market and Services Directorate-General „Fostering an Appropriate Regime for Shareholders's rights", Bruxelles 2005

Untersuchung über die Altersvorsorgesysteme in den Mitgliedstaaten der Europäischen Union, 2. Aufl., Brüssel 2005 [MARKT/2005/99]
Vorschlag für eine Richtlinie des Europäischen Parlaments und des Rates zur Änderung der Richtlinie 2003/87/EG zwecks Verbesserung und Ausweitung des EU-Systems für den Handel mit Treibhausgasemissionszertifikaten [KOM(2008) 16]
Weissbuch für den Ausbau des Binnenmarktrahmens für Investmentfonds, Brüssel 2006 [KOM(2006) 686]
Weißbuch für den Ausbau des Binnenmarktrahmens für Investmentfonds, [KOM(2006) 686]
Weißbuch zur Finanzdienstleistungspolitik für die Jahre 2005–2010, [KOM(2005) 629]

Zeitungsartikel

Börsenzeitung	Institutionelle Investoren haben an der Macht geleckt, v. 1. 5. 2004, 8.
Deutsche Welle World	Socially Responsible Investment Growing in Germany Business, (Internetausgabe) v. 11. 2. 2007
Financial Times	Unions in threat to Blackstone, v. 24. 4. 2007, 15
Frankfurter Allgemeine Zeitung	Investoren setzen Vorstände stärker unter Druck, v. 7. 3. 2006, 56.
German Foreign Policy	Vereinigungen von Kleinbauern kündigen Proteste gegen die Aktivitäten des deutschen Bayer-Konzerns in Myanmar an, 25. 9. 2007
Handelsblatt	Asset-Management: Nachhaltige Anlagekonzepte für institutionelle Investoren gewinnen an Bedeutung, v. 1. 12. 2006, 36
	Nachhaltige Rentenversicherungen, v. 24. 11. 2006, 30
	Nachhaltigkeitsindices – Messlatten für Anlagen mit Moral, v. 10. 11. 2006, 32
	Nachhaltigkeitsratings – Auf der Suche nach der Tugend, v. 17. 11. 2006, 32
	Telekom führend, v. 3. 12. 2007, 16
	Unternehmerische Verantwortung – Nachhaltiges Wirtschaften als Strategie fürs Kerngeschäft, 8. 1. 2007
	Nachhaltigkeit – Gewinne mit gutem Gewissen, v. 3. 11. 2006, 30
International Harald Tribune	Norway fund closes the door on Wal-Mart, v. 7. 6. 2006

Sachregister

Bei Fragen zur Produktsicherheit wenden Sie sich bitte an:
If you have any questions regarding product safety,
please contact:

Walter de Gruyter GmbH
Genthiner Straße 13
10785 Berlin
productsafety@degruyterbrill.com